LER E ESCREVER
NO ESCURO

Denise Schittine

LER E ESCREVER NO ESCURO
A literatura através da cegueira

1ª edição

Paz & Terra
Rio de Janeiro | São Paulo
2016

Copyright © Denise Ferreira de Araújo Schittine, 2016

Imagem de capa: Getty Images Brazil/E +– RF Images

As traduções de trechos originais em espanhol e italiano que não estão especificadas em nota ou referência foram realizadas pela autora.

Direitos de edição da obra em língua portuguesa no Brasil adquiridos pela EDITORA PAZ E TERRA. Todos os direitos reservados. Nenhuma parte desta obra pode ser apropriada e estocada em sistema de bancos de dados ou processo similar, em qualquer forma ou meio, seja eletrônico, de fotocopia, gravação etc., sem a permissão do detentor do copyright.

Editora Paz e Terra Ltda.
Rua do Paraíso, 139, 10º andar, conjunto 101 – Paraíso
São Paulo, SP – 04.103-000
http://www.record.com.br

Seja um leitor preferencial Record.
Cadastre-se e receba informações sobre nossos lançamentos e nossas promoções.

Atendimento e venda direta ao leitor:
mdireto@record.com.br ou (21) 2585-2002

Texto revisado segundo o novo Acordo Ortográfico da Língua Portuguesa.

```
         CIP-BRASIL. CATALOGAÇÃO NA FONTE
      SINDICATO NACIONAL DOS EDITORES DE LIVROS, RJ

         Schittine, Denise Ferreira de Araújo
  S363L     Lendo e escrevendo no escuro: a literatura
         através da cegueira / Denise Schittine. –
         1ª ed. – Rio de Janeiro/São Paulo:
         Paz e Terra, 2016.

            Inclui bibliografia
            ISBN 978-85-7753-338-1

            1. Literatura brasileira – História e crítica.
         I. Título.
                              CDD: 809
  15-24526                    CDU: 82.09
```

Impresso no Brasil
2016

À herança de determinação e de coragem com a qual meus pais, José Carlos e Heleny, me presentearam.
À minha irmã querida, Flávia, e a meus sobrinhos Henrique e Beatriz.
À Eliana Yunes, alma lúcida e generosa, que acreditou plenamente nesse projeto e me orientou com a beleza dos grandes mestres.
À Laura Milano, sem ela eu não teria jamais desvendado os labirintos de Borges.
À Célia Eyer, uma mãe de coração que me encorajou, mais uma vez, numa nova travessia.
A todos os cegos que, sem perceberem, me conduziram pelos bosques da ficção.

Sumário

Introdução   11
    O leitor e as múltiplas formas de enxergar o texto
    Notas   22

I. A figura do leitor   23
    Dar vida ao texto   24
    Liberdade   30
    Reflexão   40
    As escolhas   45
    Os escritores: esses nossos companheiros   51
    Loucos por livros: a bibliofilia e os seus efeitos   56
    Notas   62

II. A contraposição: leitura em voz alta e leitura em voz baixa   65
    Alta voce — Origens: a leitura em voz alta como exigência social   76
    A resistência da oralidade: o "autor oral", o teatro e os contadores de histórias   81
    O poder da palavra dita   90
    Silentio   98
    As regras de São Bento   102
    A leitura silenciosa: novas posturas para o autor e o leitor   104
    Notas   115

III. O SURGIMENTO DA FIGURA DO LEDOR E O CONCEITO
DE VOZ INTERIOR   118

    Quem é o ledor?   124
    Em busca do ledor ideal   132
    Ler para um cego   136
    Método de preparo para ledores?   143
    A voz interior: diálogo do leitor com o livro   147
    Para ouvir no escuro   150
    Notas   151

IV. O LEITOR CEGO   153

    Olhos: espelhos de sabedoria   155
    O olho interior   159
    Fragmentos de um mundo visível   172
    As saídas   177
    Memória   179
    As bibliotecas   187
    A leitura compartilhada   196
    Reler   203
    Notas   206

V. A IMPORTÂNCIA DA VOZ   209

    O olho e a voz   209
    Considerações sobre uma oralidade midiática   229
    O poder da voz   237
    Pela emoção da voz   247
        1 — Voz: um DNA   247
        2 — A materialidade da voz   254
    Voz e afeto   259
    As vozes amadas   262
    Notas   267

VI. O autor cego 269

    Criar no escuro 276
    Escritores cegos 283
    Os Tirésias: a relação entre cegueira e sabedoria 298
    Notas 307

VII. Jorge Luis Borges: o Homero *criollo* 309

    O amor aos livros 312
    Como se faz um escritor 324
    O bibliotecário cego 333
    A cegueira 343
    A construção de mundos: Borges, o demiurgo 350
    Escrever 355
    Um guia cego 363
    Notas 370

VIII. João Cabral de Melo Neto: arquiteto de palavras 372

    Pelos olhos do poeta 372
    Um arquiteto de palavras 381
    Poesia e memória visual 390
    Olhar de viajante 397
    Bibliotecas pelo mundo 402
    O colecionador de textos 409
    As duas águas de Cabral 415
    O silêncio como escolha 424
    O crepúsculo 433
    Notas 441

Conclusão 445
Bibliografia 453

Introdução

O leitor e as múltiplas formas de enxergar o texto

Antes de começar a escrever este livro, cheguei a pensar que existiam diferenças entre leitores cegos e não cegos. Os leitores, na verdade, diferenciam-se em relação à postura que tomam diante do texto. Todo leitor é cego quando vai iniciar um texto. Cego aos objetivos do autor. Aos caminhos que vai percorrer. Ao que irá descobrir sobre si mesmo e sobre a escrita. A leitura é um ato de prazer, como afirmou Roland Barthes, mas é também um ato de coragem. É entregar-se de olhos fechados a um caminho que não é traçado nem pelo leitor, nem pelo autor, nem pelo texto, mas por uma quarta via que se articula a partir dos três. É um labirinto de imagens e sons, que, mesmo não sendo vistos ou ouvidos, precisam ser percorridos. Ao se entregar ao texto, nada garante que o leitor não vai se perder. Nem quando o autor já é conhecido, nem quando o assunto já foi lido. Cada texto é um, e cada leitor procura se localizar e ser guiado de forma diferente, de acordo com sua própria subjetividade, mesmo que o texto lido seja o mesmo que tantos outros leitores já leram.

Sobre o texto, ninguém tem poder. Nem o autor, nem o leitor que tem um texto conhecido nas mãos. Cada leitura do mesmo escrito é uma nova leitura, um novo labirinto que se estende sem respostas iguais ou pelos mesmos caminhos.

Mesmo quando os textos já conhecidos pelo leitor reaparecem, eles vão se desdobrar à frente dele de uma nova maneira. O caminho que foi seguido uma primeira vez não será repetido nas outras.

Ter o autor como guia não é a melhor alternativa. Uma vez feito o texto, uma vez escritas as palavras, elas ganham vida própria, da qual o autor foi apenas origem ou sopro. O texto é mesmo um tecido por trás do qual sempre haverá um sentido oculto para cada leitor. É também um grande labirinto em que as paredes são móveis e em cujo centro não existe nenhuma verdade absoluta, mas um sentido criado pelo leitor, que, pouco a pouco, ajuda também a tecer os fios do texto. Ele é um organismo vivo e em construção sobre o qual até mesmo a figura do autor não exerce mais o seu "infinito controle". O que Barthes destaca em *O prazer do texto* é:

> [...] a ideia gerativa de que o texto se faz, se trabalha através de um entrelaçamento perpétuo; perdido neste tecido — nesta textura — o sujeito se desfaz nele, qual uma aranha que se dissolvesse ela mesma nas secreções construtivas de sua teia.[1]

Ou seja, na relação do sujeito-autor e do sujeito-leitor com o texto não há mais sujeito criador ou receptor, eles se confundem, misturam-se ao escrito para saírem dessa experiência transformados.

Perdidos, imersos nessa enorme teia em que dançam as subjetividades, esses dois sujeitos são originalmente cegos. É preciso que eles se percam, percorram de braços tateantes a estrutura do escrito para que o próprio texto exista tanto para um como para outro. Portanto, todo leitor e todo autor não sabem exatamente o que vão encontrar ou o que esperar de um escrito, o que significa que, inicialmente, estão metaforicamente cegos. A única maneira de se render a um texto, tanto para a produção quanto para a leitura (duas funções que em vários pontos e momentos se confundem), é se entregar a esse estado metafórico. É ele que produz a fantasia, visível apenas aos olhos internos.

Partindo dessa primeira proposição, utilizaremos o conto "A tradução", de Antonio Tabucchi, para retratar o estranhamento de um leitor que é tratado o tempo todo pelo narrador do texto como se fosse cego. Esse pequeno conto nos mostra exatamente que temos pouco controle do texto como leitores. Guiando-nos através de uma visita a um museu, o narrador descreve um quadro:

> O amarelo, aquele ali à direita, aquela mancha em forma de estrela de um amarelo que se espalha pelo campo como se fosse uma folha, um clarão, enfim, alguma coisa desse tipo, da grama seca pelo calor, me entende?
> Aquela casa parece mesmo que está sobre o amarelo, que está apoiada no amarelo. É estranho que se veja pouco, só um pedaço, gostaria de saber mais, quem será que mora nela, talvez a senhora que está atravessando a pontezinha. Seria interessante saber aonde está indo, pode ser que esteja seguindo o carrinho, talvez a carrocinha que se vê perto dos dois álamos do fundo, à esquerda. Talvez seja viúva, dado que está vestida de preto.[2]

Tudo nesse texto incomoda. Não só porque o narrador procura transmitir com riqueza de detalhes uma paisagem para o espectador (que ainda não sabemos que é cego), como também porque procura oferecer uma forma de interpretação da imagem. Como leitores, nos colocamos no lugar do espectador, e o desconforto vem porque existe a descrição da paisagem, das cores e até de sensações que não são nossas: não conseguimos situar em qual lugar estamos nesse texto.

A brincadeira de Tabucchi serve como metáfora de nós, leitores. Mesmo quando pretendemos enxergar fisicamente o texto, procurar sentido no contraste entre as letras negras e o fundo branco do papel, nunca conseguimos vê-lo de todas as maneiras, formas ou pontos de vista. Cada leitor, uma leitura, uma forma diferente de percorrer o texto. O ritmo que o leitor imprime à sua leitura pode se estabelecer independentemente daquele que o autor pensou ao escrever: desenvolto, sem qualquer respeito à integridade do texto ou à cronologia imposta pelo seu criador.

> A própria avidez do conhecimento nos leva a sobrevoar ou passar por cima de certas passagens (pressentidas como "aborrecidas") para encontrarmos o mais depressa possível os pontos picantes da anedota [...] saltamos impunemente (ninguém nos vê) as descrições, as explicações, as considerações, as conversações.[3]

É esse voo livre do leitor, essa mudança de planos e trajetos que o autor nunca vai poder prever no momento da escrita, e que o leitor, de alguma maneira, também não pode conjecturar, só no instante único em que está fazendo suas escolhas.

É este movimento de idas e vindas, entradas e saídas no tecido do texto que Roland Barthes denomina de *tmese*, uma fonte ou figura de prazer. É como se a *tmese* opusesse o que é útil e o que é inútil ao leitor, o que ele vai ler e o que ele vai pular, o que vai absorver ou vai deixar de lado num texto. É um princípio de funcionalidade criado por quem lê no momento do consumo do texto.

Fazer voos rasantes pelo texto, mergulhar em algumas partes e emergir em outras é um posicionamento de coragem. O fato de conhecer o autor, a estrutura, ou mesmo de já ter lido a obra, não garante uma viagem 100% segura. Mas o leitor vai tateando, pega a sua bengala ou a abandona, e segue pelo caminho ainda obscuro: é ele que vai iluminá-lo. Muitas vezes, pula pedaços inteiros, difíceis de atravessar, mas, em outras tantas, insiste e os transpõe com extrema coragem. A visão, num texto, não é algo que vem de fora. Pode, sim, estar baseada, muitas vezes, nas imagens que o leitor já tenha formado anteriormente em sua memória. Contudo, na maioria das vezes, conta com a imaginação dele para formar imagens inteiramente novas. Todo leitor, por mais que enxergue, precisa dar um passo a mais para imaginar. Algumas imagens nunca existiram, são formadas no momento mesmo da leitura, pertencem a um mundo que é apenas o espelho deste em que vivemos, um mundo de fabulações. Para enxergar esse mundo, o leitor não precisa de olhos externos, e sim internos.

Dante acreditava que existia no céu uma fonte luminosa que transmitia imagens ideais. Eram essas imagens que formavam "a lógica intrínseca do mundo imaginário".

> O imaginativo que por vezes
> Tão longe nos arrasta, e nem ouvimos
> As mil trombetas que ao redor ressoam;
>
> Que te move, se o senso não te excita?
> Move-te a luz que lá no céu se forma
> Por si ou esse poder que a nós te envia.[4]

Essa lógica peculiar do mundo imaginário lembra um pouco a maneira míope como Platão imaginava que os homens viam as figuras através da caverna: simples sombras imperfeitas de um mundo que ainda estava para ser conhecido. Dante adivinhava com essa estrofe o papel da parte visual, da fantasia, que antecipa ou acompanha a imaginação verbal.

Ítalo Calvino, no seu ensaio "Visibilidade", em *Seis propostas para o próximo milênio*, divide os processos imaginativos em dois: o que parte da palavra, do texto, para chegar à *imagem visiva* (aquela que o leitor forma dentro de sua própria cabeça), e o que parte da *imagem visiva* para poder chegar à expressão verbal. Nota-se aqui que Calvino discorre exatamente sobre os dois processos de tessitura do texto: a leitura (para chegar à formação de imagens) e a escritura (feita a partir das imagens). O autor compara a produção de imagens ao cinema: cada uma delas é formada na cabeça do diretor a partir do roteiro e depois transmutada em filme. Mesmo o espectador que está ali, realisticamente vendo aquela imagem, está formando muitas outras na cabeça a partir dela. "Esse 'cinema mental' funciona continuamente em nós — e sempre funcionou, mesmo antes da invenção do cinema — e não cessa nunca de projetar imagens em nossa tela interior."[5]

É espantoso que quem nos guie por essas imagens mentais de um cinema imaterial seja justamente Dante em seu universo particular (arquitetado com cuidado) vagando textualmente pelas metáforas visuais que construiu. Um poeta que antecipa esse cinema interno, esse acesso à fantasia que faz com que o leitor não precise enxergar para ver as imagens. Dante era um devoto de Santa Luzia, santa que o teria livrado de um problema oftálmico que quase o tornou cego no passado. Durante toda a sua "odisseia" — de ascensão do Inferno ao Paraíso —, em *A divina comédia*, o poeta se vê "às cegas" em vários momentos, principalmente quando está descendo ao Purgatório. É a companheira Santa Luzia que o acompanhará até a Porta do Purgatório, iluminando sua visão, abrindo seus olhos:

> Aqui, pousou-te e, como me mostrou
> co'os olhos belos seus a via da entrada,
> partiu, e teu sono a par se dissipou.[6]

As palavras de coragem de Virgílio, o amor por Beatriz e a devoção a Santa Luzia o guiam através das trevas do Inferno. É sempre ao lado de Virgílio que Dante prossegue sua viagem ao Purgatório e é também ao lado dele que enfrenta a "sombra do inferno" e a "noite carregada", um véu de fumaça e escuridão, mas confia e continua, por ter o amigo como guia:

> E como cego que atende ao rebate
> do guia para não perder-se ou tropeçar
> em algo que o moleste ou até o mate,
>
> eu seguia pelo amargo e sórdido ar
> ouvindo o meu senhor que repetia:
> "Cuida bem pra de mim não se afastar".[7]

A relação de Dante com a cegueira nos interessa não só pela criatividade do poeta em trazer o belo conceito de "ver com os olhos interiores", mas também pela possibilidade levantada por alguns estudiosos de sua obra de que o escritor seria agnóstico. Entre eles se destaca o polêmico livro de Eugène Aroux, *Dante hérétique, revolutionnaire et socialiste*, publicado na França em 1853. O livro desenvolve uma tese iconoclasta de que *A divina comédia* nada mais era do que fruto de heresia, mas bem disfarçado para que fosse aceito pela Igreja Católica e escapasse ileso à fogueira. Preferências religiosas à parte, o fato é que a triste imagem de um homem que desce até as profundezas do Inferno para poder encontrar a sua amada e ser conduzido por ela lembra a história de outros dois condenados, Orfeu e Eurídice.

Os antigos agnósticos, entre eles Platão, Aretino e Aristóteles, acreditavam na existência de Samael, um deus menor responsável pela criação do cosmos que o homem habita e pela desastrada condição humana. Um demiurgo cego causador do sofrimento humano porque não soube fazer o homem de forma diferente.

Personagem central do cosmodrama gnóstico, Samael (o equivalente ao brutal Javé do Antigo Testamento) é um deus arrogante e prepotente que, por ter construído o mundo físico, cuida das dimensões de fenômenos caros ao homem: o tempo, o espaço e a morte. É contra esse deus demoníaco, tirano, que o homem se debate. Samael tem a cegueira como imagem da ignorância e da incapacidade, não como iluminação interior, como é o caso da clarividência do adivinho cego Tirésias. Contrário à cegueira opaca e inerte de Samael, Dante parece preferir a de Tirésias, aquela que trabalha com a imaginação, que é capaz de produzir imagens.

São essas imagens que alimentam o escritor e são elas também, só que nunca de forma igual, que vão encorajar o leitor no seu percurso. A frase que Santo Inácio de Loyola usava em seus exercícios espirituais para *contemplação visiva* do lugar serve tanto para autores quanto para leitores: "[...] a composição consistirá em ver com os olhos da imaginação o lugar físico onde se encontra aquilo que desejo contemplar."[8] O uso criativo daquilo que Santo Inácio chama de "os olhos da imaginação", que tudo podem contemplar, é independente da visão externa. Esses olhos podem ser usados, sim, por autores e leitores cegos.

A pergunta que fazemos agora é a mesma de Calvino: de onde vêm as imagens que, no dizer de Dante, "chovem da fantasia"? Vêm, sim, do inconsciente coletivo e individual, de epifanias, de instantes, do "tempo reencontrado", mas também — e no caso da cegueira mais do que em outros — de uma memória teimosa, que insiste em reavivar cores e formas que não mais existem, que se perderam com a visão. Como veremos neste trabalho sobre grandes amantes de livros que ficaram cegos, algumas imagens emergem daquela primeira leitura, quando ainda era possível ler só com a ajuda dos óculos ou dos olhos, as sensações que vieram com ela e as imagens que, essas sim, não se apagaram, permaneceram represadas pelos olhos da imaginação, para serem decantadas e estruturadas.

Como apoio para desenvolver a capacidade imaginativa, muitos usam a memória. Fragmentos de imagens, pedaços de sensações, vividas ou lidas, é o que sobra de mais precioso tanto para o leitor como para o escritor cego. É com essa memória — mesmo que vacilante e desfocada — que eles vão complementar o que lhes falta sem o apoio da visão. Calvino acredita que essa função da memória está adormecida e sonha com uma "pedagogia da imaginação" que desenvolva o hábito no ser humano de controlar a sua própria visão interior para cristalizar, congelar, as imagens de uma maneira que consigam sempre ser guardadas pela lembrança. Se as coisas se perdem, é possível reconstruí-las com as cores, os traços e os contornos da memória.

> Se incluí a Visibilidade em minha lista de valores a preservar, foi para advertir que estamos correndo o perigo de perder uma faculdade humana fundamental: a capacidade de pôr em foco visões de olhos fechados, de fazer brotar cores e formas de um alinhamento de caracteres alfabéticos negros sobre uma página branca, de pensar por imagens.[9]

Voltando a Antonio Tabucchi e ao seu conto "A tradução", em que mostra como se pode *traduzir* um quadro, uma obra de arte, para um leitor que ele supõe cego. O narrador pode oferecer uma descrição perfeita e uma sensibilidade em palavras que faça jorrar as cores e sons da página, mas o que o leitor vê internamente e o que a sua voz interior lhe diz são dois fatores impossíveis de serem controlados por esse narrador.

Não importa a maneira como essas imagens aparecem tanto para o autor quanto para o leitor, o interessante é que elas se formam a partir da estrutura semântica do texto. Essa estrutura é muito mais forte do que ambos, ela existe além deles, como um arcabouço vivo e pulsante que escapa ao domínio desses dois agentes. É possível ver um texto mesmo sem enxergar, porque as imagens estão além dele, da folha de papel e seus caracteres. Escrever é colocar em palavras o equivalente àquelas imagens visuais que se formam no pensamento. E ler é fazer o caminho inverso: partindo dessa expressão verbal, dessas palavras, cabe ao leitor construir imagens visuais imaginativas.

De algum modo, as fantasias, baseadas em imagens que existem ou não, encontram no texto uma das maneiras de tomar forma. Essa "matéria verbal" é colocada no papel através das palavras, dos parênteses e dos sinais de pontuação. Aos "olhos externos", é possível ver esse conjunto de expressões que forma uma ideia, mas o leitor que ficou cego conta apenas com os seus "olhos internos". O mesmo acontece com o autor cego: não pode mais escrever, apagar, reescrever, reler e corrigir com as suas mãos e olhos o próprio texto. Para ter acesso a esse texto escrito, os dois vão precisar reestruturar sua lógica interior. Mesmo já tendo lido alguns textos, mesmo já conhecendo alguns trechos de cor, mesmo contando com a memória, agora eles precisam de novas "bengalas", de novos "guias", que não são mais os seus olhos. Como confiar neles? Como entregar a eles a responsabilidade de serem os seus novos "olhos de leitura" ou as suas mãos na hora da criação?

Tornar-se cego é algo que subverte todo o universo de autores e leitores apaixonados por livros. As fileiras de lombadas expostas nas prateleiras já não têm mais sentido, é preciso reagrupá-las mentalmente e instintivamente; a marcação de parágrafos e de páginas se perde. Muda, principalmente, a relação física com o livro. Tê-lo nas mãos, cheirá-lo e sentir a textura ainda é possível, mas as anotações de pé de página, nas bordas brancas, esparsas, a intervenção do leitor, estão fora de questão. O silêncio inquebrantável, a sensação de cumplicidade, de estar só com a imaginação e o livro, e a leitura como sinal de privacidade se perdem, se modificam, para ganhar a dimensão de uma leitura agora compartilhada. A voz interior, criada para a discussão interna no silêncio, vê-se invadida por uma nova voz, vinda de fora, a voz do ledor, a princípio invasiva, depois cúmplice.

As novas maneiras de renegociar o silêncio, de revisar posturas e modos de leitura, de treinamento polifônico (administrar a permanência da voz interior mesmo com a interferência de uma voz externa), a sofisticação dos jogos de memória são algumas das possibilidades com as quais o leitor que ficou cego se defronta. Por outro lado, o autor que ficou cego precisa reativar as suas imagens, cores e processos criativos, aprender a se apoiar em alguém (não mais no suporte do papel) para estruturar suas composições. Para reler e reescrever, conta com outras mãos, outros olhos e precisa estabelecer confiança neles porque, por melhor que seja a sua memória, não lhe é possível guardar um texto inteiro com as suas rasuras, rascunhos e anotações na cabeça.

Foi pensando em todas essas mudanças que serão operadas nas rotinas criativas e imaginativas dessas pessoas que escrevi este livro. Não existem formas corretas ou ideais para esse novo tipo de "tradução" do texto, para usar o título do conto de Tabucchi tantas vezes mencionado aqui, mas existem modos e formas diferentes de adaptação à condição da cegueira, principalmente se ela é nova tanto para um autor quanto para um leitor. Escolhi a maneira que exige um ledor, porque é um Outro. E desde sempre o Outro é um desejo e uma repulsa do ser humano, é aquele de quem precisamos e quem refutamos. Essa relação de espelho ou de opacidade vai precisar ser revista, repensada, reestruturada quando o Outro vira o nosso principal acesso ao mundo das palavras. Se esse mundo é, então, aquele que mais amamos — na nossa incansável bibliofilia —, esse Outro é elemento, se não fundamental, importante. Para entender esse papel, vai ser necessário, além da pesquisa teórica, um trabalho de campo com entrevistas com esses leitores cegos e, principalmente, com os ledores. Quem são essas pessoas? São escolhidas com base em que argumentos? Que pré-requisitos precisam ter? Em que podem ajudar um autor ou um leitor cego? De que maneira contribuem para o texto? De que maneira interferem nos olhos e na voz interior do leitor?

Sempre tentando dialogar com teóricos e principalmente com autores, leitores e suas experiências pessoais, fui descobrindo as saídas que encontraram para um medo que também é meu. Venho de uma família de amantes dos livros que sofreram com problemas de visão. Todos foram fortes o suficiente para manter suas leituras, voltar a se encantar com os livros e não perder nunca a esperança de realizar uma atividade tão querida. Na verdade, o enfrentamento é o mesmo para qualquer leitor: diante de uma nova página, um novo texto, um novo escrito (ou quem sabe até um escrito antigo), tomar a dianteira ainda no escuro e iluminar o caminho que o fará construir o texto. Sim, porque nós, leitores, construímos o texto. Com o olhar em outras experiências, sem perder de vista a minha, vou caminhar agora um pouco vacilante por essa aventura que, se não apontar todas as respostas, me ajudará a entender um pouco mais a leitora que sou.

O ponto de partida, além do meu interesse pessoal, foi também a novela *Mondo di carta*, de Pirandello. Queria encontrar na ficção algum modelo que encarnasse este homem real: um apaixonado por livros que perdera a visão e tentava reconstruir sua relação com o texto. A figura do professor Balicci e sua história aparentemente caricata escondem uma bela mensagem. Quem lê *Mondo di carta* não pode se prender à superfície do texto. Os olhos das pessoas que veem o professor na rua, os olhos da velha senhora que cuida dele, os olhos do jovem rapaz que vem organizar sua biblioteca e, finalmente, os olhos da descuidada senhorita Tilde Pagliocchini (sobrenome que significa literalmente "olhos de palha") não conseguem enxergá-lo como ele realmente é. Para essas pessoas, o pobre Balicci é um leitor excessivo que tem a bibliofilia como uma enfermidade risível, alguém que, de tanto acumular, ler e reler, foi mimetizando-se em papel. Mas a verdade é outra. Se nós, leitores, propusermo-nos a olhar Balicci de perto, veremos que, pelo seu amor à leitura, esse homem logrou criar um mundo próprio, construído com seus livros. Um mundo de papel. E a bela lição que esse personagem nos ensina é a da generosidade. Uma vez que perde a capacidade de enxergar, de iluminar os seus textos queridos, Balicci presenteia outro leitor com o seu mundo. Não quer que ele desapareça, quer que ele sobreviva. E, para isso, o mundo de papel precisa ser habitado: aí estão o convite e o desafio ao leitor.

Notas

1. Roland Barthes, *O prazer do texto*, p. 74-75.
2. Antonio Tabucchi, *Os voláteis do Beato Angélico*, p. 69-70.
3. Roland Barthes, *O prazer do texto*, p. 17.
4. Dante Alighieri, *A divina comédia — Purgatório*, p. 111-112.
5. Italo Calvino, "Visibilidade", in: *Seis propostas para o novo milênio*, p. 99.
6. Dante Alighieri, *A divina comédia — Purgatório*, p. 63.
7. *Ibidem*, p. 105.
8. Italo Calvino, "Visibilidade", in: *Seis propostas para o novo milênio*, p. 100.
9. *Ibidem*, p. 108.

I. A FIGURA DO LEITOR

Os primeiros leitores podem ter se dado conta disto aos poucos: a conquista inicial que deriva da leitura é adquirir informação. A possibilidade aventada por Alberto Manguel para o início da escrita é a de que tenha sido inventada por motivos comerciais, para contar cabeças de gado ou outros bens que pertenciam a determinadas famílias. Ou seja, o ato já nasce da necessidade de controle e de memória: saber ao certo o que pertence a cada um e registrá-lo. Mas, mais do que isso, a escrita supõe, imediatamente, um movimento de leitura. Quando o primeiro escritor anônimo colocou uma incisão em uma tabuleta, estava criando a escrita e com ela a leitura. O objetivo do ato de escrever era que o mesmo ato fosse resgatado. O papel do leitor passou a existir antes mesmo de surgir o primeiro leitor com a função de decifrar mensagens. Com o tempo, essa função se ampliaria para interpretá-las, refleti-las e, quem sabe, reescrevê-las.

O poder do leitor se destacaria pela primeira vez com a importante figura do escriba, surgida na sociedade mesopotâmica. O escriba era uma espécie de "mensageiro entre os mundos". Atuando junto às fontes de poder, ajudava a produzir informações e a difundi-las, fazendo com que chegassem ao público. Seu papel, como o de vários leitores públicos posteriores, era de extrema importância e conferia a ele um poder determinado por ter acesso à informação. As atribuições do escriba eram inúmeras: desde baixar ordens do rei, transmitir notícias e mandar mensagens até calcular mantimentos, soldados, controlar operações financeiras, fazer contratos, transcrever textos religiosos e ler para divertir o povo. Entre as funções que descrevemos estão misturadas algumas da leitura, outras da escrita e outras também da autoria. Como diria Alberto Manguel: "Ele era a mão, os olhos e a voz por meio dos quais se estabeleciam comunicações e se decifravam mensagens."[1]

No caso específico dos escribas mesopotâmicos não se poderia dizer que não se beneficiavam economicamente de seu ofício. Em sua maioria, faziam parte de uma elite aristocrática e recebiam instrução desde pequenos numa escola privada e especial. As convenções do aprendizado da escrita vinham também com as da leitura. Os escribas eram quase sempre homens, com pouquíssimas exceções, e tinham consciência do poder que os atos conjuntos de ler e escrever conferiam a eles. Muitos deles já assinavam e datavam textos, prenunciando a figura do autor, e terminavam seus escritos com a seguinte frase: "Que o sábio instrua o sábio, pois o ignorante não pode ver." Mais do que acentuar o papel do olho como o órgão fundamental à leitura, a frase mostra a importância da visão como metáfora do saber, como chave para o entendimento de um texto. O que se esperava de um bom leitor, e que foi se refinando ao longo dos anos, é que ele fosse capaz de desenvolver uma visão dos "olhos internos", dos olhos do intelecto.

Dar vida ao texto

Mais do que entender a "mensagem" do autor, o leitor funciona como um organismo independente e, também, formador do texto. O poder do leitor está realmente em dar voz ao texto, que tem uma existência silenciosa até encontrar um leitor que dê vida a ele. As vozes variam de leitor para leitor, cada indivíduo confere ao livro uma certa leitura, que é única, baseada no seu imaginário individual e coletivo, na observação direta do mundo real, em imagens oníricas, no mundo figurativo transmitido pela cultura em seus vários níveis, e, também, na memória. O mesmo texto pode ser lido de maneiras distintas por leitores de formações intelectuais diversas e que possuem relações diferentes com o escrito, assim como posturas e valores sobre o mesmo ato: o de ler um texto.

O leitor esgarça o texto, porque tem a possibilidade de ampliar o seu significado, por meio da imaginação e do desejo. Cada grupo de palavras significa uma mensagem para um leitor diferente. Ele pode decifrá-lo como quiser e, muitas vezes, fazer leituras transversais, que relacionem o escrito com outros textos, que descubra vínculos históricos entre ele e doutrinas ou pensamentos e que encontre pontos em comum do autor com outros autores. Há também as condições pessoais do leitor: sua posição política, sua vida, seus amores, suas perdas, sua memória. Esses fatores vão contribuir para a formação de imagens que fará a partir do texto. Mas essa leitura, impregnada das circunstâncias do próprio leitor, pode contribuir tanto para enriquecer como para empobrecer o texto.

O ato de escrever exige um leitor desde os tempos mais remotos. Assim que o escritor termina o texto, este se torna algo independente que ganhará vida pelo ato da leitura. Na Antiguidade, as tabuletas feitas pelos autores ganhavam vida quando o leitor as lia em voz alta. Atualmente, um texto existe à medida que encontra leitores. Toda escrita depende da generosidade do leitor.

> Um livro é uma coisa entre as coisas, um volume perdido entre os volumes que povoam o indiferente universo, até que encontra com seu leitor, com o homem destinado a seus símbolos. Ocorre, então, a emoção singular chamada beleza, esse belo mistério que nem a psicologia nem a retórica decifram.[2]

Enquanto Borges escrevia isso, os autores já estavam certos de que a matéria por eles elaborada escapava de suas mãos no momento seguinte em que a abandonavam. Logo que o material ia para a impressão, já não pertencia mais ao autor, mas, com alguma sorte, seria apropriado pelos leitores. Não há desejo maior para um escritor do que encontrar leitores que imortalizem o seu texto dando sobrevida a ele.

A figura central e formadora do autor tinha (e tem) um companheiro poderoso: o seu leitor. As estratégias de leitura, as maneiras de se apropriar do texto e a absorção dos leitores escapavam drasticamente das mãos dos autores. Com o aparecimento da estética da recepção, finalmente surgia uma teoria que contemplava o leitor como um dos fatores constitutivos do texto. Por outro lado, era muito difícil nivelar as recepções de leitura; embora pertencentes a um mesmo grupo social ou época, os leitores se apoderavam de maneiras diferentes de um mesmo escrito, eram inegáveis as apropriações baseadas em critérios pessoais. O texto concretizava-se em cada ato de leitura e em cada leitor de forma diferente. O teórico Hans Robert Jauss destacava que, no triângulo formado pelo autor, obra e leitor, o último jamais foi um elemento passivo, mas uma fonte importante de energia que contribui para a constituição da obra.

E não é apenas a maneira pela qual o leitor pode interferir no texto, mas o modo como o texto também transforma esse leitor. O texto literário, sobre o qual vamos tratar, mais do que os outros, permite ao leitor uma absorção que resulta em criação, uma espécie de troca dinâmica que opera diretamente em sua consciência. Então, existe uma produtividade resultante da leitura que vai atuar numa circunstância psíquica privilegiada, fazendo com que o leitor encontre a obra de uma maneira completamente pessoal. Com a recepção do texto poético, o leitor é tocado no seu essencial, não apenas recebe e decifra uma comunicação, como também se transforma. E essa mudança não acontece apenas intelectualmente, mas fisicamente. A leitura, principalmente do texto literário, não é apenas decodificação de informação, mas um ato responsável por gerar prazer: cada uma das palavras lidas reflete no corpo do leitor, em seus ritmos sanguíneos, seus batimentos cardíacos, sua história pessoal. "No entanto, é ele (o corpo) que eu sinto reagir ao contato saboroso dos textos que amo; ele que vibra em mim, uma presença que chega à opressão. O corpo é o peso sentido na experiência que faço dos textos.", resume Paul Zumthor sua própria experiência de leitura.

Sobre o que essa frase de Zumthor nos alerta? Indo mais longe do que as teorias da recepção propõem quando assumem que as estratégias de leitura ampliam e modificam o objeto proposto pelo autor, Zumthor acredita que também o corpo do leitor desempenha um papel fundamental na percepção literária. O corpo diferente de cada leitor, com sua história, suas marcas, seus anseios, é o mapa no qual se inscreve este texto. Nele, vão concentrar, organizar e fluir todas as sensações provenientes do ato de leitura; não apenas as mentais de tensões e relaxamentos internos, de vazio ou plenitude, sentimentos de ameaça e segurança íntima, como as físicas da pulsação do coração, dos apetites, das dores ou dos sons. É aí que observamos a contribuição dos outros sentidos na leitura, além particularmente dos olhos, janelas pelas quais o texto entra. Em certos aspectos, é a ideia de Zumthor de que o leitor é também um performer, que sente as interferências da leitura no momento em que a está fazendo, que melhor se aproxima do conceito de concretização criado por Roman Ingarden.

A concretização de uma obra literária para Ingarden só é feita no ato da leitura. É quando o leitor se debruça sobre a obra e se envolve emocionalmente que ela finalmente aparece: sua completude, então, depende dessa apropriação comprometida e emocionada do leitor. A obra se faz quando desperta em quem lê as múltiplas vivências do prazer estético; inicialmente no nível intelectual, com as avaliações críticas que o leitor se sente capaz e propenso a fazer e, depois, de forma mais íntima, em sua alma. Sob o efeito da leitura, no momento em que ela acontece ou depois, o leitor acessa múltiplos sentimentos e afetos que já não fazem parte do grupo de vivências em que a obra literária é apreendida, mas que são formadores do seu repertório emocional. O texto o retém, o absorve através de suas belas imagens, automaticamente ele se extasia perante sua verossimilhança e, pronto, está feito: o leitor foi fisgado pela obra e se envolveu com ela. O sentimento final é equivalente ao da catarse na tragédia clássica.

Concretizar não é apenas dar forma ao propósito do autor (confirmar a consciência de quem cria), mas, como vimos, gerar uma interpretação e intenção inteiramente nova para cada leitor a partir de sua história e condições de recepção individuais. A obra é aberta (se pensarmos no conceito de Umberto Eco) e cabe à inventividade de cada leitor "preencher as suas lacunas". E o texto literário é cheio delas — algumas se abrem com mais facilidade e vivacidade para um ou outro leitor, outras mudam constantemente de lugar —, espaços em branco, interstícios a serem preenchidos que esperam uma intervenção externa para se cumprirem, se organizarem. É o leitor que, pelo menos por um instante, tem a sensação de ter ocupado esses espaços, sabendo que o caráter é provisório e que, em outro momento, reunirá os fios do mesmo texto de forma diferente. Para completar essas "passagens de indecisão", aquele que lê precisa usar a sua sensibilidade, suas características pessoais, sua bagagem de memória e outras leituras. Ao conjunto de normas sociais, históricas e culturais trazidas pelo leitor como bagagem para a leitura, Wolfgang Iser chama *repertório*, um sistema de normas extraliterárias que constituem o pano de fundo da obra. A leitura potencializa a união do repertório do leitor real e o repertório do texto (direcionado a um suposto leitor). O texto possui o caráter vivo e vibrante, o leitor aparece e o estabiliza momentaneamente, mas o ciclo da leitura só estará completo quando a vibração do texto passar para o leitor, estremecendo seu corpo e sua alma.

Toda a sensação de gozo, de prazer e de completude da arte reside nesse preenchimento provisório. O leitor encontra o texto, propõe suas próprias saídas, o reconstrói, se apossa dele, ainda que de forma temporária, transformando todas as palavras ali escritas como se fossem ditas e pensadas para ele. Em cada texto, estará presente o seu leitor momentâneo: seu cerne, sua visão particular e, também, sua capacidade de transformação.

> Diante desse texto, no qual o sujeito está presente, mesmo quando indiscernível: nele ressoa uma palavra pronunciada, imprecisa, obscurecida talvez pela dúvida que carrega em si, nós, perturbados, procuramos lhe encontrar um sentido. Mas esse sentido só terá uma existência transitória, ficcional. Amanhã, retomando o mesmo texto, eu o acharei um outro.[3]

A mágica de entender um texto está no fato de que, ao compreendê-lo, o leitor compreende a si mesmo. Lemos e automaticamente sentimos os efeitos daquele escrito em nosso corpo, nos nossos batimentos cardíacos ou nos centros nervosos que regem as nossas emoções. Uma voz interior, a nossa voz que compreende e acompanha o texto, transforma a estrutura acústica das palavras nos sons que vão nos tocar de forma diferente, em momentos diferentes. Essa recepção nunca é a mesma, muda de dia para dia, e se o texto não gera nenhum desejo em quem o lê de reconstruí-lo, de transformá-lo (transformando-se ao mesmo tempo), é porque não tocou imediatamente aquele leitor. Voltar ao texto no mesmo dia, dias depois ou tempos depois, pode fazer com que o leitor desperte, se interesse e dialogue com ele.

O prazer acontece no instante único em que a voz leitora conversa com a voz do texto. É a posse provisória, a sensação de que aquela obra foi produzida para nós que a lemos naquele momento e naquele lugar, que gera o prazer do texto: é o momento em que é dado ao leitor o dom de possuir todos os poderes relativos ao "eu". Naquele momento particular, por obra da ilusão ou não, o leitor é o deus que dá forma e recria o texto de uma maneira especial. A autoridade conferida a ele, ainda que transitória, é a sua maneira de amar o texto, de estabelecer um vínculo de sentimentos e opiniões. O leitor dá vida ao texto porque, enquanto está lendo, empresta energia vital a ele. Ambos estabelecem um diálogo renovador que faz com que o sangue circule, comunique e ressuscite os dois lados.

LIBERDADE

O ato da leitura está também repleto de qualidades que foram sendo conquistadas pelos leitores ao longo dos tempos, entre elas estão: a liberdade, as escolhas e a reflexão. A história da leitura é também um pouco a história da liberdade de leitura. Uma série de mudanças no formato do livro, nas posturas de leitura e no aprendizado dos leitores os levou pouco a pouco a adquirir mais liberdade. É possível observar através da iconografia, por exemplo, que, a partir do século XVIII, aparecem novas imagens de leitores: que leem ao ar livre, na cama, nos locais públicos ou andando. Em parte, a mudança tem relação com a leitura mais despojada do jornal, que no início tinha o tamanho parecido com o do livro e, depois, quando adquiriu o formato atual e a distribuição ampla, passou a ser dobrado, rasgado, lido por muitos e finalmente usado para empacotar lixo.

Outro fator que durante muito tempo restringiu a liberdade do leitor foi a leitura em voz alta, pública e feita para muitos. Aquele que lia o texto tinha um trabalho redobrado e meticuloso de atenção, não deveria produzir repetições ou pular grandes trechos, era necessário, muitas vezes, que fizesse uma leitura prévia para memorizar partes e encontrar o tom perfeito para a apresentação. Por seu lado, o leitor-ouvinte se torna dependente do leitor-intérprete, que parece assumir provisoriamente o papel de todos os leitores que estão na plateia. Dura função esta do orador:[4] distribuir um texto, buscar uma voz ideal para penetrar no interesse de um grupo heterogêneo de leitores. A liberdade também é roubada de cada um daqueles ouvintes: o que fazer com a vontade de retardar um trecho, voltar a outro, reler, sublinhar e dar sua própria interpretação conotativa ao texto? As leituras se tornavam dogmáticas, e alguns intérpretes passaram a ter a presunção de que estavam ensinando um público a ler e a interpretar.

Ler só e em silêncio. Poder adquirir um exemplar por um preço acessível. Ter um livro de tamanho e peso ideal entre as mãos e conseguir levar para qualquer lugar. Essas foram algumas das alegrias conquistadas pelo leitor com a privacidade do ato da leitura, com o surgimento de uma melhor iluminação noturna, com a passagem do pesado rolo ao *codex* e com o desenvolvimento da indústria tipográfica, franqueando a quantidade de títulos e o preço dos livros. Mas, sob certos aspectos, a liberdade só havia sido adquirida na leitura particular, a parte que cabe às leituras institucionais ainda continua muito controlada. Cabe aos professores a última palavra; às escolas literárias, a classificação dos escritores; e aos críticos, a análise reconhecida de obras. Essa tradição não é de hoje. Durante muito tempo, prevaleceu o método de ensino escolástico nas escolas, nas universidades, nos mosteiros e em outras instituições de ensino.

> Em essência, o método escolástico consistia em pouco mais do que treinar o estudante a considerar um texto de acordo com certos critérios preestabelecidos e oficialmente aprovados, os quais eram incutidos à custa de muito trabalho e muito sofrimento.[5]

O aprendizado, então, era composto por uma série de barreiras contra a liberdade de leitura. Poucos estudantes tinham dinheiro para comprar livros, só o professor possuía os exemplares e copiava o complicado conteúdo no quadro-negro sem dar explicações aos alunos. O método de ensino era baseado na memorização das regras (o aluno precisava sabê-las de cor) sem, no entanto, exigir a compreensão. Os alunos que não absorviam o conteúdo eram vítimas de castigo, muitos professores usavam uma vara de vidoeiro para "corrigir" os estudantes. Para completar, os estudantes não tinham acesso direto aos textos originais, que eram mutilados, resumidos, catalogados em trechos menores, ordenados previamente pelos professores que direcionavam as leituras para interpretações preestabelecidas. Paul Adam, em seu livro *L'humanisme à Sélestat*, destaca que foi Louis Dringenberg, em 1441, quando foi nomeado diretor da tradicional escola de latim de Sélestat, na França, que deu o primeiro grito de liberdade, ao abrir a discussão dos livros em sala de aula (dando abertura e voz aos alunos), ao ensinar e aplicar as regras de gramática sem obrigar os alunos a decorá-las e, finalmente, ao descartar os comentários tradicionais para ler o texto completo. Ao colocar os estudantes em contato direto com os textos clássicos dos Pais da Igreja, Dringenberg deu a eles um grau de liberdade jamais conquistado antes.

Dringenberg foi o primeiro de vários professores que adotaram o método humanista de ensino. Os alunos usavam cadernos de notas em que podiam registrar a progressão das lições e, como o leitor de hoje, fazer anotações nos espaços livres do texto (margens, cabeçalho e rodapé). O que esses cadernos indicam é que a leitura na escola humanista começa a ser encarada como uma responsabilidade de cada leitor. Os comentaristas, os censores, os antologistas e os tradutores ainda representavam uma autoridade crítica em relação aos textos, mas cabia ao aluno, ao leitor, articular aqueles textos para gerar interpretações pessoais. Para os professores, as reflexões produzidas em grupo nas épocas anteriores agora ficavam restritas ao gabinete e às bibliotecas. Para os alunos, o ato de leitura finalmente tinha sido conquistado como um direito pessoal.

Com essa mudança, a leitura canônica, atestada e esperada da obra perdia aos poucos o seu lugar. Os humanistas nos ensinaram que não existe uma última palavra em termos de leitura. Um crítico poderia debruçar-se sobre um texto e logo o ensaio proveniente deste estudo poderia ser dissecado, desestruturado, relido por um novo leitor ou outro crítico. Apareciam outras leituras menos assertivas, mais heterodoxas, desafiadoras e, talvez por isso, mais prazerosas. O sentimento de liberdade adquirido naquela época jamais abandonou o leitor: "[...] ainda agora, deleitando-me com um livro que certo resenhista condenou ou deixando de lado outra obra que recebeu muitos elogios, acho que posso recordar vivamente aquele sentimento rebelde", conta Alberto Manguel.[6] Estava decretado ali um direito que o leitor não renunciaria: não se apegar a escolas, não se prender a críticas, não se obrigar a encontros com autores que não amava. Sem vergonha ou pudores, entregar-se aos gostos mais absurdos pelas literaturas mais banais[7].

Uma vez ganha essa liberdade, ela se transformará em uma das bases da conquista do prazer pelo texto. Sem mais intermediários entre ele e o escrito, sem críticos, professores ou autoridades que digam como "deve" ou "pode" ser lido um texto, afastado desses olhos e ouvidos atentos, o leitor pode agora tecer os seus fios sobre a obra, caminhar pelo labirinto encontrando os próprios caminhos. Livre das amarras, ele impõe novos ritmo, tempo e espaço ao texto, que vão ser determinados pelo seu prazer. "O que eu aprecio, num relato, não é, pois, diretamente o seu conteúdo, nem mesmo sua estrutura, mas antes as esfoladuras que imponho ao belo envoltório: como salto, ergo a cabeça, torno a mergulhar."[8] Não se prender à apresentação proposta pelo autor, navegar com bússola própria pelo texto, interferir, escrever nas margens, desordenar, esses são alguns dos maiores prazeres do leitor.

O leitor encontra o desejo de ler quando se destitui de algumas regras: ler o livro inteiro, resenhá-lo, ter a obrigação de fazer um resumo ou uma redação com o tema principal, destacar as partes que exemplificam esta ou aquela escola. Atividades e tarefas que são exigidas dos alunos, mas impensáveis a um leitor hedônico. A nossa liberdade como leitores consiste em não prestar contas. E se depois encantados com as descobertas, quisermos compartilhar o prazer de nossas leituras espontaneamente, o tempo dirá. Sem dúvida, as primeiras leituras prazerosas são feitas como um ato de resistência: não para enquadrar-se, mas para rebelar-se. Daniel Pennac tem a opinião de que essa resistência é contra todas as contingências: as familiares, as profissionais, as afetivas, as culturais e as ideológicas. Mas talvez o mais importante seja ler contra a morte.

A atividade silenciosa e aparentemente passiva da leitura guarda uma das chaves da imortalidade. O segredo é que ela ajudou, em muitos momentos, uma série de leitores a manterem-se vivos. Os livros de Auden foram a força motriz que Brodsky usou para enfrentar o frio do círculo polar e a rigidez dos trabalhos forçados aos quais tinha sido condenado. Thibaudet sobreviveu, nas trincheiras das batalhas de Verdun, por deliciar-se com Montaigne. Primo Levi sobreviveu a Auschwitz porque sabia alemão e, como havia estudado química na Universidade de Turim, se ofereceu para trabalhar como assistente no laboratório de Burna. Mas o que o salvou foi recitar Dante ao seu amigo Pikolo, mantendo viva a língua italiana, o amor pela literatura e a memória dos tempos idos. Para o jornalista Jean-Paul Kauffmann, a única maneira de sentir-se em liberdade nos três anos em que ficou encarcerado no Líbano foi recuperar pela memória os poemas e romances dos quais mais gostava. Lendo e relendo os exemplares dos mesmos livros, ele redescobriu-os naquela situação limite, e a única meta que se impôs foi a de embriagar-se com os textos e as lembranças que deles provinham e não se ater a qualquer interpretação. Já estava preso em um lugar, queria passear pelos textos com liberdade. "Eu jamais tinha devorado (um texto) com tamanha intensidade. Esquecia a cela. Enfiado no fundo da minha leitura, produzindo em mim mesmo um outro texto. Fruição estranha, equivalia a uma reconquista provisória da liberdade."[9]

Em todos os exemplos dados acima, observamos que a leitura é o sopro de vida para homens que estão em momentos de trauma, sofrimento ou exílio e que precisam reconstruir-se. Esse ato clandestino empresta a eles uma sobrevida. Essa sensação de liberdade pode ser vivenciada no cotidiano pelo professor que lê um livro enquanto espera os alunos terminarem a prova, ou quando alguém busca o refúgio do livro contra as trovoadas da chuva, ou na hora de dormir que é adiada por conta do capítulo ainda não terminado, por uma linha ou duas que aguçam a curiosidade. A leitura, esta fuga dos compromissos. Como diria Daniel Pennac, o tempo da leitura é sempre um tempo roubado às obrigações de viver, mas que, como o amor, dilata o tempo de vida. É uma atividade considerada supérflua, mas que está, na verdade, no centro da arte de viver. Schopenhauer já arriscava que "seria bom comprar livros se, junto com eles, fosse possível comprar o tempo para lê-los".[10] (Mal sabia o filósofo que os livros, na verdade, aumentam nosso tempo de vida. Damos vida a cada livro que lemos, mas dele também recebemos um sopro dela.)

A atividade intensa e reflexiva da leitura se torna prazerosa pela rasura, pelas faltas. É no momento em que o leitor se permite ver as lacunas do texto (e eventualmente preenchê-las) e nele realizar brechas que se torna mais senhor do escrito e da leitura e pode extrair mais prazer de ambos. A princípio, essa conquista virá exatamente de atividades impensáveis para as tradições institucionais ligadas à leitura, mas fundamentais para instaurar a liberdade do leitor. Ele não deve se sentir atrelado à estrutura rígida do texto e pode se permitir alguns direitos sem os quais a tarefa de leitura não seria genuína. Não ler um determinado texto, não se sentir motivado a terminar um livro, pular páginas, capítulos ou trechos e abrir o livro ao acaso, lendo uma frase ou outra são incompletudes da leitura necessárias ao leitor. É preciso tirar dessa bela atividade o estigma de tarefa: nada precisa ser cumprido ou terminado. A leitura tem que ser vivida.

Há pessoas que simplesmente não leem. Algumas porque não querem "roubar" o tempo livre para dedicarem-se aos livros, outras porque não amam a leitura e usam o mesmo tempo para voltar-se a outras paixões. Há, também, aquelas que desistiram de ler e, ainda assim, cultivam um enorme remorso, embora nunca tenham retornado ao hábito. Há todos esses tipos de leitores. Mas os que estamos tratando aqui são os apaixonados: e estes também se dão ao luxo de ter a liberdade de comprar um livro e não ler. Anatole France tinha uma biblioteca grande e surpreendente. Quando algum visitante admirado vinha perguntá-lo se havia lido todos aqueles livros, a resposta era imediata: "— Nem sequer uma décima parte. Ou, por acaso, o senhor usa diariamente sua porcelana Sèvres?" Os livros estão ali pela perspectiva de que serão lidos, há sempre uma sensação de possibilidade dada pelo acúmulo. E, por outro lado, eles não têm pressa: esperam pacientemente pelo seu leitor. Alberto Manguel explica: "Não tenho nenhum sentimento de culpa diante dos livros que não li e talvez jamais lerei; sei que meus livros têm uma paciência ilimitada. Vão esperar por mim até o fim dos meus dias."[11] Será verdade? Acreditamos que sim.

Todo grande leitor vai possuir uma biblioteca que não leu por inteiro. É isso que dá a ele o equilíbrio entre o conhecimento e a ignorância, o que deve ser lembrado ou esquecido. Durante muitos anos, a biblioteca de Walter Benjamin tinha um crescimento modesto, o escritor prometera a si mesmo que não deixaria entrar um volume que não tivesse lido. Até que o amor aos livros e uma veia de colecionador começou a "importuná-lo", a inflação recaía sobre os livros e o medo de que as edições ficassem caras ou esgotassem fez com que ele começasse a adquiri-los sem um prazo de leitura estipulado. Todos nós, se somos grandes leitores, temos uma reserva de livros intocados. Eles estão ali escondidos em nossas estantes, em um canto de nossa oficina de trabalho e, às vezes, na fila de espera de nossa mesa de cabeceira. Não foram esquecidos, estão apenas esperando o momento em que participarão efetivamente de nossas vidas.

Ler apenas partes do texto não é sempre preguiça. Muitas vezes, acontece porque o tempo que temos é curto, porque estamos lendo outro livro que remete a um texto que não aguentamos de curiosidade para "dar uma olhada", nem que seja breve, ou por que estamos "fazendo hora" numa biblioteca que não é nossa, ou porque temos um prazo de entrega e o livro é emprestado. Ou seja, pelas mais inúmeras e diferentes razões. Pulamos partes porque nos enfadamos momentaneamente com o autor, porque não queremos nos perder nas descrições, porque a história de alguns personagens nos interessam mais do que a de outros. Barthes se impacientava com o "texto-tagarela", queria precisão, um pouco de malícia e certa eloquência: contemplava maravilhado um trecho, uma frase específica que contivesse a "exatidão maníaca da linguagem". Talvez porque invejasse o autor que conquistava tal qualidade. Encontrados a frase, o trecho ou o capítulo que o encantava, ele já podia fechar o livro, nada mais importava.

Barthes dizia que se deliciava em reler Proust porque todas as vezes que pulava trechos não eram necessariamente os mesmos. Eu me lembro de quando, pela primeira vez, li a *Odisseia* em trechos, buscando a formação dos principais mitos para um trabalho na escola e de como, no mesmo ano, entre resignada e arrependida, voltei ao texto não sem antes fazer uma longa pesquisa que me permitisse entrar na epopeia: queria ler toda a história, entender a inclusão de cada um daqueles mitos na trajetória de Ulisses. Mais tarde, voltaria várias vezes à obra de Homero sempre para consultas pontuais ou para revisitar um ou outro capítulo que mais me emocionavam na história.

O sentimento de culpa ocupou apenas a primeira leitura, nunca mais me inquietei com isso: o texto já me pertencia, eu tinha agora certa liberdade sobre ele. Algo parecido aconteceu com Daniel Pennac quando, com apenas 13 anos, foi estimulado pelo irmão a ler *Guerra e paz*. Pennac era então interno no colégio, e a maior alegria foi ganhar de presente o livro, que seria lido nas horas roubadas às noites de sono, embaixo das cobertas, com a iluminação precária de uma lanterna de bolso. O escritor confessa sem reservas que pulou páginas e que essa escolha não deixou de fazer de *Guerra e paz* uma leitura prazerosa e especial:

> Me interessei pelo amor e pelas batalhas, pulei os assuntos de política e estratégia... As teorias de Clausewitz passaram muito acima da minha cabeça, puxa! [...] Acompanhei de perto as decepções conjugais de Pedro Bezukhiv e Helena, a mulher dele ("nada legal", a Helena, eu achava que ela não era "nada legal") e deixei Tolstói dissertando sozinho sobre os problemas agrários da Rússia eterna.[12]

O importante é que a escolha de saltar algumas passagens venha do próprio leitor. As versões compiladas, resumidas e adaptadas são mutilações dos livros feitas por outras pessoas, leitores que apenas imaginam o que pode ser importante ou não.

Os romanos usavam o verbo *legere* ("colher") no sentido de ler. O leitor atento é aquele que colhe ao acaso os textos que gostaria de ler. Não há maior sensação de liberdade do que andar na própria biblioteca, escolher um livro qualquer e abrir numa página para ler um trecho. Qual não será a surpresa desse leitor ao se deparar exatamente com as respostas que procurava? Não será sempre que encontrará um livro de contos ou de pequenas frases. Às vezes, vai escolher um volume grosso e começar aí a leitura de um romance que só continuará nas próximas semanas quando finalmente dispuser de tempo. A colheita é momentânea, mas pode gerar frutos para o resto do dia ou da vida.

Nem sempre a leitura ao acaso de trechos de livros teve o caráter descompromissado dos dias de hoje. A partir do final do século IV, muito do poder oracular pertencente aos adivinhos passou a pertencer à palavra escrita. Helen A. Loane destaca no artigo "The sortes vergilianae" que era comum que governantes utilizassem passagens aleatórias da Bíblia ou dos poemas de Virgílio para prever o futuro. Constantino pediu para traduzir Virgílio para o grego e, com uma admirável "licença poética", adaptou o texto a seus propósitos políticos. O jovem Adriano, curioso sobre a opinião que o imperador Trajano mantinha a seu respeito, consultou ao acaso a *Eneida* e chegou à conclusão de que seria aceito, fato que depois se confirmou. Os livros não perderam a função de pequenos oráculos: é a eles que recorremos quando temos dúvidas, é em suas páginas que encontramos algumas respostas, e é, às vezes, o simples fato de lermos alguma frase ao acaso que nos dá a inspiração suficiente para escrevermos algo novo.

O leitor se apodera e reinventa o texto. Em alguns momentos, existem autores que reconhecem esse poder e se utilizam dele para escrever suas obras. Os livros são, então, concebidos como quebra-cabeças que esperam o leitor para realizar a montagem. Júlio Cortázar mostra, a princípio, um complicado sistema de leitura na abertura, semelhante a um quebra-cabeças, de seu livro *O jogo da amarelinha*:

Tabuleiro de direção
    À sua maneira, este livro é muitos livros, mas é, sobretudo, dois livros. O leitor fica convidado a *escolher* uma das seguintes possibilidades:

> O primeiro livro deixa-se ler na forma corrente e termina no capítulo 56, ao término do qual aparecem três vistosas estrelinhas que equivalem à palavra *Fim*. Assim, o leitor prescindirá sem remorsos do que virá depois.
>
> O segundo livro deixa-se ler começando pelo capítulo 73 e continua, depois, de acordo com a ordem indicada no final de cada capítulo.[13]

No entanto, Cortázar apresenta apenas dois "modos de usar", o leitor pode modificar a sequência dos capítulos como lhe aprouver. Cortázar estaria antecipando a liberdade do hipertexto? Ou simplesmente afirmando a já conhecida liberdade do leitor que há muito tempo trabalha sozinho, rearranjando o texto, transpondo barreiras e criando uma maneira particular de ler um livro? O *jogo* está proposto, mas há leitores que já estão nele desde sempre.

REFLEXÃO

O poder do leitor não está apenas na sua capacidade de reunir informações, ordená-las e catalogá-las. Fosse isso, ele seria um mero bibliotecário ou estaria agindo segundo as perspectivas de cada autor. A função leitora é mais inovadora e interessante do que isso: cabe ao leitor interpretar, associar e transformar os textos. Um estudioso nas escolas talmúdicas ou islâmicas é considerado capaz de converter a fé religiosa em poder ativo apenas pelo exercício da leitura. Para essas culturas, o leitor não tem necessidade da posse dos livros ou do acúmulo de muitos deles, mas precisa resgatar as experiências de algumas páginas e transformá-las em experiências novas através do ato de leitura.

Em seu estudo *A arte de ler*, o crítico Émile Faguet explica que o único princípio que se aplica a qualquer leitura é o de ler devagar.

Fora isso, não há nenhuma "arte absoluta de ler", e sim artes diferentes de acordo com os leitores e as obras. Ler devagar é preciso independentemente do teor da leitura: instrutiva, prazerosa ou crítica. Não necessariamente a primeira leitura de qualquer texto é feita com o ritmo mais lento, quase sempre ela é acelerada, precipitada. Depois, o próprio texto vai despertar no leitor o desejo de aprofundar-se, de ler se perguntando se compreendeu corretamente cada trecho e se a ideia com a qual se deparou ao fim da leitura é dele ou do autor. "É isso mesmo?", é a pergunta, segundo Faguet, que todo leitor deve ter na ponta da língua. Não porque precisa chegar às mesmas conclusões propostas pelo autor, mas porque deve correr atrás das próprias.

Nossa precipitação de leitores é explicável: queremos respostas imediatas para o nosso desconforto. Como leitores, quase sempre recorremos a um autor com a alma perturbada e dividida. Desejamos encontrar uma lição de vida inscrita em uma biografia, algo de verdadeiro dentro da ficção, uma epifania dentro da poesia ou a afirmação de nossos princípios políticos e ideológicos nos livros de história. Na verdade, precisamos buscar os autores com espírito livre. O segredo é nos aproximarmos deles sem ditar ordens. Nada de restrições ou avaliações prévias, críticas ou leituras de outros textos relacionados, a reflexão final deve pertencer unicamente a você, leitor. Jorge Luis Borges tinha uma receita para quem queria ler pela primeira vez *A divina comédia*: esquecer a escolástica, os críticos, as alusões mitológicas e o uso de Dante de alguns versos de Virgílio e mergulhar unicamente no relato. Virgínia Woolf também acreditava que é apenas submergindo de verdade no texto que o leitor encontrará o que o autor está tentando oferecer a ele.

O ato de ler está diretamente ligado ao desejo. O leitor é acometido de uma curiosidade que não pode esperar o dia seguinte. Então, depende do que ele encontra por lá a desistência ou a continuidade na leitura. É como Alice que passa através do espelho e perde-se no que encontrou do outro lado, vive cada uma daquelas aventuras se questionando se são verdadeiras ou não, mas participando delas. O leitor deve perder-se, é o seu voto de confiança ao texto. No entanto, o ato de leitura não é apenas aventura inconsequente, existe nele uma responsabilidade. Não há leitura sem comprometimento. A liberdade existe na escolha, na forma de caminhar pelo texto, de escolher lugar e tempo para lê-lo, entretanto, espera-se mais do leitor: ele precisa comparar e aí está sua dose de compromisso.

A primeira parte do procedimento da leitura é a de receber as impressões, manifestar a vontade de entendê-las, reuni-las na mente e eventualmente pesquisar as intenções do autor. No entanto, para usufruir integral e prazerosamente do que um texto tem a oferecer, seu leitor precisa completar esse procedimento indo além dos juízos resultantes dessas variadas primeiras impressões. Julgar, comparar e refletir deve ser o segundo passo de leitura depois da primeira recepção: fruto da revoada de pensamentos e sentimentos que nascem do escrito. Eles aparecem desajustados, desordenados e em grande quantidade, por isso, é preciso esperar um pouco, deixar o texto decantar, não refletir imediatamente.

> Aguarde que a poeira da leitura abaixe; que o conflito e as indagações se aquietem; caminhe, converse, amasse pétalas murchas de uma rosa, ou durma. Então, de repente, sem que ansiássemos por isso, pois é assim que a Natureza se encarrega destas mudanças, o livro retornará, mas de forma diferente. Ele virá à tona do entendimento como um todo.[14]

Mesmo sem fazer todas as etapas que Virgínia Woolf sugere, se der tempo ao tempo, o leitor, invariavelmente, terá a sua revelação sobre o texto. E ela, muitas vezes, não virá de uma reflexão direcionada ou forçada, mas de um pensamento inesperado que atuará — silencioso e tranquilo — no seu inconsciente.

Schopenhauer[15] via na atividade da leitura uma espécie de ruminação, ligada à metáfora da alimentação. A ruminação permitiria assimilar o texto lido como o corpo incorpora o alimento, não porque o come, mas porque o digere. O filósofo acreditava que, para o conteúdo da leitura criar raízes e não se perder, era necessário que o leitor refletisse mais tarde a respeito do que leu. Caso contrário, assim como na alimentação, as chances de absorver os benefícios da leitura se reduziriam drasticamente. Voltar ao texto, refletir sobre ele, compreendê-lo é uma maneira de fazer a digestão completa. O leitor precisa, principalmente, criar o seu tempo de ruminação e jamais se deixar empanturrar por uma quantidade muito grande de informações.

A leitura não é um ato finito. Depois de fechado ou mesmo terminado o livro, o leitor precisa continuar lendo o texto, degustando-o. É dessa reflexão ou de uma leitura posterior que decorrem as mais saborosas descobertas. A maior prova de maturidade no ato de ler é quando o leitor começa a desenvolver uma argumentação própria — sólida e permanente — baseada em outros textos ou no próprio pensamento. A maturidade chega quando ele absorve o texto que está a sua frente e outros com abrangência e compreensão suficientes para começar a fazer comparações vivazes e esclarecedoras. Marina Colasanti lembra-se perfeitamente do momento em que se operou nela a mudança do leitor desavisado para o leitor reflexivo. A escritora usa uma bela metáfora, a das águas rebeldes da corredeira, para explicar sua experiência de leitora. Quando era mais nova, descia a corredeira num bote, sem controle da embarcação, batendo de um lado para o outro, emocionada, esperando que a qualquer momento a narrativa a levasse a despencar em uma cachoeira. Na época, não usava lápis por temor de invadir o espaço sagrado do livro: não se sentia à vontade para interagir com o texto, não imaginava que sua opinião pudesse ter lugar ou valor.

Quando finalmente passou a usar o lápis para escrever e interferir no texto, ela se transformou em outra leitora. Uma leitora reflexiva, pronta para discutir com o autor nas margens, nos cabeçalhos e no rodapé.

> Não desço mais, entregue, nas corredeiras. Sou seu vigilante. Analiso a força das águas, sua direção, sua profundidade. [...] Mas a qualquer remanso indevido, a qualquer turvação, minhas orelhas se erguem atentas, meu lápis se apoia na margem. Anoto, controlo. Por um instante não estou sendo levada, botei um pé para fora do bote.[16]

Marina encontrou no lápis o seu porto seguro, sua âncora. O que não significa que não esteja pronta ou interessada em molhar-se ou mergulhar mais fundo. O encanto da aventura permanece o mesmo, mas a leitora agora está com o colete salva-vidas. E se naufragar não está sozinha, conta com a companhia do autor. Ele não é mais aquela figura tirana e distante, mas um amigo próximo com o qual é possível ter conversas tão longas que não cabem nas margens do texto. "Não estou mais lendo sozinha como lia. Estou lendo por cima do ombro dele."[17]

O autor nos convida. Cabe a nós receber o chamado e entrar com segurança no texto. A partir daí, o leitor pode entrar em total acordo ou questionar tudo: a narrativa pode transformar-se na coisa mais simples a que já teve acesso ou num tremendo desafio aos seus pensamentos e princípios. Os juízos errados vão acontecer, nenhum autor está livre disso, mas o leitor pode voltar, arrepender-se, apagar o comentário ou a crítica que havia feito e que, com o desenrolar da leitura, não fazia mais sentido. Na leitura reflexiva, cabe ao leitor cumprir uma negociação com o escritor ao fim do livro: ele precisa prestar contas de sua interpretação; prestar contas não por obrigação, mas por gosto, por desafio. Aí está o convite.

Segundo Virginia Woolf, para desenvolver uma boa leitura reflexiva, o leitor carece de qualidades raras: julgamento, imaginação e *insight*. Mas não é apenas isso. É preciso mais. O envolvimento crítico com o texto pede uma postura ativa, transformadora e indagadora em relação a ele. O que significa que o leitor não deve apenas criticar se não estiver disposto a construir algo novo a partir da crítica ou da comparação. A tarefa de refletir sobre a leitura é bastante complexa e, por mais que o esforço de um leitor seja muito particular, podemos concluir que a reflexão é um avanço que ele fará de acordo com suas capacidades. Pegar o próprio bote, passear no curso do texto sem se deixar levar pela forte correnteza e com o direito de pará-lo assim que for necessário é uma conquista se não essencial para história da leitura, fundamental para a história de cada leitor.

As escolhas

Um livro só é nosso na medida em que nos apropriamos dele. Temos que escolhê-lo e entender de que maneira ele faz sentido em nossa vida. André Breton, em *Os vasos comunicantes*, faz uma análise de um sonho para, através das pulsões profundas, chegar a uma solução, apontar uma saída a que ele não havia chegado pelo caminho consciente. Neste texto, Breton explica que o espírito tem uma facilidade para captar uma relação, mesmo que tênue, entre dois objetos tomados ao acaso. A leitura também consegue estabelecer pontes significativas entre a matéria das experiências de vida do leitor e o material simbólico que lhe é apresentado. Como por encanto, ela interpõe algumas palavras entre o leitor e a realidade que fazem com que o mundo se torne mais habitável. Um livro é capaz de provocar um eco na capacidade psíquica do leitor.

As escolhas, então, vão ser completamente pessoais e orientadas para os autores que nos emocionam, que moveram determinadas peças do inconsciente e, com isso, nos ajudaram a compreender e direcionar melhor nossas vidas. Para cada leitor, um livro importa na medida em que tem uma ligação especial com sua existência. Levando em conta que a escolha é feita baseada em cada experiência pessoal, o mesmo livro pode ser único para cada leitor. Há uma diferença entre o leitor que se aproximou de um livro simplesmente porque ele é um clássico e outro que se apropriou do mesmo livro por obra do instinto, da emoção e do entendimento. O segundo não pensa na obra como objeto de prestígio e sim como uma tradutora de uma experiência própria. Para ele, apropriar-se do livro, escolhê-lo, sempre terá o sabor da descoberta e, como descobridor, não importa a ele que outros tenham caminhado pelo mesmo território. Importa que, para ele, seja a primeira vez:

> Ser o primeiro a entrar na gruta de Circe, ser o primeiro a escutar Ulisses dizendo-se Ninguém, eis o desejo secreto de todo leitor, atendido uma e outra vez, geração após geração, sempre que alguém abre a *Odisseia* pela primeira vez.[18]

É uma espécie de direito à primeira noite: aquela sensação que só sentimos quando estamos visitando um livro pela primeira vez e que faz dele um objeto apenas nosso. Não existe leitor que não encontre em alguma época da vida, em um livro, clássico ou não, uma frase, um trecho ou uma palavra que funcionarão como um sortilégio capaz de assegurar a sua posse sobre o texto. Em algum momento, ele encontrará essa página, que permanecerá imaculada por obra do acaso e passará a ser sua, como um tesouro há muito tempo guardado e só revelado no momento propício.

Às vezes, o próprio autor convida o leitor a esse lugar, dá a ele o gosto de uma leitura particular. Cervantes começa o seu *Dom Quixote* com o vocativo "Desocupado leitor". Enquanto estivermos lendo aquelas páginas, seremos o companheiro com quem o autor gentilmente conversa, participaremos das aventuras do engenhoso fidalgo, nos tornaremos, pelo tempo de nossa leitura, personagem participante da história, aquele necessário para a aventura acontecer. Cervantes nos chama: ele fala a nós. Neste momento, o escritor está nos dedicando o seu livro, explicando as possíveis falhas da obra, dividindo os fatos de sua composição. E, mesmo quando o autor não nos convida, há algo em nós que diz — pela aproximação com um personagem, um trecho entrevisto ou um vício de linguagem — que ele sempre foi nosso companheiro. Ou porque crescemos ouvindo o nome de determinados autores, ou porque entramos em contato, desde cedo, com a memória visual de seus livros, eles são pessoas tão próximas e participantes de nosso cotidiano como a família ou os amigos.

A escolha desses autores é também herdada. Seja por ouvir um adulto da família que gosta de declamar poesia, por passar as noites escutando um determinado repertório de histórias pela voz materna ou pela lembrança de um parente que, sempre no momento das refeições, comentava um livro, o leitor herdará uma constelação de escritores que fará parte de uma família também grande e amada: a de seus autores preferidos.

Para Jean-Paul Sartre, os livros foram eternos companheiros. O filósofo dizia que havia começado sua vida e provavelmente iria terminá-la entre eles, mal sabia ler e já referenciava esses objetos de papel e capa dura. Os livros estavam em todos os lugares em que viveu. Na casa do avô, onde morou quando era criança, a biblioteca tinha os volumes austeros apenas manuseados pelo patriarca. A mesma casa abrigava as revistas e os romances açucarados lidos por sua mãe e a pilha de livros com folhas flexíveis, brancas e brilhantes que sua avó pegava de empréstimo nas bibliotecas ambulantes. Três tipos de leitura completamente distintos e que o marcaram e influenciaram de alguma maneira. Mas era no cômodo da biblioteca de seu avô, Charles Schweitzer, que ele seria apresentado primeiramente aos livros e, na falta de uma imagem que retratasse os autores, "personificava" nos volumes sua expectativa em relação a eles:

> A meus olhos não se achavam mortos; pelo menos, não inteiramente; haviam-se metamorfoseado em livros. Corneille era um gordo rubicundo, rugoso, com lombada de couro que cheirava a cola. Esse personagem incômodo e severo, de palavras difíceis, possuía arestas que me feriam as coxas quando o transportava. [...] Flaubert era um pimpolho guarnecido de rendas, inodoro, pontilhado de sardas. Victor Hugo, o múltiplo, aninhava-se em todas as prateleiras ao mesmo tempo.[19]

Esses livros podiam ainda não falar muito sobre que leitor Sartre se tornaria, mas muitos deles estariam mais adiante em sua biblioteca, porque a biblioteca pessoal é o conjunto de livros que conta a história de seu leitor. Essa coleção não era a história do pequeno Jean-Paul, que ainda estava para ser escrita, mas inegavelmente era a de seu avô, do qual herdou uma série de gostos. Muitos dos livros com os quais entrou em contato nessa primeira biblioteca apareceriam na última, em seu apartamento em Paris.

Walter Benjamin, ao se mudar na década de 1930 definitivamente da Alemanha, precisou desempacotar as caixas com os livros de sua biblioteca. A partir do ambiente coberto de pó de madeira e da desoladora visão das caixas abertas, o autor convida o leitor a fazer um passeio pela sua vida através dos livros que está reencontrando no belo ensaio "Desempacotando minha biblioteca".

Benjamin tornou-se um colecionador, mas na época em que ganhara os dois álbuns de figurinhas de sua mãe não sabia que eles se tornariam a raiz de uma coleção infantil que alenta em paralelo à sua coleção principal. Esses álbuns são uma herança e não há maneira mais pertinente de começar a formar uma biblioteca do que por eles. A atitude do herdeiro é a de responsabilidade sobre os bens que recebe de algum ente querido e, talvez por isso, os álbuns tão antigos não tenham sido descartados durante tantos anos de coleção e de formação da biblioteca de Benjamin. Mas esses volumes, junto com quatro ou cinco da época de infância que agora compõem o acervo, são também formadores daquele primeiro leitor, o que Benjamin carregara até aquele momento dentro de si: fizeram parte da pequena coleção de livros que ele tinha em seu quarto de criança, são a lembrança viva daquele tempo. Junto com eles, outros foram se acumulando para formar o perfil do leitor adulto. Esses livros testemunharam, sob a posse do mesmo proprietário, outras bibliotecas: a do cantinho que alugou como estudante em Munique, do quarto que viveu em Berna ou da casa onde o autor se hospedava perto do lago de Brienz em completa solidão. O conjunto de lugares e as lembranças ligadas a eles fazem parte daquela reunião especial de livros e daquele leitor.

A biblioteca é uma biografia, e as escolhas dos mestres e dos escritores que o leitor quer declarar seus dirá muito sobre quem ele é ou a que anseia. Alberto Manguel garante que um observador arguto de sua biblioteca pode saber quem ele é explorando pequenos detalhes: a grande quantidade de obras de Robert Louis Stevenson, a edição em frangalhos que guarda dos poemas de Blas de Otero, a grande seção composta de literatura policial ou o fato de haver muito mais Platão do que Aristóteles. Segundo Sêneca[20], ao contrário do genético, o parentesco literário de cada leitor é estruturado por ele: é de sua responsabilidade escolher os próprios pais, construir sua genealogia, inventar o seu passado. O leitor pode participar de uma ou de várias famílias e não só adotar o nome, mas também a herança desses escritores: guardar o que aprendeu com eles na memória sem ter "espírito avarento", porque essa família vai se tornando cada vez maior, quanto mais pessoas compartilharem dos livros.

Toda biblioteca é uma espécie de lar; famílias que nos adotam, escritores que nos acompanham e dão a sensação de que estamos sempre entre pessoas queridas mesmo quando nos mudamos de casa ou país. De todas as histórias da *Odisseia*, não há nada, para Alberto Manguel, mais comovente do que a chegada de Ulisses ao seu lar, é o ponto de partida e o destino do personagem: motivo pelo qual ele empreendeu toda a aventura da viagem. O livro é feito de surpresas e de seres encantados, passam pelo caminho de Ulisses sereias, ciclopes e feiticeiras, mas o percurso é todo feito para chegar ao reconhecimento: a casa, a mulher que o espera, a visão familiar do litoral e o cachorro que morre emocionado aos pés do dono. "O que há nesta volta ao lar? Poderíamos dizer que percebemos o mundo de dois modos diversos — como terra estrangeira ou como lar —, e que nossas bibliotecas refletem essas duas visões opostas."[21] Isso porque, em parte, nos permitem caminhar como andarilhos entre os livros, vagando ao acaso, consultando volumes que podem ou não nos trazer respostas, em parte, porque nos dá a sensação de pertencimento, de conforto, como se fôssemos viajantes de retorno. Os livros estão vivos dentro de seu leitor, ou melhor, o leitor vive um pouco dentro deles.

Em princípio, tendo conseguido acumulá-los ou não, todo leitor é formado pelos livros que já leu. Quando Marina Colasanti entrou no seu primeiro emprego no *Jornal do Brasil*, ela não sabia que trazia consigo para sua experiência na redação não apenas lápis, caderno e vontade de aprender, mas uma série de escritores que seriam seus companheiros no dia a dia. Ela não desconfiava, mas eles ajudariam a forjar o espírito da jornalista curiosa e da escritora talentosa que estava para nascer.

> Na hora eu não ouvi, nem meus colegas. Mas depois soube que comigo haviam entrado o menino Tom e o índio que o perseguia, os acordes do capitão Nemo ao órgão, o silêncio na cabeça de Ulisses enquanto via as sereias cantarem, o soprar do vento que colou a folha nas costas de Sigfrido, os rebanhos de carneiros em transu-

mância na Provença Giono, as pegadas dos capitães na areia, uma galinha perseguida num domingo pela mão de Clarice, uma pedra no meio do caminho, o diabo no meio do redemoinho, uma *madeleine*, uma barba *índigo blue*, um gato de botas.²²

Nós, leitores, seremos julgados pelos livros que escolhemos e lemos em vida. Não apenas em nossas relações pessoais, como intelectuais ou profissionais. Virgínia Woolf contava um sonho que tinha frequentemente: no dia do Juízo Final, quando os grandes homens, heróis, vencedores, advogados e estadistas vierem ganhar os seus prêmios e lauréis, aparecerão também os leitores com seus volumes preferidos debaixo dos braços. E Deus, não sem uma ponta de inveja, dirá a São Pedro que os últimos não precisam de nenhum prêmio porque já o trazem consigo.

Os escritores: esses nossos companheiros

Michèle Petit conta, em seu livro *A arte de ler*, a história de um homem que se enamorou de Balzac a tal ponto de sentir-se companheiro e amigo do escritor. Aos poucos, ele foi atraindo a mulher para a mesma paixão. Passaram a tentar compartilhar os momentos que eram do escritor. Os presentes trocados durante as festas tinham uma relação com o autor, as férias do casal passaram a ser pensadas para visitar, explorar e conhecer lugares balzaquianos, ou que apareciam em seus romances, ou pelos quais o autor teria passado. As cartas pessoais e a biografia de Balzac foram dissecadas pelo homem até que ele se apegasse a um detalhe: a obsessão do autor pelo assunto do dinheiro, suas dívidas inacreditáveis, suas perdas monetárias. Era quase como se Balzac contraísse dívidas para escrever. De uma maneira ou de outra, essas leituras ajudaram o leitor a superar a morte trágica do próprio pai, homem relacionado ao mercado financeiro e que, durante toda sua vida, esteve ligado ao dinheiro.

O narrador do livro *Le froid: une mise en quarantine*, de Thomas Bernhard, fica gravemente doente com tuberculose e encontra um companheiro para sua recuperação em Dostoiévski ao ler *Os demônios*. Na situação limite, o leitor explica que foi confrontado com a monstruosidade das personagens de Dostoiévski e, como se tivesse sido despertado pelo livro, desenvolveu forças para encontrar uma saída e alentar sua recuperação. Essa obra literária, ao mesmo tempo "furiosa e grande", o havia modificado, transfigurado em herói. Foi também Dostoiévski que me acompanhou nas noites mais frias e solitárias que passei em Portugal. Em apenas alguns dias, tornara-me cúmplice de Raskolnikov, sofria por ele, temia que fosse descoberto: com a respiração presa e o aconchego das cobertas, eu mergulhava na história. O mesmo autor arrancara suspiros, noites sem dormir e anseios da jovem Marina Colasanti. "Que furacão na minha alma quando encontrei Dostoiévski! Eu ansiava o dia inteiro pelos momentos em que iria me encontrar com ele. Foram meses e meses de neve, sofrimento e nomes cheios de consoantes."[23] O autor foi um companheiro fiel e distinto para cada um desses leitores, em momentos e situações diferentes.

É sempre aos escritores, nobres conselheiros, que recorremos cheios de indagações, como os homens antigos se dirigiam aos oráculos, na esperança de extrairmos respostas. Eles são capazes de organizar a confusão que encontramos em nós. Virginia Woolf tinha os seus conselheiros: Coleridge, Dryden e Johnson, os poetas e os romancistas clássicos eram aqueles, para ela, capazes de iluminar e solidificar as ideias vagas e desordenadas que acossavam a sua mente de leitora. Mas admitia que os autores "nada podem fazer por nós se nos curvarmos sob suas autoridades e deitarmos como à sombra de cercas vivas."[24] É preciso uma honestidade do leitor para saber-se perdido em um mar revolto e usar como bússola os grandes escritores: os clássicos sempre vão garantir a ele uma boa travessia.

Um leitor busca um determinado livro porque gosta ou se identifica com um vocabulário imaginário que ele lança. Mas existe também a escolha confortável de um autor específico porque ele é o maior companheiro do leitor naquele momento ou de um gênero literário, porque ele melhor se adequa à situação pela qual o leitor está passando. A livreira Samia Benramdane[25], antes de sonhar em ter essa profissão, vivia na cidade de Nanterre na época dos barracos. Para tentar fugir da triste realidade que a circundava — a pobreza, o tédio, a infelicidade e a droga que dominavam os condomínios populares —, isolava-se durante algumas horas na biblioteca municipal. Sade, Dostoiévski, Mahfouz e MacCullers foram os seus companheiros: levaram-na em viagem para longe daquele mundo.

Talvez seja por isso que a dobradinha livros/viagem tenha dado sempre tão certo: eles são os principais companheiros para as viagens interiores, as imaginativas e as geográficas. Escolher um livro para fazer companhia em período curto ou longo de deslocamento é dividir uma experiência única e especial com um amigo. Alberto Manguel lembrava-se de uma tia, que vivia em Buenos Aires, que escolhia os livros que iria levar para uma viagem com o mesmo cuidado com que separava o que levaria na valise de mão. Ela acreditava que o volume que tinha nas mãos diria muito sobre que tipo de viajante era ela: não embarcava acompanhada de Romain Rolland porque achava muito pretensioso, nem seguia para seu destino na companhia de Agatha Christie para não parecer vulgar. Construiu um manual de leituras aceitáveis para cada tipo de viagem:

> Camus era apropriado para uma viagem curta. Cronin para uma longa; um romance policial de Vera Caspary ou Elley Queen era aceitável para um fim de semana no campo; um romance de Graham Greene era adequado para viagens de avião ou navio.[26]

Os livros atribuem um simbolismo aos seus leitores muito mais complexo do que a posse de qualquer objeto. Eles são uma marca, um sinal de aliança, uma insígnia que os viajantes carregam.

Quando Robinson Crusoé naufragou próximo a uma ilha deserta do Pacífico Sul resgatou de seu navio ferramentas, alimentos, tinta, papel e penas para escrever e, (pasmem!) uma coleção de livros. Depois de saciado com os alimentos e tendo usado as ferramentas para construir um abrigo, ele preocupa-se com as refeições da alma e parte para a leitura dos livros escritos em português, dos folhetos de orações e da Bíblia. Um náufrago está acompanhado se possui livros; eles garantem que não morra de inanição imaginativa. O pavor da morte que assombra um náufrago é parecido com o que Walter Benjamin detecta nos leitores que leem no trem: eles têm medo de chegar atrasados, medo da solidão da cabine, medo de perder o transbordo ou da estação desconhecida. O antídoto? Leitura. De preferência a leitura de romances policiais, um medo anestesiará o outro. O leitor ficará tão absorto no perigo que emana da narrativa que esquecerá os próprios temores. Ali, acompanhando a viagem, dividindo a cabine e observando as estações estão Sherlock Holmes e seu perfumado cachimbo, inspetor Auguste Dupin lendo o seu jornal e Hercule Poirot cofiando vagarosamente seu bigode. Os poemas, os romances e os autores que estão entre os nossos "amigos" mais próximos nos farão companhia no momento em que não tivermos mais livros ou não pudermos mais ler.

Para cada situação, lugar ou momento, um livro. O que fez a felicidade de um leitor, provavelmente, pode angustiar ou entediar o outro. E as diferenças acontecem porque os leitores têm idades, sexo, gerações, contextos sociais e culturais diferentes. A história de vida de cada um vai ser determinante para a escolha de seus livros: todo leitor encontrará numa narrativa, num relato, numa frase ou numa biografia uma revelação ou saída que poderá ajudá-lo a dar sentido à própria vida.

> Para unir certas escolhas *a priori* espantosas, poderíamos imaginar pontes: para quem está às voltas com a adversidade, a solidão e determinação do herói lhe devolvem sem dúvida algum eco, quer este enfrente os elementos da natureza como Mermoz, a administração colonial e o oceano como a mãe de *Barragem contra o Pacífico* [...], quer este se encontre na linha de frente do combate revolucionário, tal como o herói soviético de Ostrovski.²⁷

Mas essas são apenas prospecções: nunca saberemos ao certo por que um leitor procurou um determinado autor como companheiro e não outro. Cada leitor tende a se refugiar nas obras que melhor conhece ou nos autores que mais gosta. Ler é retomar ou descobrir circunstâncias de conforto, é encontrar algo que acompanhe a situação que se está vivendo ou simplesmente sirva como ponto de fuga e sonho.

Um texto pode ter diferentes interpretações, compreensões e usos por diferentes públicos e leitores. Existem três momentos na história de um texto: o da produção, o da transmissão e o da apropriação. Vimos que a figura do leitor pode estar associada a esses três tempos. A leitura é sempre a apropriação inventiva da obra ou do texto. É com ela que o leitor inventa, refaz e produz significados. Michel de Certeau constrói uma bela imagem deste leitor: "É um caçador que percorre terras alheias." Ao passar por ele, o texto tem uma nova apreensão, diferente daquela que o editor, o comentarista e até o autor, criador primordial, deu. É isso que faz de cada leitura uma apropriação única do texto, e, claro, para essa apropriação, contribuem também as competências, convenções e códigos da comunidade a que pertence cada leitor.

Loucos por livros: a bibliofilia e os seus efeitos

É claro que existem diferentes tipos de leitores. Alguns leem ocasionalmente, outros só para preencher o tempo livre, há ainda um terceiro tipo que se concentra apenas nas leituras importantes para trabalho. Mas vamos nos ocupar aqui dos leitores apaixonados, daqueles que gostam do livro como objeto, que saboreiam o cheiro e a textura das páginas, que montam bibliotecas reais e imaginárias. Para esses, mais do que para quaisquer outros, a perda da visão está associada à falência de seu principal prazer: o olhar sobre o texto. A perda da nitidez daqueles caracteres mágicos que preenchem a página em branco significa também a perda da chave encantada que abre o mundo imaginativo dos livros. O "mundo de papel".

Cuidar dos próprios olhos sempre foi uma condição vital para a manutenção desse ato-hobby. Desde sempre, os excessos da leitura acabavam gerando algumas deficiências visuais, e o uso dos óculos passou a ser necessário para a maioria dos leitores e escritores vorazes. Santa Luzia é a responsável pelo cuidado e preservação dos olhos. Na iconografia cristã, ela é representada com um par de óculos numa bandeja. Os óculos foram, durante muito tempo, a esperança dos leitores que deixavam de enxergar. São vistos como o principal sinal da leitura e são também os segundos olhos dos leitores, que, com a visão deficiente, podem tirá-los e colocá-los novamente quando decidem mergulhar ou emergir do seu "mundo de papel".

A metáfora do "mundo de papel" é aqui usada baseada na novela *Mondo di carta*, de Luigi Pirandello, em que o professor Balicci, personagem principal, acaba ficando cego de tanto ler. Paga com a perda da visão a sua voracidade pela leitura e a sua paixão por colecionar livros. Com óculos de lentes grossas inseparáveis, ainda que inúteis, e sempre com um livro nas mãos, Balicci se esforça para realizar a sua tarefa preferida sozinho, retira os óculos, aproxima o rosto do livro como se fosse mastigar as palavras.

> Buscou pelo tato um livro, pegou-o, abriu-o, então afundou o rosto nele, primeiro com os óculos, depois sem, como tinha feito naquele dia dentro do carro; e se pôs a chorar dentro do livro, silenciosamente.[28]

Essa rotina se repete várias vezes na novela. O professor Balicci não se conforma com a perda da visão e a impossibilidade de visitar o seu mundo de papel. Condenado à cegueira exatamente pelo vício da leitura, mesmo alertado pelo oculista de que deveria parar de ler, Balicci não consegue obedecer ao médico nem quando para de enxergar completamente.

O relato pessoal do personagem encarna as histórias de vários bibliófilos: logo que aprendeu a soletrar, Balicci ficou refém da "mania furiosa" da leitura. Criado por uma senhora que o amava como a um filho, comprava aos poucos livros e mais livros que se amontoavam pela casa, numa desordem que apenas ele próprio entendia. Adquiriu livros até se endividar e, quando já não podia mais comprá-los, relia os velhos com o mesmo interesse e sofreguidão da primeira vez. Tinha o hábito de saboreá-los, mesmo nas leituras repetidas, da primeira à última página, "ruminando", como já apontara Schopenhauer:

> E como aqueles animais que por defesa natural absorvem a cor e a qualidade dos lugares e das plantas em que vivem, assim, pouco a pouco [Balicci] foi se transformando em homem quase feito de papel: no rosto, nas mãos, na cor da barba e dos cabelos. Descia gradualmente todos os níveis da miopia, em alguns anos já parecia que ele comia os livros, materialmente mesmo, de tanto que aproximava seu rosto a eles para ler.[29]

A paixão do professor era tal que chegou a se mimetizar com os livros. E todo o seu mundo, arrumado numa ordem perfeitamente particular, precisou ser reordenado em função da sua cegueira.

Miopia, óculos, deficiências pequenas ou graves, lesões sérias por leitura em pouca luz, todas são "enfermidades" provenientes do excesso e da paixão pelos livros. Os óculos — presentes frequentemente na paisagem de leitura, localizados numa escrivaninha, em cima do livro ou na mesa de cabeceira — se transformaram no principal símbolo do ofício do leitor. Um sexto de toda a humanidade é míope, muitos outros têm problemas de vista ou visão fraca. Personalidades como Lutero, Aristóteles, Goethe, Keates, Schopenhauer, Unamuno e James Joyce, que dependiam da leitura para suas produções intelectuais, tinham dificuldades de enxergar. Durante os muitos séculos anteriores à invenção dos óculos, os leitores precisaram penetrar em textos nebulosos, opacos e escuros; depois que eles apareceram foi possível ler páginas inteiras sem grande esforço.

A escuridão era o principal obstáculo a ser vencido. Os leitores medievais tinham os seus olhos postos à prova constantemente, eram obrigados a ler em salas que viviam escurecidas: no verão, para afastar o calor; no inverno, pela escuridão natural. As janelas eram sempre pequenas para que as correntes de ar frio não pudessem circular, em compensação bloqueavam a entrada de luz. As tarefas associadas à leitura estavam, então, condenadas à gradual perda de visão. Os escribas precisavam realizar o seu trabalho em meio a grandes adversidades: costas encurvadas, pouca luminosidade, dor nos rins e muito cansaço eram as principais queixas que tinham. Era como se a luz se extinguisse dos olhos à medida que avançavam pelo conteúdo do livro.

A maioria dos leitores com deficiência visual não tinha outro artifício senão dispor de alguém que lesse para eles em voz alta. Até que, em algum momento no final do século XIII e início do XIV, o destino deles mudou com a criação dos óculos por um inventor que ainda permanecia anônimo. O fato é que a invenção dava uma sobrevida a olhos doentes, olhos que com essas lentes podiam ainda ter acesso ao mundo dos livros[30]. Descartes, em seu *Le Traité de passions*, explicava as vantagens desse aparelho de leitura:

> Toda a administração de nossas vidas depende dos sentidos, e, uma vez que a visão é o mais abrangente e o mais nobre deles, não há dúvida de que as invenções que servem para aumentar seu poder estão entre as mais úteis que possa haver.[31]

Até a metade do século xv, os óculos de leitura eram um artigo de luxo, principalmente porque poucas pessoas tinham acesso ao livro. Com o advento da imprensa, a leitura passou a ser uma atividade franqueada, mais leitores apareceram, o que acabou barateando o custo do acessório. Com o tempo, os óculos passaram a ser o símbolo do intelectual, do bibliotecário, do erudito. No final do século XV, a relação entre a atividade da leitura e os óculos era óbvia, mas a sua imagem também estava ligada aos excessos de uma tarefa que, embora tivesse muito prestígio, era também bastante repreensível. A atividade da leitura representava o isolamento egoísta do leitor num mundo de papel, estancado do mundo lá fora. E seus óculos se tornaram "emblemas da arrogância intelectual", bem como a postura de distanciamento que adotava.

Foi mais ou menos na mesma época que o doutor em leis Sebastião Brant publicaria um livro que reforçaria a ideia da leitura como um pecado da pretensão: *A nau dos insensatos*. O volume de versos alegóricos teve um sucesso estrondoso não só pelo texto de Brant, que fazia um apanhado curioso dos pecados e loucuras sociais como adultério, jogo e falta de fé — como pelas xilogravuras de Albrecht Dürer, que, com outros artistas, ilustrava o livro. Entre esses "novos pecadores", estava estampada a imagem da loucura intelectual, um espelho da figura do leitor. Quem abria o livro logo na primeira página se deparava com a imagem de um leitor: um homem sentado no escritório cercado de livros por todos os lados, em estantes, na mesa de leitura, na escrivaninha, no chão. Esse homem, que tem orelhas de burro escondidas pela roupa e que dirige o olhar atento aos livros, é considerado "o louco dos livros" e, claro, possui um par de óculos no rosto. "Esses óculos acusam: eis um homem que não vê o mundo diretamente, preferindo espiar as palavras mortas numa página impressa."[32]

O que Brant tentava mostrar é que esse tipo de leitor era mais um dos insensatos, ele é responsável por reforçar a ideia do erudito idiota (amplamente difundida no século XV), que coleciona livros sem necessariamente saber o que eles contêm. A finalidade era mostrar que o acúmulo de livros não garantia um aumento de conhecimento. E que um homem podia estar cercado de tesouros literários sem, no entanto, saber fazer uso deles. Naquela época, a bibliofilia foi, então, associada às mais variadas ideias negativas: ostentação, exibicionismo, egoísmo. O filósofo latino Sêneca já advertia, em seu ensaio *Da tranquilidade da alma*, que muita gente sem educação escolar usa livros não como instrumento de estudo, mas como decoração para a sala de jantar. Ainda hoje, existem colecionadores assim, mas estão longe de serem bibliófilos.

Para além desses falsos leitores, existem os verdadeiros bibliófilos, que cuidam do livro como um objeto de colecionador, que desejam e procuram livros com avidez incansável. São eles e o seu desejo que transformam um exemplar numa raridade. "Um livro é raro a partir do momento em que há bibliófilos para procurá-lo. Se não há ninguém interessado, mesmo que tenha sido publicado em um único exemplar, ele não é raro."[33] É o próprio leitor que define o universo do que vale a pena ser colecionado. Muitas vezes, esse universo coincide exatamente com o de vários outros leitores, outras vezes constitui uma constelação particular, única, especial apenas para aquele colecionador e nenhum outro.

Aqui, mais uma vez, vale recorrer à literatura para lembrar uma história sobre os riscos da paixão pelos livros: a do crime do livreiro catalão. A *Gazette de Tribunaux*, um jornal que publicava as informações sobre o departamento judiciário na França do século XIX, noticiou, no dia 23 de outubro, a estranha história de um livreiro assassino que foi condenado à morte, em Barcelona. A matéria contava o caso de Dom Vicente, um ex-monge que, com a pilhagem dos conventos, passou a exercer o ofício de livreiro. Sua dor pela perda irreparável da biblioteca do convento de Poblet se traduziu na bibliofilia. Sua coleção, ela própria formada por alguns livros da pilhagem, era composta de vários volumes raros. Dom Vicente podia separar-se facilmente das obras que considerava pouco importantes, mas se tornava suscetível quando o assunto eram os exemplares raros: criava muitas dificuldades e cobrava altos preços. Agustín Patxot, que não suportava Dom Vicente, propôs aos livreiros rivais que, juntos, sempre cobrissem as ofertas de livros em leilões.

Exasperado por não poder mais ter os seus objetos de cobiça, Dom Vicente entra numa espiral de loucura e perseguição que culmina com um último golpe: participa de um lance na venda de um livro raro que já atraía sua atenção havia muito tempo por ser uma edição única impressa em 1482. Ao perder o lance também para Patxot, promete se vingar. Alguns dias depois, acontece um incêndio criminoso no estabelecimento de Patxot, o proprietário foi assassinado, e seus livros, destruídos. Nada seria descoberto se, em seguida, uma onda terrível de assassinatos não tivesse acontecido. Em comum, todas as vítimas tinham a paixão pelos livros. Passando em revista toda a cidade, finalmente, encontraram o exemplar do livro raro de 1482 na casa de Dom Vicente. O monge só concordou em se entregar à polícia depois de saber que sua biblioteca seria inteiramente conservada.

A notícia serviu de base para Gustave Flaubert, com apenas 15 anos, escrever seu primeiro texto: "Bibliomanie". O conto, publicado no jornal literário *Le Colibri*, de Rouen, era apenas um prenúncio de um tema que seria abordado em duas outras obras do escritor — *Bouvard e Pécuchet* e *Tentação de Santo Antônio* —, o livro como objeto absoluto e imortal. No conto de Flaubert, Dom Vicente recebe o nome de Giácomo e é um homem triste, atrapalhado e encurvado que só demonstra verdadeira alegria quando está perto de seus livros ou participa de leilões. Mas, se fosse visto com os olhos de Sebastião Brant, provavelmente estaria classificado entre os "loucos dos livros", ou eruditos idiotas que têm ao seu alcance um mundo em histórias, saberes e ciência e não podem se servir dele.

> Oh! Ele era feliz, esse homem, feliz em meio a toda essa ciência cujo alcance moral e valor literário mal penetrava; era feliz, sentado entre todos esses livros, passeando os olhos sobre as letras douradas, sobre as páginas gastas, sobre o pergaminho desbotado: amava a ciência como um cego ama o dia.[34]

A cegueira que assola Dom Vicente não é a mesma do professor Balicci. Um não consegue penetrar no que os livros dizem, o outro, mesmo cego, vê através deles com os olhos de sua memória. O que move esses dois personagens é o amor cego pelos livros. A paixão pelo livro sobreviveu às mais variadas mudanças tecnológicas, a bibliotecas queimadas, a edições limitadas, mas pode sobreviver à perda de visão?

Notas

1. Alberto Manguel, *Uma história da leitura*, p. 208.
2. "*Un libro es una cosa entre las cosas, un volumen perdido entre los volúmenes que pueblan el indiferente universo, hasta que da con su lector, con el hombre destinado a sus símbolos. Ocurre entonces la emoción singular llamada belle-*

za, ese misterio hermoso que no descifran ni la psicología ni la retórica." Jorge Luis Borges, *Biblioteca personal* (prólogos), p. IV.
3. Paul Zumthor, *Performance, recepção e leitura*, p. 53-54.
4. Sofria também o orador: tão preocupado estava em adaptar sua fala a tantos leitores que perdia a liberdade de construir uma interpretação só sua, longe das normas e convenções.
5. Alberto Manguel, *Uma história da leitura*, p. 92-93.
6. *Ibidem*, p.106.
7. Jean-Paul Sartre, apesar de filósofo existencialista e autor de romances e peças de teatro com caráter psicológico, era um grande leitor de literatura policial. Em sua biografia de infância, *As palavras*, recorda-se: "Pai, Charles Schweitzer teria queimado tudo; avô, optou pela indulgência magoada. Eu não pedia mais do que isso e continuei aprazivelmente minha dupla vida. Ela nunca cessou: ainda hoje, leio com mais vontade os romances da Série Noire do que Wittgenstein." (Jean-Paul Sartre, *As palavras*, p. 56-57.)
8. Roland Barthes, *O prazer do texto*, p. 18.
9. Kauffmann, in: Michèle Petit, *A arte de ler ou como resistir à adversidade*, p.16.
10. Arthur Schopenhauer, *Sobre o ofício do escritor*, p. 104.
11. Alberto Manguel, *A biblioteca à noite*, p. 210.
12. Daniel Pennac, *Como um romance*, p. 148.
13. Julio Cortázar, *O jogo da amarelinha*, p. 5.
14. Virginia Woolf, *O leitor comum*, p. 132.
15. A explicação da leitura como forma de ruminação está no ensaio "Sobre livros e leitura", de Schopenhauer.
16. Marina Colasanti, *Fragatas para terras distantes*, p. 250.
17. *Ibidem*, p. 249.
18. Alberto Manguel, *A biblioteca à noite*, p. 181.
19. Jean-Paul Sartre, *As palavras*, p. 48.
20. Sêneca, *Sobre a brevidade da vida*.
21. Alberto Manguel, *A biblioteca à noite*, p. 253.
22. Marina Colasanti, *Fragatas para terras distantes*, p. 245.
23. *Idem*, p. 250.
24. Virginia Woolf, *O leitor comum*, p. 134.

25. Samia Benramdane, em entrevista ao *Le monde,* em 20 de julho de 2006.
26. Alberto Manguel, *Uma história da leitura,* p. 242.
27. Michèle Petit, *A arte de ler ou como resistir à adversidade,* p. 175.
28. Luigi Pirandello, *Novelle per un anno,* p. 506. Livre tradução de Denise Schittine.
29. *Ibidem,* p.506. Livre tradução de Denise Schittine.
30. *The invention of Eyeglasses,* de Edward Rosen.
31. Alberto Manguel, *Uma história da leitura,* p. 328.
32. *Ibidem,* p. 333.
33. Guglielmo Cavallo; Roger Chartier, *A aventura do livro:* do leitor ao navegador, p. 149.
34. Gustave Flaubert, *Bibliomania,* p. 21.

II. A CONTRAPOSIÇÃO: LEITURA EM VOZ ALTA E LEITURA EM VOZ BAIXA

O amor pelos livros não consiste apenas na coleção ou nos efeitos de uma vista cansada pelo excesso de leitura. Todo leitor cria hábitos, pequenos rituais próprios, que se repetem e precisam ser seguidos para garantir uma boa leitura. Fazer um chá, limpar os óculos, regular a luz do abajur e afundar-se confortavelmente numa poltrona com as pernas estendidas, esperar que o silêncio venha e, só então, abrir o livro. Todo leitor apaixonado possui os seus próprios hábitos de leitura, provenientes, é claro, de práticas culturais de um período histórico e de um determinado grupo social. Como o tema deste livro é escritores e leitores que ficaram cegos, notificaremos as mudanças que essas pessoas precisaram fazer em seus hábitos e rituais de leitura para se adaptarem à nova condição: a da cegueira.

A principal mudança reflete, sem dúvida, na privacidade do ato. Não podendo mais enxergar e com a dificuldade de se adaptar a um novo sistema simbólico como o braille, o leitor ou autor cego precisa lançar mão de alguém que leia os textos em voz alta; costume há muito tempo abandonado. Com a leitura compartilhada, perde-se a intimidade conquistada com o texto, mas resgata-se a atividade das primeiras leituras.

Jean-Paul Sartre começou suas experiências como leitor na biblioteca de seu avô, Charles Schweitzer, um grande bibliófilo e tradutor. Foi nela que, ainda sem saber o que separava a verdadeira posse e a compreensão dos livros da cabotinagem, fingiu, de forma teatral, fazer as suas primeiras leituras. O ambiente da biblioteca era um reflexo de seu avô: os estalidos da mica, a grande mesa com manchas de tinta vermelhas e pretas, o mata-borrão e o cheiro forte de fumo. Nesse espaço, o pequeno Sartre "macaqueava" as posturas de leitura compenetradas dos adultos. Ele se deitava de bruços com um livro aberto à sua frente, um copo d'água à direita e um prato com uma fatia de torrada e geleia à esquerda. Passava algumas horas diante das obras de Musset e Corneille: mal entendia as frases que estavam escritas. Era a sua maneira de fugir aos adultos, torná-los ausentes, fingir-se ocupado para evitar perguntas.

No entanto, foi fora do santuário da biblioteca que realizou suas "verdadeiras" leituras. Essas ele só compartilharia com Anne-Marie, sua mãe. Escondia-se no quarto ou debaixo da mesa da sala e mergulhava vorazmente nas histórias de aventura das revistas infantis ordinárias compradas no jornaleiro, contrariando o destino austero e profundo de escritor que Charles alentava para ele. O mundo, então, parecia muito mais inquietante do que os temas densos e incompreensíveis dos livros adultos: nele pilhava-se, matava-se e o sangue corria aos borbotões. "Devo a estas pequenas caixas mágicas — e não às frases equilibradas de Chateaubriand — meus primeiros encontros com a Beleza", conta.[1]

A história da leitura é cheia de especificidades em relação a seus hábitos. O fato é que, durante muito tempo, os livros tinham a função de entretenimento social e também de aproximação familiar. Por isso, era natural que fossem partilhados. Nas sociedades do Antigo Regime, a leitura em voz alta era uma forma de sociabilidade compartilhada muito comum. Esse tipo de leitura foi mais usual em determinadas épocas e menos em outras. No entanto, nunca deixou de ser praticado, sendo sempre apropriado de formas diferentes pelos leitores. Os membros da família Austen, por exemplo, liam todos os dias em voz alta uns para os outros na reitoria de Stevenson, em Hampshire, e comentavam também a escolha de seus livros. Os encontros eram feitos em horas diferentes do dia: o senhor Austen lia Cowper todas as manhãs, Jane terminava a noite com *Espriella's letters* (*Cartas de Espriella*), recitando o texto à luz de velas. "Deveria ficar encantada com *Mamion* (de Walter Scott)? Até agora, não estou. James o lê em voz alta todas as noites [...]".[2] Os encontros eram uma maneira de a família compartilhar um momento de intimidade e lazer e aproximar os membros por meio das escolhas de cada um e das discussões literárias ao fim de cada sessão. Observemos que as leituras aconteciam em pleno século XVIII e com objetivo de união familiar. Essas leituras em família ajudaram a definir o estilo de escrita de Jane Austen e até os gostos e aversões literárias de seus personagens.

O ambiente familiar foi a base para a escritora que ela se tornaria: uma arguta delineadora de caráter, correta, escrupulosa, taciturna, inclemente com a sociedade e com os personagens que construiu. Jane observava essa sociedade ruidosa, cheia de segredos e regras e o teatro que as pessoas faziam para participar dela e, com precisão, construiu seus tolos, suas intrometidas e seus mundanos, sem, no entanto, perder o riso irônico que levava no canto da boca e provocava seus leitores. Antes de isolar-se para escrever *Orgulho e preconceito* secretamente, Jane foi a menina de 15 anos que impressionou com a narrativa original e divertida do livro *Amor e amizade*. O texto tinha sido feito, inicialmente, para entreter sua turma de escola e continha histórias dedicadas em silêncio à sua família e ao espírito crítico que aprendera a desenvolver com ela. "Estas são brincadeiras que, sente-se, pertencem ao repertório familiar; tiradas satíricas, que ficavam dentro de casa, pois as jovens Austens zombavam juntas das mocinhas elegantes que 'suspiravam e se espichavam no sofá'."[3] A autora divertiu os irmãos ao ler o conteúdo desse primeiro romance em voz alta, caçoando dos hábitos que todos eles detestavam. E depois arrancou risadas em sala de aula, embora particularmente esse não fosse o principal objetivo de Austen, que passava algumas horas redigindo em seu canto de estimação na sala de visitas para forjar o caráter crítico e irônico que se tornaria marcante em sua obra.

Os gestos de leitura vão se modificar de acordo com os tempos e os lugares. Sempre a partir deles novas "atitudes leitoras" serão criadas. Há leitores que preferiram sempre estar em suas áreas reservadas — escritórios, quartos — para ler. O túmulo da rainha Eleanora da Aquitânia, que morreu em 1204, congelou para a eternidade sua posição de leitura: a escultura em pedra em cima de seu sepulcro a mostra deitada com um livro aberto no regaço. Omar Khayyam gostava de ler versos ao ar livre embaixo de uma árvore. Dependendo do tempo, do leitor e do assunto do livro, as posturas mudam. Há aqueles volumes que podem ser folheados no sofá, numa cadeira desconfortável de uma biblioteca pública, no ônibus, no trem ou ao ar livre, num jardim particular ou em uma praça. As relações do corpo do leitor com o livro mudaram ao longo do tempo, mas nunca se perderam, algumas são apenas posturas novas, baseadas em hábitos antigos.

No século I a.C., em *Vidas de Aristides y Caton*, Plutarco conta a história de Catão Uticense, que, antes de suicidar-se, retirou-se para o seu quarto para ler o *Fédon*, de Platão, diálogo que versa sobre a imortalidade da alma. Mais do que uma história triste, o suicídio de Catão mostra um fato importante: que a leitura, já naquela época, era uma prática privada, para ser realizada dentro do quarto e só com a interrupção esporádica de alguns criados. Este tipo de leitura — doméstica e solitária — aparece exatamente com o surgimento da esfera do privado na vida dos romanos. A leitura culta e de autores gregos já era algo difundido entre as classes dirigentes de Roma, os altos funcionários do governo costumavam chegar ao Senado com um livro na mão, prova de que liam com constância e mergulhavam, muitas vezes, numa leitura de base filosófica.

Não é só a leitura no quarto que indica os novos hábitos do leitor no mundo romano, mas a formação das bibliotecas particulares. Guglielmo Cavallo faz um estudo sobre esses leitores e suas bibliotecas no mundo antigo demonstrando que muitas delas foram compostas pelo saque de outras: os livros de Perseu, rei da Macedônia, foram parar em Roma, e um roubo em Atenas fez com que Sila, o Ditador, transferisse para a própria casa livros que haviam pertencido a Aristóteles e a Teofrasto. As bibliotecas dos gregos alexandrinos serviram de modelo para as romanas, que ainda eram poucas e pertencentes aos eruditos. Essas bibliotecas ficavam, geralmente, dentro de *villas*, lugares concebidos pelos patrícios para o lazer em meio a livros e amigos.

Mesmo sendo particulares, algumas dessas bibliotecas estavam abertas à consulta para leitores que precisassem estudar ou que simplesmente quisessem ler por lazer. As necessidades de leitura aumentavam cada vez mais e esses acervos particulares muitas vezes não satisfaziam o público por serem pequenos, desorganizados e tecnicamente defeituosos.

A mesma elite culta que organizava bibliotecas era responsável por uma demanda de livros latinos de alta qualidade: papiro de primeira, paginação cuidada e texto correto. Mas, paralelamente a esse público, crescia, nos primeiros séculos do período do Império, outro que não pertencia a círculos sociais específicos, mas ainda era anônimo e desconhecido. O historiador Paul Veyne observa que, mesmo estando distante dos grupos acadêmicos ou literários e sendo reduzido, este público provocava uma nova demanda de produção literária e editorial. Era um conjunto de pessoas diferente que englobava também as classes médias baixas e ajudava a engrossar o caldo do número de leitores romanos (ou melhor, greco-romanos) nos séculos I e II d.C. Nesta altura, já havia uma diferença entre os leitores que observamos até hoje: pessoas que leem a obra por *voluptas*, por prazer, e não por *utilitas*, para extrair dela um conhecimento específico como o leitor com elevado grau de instrução. A existência deste tipo de leitor foi um dos motivos para o florescimento das bibliotecas públicas em Roma e do surgimento de alguma produção literária e editorial que considerasse essas novas competências culturais.

Muitas dessas bibliotecas públicas foram criadas por iniciativa do imperador e tinham como objetivo a seleção e a conservação do patrimônio literário civil e religioso da cidade. A partir da sua observação, já é possível pesquisar as posturas de leitura no interior de uma biblioteca pública: lugar onde era preciso dividir o espaço com outros leitores. As práticas de leitura na época — que incluíam a leitura em voz alta, feita de pé e com movimentos de corpo — não eram muito adequadas em ambientes com muitas pessoas. Antes mesmo de surgir o *ruminatio* e a leitura silenciosa, tais bibliotecas adequaram os seus ambientes e a sua arquitetura ao "leitor barulhento": o lugar reservado à leitura não era junto aos livros, mas em alamedas, no interior da basílica ou nas salas das termas. Separado e protegido por grossas paredes, o leitor podia fazer ruídos à vontade.

Nos primeiros séculos do Império, aparece um leitor mais livre, que não precisa ler por exercer uma função específica — ou de autor-escritor, ou de técnico ou de professor —, um leitor que lê por prazer ou prestígio da leitura. Esse grupo de leitores não era uma coletividade homogênea, mas bastante diversificado com instrução e origens sociais diferentes, sem uma bagagem intelectual de alto nível, ou seja, mercadores, agricultores, artesãos e mulheres de condição abastada. A mulher vai ganhando o seu espaço entre os leitores a partir da época de Augusto, entretanto, não é pacífica sua entrada na cultura escrita; a sociedade romana, durante muito tempo, via numa mulher instruída um estorvo. Um autor surge para atender a demanda do grupo de leitoras: Ovídio. O escritor acreditava no potencial do novo público e para elas dedicou o seu terceiro livro de *A arte de amar*, que instruía as leitoras nas técnicas para atraírem os homens. Ovídio lançou também *Medicamina facei*, que ensinava a fazer maquiagem feminina e *Remedia amoris*, um poema no qual oferecia conselhos e estratégias para curar os tormentos provenientes do amor.

Com o aumento e a diversidade de leitores, aparece uma nova literatura de entretenimento, na qual a ficção se destaca: histórias de aventura e amor com efeitos dramáticos e episódios intrigantes. Surgiam também escritos que não se enquadravam em nenhum dos gêneros tradicionais e que curiosamente ainda hoje são considerados literatura de evasão: pequenos tratados de culinária ou esporte, livretos de jogos e passatempos, grandes eventos históricos reduzidos a resumos ou biografias e obras eróticas. É essa literatura "transversal" que é capaz de atrair um maior público, mais do que os grandes autores, e que cria o hábito da leitura apenas por distração, pelo "prazer do texto". Com ela, cresce a figura da leitora, uma mulher que podia entregar-se à literatura da evasão: escritos que uniam o sentimental ao fantástico, histórias com personagens femininas que objetivavam atrair a atenção de uma leitora que se identificaria com elas. Essa leitora também é responsável por implantar uma nova postura de leitura: em voz baixa e sussurrada – diferente da masculina – e que, às vezes, pedia também o silêncio.

Mas a maior modificação na postura do leitor aconteceu, sem dúvida, com o advento do *codex* no século II d. C.: o livro tal como conhecemos hoje, em formato de caderno. A confecção do *codex* era mais fácil, poupava tempo e economizava dinheiro, já que permitia o uso de menos papel por possibilitar a escrita dos dois lados. Desde o seu aparecimento, o *codex* foi ganhando terreno até que se afirmou definitivamente no século V. "A substituição do rolo pelo códice caminha junto com uma outra: a do papiro pelo pergaminho como material de escrita."[4] Embora a princípio o rolo estivesse ligado à tradição cultural das classes dominantes, o códice vinha para marcar a diferença de ser direcionado para um público de leitores de níveis sociais e culturais diferentes. A difusão do novo formato do livro modificou as estratégias e modalidades de leitura.

A sua nova estrutura material dava uma maior liberdade de atitudes e gestos para o leitor. O códice proporcionava uma leitura mais ágil, já que o apoio do livro era com apenas uma das mãos. Com a outra mão em liberdade, o leitor passou a usá-la para fazer anotações enquanto lia nas margens dos códices. Inaugurada naquele momento, essa prática permanece até os dias de hoje. O leitor podia usar as margens, as páginas inteiras em branco, as páginas de guarda e as partes internas da encadernação como espaços para escrita em que era permitido, inclusive, escrever comentários próprios ou notas sobre outros livros. Isso estimulava a leitura alternada.

As posturas de leitura se diversificaram. Os livros passaram a ser copiados e trocados, a leitura podia ser mediada pela voz do ledor em reuniões de grupo ou individuais, tudo franqueado pelo novo formato: mais leve e mais funcional. O códice provocou também, como observam Skeat e Roberts em *The Birth of the Codex*, uma mudança na própria noção de livro: reunia várias unidades textuais orgânicas num mesmo objeto-livro, uma série de obras de um mesmo autor ou um compêndio de textos sobre o mesmo assunto. O formato passava a reclamar "dispositivos editoriais" capazes de organizar e marcar as distribuições de texto dentro do volume. No rolo, essa função editorial era desnecessária, já que cada unidade textual se limitava ao espaço inscrito entre os dois rolos. Começaram a surgir as tipologias diferenciadas, os elementos decorativos ou de caráter cromático que serviam para destacar as frases iniciais e finais e que auxiliavam na separação dos textos. Por fim, a separação em páginas impedia a visão contínua do conjunto, possibilitada pelo rolo, mas favorecia uma leitura mais fracionada, feita por segmentos de texto.

Mais do que isso, o códice deu ao ato da leitura uma noção de privacidade. O objeto passava a ser portátil, o que dava ao leitor a praticidade de acompanhar o texto numa sequência de colunas com a voz cada vez mais baixa para mergulhar numa leitura mais concentrada e atenta. O texto começava, pouco a pouco, a impor--se, e a recepção do conteúdo exigia interpretação e meditação. Era a transição de uma leitura muito livre, recreativa e compartilhada para uma leitura mais orientada e normativa. O natural, com a nova postura, era levar o livro para os locais privados do leitor: a cama, o escritório, a biblioteca particular.

> Mas há algo mais do que entretenimento no ato de ler na cama: uma qualidade especial de privacidade. Ler na cama é um ato autocentrado, imóvel, livre das convenções sociais comuns, invisível ao mundo, e algo que, por acontecer entre lençóis, no reino da luxúria e da ociosidade pecaminosa, tem algo da emoção das coisas proibidas.[5]

O novo hábito não é só um sinal de privacidade; é também a metáfora de um mecanismo que vai se tornar comum para o leitor: o de se fechar para o mundo ao seu redor para entrar em outro, o do livro. O escuro, a noite e o silêncio eram os três companheiros desse novo leitor que, aconchegado entre seus lençóis, desfrutava da aventura do livro apenas com a luz da vela, do querosene ou da lâmpada.

O hábito de ler na cama vem do tempo dos gregos; naquela época, o móvel, que era denominado *kline*, tinha a cabeceira baixa e nenhum apoio para os pés. Na posição inclinada, o leitor podia segurar uma ponta do rolo e, apoiado no cotovelo, desenrolar a outra ponta: a postura era extremamente desconfortável. Já os romanos tinham *lectus* (camas) com os mais variados fins, inclusive camas para ler e para escrever. Nos primeiros anos da Europa cristã, até o século XII, as camas eram objetos simples e descartáveis, feitos para serem deixados para trás em caso de fugas influenciadas pela guerra e pela fome. Somente os aristocratas tinham em suas posses camas mais sofisticadas e livros, que se tornaram os símbolos de riqueza de algumas famílias: ambos ficavam no mesmo cômodo. Os monges também possuíam catres adaptados para a leitura em suas celas.

Só no século XIV[6], os livros deixaram de ser uma exclusividade do clero e da nobreza para serem usados também pela burguesia. Os burgueses, ou *nouveaux riches*, tinham a aristocracia como modelo e se espelharam nos hábitos e costumes dela para aprender como ler na cama. O quarto burguês passou a ser também o lugar de lazer e, sobretudo, o depósito dos bens colecionados, entre eles os livros. Parte desse hábito se manteve nos dias de hoje, no entanto, há uma nítida separação entre os livros de cabeceira, que estão restritos ao aposento do quarto, e os livros que fazem parte da biblioteca, em geral um espaço mais franqueado aos outros leitores da casa e aos olhos dos visitantes. Do século XV ao XVII, os livros e leitos passaram a ser os bens mais valiosos de uma propriedade confiscada. Livros eram bens pessoais que poderiam ser, inclusive, deixados como herança para os filhos. Apesar da transferência de uma série de atividades pessoais do âmbito dos quartos, ainda nos séculos XVI e XVII, eles estavam longe de ser um lugar tranquilo para a atividade da leitura. Não havia um cômodo separado para colocar a cama, e várias atividades sociais, como as visitas e conversas, eram feitas com o dono da casa deitado em seu leito.

A partir do século XVIII, o leito ainda está próximo das perturbações da vida social, mas mesmo assim se torna um lugar frequente para a leitura a ponto de a moralidade cristã repreender as pessoas que passavam muito tempo na cama se dedicando a "atividades ociosas". Novas formas de iluminação (como a lâmpada de Argand, inventada na Nova Inglaterra) permitiam um maior tempo dedicado aos livros e à leitura feita à noite, antes de dormir. "Observou-se certa vez que os jantares, antes iluminados por velas, deixaram de ser brilhantes como antigamente, porque quem se esmerava em conversar agora se retirava para o quarto a fim de ler."[7] O brilho intelectual saía aos poucos da convivência em grupo e isolava-se. A privacidade de estar no quarto e na cama era ainda difícil de conseguir, poucas famílias tinham a possibilidade de ter quartos e camas separadas para cada membro. Só no século XIX é que os quartos passaram a ser espaços privados, além deles, os escritórios e as bibliotecas particulares eram os lugares retirados de leitura.

As exigências de normas de comportamento e princípios morais se acirraram muito entre os séculos XVI e XIX. Algumas normas eram apenas reflexo de exigências antigas: por exemplo, a instauração do silêncio nas bibliotecas universitárias data da Idade Média Central. Já naquela época o comportamento dos estudantes deveria obedecer a um regulamento e controle. No século XVIII, florescem na Alemanha e Inglaterra os *book clubs* (sociedades de leitura) que ainda impunham alguns regulamentos aos leitores, como controlar os movimentos espontâneos ou as demonstrações de afeto no ato de ler. Para esses clubes, o lugar da leitura teria que ser separado do de divertimento mundano: onde se desenrolavam a bebida, as conversas e o jogo. Os clubes, os gabinetes literários, as bibliotecas públicas e outras instituições autorizavam a leitura sem a necessidade de compra. Foi também no século XVIII que o leitor encontrou mais liberdade na postura de leitura: começa a ler andando, ler na cama ou ler em contato com a natureza.

A leitura literária, ligada ao lazer ou não, passou a ser, cada vez mais, uma leitura atenta que exigia concentração para a recepção do texto. É principalmente com o surgimento de um novo modelo de biblioteca que o ato de leitura se modifica. A partir do século XIII, as bibliotecas deixam de ser apenas para o acúmulo patrimonial e conservação de livros e passam a se destinar mesmo à leitura: surgem os catálogos como instrumento de consulta e a ficha memorial do livro, que permite saber se está emprestado ou não. A biblioteca estava pronta para sair da solidão do monastério ou do espaço que os bispos destinavam a ela para se tornar ampla e urbana, visitada e usada por diferentes homens, com diferentes culturas e formações.

A arquitetura gótica das bibliotecas prenunciava não só o modelo de uma igreja, como a atitude que se supunha ter nela: a de silêncio. É esse modelo que, de certa forma, ainda impera até hoje nas bibliotecas ocidentais. Na época, o acesso ao livro deveria ser silencioso, e este silêncio só poderia ser perturbado pelo tilintar esporádico das correntes colocadas nos livros de consulta no banco. Mesmo feita em grupos, a leitura deveria ser silenciosa, ou seja, guiada pelo olho. Instaurava-se a partir daí a tensão leitora entre o olho e a voz.

ALTA VOCE
ORIGENS: A LEITURA EM VOZ ALTA COMO EXIGÊNCIA SOCIAL

De fato, para se chegar a uma postura de leitura em silêncio e individual, as maneiras de ler sofreram muitas modificações. A principal delas vem do fato de que a prática de leitura, durante muito tempo, esteve associada à vida em sociedade. Os leitores dificilmente estavam sozinhos, liam em contextos representativos de entretenimento e conversação. A leitura em voz alta, sem dúvida, foi a mais difundida durante a Antiguidade: ela favorecia indubitavelmente o leitor da época, que precisava decifrar o *scriptio continua* (escrita sem espaço entre as palavras). Mesmo assim, existem testemunhos da mesma época de que a leitura silenciosa já era uma prática usada. Tanto Eurípedes como Aristófanes, ao final do século V a.C., já falam de uma leitura silenciosa. Em *As rãs*, peça de Aristófanes, Dionísio confessa que, dentro do navio, "lia para mim mesmo". De alguma maneira, isso nos faz pensar que as práticas da leitura em voz alta e da leitura silenciosa podem ter sido usadas sempre, como são hoje, simultaneamente, com a predominância de uma ou outra, dependendo de aspectos sociais, da época ou da situação do leitor.

O fato é que a leitura em voz alta foi modificando os seus usos. As formas como foi empregada ao longo dos anos determinaram o lugar que ocupa hoje no dia a dia do leitor comum. A princípio, a leitura em voz alta apareceu com a dupla função de comunicar o que estava escrito a quem não sabia como decifrá-lo e de promover formas de sociabilidade: a intimidade familiar, a convivência mundana e a convivência letrada. O mesmo objetivo apareceu nas sociedades do Antigo Regime, que a usavam como um nada de "sociabilidade compartilhada". Ler em voz alta era uma maneira de fomentar o encontro com o outro que acontecia nas sociedades literárias, nos salões, em família, nos cafés. Tinha como objetivos o entretenimento e o conhecimento recíproco ou os encontros casuais. Ainda hoje os grupos de estudo, as mesas de apresentação acadêmica e algumas leituras públicas atualizam essa prática antiga. É importante lembrar que, durante muito tempo, os textos eram escritos levando em conta essas leituras e a performance associada a elas.

Antes disso, no período da Idade Média, as maneiras de ler sofreram grande mudança graças à inserção do *codex* como elemento mediador. O livro marcava também a transformação da leitura em *alta voce* para a leitura silenciosa, murmurada. Não era apenas a prática de ler, também a de escrever livros, agora estava mais concentrada e trocava os ambientes abertos dos jardins e arcadas pelo silêncio das igrejas, das celas, dos refeitórios e dos claustros. O texto sagrado requeria um recolhimento espiritual, mas, ao mesmo tempo, também deveria ser proclamado em voz alta para aproximá-lo do discurso do sermão. A igreja continuava a exigir bons oradores para a execução do texto litúrgico ou de edificação. Isidoro de Sevilha, no século VII,[8] fazia uma longa lista das qualificações exigidas para aqueles que desejavam ocupar o cargo de ledor na Igreja: era necessário conhecer muito bem os livros e a doutrina para, ao interpretar as *sententiae*, transmitir a ideia correta do texto para os ouvintes.

> Deste modo, ele controlará sem esforço a técnica de expressão oral, sem defeitos na articulação, de modo que possa mover na direção da compreensão a inteligência e as emoções (*sensus*) de todos, distinguindo os diversos tipos de tons e expressando os sentimentos (*affectus*) contidos na *sententia*: ora no tom de quem explica, ora na maneira de quem esteja sofrendo, ora com os modos de quem está repreendendo, ora com o jeito de exortar, ou com as emoções adequadas para a récita em questão.[9]

A voz desse narrador era, de certa forma, a voz de Deus, portanto, deveria ser claramente transmitida, considerando sempre as "verdadeiras intenções" sentimentais do texto. Era uma leitura dirigida, cheia de propósito, que futuramente, com a independência do leitor, será rechaçada.

Na Idade Moderna, antes mesmo da industrialização e da fabricação do impresso, a leitura sofreria também uma revolução. Além do leitor "intensivo" que caminhava por um corpus fechado de textos lidos e relidos, memorizados e recitados de geração em geração, apareceu o leitor "extensivo", capaz de consumir com avidez impressos numerosos, diferentes e efêmeros (noções desenvolvidas por Roger Chartier no livro *Práticas de leitura*). De um lado, havia uma relação comunitária e respeitosa com o texto, de outro, uma leitura libertária, desenvolta e irreverente. Em pleno Renascimento, os letrados humanistas eram capazes de combinar simultaneamente esses dois tipos de leitura. Tinham dois instrumentos que utilizavam: a roda de leitura e o caderno de lugares-comuns. A roda de leitura era movida por uma série de engrenagens que faziam aparecer na frente do leitor vários livros abertos. O leitor que a utilizava era um homem que confrontava, comparava e verificava vários textos, um leitor "extensivo". Já o caderno de "lugares-comuns" é o objeto no qual o leitor copiava e organizava suas leituras por temas e rubricas, ali ele anotava trechos dos textos que leu, separando-os por conteúdo gramatical, factual ou como exemplos, quando queria demonstrar alguma coisa. O caderno substituía as antigas técnicas da arte mnemônica, era também um repositório de ideias para a construção de novos textos.

Não havia nenhum filho de aristocrata que não fosse treinado para ler dentro desse modelo, que era considerado fundamental para o letrado da Renascença. As famílias aristocráticas tinham, então, profissionais designados para ensinar a tarefa, denominados "facilitadores". Cabia ao facilitador ajudar os filhos no estudo, indicando como deveriam formar seu próprio caderno de "lugares-comuns", compondo resumos, coletâneas de citações e extratos que ajudariam tanto os jovens leitores como os pais na leitura dos clássicos exigidos pela sua categoria social ou cargo. Esses profissionais, em sua maioria professores das universidades ou antigos graduados, ajudavam também o chefe da família com a redação e a leitura em voz alta de documentos, acumulando o papel de secretário e amanuense.

Já naquele tempo, a leitura em voz alta era voltada, como hoje, para os objetivos pedagógicos: exigia-se que os alunos compreendessem e lessem corretamente o texto em voz alta. A partir do século XIX, esse tipo de leitura ficou limitado aos lugares institucionais: tribunais, universidades e igrejas. Esse século foi marcado pelo crescimento da alfabetização, a diversificação da produção impressa e a entrada de novas classes de leitores na cultura escrita e impressa. De um lado, ocorre uma extrema diversidade das práticas de leitura. De outro, há algumas imposições que são representadas pelas normas escolares. A leitura em voz alta é adotada em sala de aula em parte para facilitar o aprendizado escolar, em parte para controlar a capacidade do aluno de ler em silêncio. O século XIX vai delinear o espaço privado, o refúgio burguês para a privacidade, o individualismo: os livros passam a ser lidos em silêncio e na solidão. Essa mudança é acompanhada da invenção do romance, que terá como modelo o homem burguês, sua vida, suas apreensões, seus amores.

No decorrer desse mesmo século, a leitura em voz alta foi utilizada também para as mobilizações políticas e culturais da cidade: pelo meio artesanal e operário. As formas de lazer e de encontros sociais baseados na leitura em voz alta — as leituras depois do jantar, as leituras públicas de autores, as leituras dramatizadas — foram se transformando aos poucos para dar lugar à leitura silenciosa, embora muitas delas ainda permaneçam. A leitura silenciosa, mesmo sendo feita em espaços públicos, é caracterizada pelo isolamento, por um muro invisível que separa o leitor do mundo à sua volta. Mesmo num espaço coletivo, essa leitura será privada. "É como se o leitor traçasse, em torno de sua relação com o livro, um círculo invisível que o isola."[10]

Só que esse círculo pode e deve ser penetrado, ele não é uma estrutura estanque, completamente independente do mundo "lá fora". E mesmo nos lugares sabidamente criados para uma leitura silenciosa, como as bibliotecas, ela pode ser realizada na presença e com o vínculo de outros indivíduos. O fato é que a leitura em voz alta contemporaneamente ficou mais limitada aos lugares institucionais e à relação adulto/criança. Contadores de histórias são figuras que persistem no universo infantil e que permanecem vivas em algumas sociedades que mantêm a tradição oral. Os antigos escreventes, que ajudavam analfabetos a se comunicarem por tratados comerciais ou cartas de amor, ainda existem, agora encarnados em figuras familiares ou próximas dos não letrados.[11]

Uma pesquisa feita na França, por ocasião dos testes de incorporação no exército, acusava que, por volta da década de 1940, quase 13% dos jovens eram considerados iletrados. Deste número, apenas 1% estava completamente fora da cultura escrita, isto é, não sabia ler e escrever. Mas todo o restante era considerado iletrado porque para ler era obrigado a "oralizar" (escrever foneticamente). Há um grupo grande de indivíduos considerados leitores no Brasil que também se apoiam ainda na leitura em voz alta para terem uma compreensão completa do texto. No entanto, como vimos, esse tipo de leitura como condição para entender o texto nem sempre foi uma necessidade dos iletrados. Durante algum tempo, foi usado também pelos grupos que pertenciam à cultura letrada. A leitura silenciosa, conduzida apenas pelos olhos, assim como a norma que separa a escrita da oralidade daquela feita pelo próprio punho e que obedece às normas gramaticais e ortográficas, vieram depois.

A RESISTÊNCIA DA ORALIDADE: O "AUTOR ORAL", O TEATRO E OS CONTADORES DE HISTÓRIAS

Existem três casos ainda hoje responsáveis pela permanência da oralidade: a figura do "autor oral", que sofreu algumas modificações para se adaptar às normas contemporâneas, o teatro e a contação de histórias. Mesmo nos últimos séculos da Idade Média, com o aparecimento do autor como a autoridade responsável pelo texto impresso ou manuscrito, o autor oral continuou persistindo. Aparecem dois tipos de textos: um levando em conta a figura do leitor — textos de polêmica, textos sagrados e tratados —, e outro, pensado como uma performance oral — as lições ou sermões. Alguns autores acreditavam que a publicação de suas palestras ou sermões não condizia com sua performance, sabiam que certos tipos de texto só tinham fundamento na oralidade, na palavra viva. Ainda hoje, os sermões nas igrejas ou os discursos políticos só encontram sentido no calor da performance e na maneira como "tocam" seus ouvintes: cada um deles só completa seu ciclo e atinge sua intenção com a reação da plateia.

O autor oral permanece vivo também nas leituras públicas voltadas para a divulgação de um livro, no entanto, as apresentações não são como antes, em que a opinião direta do leitor influenciava no futuro da escrita do original. Os livros atualmente lidos em público já estão editados e finalizados, não se espera dos ouvintes uma postura dinâmica de interromper o autor com comentários: o que se cobra da plateia é, ao contrário, o silêncio e o respeito. Por outro lado, a leitura em voz alta para amigos e familiares ainda é uma saída para o processo criativo de vários autores.

O teatro dos séculos XVI e XVII, segundo os estudos realizados por Jacqueline Martin, também era um texto que resistia ao papel. Em todas as edições impressas da comédia espanhola, do drama elisabetano ou do teatro clássico francês, os prólogos atentavam para a ideia de que o texto de teatro era para ser encenado, não lido individualmente. Em geral, as peças precisavam ser publicadas por "motivos justificáveis", como, por exemplo, uma edição pirata do texto era distribuída sem autorização do autor ou quando as condições nas quais o texto tinha sido representado foram medíocres e deixavam a desejar quanto à qualidade. Em casos como esses, valia a retratação do próprio autor com a publicação do texto original para evitar um mal-entendido. De outra forma, ele deveria ser encenado para respeitar o que Molière chamava de "jogo do teatro"; "É *a priori* ilegítimo separar o texto teatral daquilo que lhe dá vida: a voz dos atores e a audição dos espectadores."[12] E essa é uma observação levada em conta até os dias atuais. Mesmo com a publicação de inúmeras peças, e a leitura delas, o público ainda se reúne em torno de um palco para "ouvir" a "leitura-encenação" do texto.

A postura esperada do público, então, é a de olhar e escutar sem interferir na representação, embora nos últimos anos o teatro venha contando com a improvisação e o convite à interferência da plateia, mesmo que ela seja previamente pensada pelo diretor. O texto não está presente em cena, mas conduz toda a ação. Invisível, ele só irá tomar corpo no momento em que é dito pelos intérpretes. Todo o conteúdo da peça estará na memória dos atores que já tiveram o suporte escrito do texto e que agora reproduzem para o público uma "cópia vocal" dele. É isso que distingue um ator de teatro de um simples ledor, que apenas empresta a sua voz ao escrito que está diante dele: o ledor não precisa decorar o que vai falar. A geografia do teatro contribui para separar o escrito do leitor: a "escrita vocal" se desenrola no palco, enquanto o espectador escuta em silêncio sentado na plateia. A experiência, mesmo reinaugurando e garantindo a permanência da leitura em voz alta, reproduz a situação da leitura silenciosa: o público lê mentalmente o que está sendo dito no palco e não precisa ativar o "escrito" pela intervenção de sua própria voz.

Por outro lado, a voz do ator (assunto que iremos tratar com calma no capítulo 6) é o veículo principal para fazer chegar ao leitor as imagens do texto escrito. No antigo teatro grego, em razão das grandes arenas, os atores usavam uma máscara, que se chamava *persona*, feita para ressoar a voz. A ideia era que, com a excelente acústica dos teatros da época, a voz do artista viajasse da arena às distantes arquibancadas em que o público estava acomodado. Dentro de cada máscara existia um dispositivo, uma espécie de amplificador físico em forma de funil, para projetar o máximo a voz. A importância do texto falado era tanta que os atores abriam mão da expressão facial e se escondiam atrás da *persona* que representava o personagem de caráter fixo. Mas o ator tinha também um desafio: se o potencial do texto deveria ser todo passado pela voz, ela teria que vir do coração. "É importante que o dono da voz tenha algum conhecimento sobre ela, pois a boca fala do que o coração está cheio, mesmo que usemos máscaras [...]".[13]

O texto, antes ausente, se tornará presente ao público por essa voz que, espera-se, venha do coração. Mas teatro não é feito só por palavras. Ele é composto das ações do corpo, num espaço que se ocupa e num tempo que se transforma. É uma performance. Cada espetáculo nunca é igual ao anterior justamente porque, entre outras coisas, muda o público. E a maneira como o texto vai pulsar em cada plateia é diferente. Alguns leitores já puderam lê-lo antes de ver sua representação, outros conhecem a narrativa na qual o autor se baseou para fazer uma leitura própria e teatral. Por outro lado, com o passar do tempo, o teatro foi absorvendo a forma narrativa, integrando-a ao jogo de cena. A divisão entre o modo dramático e o modo narrativo já havia sido questionada por Bertold Brecht através da criação de um teatro que ele chamava de épico. Esse teatro recuperava a narração não apenas como estratégia de estranhamento e de convite à participação do espectador, como sublinhava a presença incontornável da função narrativa como criadora das situações de palco. Brecht afirmava que o palco começou a narrar. Mais do que isso, o teatro começou a mostrar/representar o ato de narrar.

O ator assume que está contando uma história, ou que faz parte de uma história; muitas vezes, o caráter realista do teatro sai de cena, o texto emerge, aparece claramente no palco. A dimensão discursiva surge primeiro na figura do narrador, que entra em cena como um dos atores, pontua o texto em determinados momentos, dando ao público a impressão de estar de fato folheando um livro. Apenas para dar um exemplo contemporâneo, o diretor curitibano Felipe Hirsch montou, em 2002, a peça *Temporada de gripe*, de Will Eno. Nela, dois atores se revezam, marcando os traços do texto escrito na peça: fazem os papéis de "prólogo", "epílogo", "intervalo" e eventuais pensamentos e notas do autor durante a peça. A princípio, o público fica apreensivo com essas figuras que imprimem marcas textuais ao espetáculo, mas, com o decorrer da experiência, passa a ler o texto com a orientação delas.

As fronteiras entre o texto teatral e o texto narrativo estão cada vez mais móveis, seja porque as linguagens artísticas vêm se misturando, seja porque o teatro vem se apropriando do texto narrativo (e vice-versa). Algumas montagens recuperam a figura do rapsodo, colocando em cena narrativas que são relatos de acontecimentos. As fronteiras entre o que pode ou não ser considerado texto teatral podem ser ilimitadas: é possível encontrar teatralidade nas leituras em voz alta que Brigitte Jacques dirige em Paris, desde 2000, baseadas na *Odisseia*, e também na ilusão, na máscara e no convite à participação desenvolvido pelo grupo catalão Fura Del Baus. O fato é que a escrita vem acompanhando e respondendo à ampliação da ideia de teatro, realizando o jogo de aproximar-se da literatura. No momento em que o teatro contemporâneo começa a trazer as formas de narrar para a cena, atualiza e reitera as antigas personagens dos aedos, rapsodos, jograis e trovadores.

Outra figura contemporânea que instaura a oralidade de uma maneira renovada é a do contador de histórias. Ele não está apenas restrito ao público infantil: em muitos lugares, apresenta-se para adultos e auxilia os adolescentes a reencontrarem o prazer da leitura. A contação de histórias volta não como uma oralidade da pré-escrita, mas como ordenação vocalizada da narrativa escrita, aparece como uma forma de aproximação possível do leitor com o livro. Depois de escutar uma história, se o contador teve a capacidade de encantar, o ouvinte vai procurar aquele texto e apropriar-se pessoalmente dele: talvez em silêncio, talvez em voz baixa. Também como na leitura em voz alta ou na leitura silenciosa, a contação de histórias só se completa quando ecoa no ouvinte. Nesse caso, ele não é um mero receptor ou espectador, mas um coautor: recebe a experiência viva, o texto, e cria dentro da cabeça imagens que correspondam ao que a voz narradora apenas sugere e que só ganharão forma por obra dele. O passo seguinte, com certeza, será a busca do livro. Celso Sisto adivinha o movimento de quem escuta uma história:

> E, com certeza, depois vão ficar ecoando através do tempo aquelas histórias ou partes que são valiosas, belas e memoráveis. Vai dar vontade de conferir nos livros aquela história que fez nossos olhos enluarados piscarem num brilho renovador.[14]

O narrar oralmente da contação é efêmero porque pertence a um determinado tempo e espaço, e só vai se perpetuar se quem o escuta procurar o texto e transformá-lo, relê-lo e reestruturá-lo.

A experiência, que será compartilhada entre o contador e seu público, parte do silêncio e volta a ele. É a mesma que o autor experimenta frente à página em branco e a mesma também que o leitor prova concentrado diante do seu livro. Nenhum contador precisa esperar o silêncio absoluto. Na verdade, o silêncio tem que estar dentro dele: alentando a história devagar e, quando for impossível guardá-la, manter silêncio sobre ela, ele a partilhará com o público. Então, estar "cheio de silêncio" faz parte da preparação para contar a história, em algum momento, a palavra explodirá de uma maneira incontornável. Deixar o silêncio falar: é o que propõe Karen Blixen. "Quem então conta a mais bela história, melhor do que qualquer um de nós? O silêncio."[15] É também o silêncio que será fundamental na construção dos climas, na orientação do ritmo da narrativa e na abertura dos espaços em branco em que o ouvinte vai inscrever as suas imagens internas significativas.

Como já falamos da permanência do discurso oral no teatro, aqui cabem algumas diferenciações entre o exercício do ator e do contador de histórias. As funções vão se misturar e usar recursos uma da outra, mas cabe entender que são bem diferentes. O principal é que o contador tem que procurar manter o poder da narração, a potencialidade da história, da palavra, e não se perder na encenação. Os elementos cênicos podem ser explorados, mas o fundamental é que o contador saiba transmitir a história usando seus próprios recursos: o corpo e a voz. Celso Sisto, em seu livro de ensaios *Textos e pretextos da arte de contar histórias*, estabelece algumas diferenças básicas entre as duas artes. A primeira delas concerne ao tempo. O ator vivencia a história, num tempo presente; muitas vezes o personagem não sabe o que acontecerá com ele. O contador de histórias "vivifica" uma história que aconteceu, no tempo do "era uma vez", uma narrativa da qual ele foi testemunha e que, por isso, tem o direito e a propriedade de contar. Esteve lá, viu e ouviu, por isso, funcionará como o passaporte de leitor para aqueles mundos, aquelas épocas. Ao mesmo tempo, o contador também evoca uma história que já foi contada por outros, por meio da sua voz, ele dialoga e torna presentes outros contadores, famosos: Dona Benta, Sherazade, Pedro Malasartes e outros vêm em seu auxílio, participam também das histórias.

O contador de histórias pode usar a encenação para ajudar a distinguir alguns trechos da história, mas o objetivo final é sempre destacar o texto, a narrativa; muita encenação leva ao teatro. Ele também não contracena com outros, é o senhor absoluto dos recursos que usará para vivificar a história, não está vivendo nenhum personagem específico. Um grupo de contadores, em geral, usa o recurso do jogral: conta-se cada parte individualmente e outras em coro, alternando o individual e o coletivo. Se existe alguém com quem contracenar, este alguém é o público. Isso nos leva a outra diferença básica entre contadores e atores: o público para o contador não é como a quarta parede do teatro realista (o ator vivendo seus diálogos e a sua ação independente do que o cerca no palco e o público assistindo passivo à ação do mundo encenado), ele está presente, interfere, e é para ser contemplado não a distância, mas olho no olho. Mesmo no monólogo, o ator vai agir sempre como se estivesse falando sozinho ou com o seu duplo. Como já destacamos, o tempo do teatro (e, claro, há exceções[16]) é o aqui e agora, como o personagem está vivendo a história, não tem o domínio de todas as suas partes e não tem como saber onde ela vai dar. O contador sabe tudo: está apenas partilhando o que sabe com um "público de curiosos". Conhece a história, qual é o seu princípio, de que maneira ela vai se desenrolar e aonde exatamente vai chegar.

A partir dessas diferenças, já é possível delinear algumas funções e papéis dos contadores de histórias que atualizam em muitos pontos as características dos oradores de todos os tempos, aquecem e trazem para o momento contemporâneo a apresentação oral. A palavra vai ser a principal ferramenta do contador, os recursos derivados dela são muito importantes: pausas e silêncios, ausência de palavras, momentos de suspensão em que o público, de respiração presa, vai participar esteticamente do texto. O corpo entra nos gestos, nas expressões faciais e nos movimentos, mas é um auxiliador, que trabalha para destacar a palavra dita. A primeira tarefa que cabe ao contador é a da escolha: a história precisa emocioná-lo, fazer vibrar alguma coisa dentro dele. Só se apaixonando por ela é que o contador será capaz de encontrar a chave que abre a narrativa e adentrá-la levando o público pela mão. Não há dúvida de que um bom contador é, antes de tudo, um grande leitor, alguém que ama os livros e acredita que uma história tem o poder transformador. A escolha do que será contado é fundamental porque dirá um pouco também sobre o seu narrador; o texto que contará com envolvimento, com emoção e naturalidade provavelmente tem uma aproximação com algo que já aconteceu com ele. Além de acessar sua memória afetiva para poder narrá-lo, é preciso visitar todas aquelas vozes que já fizeram parte de seu imaginário literário — a voz da mãe, da avó, da professora, do irmão ou irmã mais velho(a) — para dar origem à sua própria voz. Emocionado, ele dará a mesma intenção ao ouvinte, juntos compartilharão essa viagem espetacular.

O contador reproduz e mantém algumas características dos antigos aedos: a voz, a memorização e o poder do olhar. Sobre a voz, já falamos um pouco. A faculdade da memória é fundamental para o discurso oral. Mas os contadores não usam as antigas fórmulas pertencentes aos catálogos dos aedos; para se contar uma história, a memória vem pela formação de imagens, daquelas que chovem da fantasia, como bem pontuaria Dante em *A Divina Comédia*. O contador deve recriar toda a história a partir de imagens mentais, projetá-las em sua mente quadro a quadro, à medida que vai dizendo as palavras. Ao mesmo tempo, essas imagens vão chegar de forma diferente em cada ouvinte, que, por sua vez, vai projetar imagens próprias sobre a história. É o momento em que os dois imaginários se encontram — o do narrador e o do ouvinte — e o encontro proporciona aos dois outras possibilidades de existir.

> O contar histórias e trabalhar com elas como uma atividade em si possibilita um contato com constelações de imagens que revela para quem escuta ou lê a infinita variedade de imagens internas que temos de nós como configurações de experiência.[17]

Além desse exercício, é preciso ler várias vezes o texto, tantas que o faça ressoar na fibra mais íntima. Não simplesmente decorar, porque decorar compromete a naturalidade do que se está falando. É saber de cor, ou seja, de coração. Memorizar uma história é a capacidade de guardá-la no coração.

É claro que a voz é um elemento fundamental na contação. Não apenas porque encarna e prolonga todas as outras vozes — do imaginário pessoal e coletivo —, mas porque é ela o veículo que faz chegar a narrativa e as imagens ao público. Altura, ritmo, intensidade e modulações são os recursos que farão com que toda a emoção que está dentro do narrador e impressa no papel chegue ao ouvinte. Mas a voz é também um membro a mais no corpo, com o poder dela, o contar será capaz de acariciar, abraçar, afagar e tocar. Isso não significa, no entanto, que o olhar fique em segundo plano. Por ser uma forma contemporânea de oralidade, a contação articula voz e olho, falar e enxergar. O olhar é de grande importância, é através dele que o narrador vai se comunicar e manter a sua relação com o público.

Então, o olho não terá a mesma função da leitura silenciosa — como foco de luz que ilumina o texto na página —, mas ganha uma nova atribuição: a história sai pelos olhos de quem conta e entra pelo olhar de quem escuta. Ao olhar nos olhos, o contador traz as pessoas para perto e as ajuda a olhar também dentro de si. Quantas vezes não fechamos os olhos para ouvir melhor uma história ou uma música? Esse olhar é o mesmo que precisa enxergar além do que é apresentado fisicamente.

A leitura em voz alta também será uma ferramenta poderosa nos dias de hoje para aproximar leitores com dificuldades de alfabetização do texto e para auxiliar leitores e autores que ficaram cegos, tema tratado aqui neste livro. Por motivos variados, ela acabou sendo marginalizada do mundo contemporâneo, mas volta agora pela voz dos ledores com características renovadas e diferentes das que foram essenciais para sua deflagração. Volta para devolver o texto ao leitor. Agora, quem irá fazê-la precisa despir-se de toda a representação exigida de todos os ledores de épocas pretéritas e vestir-se com a imagem de um leitor atual que interpreta, entende e aprecia o texto, que colocará um pouco de cada um desses ensinamentos em sua leitura em voz alta.

O PODER DA PALAVRA DITA

Sabemos que a leitura em voz alta, originalmente, apareceu com duas funções: comunicar o que estava escrito aos que não sabiam ler e consolidar formas de sociabilidade — como a leitura em família, a leitura mundana ou letrada. Isso mostra não só que as práticas e os estatutos de leitura eram diferentes, mas que existiam textos compostos para aquele tipo de leitura. Em três momentos — no Mundo Antigo, na Idade Média e nos séculos XVI e XVII — a leitura era baseada na oralização dos textos. Como eram poucas as pessoas que sabiam ler, o texto era transmitido por uma delas e os leitores eram, na verdade, ouvintes de uma voz que lia. Então, ao ser escrito, o texto era pensado estruturalmente para ser submetido à performance oral. Era uma leitura que levava em conta não só os olhos, mas também os ouvidos.

As especificidades eram tantas que, na Grécia Clássica, as diferenças de sistemas de comunicação não eram apenas entre o oral e o escrito, mas entre as formas distintas do oral: este podia ser um discurso falado (muitas vezes pelo próprio autor) ou uma simples reconstituição oral do texto feita por um "indivíduo-leitor". A interpretação vocal de um discurso era, então, muito importante: se ela fosse "dissonante", poderia comprometer, deformar e trair a intenção do autor. Platão considerava o discurso falado o verdadeiro porque auxiliava no processo de conhecimento; esse discurso era útil para a aprendizagem, pois era feito para um grupo de interlocutores pré-escolhido para que fossem estudadas as suas reações e, a partir delas, eram realizadas possíveis mudanças nos textos e discussões mais consistentes com a plateia. Por outro lado, a partir do momento em que o texto era escrito, não existia mais a possibilidade de discussão e troca de ideias com o autor: o discurso escrito era estático, não permitia ao leitor que o indagasse e se repetia para sempre. No suporte material, o texto podia também cair nas mãos de leitores não qualificados para acolhê-lo. Mas havia uma qualidade na difusão de documentos escritos: eles ajudavam na conservação do texto oral e davam ao leitor uma liberdade de interpretação e uso. Na Antiguidade, como bem pontua Jesper Svenbro, a escrita estava a serviço da cultura oral; era como se os textos escritos servissem para fixar as criações orais e trazê-las de volta à memória no momento da leitura e da criação.[18]

No período helenístico, a cultura escrita encontra usos novos e ampliados, em parte porque a partir daí o livro passa a desempenhar um papel fundamental. É ele que vai definitivamente garantir a composição, a circulação e a conservação das obras. A literatura antiga, que visivelmente não tinha sido feita para ser fixada, se transforma em livro por meio da filologia alexandrina, é pela influência dela que aparece o conceito de que uma obra só existe se for escrita, conservada e catalogada. O sonho da biblioteca de Alexandria surge da necessidade de reunir textos diversos e catalogá-los por autor, obra e conteúdo. "Reunir", "fixar" e "conservar", verbos que só seriam possíveis se os textos estivessem escritos. Instaurava-se, assim, a função das bibliotecas, nossos "ordenadores de universo": os textos podiam ser copiados, avaliados criticamente e, dessa maneira, encontravam o limite do códice que facilitava sua classificação e disposição próxima a outros livros em prateleiras.

A apresentação e a composição do livro mudam, inclusive porque ele se torna um objeto mais importante dentro dos círculos de eruditos. A produção literária e a disciplina livreira sofrem modificações e pedem uma nova organização, influenciada não só pela criação das bibliotecas como pelas novas práticas de leitura. A elaboração editorial do livro é feita, justamente, para fazê-lo falar. "A leitura em voz alta 'dá alma ao livro', como também desde a época arcaica tornava 'animados' outros materiais inscritos [...]."[19] Isso mostra que o papel do leitor, durante muito tempo, foi o de emprestar a sua voz ao texto e de fazer os difíceis caracteres "falarem" a quem não sabia ler. Baseados nessa relação entre leitor e livro, aparecem manuais de retórica e os tratados gramaticais que, segundo Gioia Maria Rispoli, delimitavam as maneiras de ler e ditavam preceitos sobre a expressividade da voz no ato da leitura. São regulamentos de como um leitor deve "se comportar" numa leitura individual ou na presença de um auditório: a interpretação vocal e gestual que possa mostrar da melhor maneira o gênero literário e as intenções do autor. Alguns autores, entre eles Dionísio Trácio, são responsáveis por essa nova teoria da leitura.

No mundo grego, a palavra falada é aquela que detém o poder. É ela que transmite a fama (*kleos*) dos heróis gregos por meio da epopeia, a narrativa ao estilo homérico, e da voz dos aedos ou poetas, memória viva e oral dos acontecimentos. "Em sua sonoridade, a palavra é eficaz, é ela que faz existir o herói."[20] A cultura grega tem uma tradição oral que é capaz de assegurar a sua própria permanência pelo suporte da memória e da voz dos homens. Apesar de faltarem documentos, é natural que os historiadores imaginem que o tipo de leitura predominante para os gregos era a oralizada, já que faziam parte de uma sociedade que valorizava a palavra falada.

Os gregos tinham uma dezena de verbos que significavam "ler", cada um deles mostrava uma forma diferente do ato da leitura. De alguma maneira, o significado desses verbos é a chave para entender a lógica da leitura arcaica; encontramos pelo menos quatro deles no artigo "Les verbes grecs signifiant 'lire'". O verbo *némein*, por exemplo, significa "distribuir": trata-se de uma leitura feita em voz alta para uma assembleia em que o leitor distribui o conteúdo de algum documento. É como se o orador se tornasse instrumento da mensagem que distribui; o que se espera é que ele se inclua também no processo de distribuição e seja capaz de entender a sequência gráfica que está sendo ditada por sua voz. Na época, eram poucos os leitores que sabiam "distribuir" o texto. A leitura era uma maneira de decifrar as mensagens e, muitas vezes, feita com lentidão e dificuldade. Era um trabalho complicado que dependia da competência do leitor para apresentar o que estava escrito e do obstáculo do *scriptio continua*, a falta de espaço entre as palavras, que terminava por tornar a leitura hesitante. Com as palavras emendadas, a não separação de parágrafos e a inexistência de maiúsculas e minúsculas, o trabalho do leitor era mais de decifrar e reconhecer o texto. Com todas essas dificuldades, isso só era possível lendo em voz alta. A leitura era, então, uma experiência sonora e a oralidade estava invariavelmente inscrita no texto.

Mesmo com o aparecimento da leitura silenciosa na Grécia Antiga, a leitura em voz alta não desapareceu, continuou a ser usada como uma modalidade durante muito tempo. Este tipo de leitura também permaneceu na Roma Antiga. Na educação romana, aprendia-se antes a escrever, para só num segundo momento aprender a leitura, considerada uma operação mais complexa. O que acabou gerando uma série de indivíduos com pouco grau de escolaridade que eram capazes de escrever, mas não de ler. Marco Fabio Quintiliano era um dos maiores professores de retórica do mundo antigo junto com Isócrates e fez uma obra quase enciclopédica que explicava em vários volumes como formar um orador. Os primeiros exercícios de leitura se baseavam no conhecimento das letras isoladas — suas formas, seus nomes e suas sonoridades —, para só depois o leitor formar as sílabas e as palavras completas. Tudo era feito lentamente e em voz alta: porque era necessário pronunciar as palavras que estavam sendo lidas e já olhar as seguintes, até que o leitor conseguisse aumentar a velocidade da leitura sem incorrer em erros. Quando o movimento de olhos precedia ao da boca, o leitor já teria adquirido capacidade suficiente e talvez pudesse realizar uma leitura ao mesmo tempo oral e visual (prenúncio da leitura silenciosa).

A literatura e a leitura eram, então, integradas pelo recurso da oralidade. A difusão de um texto literário dependia em muitos aspectos da voz que o leitor emprestaria a ele: a modulação, o timbre, a cadência; tudo contribuía para dar expressividade ao texto. A retórica impunha suas regras à leitura de obras literárias, de poesia, de historiografia e aos tratados filosóficos e científicos. Uma postura especial era exigida do orador: "Não por acaso, o verbo que indica a leitura da poesia é frequentemente *cantare*, e *canora*, o termo que designa a voz do intérprete. Ler um texto literário era, em suma, quase executar uma partitura musical."[21] O jovem romano, ao entrar na escola já aprendia as técnicas da leitura em voz alta: o melhor ponto para prender a respiração, para erguer e abaixar a voz e para fazer a pausa de separação da linha. O aprendizado começava com a leitura das obras de Homero e Virgílio, passando em seguida para os líricos, trágicos ou cômicos; realizava-se um passeio pela literatura, enfatizando as qualidades sensíveis e interpretativas dos textos.

A leitura em voz alta era um exercício, sua prática era apontada como benéfica tanto nas escolas de retórica como nas de medicina. Nas primeiras, era comum que os alunos acompanhassem com os olhos um texto que o professor lia em voz alta, aprendendo com a performance do mestre. Depois, eles eram obrigados a ler o texto, para verificar os próprios erros de leitura, corrigi-los e dissecar as qualidades do escrito. Nas escolas de medicina, o tipo de leitura era considerado benéfico para a saúde porque a interpretação era acompanhada por uma gestualidade — movimentos de cabeça, tórax e braços — encarada como um exercício físico.

A difusão da leitura expressiva também condicionava a produção literária, que era feita considerando a leitura em voz alta. Era uma escrita destinada à prática e estilo próprios da oralidade, orientada ao ouvido; por isso, a voz era o elemento principal que fazia a ligação entre o texto e o leitor, ou ouvinte. O autor precisava estar atento à sonoridade do texto, pensando nisso, o compunha muitas vezes sussurrando as frases ou por meio do ditado, que lhe dava a ideia exata do resultado final da leitura. A voz era um instrumento importante que garantia a formação do texto e sua chegada ao destinatário, alfabetizado ou não.

Um dos recursos usados pelos romanos na leitura em voz alta que persiste até os dias de hoje são as leituras públicas para o lançamento de obras literárias. Elas eram feitas em cerimônias sociais conhecidas como *recitatio*, que aconteciam em locais públicos como anfiteatros ou auditórios e contavam com a presença do próprio autor ou de um leitor especial. A duração dessas leituras era proporcional ao tamanho do rolo, portanto, tinham tempo variável. O texto era lido integralmente, o que provocava reações diferentes de um grupo heterogêneo de ouvintes: alguns interessados e outros tantos entediados. O fato é que tais leituras tinham o caráter de acontecimentos sociais que davam uma espécie de cumplicidade mundana ao hábito intelectual. Esses "ritos" de lançamento, que existem ainda hoje nas livrarias, garantiam o interesse pela obra de um público mais vasto de leitores. As leituras em voz alta, de livros novos ou não, pontuavam e envolviam as situações sociais: era comum que um *lector* lesse durante um banquete ou uma reunião de família, os autores faziam verdadeiras pré-estreias de seus livros para um público de eleitos. Esses pequenos rituais eram uma maneira de sedimentar amizades e estabelecer novas relações sociais, além de aprofundar e perpetuar hábitos cultos.

A leitura em voz alta pelo próprio autor é uma prática que data desde o primeiro século depois de Cristo e, já naquela época, era uma cerimônia social que esperava comportamentos especiais dos autores e de seus ouvintes. Uma história antiga sobre Plínio, que está em sua compilação de cartas, conta que o autor se sentiu pouco valorizado e respeitado porque, durante e ao fim de sua leitura, quase não sofreu interferências da plateia. Participar criticamente da leitura, oferecendo reações à fala do autor para que este pudesse operar mudanças consistentes no texto, era uma postura esperada do ouvinte. A impassibilidade do público não era o resultado desejado pelo escritor. A plateia podia ser formada de amigos próximos ou até por leitores desconhecidos, mas deveria interferir na leitura e mostrar-se interessada, mesmo que durasse, às vezes, horas ou dias. Além dos ouvintes atentos, havia uma quantidade considerável de pessoas que usavam os encontros como mera diversão social: sentavam-se na sala de espera, empreendiam longas conversas que às vezes atrapalhavam a leitura e pediam que os servos verificassem se o autor já havia chegado, se estava no meio ou no final da leitura.

O autor, por seu lado, era obrigado a seguir uma série de regras, como estar sentado numa cadeira de frente para os ouvintes e em cima de um tablado para poder ser visto por todos, além de exibir uma toga. Todas essas exigências, aliadas ao fato de precisar segurar o rolo com as duas mãos enquanto lia, tolhiam os movimentos e obrigavam o escritor a exercitar suas habilidades oratórias. O segredo estava nas inflexões da voz, em abaixar ou levantar o tom de acordo com o nível de complexidade das passagens que estavam sendo lidas. Como a voz era o principal instrumento, aqueles que tinham um tom agradável se encontravam em franca vantagem. Muitos autores não tinham o dom da leitura (o próprio Plínio acreditava que tinha mais facilidade em discursos, mas era inseguro para a leitura de versos), apresentavam dificuldades ou envergonhavam-se com a presença do grande número de pessoas, mas usavam mecanismos de defesa para se apresentar da melhor maneira para o público: decoravam o texto antes, evitavam olhar diretamente para as pessoas e treinavam durante horas o tipo de performance que fariam.

O fato é que as leituras da época de Plínio possibilitavam a difusão das obras, o florescimento da vida literária e o reconhecimento do autor ainda em vida. Era uma oportunidade rara para o público ouvir o próprio criador realizando a leitura de seu texto e do autor de ouvir sua voz dando vida ao seu escrito. A plateia, em geral, comprava o livro que estava sendo lido, e a demanda do exemplar para os livreiros aumentava consideravelmente.

> O autor que lê em público — naquela época como agora — recobre as palavras com certos sons e interpreta-as com certos gestos; essa performance dá ao texto um tom que (supostamente) é aquele que o autor tinha em mente no momento da criação e, portanto, concede ao ouvinte a sensação de estar perto das intenções do autor; ela dá também ao texto um selo de autenticidade.[22]

É claro que essa ilusão de se estar mais próximo de um texto lido pelo próprio autor nem sempre corresponde à realidade. Alguns autores impingidos a ler em público se mostram inteiramente tímidos ou pouco performáticos e, para muitos leitores, a voz que escutam saindo do criador do texto não é a que imaginaram quando o liam silenciosamente.[23]

Observamos que esse tipo de leitura ainda é usado hoje para a apresentação da obra ou mesmo para dar ao público o gosto de ouvir trechos de um livro já conhecido, mas, desta vez, pela voz do seu criador. Na terceira edição da Festa Literária de Paraty, em agosto de 2005, uma plateia atenta se reuniu para assistir ao debate sobre romance policial entre Chico Buarque e Paul Auster. Os autores leram trechos, respectivamente, de *Budapeste* e *Noite do oráculo*, livros já conhecidos pela maioria dos ouvintes que pretendia "reler" os mesmos textos pelos olhos e a voz dos autores. A leitura virou uma constante na Flip e quase todos os participantes terminam suas digressões lendo trechos de livros antigos, ou que ainda não foram lançados no Brasil (as reações do público às vezes determinam a compra do texto por uma editora). A última mesa de debates é sempre sobre os principais autores da festa e os seus livros de cabeceira, e é muito bonito ver como o tom de cada autor muda quando está fazendo a sua declaração de amor à obra escolhida.

Direcionando menos hoje do que antigamente a venda de livros, o fato é que a receptividade dos ouvintes a uma leitura pública é pelo menos uma mostra do que o leitor sente ou entende pela obra do autor. Truman Capote fez uma leitura pública do seu controverso *A sangue frio* ainda sem ter uma editora definida para o livro. Por causa da reação da plateia, prontamente encontrou um editor.

Silentio

O hábito da leitura em voz alta existe desde a Grécia Antiga e, de alguma forma, conviveu durante muito tempo simultaneamente com a leitura silenciosa, até que a última fosse ganhando mais espaço e hegemonia. Mesmo naquele período, em que a cultura era voltada para a oralidade, já era possível verificar determinados sinais da leitura silenciosa. Alguns textos tinham uma "voz própria" que independia da voz do leitor para existirem. Eram textos que não precisavam da sonorização para se realizar e, por isso, talvez os primeiros a deflagrarem a leitura silenciosa.

A princípio, parece um pouco estranho que, numa cultura que acreditava na leitura em voz alta para sua propagação e memorização, existisse também a leitura silenciosa. O silêncio era então sinônimo de esquecimento. Em seu artigo "Silent reading in Antiquity", Bernard Knox aponta o primeiro sinal histórico da leitura silenciosa no século v a.C., em uma cena do *Críton*, de Platão, em que os *Nómoi* ("leis") tomam a palavra no meio do diálogo para "falarem" até o final. As vozes dos *Nómoi* não são criações da imaginação, mas um diálogo interior que Sócrates tem consigo mesmo e que toma corpo no texto; é como se o pensamento de Sócrates se produzisse em silêncio. Tudo acontece sem nenhum estímulo acústico exterior, mas pela interiorização da voz. Sócrates acabará obedecendo aos *Nómoi*, as vozes internas que clamam em sua cabeça, e deixará de lado a voz presente e concreta do amigo Críton, como se esta voz externa não contasse mais em suas decisões. Estava aí o primeiro movimento de recolhimento e silêncio para leitura e reflexão.

Sócrates tinha uma grande tensão com essa voz. Quase demoníaca, ela se apossara dele ainda em sua infância e era importante porque se fazia ouvir como uma voz da consciência que, muitas vezes, desviava o pensador de algo que estava prestes a fazer. Era a sua voz interior, responsável pelo diálogo com sua alma, como afirmava no *Sofista* e no *Teeteto*. Ouvir essa voz interna, voz de base e criação silenciosa, valeu a Sócrates a acusação, apenas uma dentre outras (como a de corromper a juventude ateniense e insultar as tradições religiosas de Atenas), que o conduziria a julgamento e o levaria à pena de morte. Mas é também graças a ela que, a partir da época de Sócrates, a justiça deixa de ser uma operação exterior, difundida publicamente, para se interiorizar e passar a ser um "sentido de justiça" pertencente a cada indivíduo.

> Na verdade, trata-se de um mesmo e único movimento de interiorização realizado durante o século v, que é também o século que nos fornece os primeiros testemunhos diretos sobre a leitura silenciosa, isto é, sobre a interiorização da voz do leitor, daí em diante capaz de "ler com a mente".[24]

Contudo, o maior testemunho de que os gregos praticavam a leitura silenciosa eram os textos dos poetas dramáticos da época da Guerra do Peloponeso. Um exemplo é *Hipólito*, de Eurípides, em que Teseu pega o bilhete que caiu da mão de Fedra, agora morta, e, enquanto o lê sem revelar o conteúdo a ninguém, o coro apenas canta sua inquietação. Só depois explica o que estava escrito para o público, não lendo em voz alta, mas fazendo um resumo. Existe ainda um texto de Aristófanes, mencionado por Knox, *Cavaleiros*, em que Demóstenes lê uma profecia oracular em silêncio, para só depois revelar o seu vaticínio a Nícias. O pequeno breviário que Demóstenes faz ao companheiro é fruto de uma leitura realizada depois de beber duas taças de vinho. Nos dois casos, as personagens não revelam integralmente o texto que leram, mas fazem um bosquejo para o espectador. As peças datam do início do ano 400 e mostram que a prática da leitura silenciosa, se não era muito difundida, pelo menos era conhecida por um pequeno grupo de leitores que gostavam das artes dramáticas.

Mesmo com o obstáculo da *scriptio continua*, era possível ler silenciosamente na Grécia Antiga, pelo menos para os leitores que realizavam a tarefa frequentemente: a interiorização da voz era uma maneira de reconhecer naquela sequência de sinais uma linguagem. Segundo Paul Saenger, a ausência de espaços entre as palavras logo seria um obstáculo transposto: com o período medieval, a *word division* (divisão entre as palavras) passou a ser uma condição necessária para a leitura silenciosa. Mesmo com a introdução dessa "inovação técnica", a leitura em silêncio não foi unânime na Idade Média, era basicamente praticada pelos monges em suas orações ou quando copiavam textos. Só com a ciência escolástica é que as facilidades da leitura silenciosa — como a rapidez e a inteligibilidade — começam a ser mais exploradas.

Mesmo com o florescimento do teatro, a leitura em silêncio continuou a ser uma atividade marginal na Antiguidade grega. O texto teatral exigia uma memorização prévia do ator e a representação do texto, que era, como já vimos, uma espécie de "escrita vocal" e não mais leitura em voz alta. A cultura era marcadamente oral e a intenção da escrita grega era mais produzir o som do que representá-lo. Na Roma Antiga, a leitura silenciosa também era rara, mas praticada principalmente para a produção por escrito de documentos, cartas, mensagens e textos literários. Atualmente, a leitura silenciosa é considerada uma capacidade mais refinada em relação à leitura em voz alta, tida como menos complexa, mas, naquela época, era apenas uma escolha para a qual vários fatores contribuíam, principalmente o estado de espírito do leitor. Em geral, os dois tipos de leitura coexistiram. Havia ainda uma terceira modalidade: a sussurrada, que dependia basicamente das situações em que se lia ou da natureza do texto. A leitura expressiva e em voz alta era utilizada por leitores que já estavam familiarizados com a retórica e seus artifícios. Os textos narrativos e as obras de entretenimento, que eram consideradas menos apropriadas para a leitura pública em voz alta, encontraram o refúgio na leitura silenciosa ou murmurada.

Alguns autores, entre eles Horácio e Santo Agostinho, registram em seus escritos o hábito da leitura silenciosa na Roma Antiga. Santo Agostinho, recém-chegado em Milão, conheceu o bispo Ambrósio, um homem rígido em suas crenças, extremamente influente e excelente orador. No livro VI de *Confissões*, o teólogo registra espantado o método de leitura do bispo, que passava horas em sua cela, lendo em silêncio, sem se deixar atrapalhar pela interrupção dos servos ou a visita de qualquer convidado. Mais tarde, o próprio Agostinho usaria os dois tipos de leitura, como conta em uma passagem de *Confissões* quando, preocupado com o acerto de contas relativo aos seus pecados, procura uma resposta nas *Epístolas* de Paulo. Abre o livro ao acaso e, esperando por uma resposta oracular, lê o primeiro trecho sobre o qual seus olhos recaem. O amigo Alípio assiste ao fato com curiosidade e pede para Santo Agostinho compartilhar o que leu: o último marca a página lida em silêncio para que Alípio em voz alta possa repetir as palavras que já tinham sido acompanhadas pelos olhos.

> Agostinho e seu amigo leram as *Epístolas* de Paulo de uma maneira muito parecida com a que leríamos o livro hoje: um em silêncio, para aprendizado privado; o outro em voz alta, para compartilhar.[25]

As regras de São Bento

É sobretudo no século VI que a leitura silenciosa começa a ganhar terreno. Um pequeno livro, denominado *Regras de São Bento*, impunha posturas de leitura silenciosa que evitassem a dispersão e a desconcentração dos leitores. A leitura passa a ser vista como uma atividade para ser feita de si para si, sem atrapalhar os outros. Nos mosteiros, onde primeiro foram impostas as regras de São Bento, uma das posturas de humildade, obediência e aprendizado era o silêncio: evitar as conversas que geravam as más palavras e cultivar a gravidade do silêncio. Isidoro de Sevilha ditava algumas regras para a leitura em voz alta, mas particularmente preferia a silenciosa que assegurava ao leitor uma maior facilidade de compreensão do texto.

> [...] visto que, segundo ele, o entendimento do leitor torna-se mais completo quando se está em silêncio. Deste modo, seria impossível ler sem esforço físico e melhor refletir sobre as coisas lidas que assim fugiriam menos facilmente da memória.[26]

O desenvolvimento da leitura silenciosa é diretamente proporcional ao desenvolvimento da atitude em relação à escrita. A escrita passou a ser considerada uma linguagem que foi se tornando aos poucos diferente e independente da linguagem oral.

A palavra escrita deixa de funcionar como simples arquivo da falada. As letras começam a ter sentido como sinais sem som, que podem ser lidos de forma silenciosa, não precisam mais ser oralizados. A escrita passa a transmitir informações para a mente por intermédio apenas do olho, não da voz. O teólogo Isidoro de Sevilha, em seu livro *Etimologías*, já professava que as letras podiam transmitir de maneira silenciosa o pensamento e os ditos daqueles que estavam ausentes. Defendia a leitura silenciosa porque acreditava que ela exigia menos esforço (o fato de pronunciar as palavras atrapalhava a concentração) e permitia maior reflexão.

No período da Alta Idade Média, a leitura era feita na maioria das vezes por monges, e a Sagrada Escritura era o livro-base da espiritualidade. O tipo de leitura realizada pelos monges era o *ruminatio* — feita de si para si, mas pronunciando em voz baixa as sílabas. A denominação não era à toa: a leitura era lenta para a assimilação melhor das obras e ruminada porque servia de alimento espiritual para os homens. A atividade ledora era, com a meditação e a contemplação, os exercícios para a alma praticados pelos monges.

> Nessa época, como escreveu A. Petrucci, é possível distinguir três tipos de leitura: "a leitura silenciosa, *in silentio*; a leitura em voz baixa, chamada murmúrio ou ruminação, que servia de suporte à meditação e de instrumento para a memorização; e, enfim, a

leitura pronunciada em voz alta que exigia, como na Antiguidade, uma técnica particular e se aproximava muito da recitação litúrgica e do canto".[27]

Isso significa que as três técnicas subsistiam simultaneamente. De fato, é importante notar que o leitor acostumado com a leitura em voz alta precisou de um tempo de adaptação com o *ruminatio*. O hábito de articular as sílabas era bastante difundido. A leitura murmurada persiste até hoje com leitores inexperientes que têm certa dificuldade para a abstração e crianças que estão aprendendo a ler.

Assim como a leitura, a música que ressoa na Idade Média é proveniente de um corpo solitário do cantor. Os monges cantam os textos litúrgicos na mais completa solidão ou, reunidos, cantando em homofonia. É também o mesmo corpo solitário que entoa os cantos profanos, nos castelos ou nos campos. "No castelo, afastado numa terra ainda despovoada, o troveiro é também solitário ante o senhor, ante a dama de seus pensamentos, sonhando com a poesia e a música, inventando uma e outra."[28] O modo de criação do trovador se dá pela ausência de sua mulher amada: no silêncio, ele irá desenhar os versos que pensou inspirado nela para, só então, cantá-los, não necessariamente para uma plateia. Só com o passar do tempo é que a voz, agora laicizada solista, dominou as praças dos burgos e as salas de música dos castelos feudais, saindo dos limites dos mosteiros e coros da igreja católica.

A LEITURA SILENCIOSA: NOVAS POSTURAS PARA O AUTOR E O LEITOR

O hábito de pronunciar as palavras em voz baixa, de ruminá-las, foi levado também para a cultura escrita. Os textos religiosos ou clássicos eram ditados no *scriptorium*. Mais tarde, para copiar os textos, os escribas não usariam mais a leitura em voz alta, mas a escrita individual. O olho substituiria o ouvido na apreensão e compreensão dos termos e expressões que precisam ser copiados. O fato é que as palavras transcritas continuariam a ser pronunciadas, mas agora internamente. A principal responsável por essa mudança seria a cultura escolástica, que transformaria a leitura num exercício intelectual, escolar e universitário.

A necessidade crescente de leitura de um grande número de obras complexas exigia uma leitura mais rápida e meditada. Nesse panorama, a abordagem visual se adaptaria melhor às novas exigências do que a auditiva. Cada vez mais será necessário ler um grande número de obras complexas, por isso a leitura será mais rápida e também mais meditada; a interpelação visual vai se adaptar melhor a estas novas exigências do que a auditiva. Na pedagogia medieval, a leitura em voz alta era feita apenas para explicar e comentar uma obra já pertencente aos programas do curso. O que significa que a leitura coletiva, organizada no interior dos programas, não suprimia a leitura silenciosa e individual, o contato direto do intelectual com os textos. A formação pessoal deveria ser estimulada e adquirida com a pedagógica.

É também nesse período, alerta Guglielmo Cavallo, em *Libri e lettori nel medioevo*, que a produção literária vai florescer e exigir do leitor novos métodos que permitam ler mais rápido e tomar conhecimento de um grande número de obras. Os escritores medievais se apoiavam nas *auctoritates*: frases e citações extraídas de autores clássicos, de sermões de padres ou da Bíblia. Elas tornam-se mais elaboradas, aparecem florilégios e coletâneas que ajudam os autores a encontrarem mais facilmente as passagens que procuram. Os florilégios se expandem para vários domínios — teológicos, patrísticos, ascéticos — e marcam uma nova maneira de ler, mais fragmentária e picotada. Para conseguir uma apreensão rápida, o contato profundo com o texto será sacrificado. Em parte, as coletâneas tinham também a sua vantagem: o leitor podia tomar contato com um escrito que jamais conseguiria adquirir por conta do número limitado de cópias disponíveis ou do preço alto dos manuscritos. Esses instrumentos de trabalho, no entanto, não estimulavam a criatividade, eram reuniões de frases curtas e fáceis de memorizar que ofereciam, quando muito, o essencial da obra.

A Europa do século XII (ou seja, dos séculos finais da Idade Média) também assistiu a uma mudança fundamental no texto escrito que se refletiu fortemente nas posturas de leitura: a introdução de espaços entre as palavras e entre as preposições monossilábicas. A prática de escrever com palavras separadas começou com os copistas ingleses e irlandeses, que consideravam o latim uma "língua visível" e que, portanto, poderia ter convenções gráficas para permitir a melhor absorção do que era lido. As mudanças apareceram levando em conta as necessidades dos leitores que tinham uma segunda língua. Foram esses escritos ingleses e irlandeses que inventaram as primeiras regras para uma gramática da legibilidade: isolaram partes do discurso, separaram os constituintes gramaticais da frase latina e introduziram algumas marcas de pontuação no texto. O resto da Europa agora experimentava algumas alterações linguísticas que tornavam possível abrir mão da leitura em voz alta para compreender o escrito. A pontuação sintática também foi outra mudança que facilitava o reconhecimento visual e a leitura silenciosa rápida. O texto passou a se organizar espacialmente em orações, frases e parágrafos.

As obras de escritores como Guibert de Nogent e Hugues de Saint-Victor, ambos do século XII, já eram pontuadas por essas mudanças: mostravam sinais no final das palavras, abreviações de conjunções e preposições e utilização de maiúsculas no início de nomes próprios. Hugues gostava de colocar em seus manuscritos as letras iniciais coloridas; como se fossem instrumentos pedagógicos. Com isso, acreditava que pudesse facilitar a memorização dos estudantes. As cores usadas nas letras e páginas buscavam destacar visualmente trechos e aguçar a memória visual dos estudantes para que, depois, pudessem se orientar e encontrar determinada informação dentro de uma página. Aparecia uma nova escrita, que levava em conta as percepções dos olhos, não mais as da voz. Para Hugues, havia três formas distintas de ler, estudadas em seu *Didascalicon*: ler para outra pessoa em voz alta, escutar alguém ler — portanto ser ouvinte —, ou ler para si, em leitura silenciosa, correndo os olhos pelo texto (*inspicere* — verbo que denota o que de mais visual há na leitura).

Mas alguns lugares, como a escola de Chartres, um dos exemplos do humanismo medieval, fundada no século X, já usavam essas inovações gráficas na virada do século XI para o XII. Jean Salisbury, que foi aluno da escola de Chartres, explica, em seu *Metalogicon*, as diferenças da leitura em voz alta (*prelectio*), feita pelo professor aos seus alunos, e a leitura "visual, silenciosa e privada" (*lectio*), realizada pelos estudantes. A divisão mostra a consciência que existia entre os medievais de que a leitura era também uma forma de ensino, que o verbo *legere* era ambíguo porque designava tanto o trabalho do docente como o do discípulo.

As gramáticas também passaram a se dedicar mais aos textos do que à leitura em voz alta que viria a partir deles; para que o leitor lesse bem, era necessário que o autor escrevesse bem. Salisbury julgava necessários a pontuação e os sinais paratextuais para facilitar a comunicação entre autor e leitor. "[...] Jean Salisbury dedicou grande atenção à correta separação de palavras, levando em conta o objetivo de permitir os cortes visuais necessários à decifração silenciosa do texto manuscrito."[29] A leitura silenciosa começou a ser também utilizada pelos monges cistercienses do século XII porque permitia a concentração, a meditação e o entendimento espiritual. Foram eles que introduziram os índices baseados nas numerações de páginas, o que explica o caráter adiantado que tinham nas práticas de leitura visual, ou silenciosa. As mesmas técnicas de consulta de textos de referência e de leitura silenciosa eram também desenvolvidas e usadas por monges beneditinos do século XI. Autores como Pierre de Celles, que escreveu *De disciplina claustrati*, voltados para as disciplinas e técnicas de leitura para a clausura, observavam que a leitura silenciosa era uma condição necessária para a meditação. Não por acaso muitos deles utilizavam o verbo *videre* (ver) como sinônimo de ler.

O hábito da leitura silenciosa mudou a postura e os modos de trabalhar em algumas profissões: entre elas, as do autor e as do copista. O autor não era mais obrigado a ditar o texto e o copista podia ler silenciosamente e copiar só com a ajuda do olho. Os autores se sentiam mais à vontade para expor sentimentos íntimos, que nunca foram passados para o papel por ausência de privacidade. A quantidade de escritos eróticos aumentou com a nova liberdade autoral. A técnica de escrita mudara: os autores faziam acréscimos entre as linhas de suas composições, corrigindo ou ampliando os textos. Esse método permaneceu até os tempos atuais (há autores que ainda escrevem de próprio punho, evitando o computador) e gerou um novo gênero de testemunho literário, capaz de documentar o processo criativo através dos rascunhos. Lembremos dos cadernos que Guimarães Rosa levava em suas viagens para anotações de ideias para textos e de pesquisa de linguagem que foram e são tão importantes para quem estuda sua obra. Com a posse material do texto, aumenta a identificação do autor com aquilo que escreve e a possibilidade de colocar no papel sentimentos mais íntimos, longe do teatro que o ditado exigia.

A postura e o local de trabalho dos copistas, os *scriptorium* (ateliês de copistas), haviam mudado também. Até os móveis foram readaptados para facilitar o movimento dos olhos do original para a cópia. São equipamentos que sofreram mudanças e foram aperfeiçoados para facilitar um trabalho agora silencioso, sem a ajuda da leitura em voz alta. Os marcadores de texto, método que seria usado mais tarde pelos datilógrafos, aparecem para guiar com mais facilidade os olhos do copista.

A função mnemônica também sofreu grandes transformações: o leitor não era mais obrigado a reter na memória os sons das palavras. A memória, a partir do leitor escolástico, funcionava como uma espécie de "leitora" do sentido geral do texto, já que agora ela servia para reter o conteúdo do grupo de orações, frases e parágrafos. Depois, ele podia esquecer rapidamente as palavras específicas e sua sequência. Acabamos herdando nos dias atuais essa faculdade de ler sem necessariamente memorizar.

A partir do século XIV, Paul Saenger observa que o método de trabalho dos autores se transforma. Os suportes mudam: o autor passa a escrever em cadernos de rascunho ou folhas soltas, o que faz da escrita uma atividade menos física e mais intelectual. Já pode, também, visualizar o texto em sua totalidade, realizar referências cruzadas, eliminar os trechos repetidos e desenvolver relações entre as partes. Surge o estúdio, um novo ambiente de trabalho onde o autor poderá, sozinho e em silêncio, escrever. A nova perspectiva autoral de intimidade e privacidade altera também a maneira como o escritor pensa o leitor; o texto não é mais feito para quem lê em voz alta, o criador quer um leitor silencioso, reflexivo.

Mesmo com o advento da leitura silenciosa e íntima nos séculos XIV e XV, ainda existiam, sem perder a sua importância, as leituras públicas. Na vida universitária, as duas coexistiam, o professor lia em voz alta o texto, e os alunos acompanhavam em leitura silenciosa com os seus livros. Como os temas eram mais complexos, não adiantava apenas ouvir os textos, era preciso acompanhá-los individualmente; por conta disso, muitas universidades já exigiam que os alunos levassem uma cópia do escrito que seria trabalhado em sala de aula. Os estudantes que não tinham condições de comprar os livros já contavam com uma organização de sistema bibliotecário que garantisse o empréstimo[30] (como exemplo, as bibliotecas da Catedral de Notre-Dame e a da Sorbonne).

Outra maneira de conseguir os textos era através dos copistas, que tentavam disponibilizar reproduções padronizadas e de fácil legibilidade dos textos que constavam no programa universitário. O entendimento das palestras públicas só era possível aos estudantes com o aprendizado privado, que acontecia cada vez mais dentro das bibliotecas universitárias. François Dolbeau comenta, em seu primeiro volume de *Histoire de bibliothèques françaises*, que nelas a postura de leitura, tanto em grupos quanto individual, era a de silêncio. A estrutura das bibliotecas mudou também em função do crescimento da leitura silenciosa: as salas de leitura tinham sido construídas até então para a coexistência entre a leitura em voz alta e a leitura em silêncio. Os claustros eram cubículos espaçosos feitos de pedra que permitiam o ditado e a leitura oral, sem incomodar os monges que pudessem estar meditando ou lendo salmos silenciosamente.

A partir do final do século XIII, as influências da leitura silenciosa já se faziam sentir na arquitetura e no mobiliário das bibliotecas. Os colégios e as universidades começaram a dispor de móveis para a leitura que podiam ser colocados próximos uns dos outros, já que um leitor agora podia ler sem "atrapalhar" quem estava ao lado. Escrivaninhas, bancos e estantes de leitura para a consulta imediata do leitor começaram a aparecer nos colégios de Oxford, Cambridge e na Sorbonne; os livros de referência, como os dicionários e índices alfabéticos, ficavam acorrentados às estantes para estarem sempre disponíveis para a consulta. As bibliotecas passaram a ter a função atual de um espaço público onde se pode desenvolver a leitura privada, onde é possível ler, escrever e estudar.

O mais importante é que seria também nessas bibliotecas do século XIII que se desenvolveria o apelo ao silêncio. Ler em voz alta nunca tinha sido um problema nas bibliotecas até que a leitura silenciosa surgiu; então, levantar a voz e mesmo murmurar o texto passaram a ser um incômodo ao leitor vizinho. O barulho tornou-se perturbador para aqueles que liam visualmente, e a concentração dos leitores silenciosos dependia da quietude dos outros. No final do século XV, como observa William Garrod,[31] algumas das principais bibliotecas europeias já tinham o silêncio entre os estatutos do seu regulamento. Cada vez mais, a leitura individual e visual encorajava os leitores a ganharem hábitos de interferência no texto mantidos até hoje — anotações nas margens das páginas, sublinhar trechos, usar sinais para ajudar no reconhecimento visual —, transformando o livro num objeto de estudo particular. As bibliotecas foram obrigadas também, já na fase final da Idade Média, a impor aos leitores regras que assegurassem a preservação dos seus acervos e a conservação dos livros de uso comum.

Uma das características que a leitura silenciosa trouxe foi estabelecer uma nova forma de privacidade e a ideia de que o leitor podia ter controle absoluto sobre a sua fonte de interesse. A leitura pública e o ditado sempre fortaleceram a "ortodoxia teológica e filosófica", já que o processo criativo estava sujeito ao controle e à correção durante todas as etapas da obra, desde sua formulação, passando pela edição até chegar à recepção do leitor, que era feita através da leitura em voz alta. Com o advento da leitura em silêncio, as especulações intelectuais que fossem realizadas individualmente começaram a ser associadas à heresia. "A leitura apenas com os olhos e a escrita sem ditado isolavam os pensamentos do indivíduo das sanções do grupo e incentivavam o tipo de ambiente no qual se desenvolveram a nova universidade e as heresias leigas dos séculos XIII e XIV."[32] Como atividade individual e silenciosa, a leitura podia ser feita dentro dos gabinetes e quartos, e os textos heréticos terminavam sendo lidos sem que ninguém soubesse.

O pensamento intelectual também encontrou liberdade para a heterodoxia. Mesmo em sala de aula, lendo textos ortodoxos, o aluno poderia compará-los silenciosamente com as versões de livros e os autores libertários que criticavam a autoridade estabelecida e, por isso, eram rejeitados pelo programa acadêmico. Apesar dos estatutos universitários que proibiam os livros condenados, nada nem ninguém tinha como exercer controle acirrado contra a leitura feita pelo olho. Durante cerimônias litúrgicas, era possível ler livros heréticos. Por esse motivo, tanto a leitura como a escrita visuais foram consideradas fortes colaboradoras do ceticismo e da heresia. Era uma difusão silenciosa e incontrolável de ideias.

A leitura individual e silenciosa possibilitou, durante o século XV (conforme os estudos de Peter Biller e Anne Hudson), o desenvolvimento de pensamentos políticos subversivos e a resistência à autoridade monárquica. Os manuscritos aristocráticos eram lidos em situações privadas e discutidos, fazendo com que surgissem novas ideias, nem sempre concordantes com a ordem estabelecida. Além das dissonâncias políticas, a leitura silenciosa encorajou também o retorno da literatura erótica. A pornografia era proibida na França do século XV, mas possível graças à leitura privada que estimulou a produção literária de textos picantes e, inclusive, ilustrados. As gravuras dos textos franceses e espanhóis retratavam cenas realísticas de extrema luxúria nos bordéis.

Muitos desses livros apresentavam um formato pequeno para possibilitar ao leitor escondê-los, ou passá-los para outros leitores sem que fossem notados. Já no século XV, era possível ver a demonstração dos órgãos sexuais humanos em livros de horas, a pornografia se misturava vulgarmente à literatura religiosa.

O delicioso sabor dessas "leituras proibidas" nunca mudou em nenhum período da história. Não necessariamente precisavam ter o caráter de subversão política ou pornografia, bastava apenas que estivessem no terreno da interdição, dentro das leituras que aguçavam a curiosidade e que não eram obrigatórias. Quantas vezes um aluno não rouba o tempo de uma aula em uma leitura paralela? Enquanto o professor se esforça para seguir a disciplina, ele está estudando outra coisa que talvez nunca entre no programa. Drummond foi expulso do colégio jesuíta de Nova Friburgo porque se desentendeu com o professor de português: ele lia poesia nas aulas que versavam sobre outros temas.

> Talvez fosse uma tentativa de manifestar independência de espírito. Eu fui expulso de uma maneira muito arbitrária, sem direito de defesa. Fizeram uma reunião pública e, de surpresa, o próprio padre reitor declarou-me indigno, diante de todos, de permanecer naquele estabelecimento. "Ajunte suas coisas e saia da sala", disse ele. Eu tinha 14 ou 15 anos. Foi terrível. Fui confinado num quarto, não podia nem dormir com os outros e tive de sair de madrugada, sem me despedir de ninguém.[33]

Walter Benjamin se lembra das leituras de lazer distribuídas entre os alunos nos intervalos de suas aulas: "eram a liberdade quando comparadas aos compêndios escolares, verdadeiras celas". O ar que exalava dos livros era mediterrâneo, dava a impressão de dias de folga, de férias, de algo diferente das obrigações. Ele e seus colegas de turma levavam esses volumes para casa e a maneira de fazer com que o prazer que provinha deles se prolongasse era deixar que as filhas louras dos castelões, os cavaleiros, os vassalos e os mercenários penetrassem de forma criativa em seus ambientes caseiros. Os mesmos livros escondidos entre cadernos, compêndios e anotações seriam lidos em silêncio durante as aulas como um idílio concedido aos alunos.

> Porém, fossem esses livros agradáveis ou medonhos, aborrecidos ou excitantes — nada podia aumentar ou diminuir-lhes o encanto. Pois este não dependia do conteúdo, mas sim do fato de me garantirem um quarto de hora que tornasse tolerável toda a miséria da monotonia das aulas. Já ao anoitecer, regozijava-me em colocar o livro na pasta, ao arrumá-la, e sabê-la mais leve, apesar do texto adicional.[34]

Muitas bibliotecas se transformaram nos espaços preferidos para as leituras proibidas e prazerosas. Ao bibliotecário cabe reunir, catalogar e, principalmente, restituir a ordem e o silêncio destes lugares. Nada de barulho, nada de conversa e, mais, nada de desinteresse. A biblioteca virou lugar para iniciados: leitores que não temem o confronto direto com o livro e o silêncio. Primo Levi conta, em *A tabela periódica*, que era um desses fiéis que frequentavam a opulenta biblioteca do Instituto de Química de Turim. Todo o ambiente era um obstáculo que colocava à prova o desejo daqueles leitores: uma iluminação deficiente, horários curtos, nenhuma calefação no inverno, cadeiras de metal desconfortáveis. O quadro se completava com a figura do bibliotecário: um "grosseirão, inepto e insolente" que assustava os estudantes com sua simples presença. No entanto, para Levi como para Alberto Manguel ainda pequeno no Colégio Nacional de Buenos Aires, o bibliotecário não poderia penetrar na leitura solitária e silenciosa que estavam empreendendo, esta sim inviolável. Com um ambiente muito mais receptivo, sob a luz dos abajures verdes, Manguel realizou também suas leituras proibidas. Os livros considerados impróprios ou proibidos estavam ausentes ou localizados nas estantes mais altas controladas pelo bibliotecário. Entretanto, alguns títulos aparentemente inocentes escapavam da censura e, diante de um bibliotecário alheio, o rapaz podia se deliciar com as cenas de bordel contidas em algumas páginas do *Romancero gitano*, de Lorca, ou com os trechos sedutores dos contos de Cortázar. Eram títulos audaciosos para os escrúpulos da biblioteca:

> [...] estimávamos quanto tempo passaria até que o bibliotecário descobrisse que, bem embaixo de seu nariz, geração após geração de alunos corruptíveis preenchiam as ausências nas prateleiras lendo fielmente estes livros escandalosos.[35]

Das bibliotecas mais antigas para as modernas, muitas posturas relativas à leitura silenciosa mudaram, mas os ganhos que foram obtidos com ela se mantiveram e se enriqueceram de alguma maneira. As formas de leitura em voz alta também mudaram; hoje estão espelhadas nas figuras dos atores, contadores de histórias, discursos políticos, leituras públicas; algumas permanecem confinadas a lugares institucionais, e em muitas sociedades a oralidade ainda é atuante. Mas existe outra maneira pela qual esse tipo de leitura pode reaparecer, que é pela figura do ledor. O ledor é um intermediário entre o texto e o leitor, mas pode ser também entre o texto e o autor. Os casos específicos deste trabalho, que pretende estudar autores e leitores apaixonados por livros e que ficaram cegos, são daqueles que, abrindo mão de aprender o braille ou mesmo optando pelo aprendizado do sistema, se entregaram a esse guia. O ledor, então, tem uma árdua tarefa pela frente: ler textos que já foram lidos ou ler textos novos emprestando a sua voz à do texto. Não é mais a leitura pública, não é mais a oralidade baseada no gestual, na teatralização, mas uma leitura que deve ser discreta para não ferir a voz do texto e, principalmente, não ferir a voz interior de um leitor que, ao contrário de ser inábil, sabe muito sobre aqueles textos, mesmo sem enxergá-los. É sobre este ledor que vamos discorrer no capítulo seguinte.

Notas

1. Jean-Paul Sartre, *As palavras*, p. 54.
2. Jane Austen, *Selected Letters*, p. 52.
3. Virginia Woolf, *O leitor comum*, p. 60.
4. Guglielmo Cavallo, "Entre o volume e o códex: a leitura no mundo romano", in: Guglielmo Cavallo; Roger Charlier, *História da leitura no mundo ocidental*, p. 91.

5. Alberto Manguel, *Uma história da leitura*, p. 180.
6. Alguns detalhes sobre os costumes europeus nos espaços privados, quartos e camas estão em *Ethmologie de la Chambre à coucher*, Pascal Dibie.
7. Alberto Manguel, *Uma história da leitura*, p. 186.
8. Ver Michel Banniard. "Le lecteur em Espagne wisigothique d'après Isidore de Séville: de ses fonctions à l'état de la langue", in: *Revue des Études augustiniennes*.
9. Malcolm Parkes. "Ler, escrever, interpretar o texto: práticas monásticas na Alta Idade Média", in: *História da leitura no mundo ocidental*, p. 105.
10. Roger Chartier, *A aventura do livro: do leitor ao navegador*, p. 143-144.
11. No filme *Central do Brasil*, de Walter Salles, a personagem Dora (vivida por Fernanda Montenegro) é uma professora aposentada que ganha a vida escrevendo cartas para analfabetos na estação de trem.
12. Roger Chartier, *A aventura do livro:* do leitor ao navegador, 1999, p. 27.
13. Eliana Yunes, *Tecendo um leitor*, p. 30.
14. Celso Sisto, *Textos e pretextos sobre a arte de contar histórias*, p. 23-24.
15. Karen Blixen, "La plage blanche", in: *Nouveaux Contes d'hiver*, p. 123.
16. As exceções são personagens-narradores que entram no palco já sabendo o final da história, dos personagens que atuam como testemunhas também, ou personagens que estão recordando momentos que viveram no passado e, portanto, já sabem o que vai acontecer.
17. Regina Machado, *Acordais*, p. 27.
18. Ver Jesper Svenbro: "A Grécia arcaica e clássica: a invenção da leitura silenciosa", in: Guglielmo Cavallo; Roger Chartier (orgs.), *História da literatura no mundo ocidental*; vol. 1.
19. Guglielmo Cavallo; Roger Chartier, *História da leitura no mundo ocidental*, vol.1, p. 15.
20. Jesper Svenbro, "A Grécia arcaica e clássica", in: Guglielmo Cavallo; Roger Chartier (orgs.), *História da leitura no mundo ocidental*, vol.1, p. 44.
21. Guglielmo Cavallo, "Entre o *volumen* e o *codex*: a leitura no mundo romano", in: Guglielmo Cavallo; Roger Chartier (orgs.), *História da leitura no mundo ocidental*, vol.1, p. 80.
22. Alberto Manguel, *Uma história da leitura*, p. 283.

23. A romancista francesa Nathalie Sarrante, ao contrário, lê numa monotonia que não faz jus aos seus textos líricos. Dylan Thomas cantava sua poesia, batendo nas tônicas como gongos e deixando pausas enormes. T. S. Eliot resmungava seus poemas como se fosse um vigário rabugento amaldiçoando seu rebanho. *Ibidem*.
24. Jesper Svenbro, "A Grécia arcaica e clássica", in: Guglielmo Cavallo; Roger Chartier (orgs.), *História da leitura no mundo ocidental*, vol. 1, p. 54.
25. Alberto Manguel, *Uma história da leitura*, p. 61.
26. Malcolm Parkes. "Ler, escrever, interpretar o texto: práticas monásticas na Alta Idade Média", in: Guglielmo Cavallo; Roger Chartier (orgs.), *História da leitura no mundo ocidental*, vol. 1, p. 106.
27. Jacqueline Hamesse, "O modelo escolástico da leitura", in: Guglielmo Cavallo; Roger Chartier (orgs.), *História da leitura no mundo ocidental*, vol. 1, p.124.
28. André Boucourechliev, *Le Langage musical*, p. 127-128.
29. Paul Saenger, "A leitura nos séculos finais da Idade Média," in: Guglielmo Cavallo; Roger Chartier (orgs.), *História da leitura no mundo ocidental*, vol. 1, p. 150.
30. Sobre isso, ver o ensaio de André Tuilier, "La Bibliothèque de La Sorbonne et les livres enchaînés".
31. Heathcote William Garrod, in: "The Library Regulations of Medieval College", *The Library*, VIII, p. 315.
32. Paul Saenger, "A leitura nos séculos finais da Idade Média", in: Guglielmo Cavallo; Roger Chartier (orgs.), *História da leitura no mundo ocidental*, vol. 1, p. 162.
33. Drummond em entrevista a Luiz Fernando Emediato, in: Caderno 2, *O Estado de S. Paulo*.
34. Walter Benjamin, "A biblioteca do colégio", in: *Obras escolhidas II*, p. 116.
35. Alberto Manguel, *A biblioteca à noite*, p. 100.

III. O SURGIMENTO DA FIGURA DO LEDOR E O CONCEITO DE VOZ INTERIOR

O homem perdeu sua imortalidade por não obedecer a uma interdição. Ele foi expulso do Paraíso pela soberba, não por nenhum dos outros pecados capitais. Soberba de não entender que, apesar de ser criado à imagem e semelhança de Deus, não tinha o Seu poder. Foi uma incapacidade de compreender que era um espelho do Criador. Embora esse seja um dos mitos literários mais conhecidos sobre a origem do homem, se formos considerar a Bíblia uma das mais extensas obras literárias ocidentais, é quase uma verdade: o homem tem inveja de seu Criador. Tanta, que se desenvolveu, evoluiu e criou civilizações, mas permanece desconforme com a perspectiva de não ser imortal; de ser uma cópia mal formada de quem o criou.

Durante anos, o homem tentou prolongar a própria vida. A arte foi uma das principais formas que encontrou de se aproximar dos deuses, de aumentar a duração da sua existência por meio da obra. A escrita é uma delas. A leitura também. Diria Borges que os homens inventaram o adeus porque se sabem, de algum modo, imortais, embora se julguem contingentes e efêmeros. Borges tinha e tem razão, embora ele mesmo temesse a imortalidade de sua alma e não quisesse voltar a este mundo como o mesmo Jorge Luis Borges, mas num corpo distinto.

Mas o fato é que a linguagem — os signos escritos e orais — seguiu sendo a rebelião humana contra esse sombrio destino que os deuses (ou o Deus) lhe reservaram. O Paraíso nos foi negado, mas prosseguimos com a petulância de imitar Deus na origem de sua maior criação, que é o mundo. No princípio era o verbo. E se o verbo, a palavra, é tão importante, nos manteremos vivos por e através dela. A palavra escrita e, porque não, a palavra dita.

A princesa Sherazade pode ser considerada o primeiro exemplo do que chamamos de ledor. Ledor: aquele que lê o texto, a chama viva entre leitor e texto. Sherazade conta para manter-se viva. Sherazade é, como o próprio Adão, vítima da ira de um soberano absoluto: o sultão Sharyar. O destino de todas as esposas dele é a morte. É a palavra de poder do sultão que lhe dá a possibilidade de casar com virgens para matá-las depois. A crueldade (como a de Deus) é fruto de uma traição: a primeira esposa de Sharyar era adúltera. A salvação? A palavra, o verbo. Sherazade narra para evitar a morte, cada história é o princípio de uma nova. *As mil e uma noites* são fruto de uma grande história, interrompida no princípio da noite com a promessa, a um leitor ávido, de continuação, no dia seguinte.

> Todos os personagens [...] agem como lhes ensinou Sherazade: contar para não morrer. Contar, nas mil e uma noites, é um ato valioso que quase nunca é negado àquele que está para morrer, como se fosse sua última chance de escapar à sentença de morte. Negar tal direito a alguém é a suprema crueldade, às vezes vingada duramente.[1]

Contamos nossas histórias, nossos sonhos ou os contos dos outros para vivermos. E, quando somos o ponto de equilíbrio entre a loucura de quem nos exige a leitura e o texto propriamente dito, podemos nos colocar como os mestres da fábrica de sonhos. Quando isso acontece, mesmo que por alguns segundos, ganhamos, por nossa voz e nossa presença, a tão almejada imortalidade. Sherazade postergou de tal forma sua morte que, ao fim das mil e uma noites, já tinha filhos com o sultão e era amada, tão amada que o demoveu da ideia de matá-la.

A ninfa Eco, ao contrário, foi castigada por Hera por contar suas histórias e distrair a ciumenta mulher de Zeus. A voz feminina que seduz e enreda pode garantir a vida ou causar a morte. Eco perde a sua bela voz por vingança de Hera e, com a voz, o amor de Narciso, para o qual nunca conseguiu se declarar. Sua leitura tinha um objetivo perigoso: controlar a chama de um amor, o de Hera por Zeus. Para distrair uma enamorada, pôs em risco o seu próprio amor. Ai, essas mulheres! Que com seus encantos e suas vozes fizeram tão bem a nós. São elas que retomamos uma e outra vez quando lembramos de uma cantiga de ninar esquecida, quando voltamos a escutar uma história. Elas: deusas, mães, amadas, amantes. É o que Borges descobria com certa tristeza: tinha passado toda sua vida pensando em alguma mulher. "Acreditei ver países, cidades, mas sempre houve uma mulher para servir de pano de fundo entre os objetos e eu."[2]

É notável, como comenta Flávio Carneiro em seu livro *O leitor fingido*, que seja uma mulher (ou seja, uma personagem feminina) a responsável pelo grande livro de narrativas do Ocidente e do Oriente.

> De início gostaria de levantar a hipótese de que, tendo tantos autores de épocas e nacionalidades diversas, o livro só mantém certa unidade porque sabemos, de antemão, terem sido aventuras narradas sempre pela mesma voz, a da "tecelã da noite", como é chamada Sherazade.[3]

A mim, não me resulta estranho que seja uma mulher a responsável por tecer as histórias. Para viver as aventuras, os homens foram sempre os protagonistas, para contá-las, as mulheres, sem dúvida. Não é Penélope que espera em casa com os fios de sua roca a volta triunfal de Ulisses? Acaso não seriam as Moiras, três mulheres que, em sua sabedoria fiam o destino dos homens e dos deuses? O fio, em todos esses casos, é a história. Penélope segura sua própria história ou destino à espera de que ele se complete com o de Ulisses. As Moiras decidem como se conta e interrompe a história dos homens e deuses. A moça tecelã de Marina Colasanti inventa a sua história, tece a sua vida e, depois, quando está escrava de seu tear e de sua Ítaca em tapeçaria, decide desfazer os fios para recomeçar outra narrativa. Nossas mães estiram o fio de uma história a ser contada antes de dormir, fio que talvez costure ideias em nossos sonhos.

Sherazade é o nosso primeiro ledor. Uma ledora porque estende o fio entre o leitor e o texto, e uma contadora, porque parece ter testemunhado cada uma daquelas histórias. Ledora que ensina a Sharyar que o fio de uma história tece, ao mesmo tempo, o fio do amor. A narrativa estimula e desafia o leitor a querer mais e a manter vivo o seu ledor (começa aí, também uma história de amor?). O imperador Kublai Khan já não se interessa pelas incontáveis conquistas de territórios reais, sua curiosidade é pelo que ainda pode conquistar como leitor. E quem vai levá-lo, conduzi-lo por esta viagem abstrata é Marco Polo. Além das cidades reais, há uma série de outras: imaginárias, invisíveis. Estas só podem ser visitadas com a chave de um ledor especial. A curiosidade e a atenção do imperador dos tártaros ao ouvir o jovem veneziano é a mesma da criança ao ver a mãe ao pé da cama. "Mais uma história, por favor", é a frase que repetem os pequenos e que nós, adultos e vaidosos de nossa maturidade literária, também não temos vergonha de repetir quando a história é boa e, mais, quando quem conta (o nosso ledor) também é bom. Dentro de uma vida em que há a certeza dos territórios já conquistados e a melancolia de saber que em breve desistirá de querer conhecê-los, a esperança de Kublai Khan de que poderá ouvir um belo relato de cidades inventadas pode prolongar a sua necessidade de existência, dar a ele uma sobrevida.

Ler para o outro ou ouvir uma leitura passa, invariavelmente, por um filtro amoroso. É possível que, com o tempo, façamos menos: leiamos menos, escutemos menos. Mas todas as vezes que revisitamos o lugar de ledores a sensação é a mesma. Renovamos o nosso amor pela leitura. Paul Valéry fez um belíssimo discurso para as moças de *Légion d'honneur*, lembrando por que continuamos a ler, apesar de tudo, e que vozes nos levam a pedir, quando pequenos, jovens ou velhos, que nos contem mais e mais histórias.

> Senhoritas, não é, de modo algum, sob o aspecto do vocabulário e da sintaxe que a Literatura começa a nos seduzir. Lembrai-vos simplesmente de como as Letras se introduzem em nossas vidas. Na idade mais tenra, mal cessam de nos cantar a cantiga que faz o recém-nascido sorrir e adormecer, abre-se a era dos contos. A criança os bebe como bebia seu leite. Ela exige a sequência e a repetição das maravilhas; ela é um público implacável e excelente. Sabe Deus as horas que perdi em alimentar mágicos e monstros, piratas e fadas, os pequeninos gritavam: Mais! A seu pai fatigado.[4]

Valéry não quer que aquelas jovens deixem de ser as leitoras apaixonadas que um dia foram. Nós também não queremos deixar de sê-lo. Quando nos recai a dúvida se ainda amamos os textos, basta ouvi-los em voz alta, por uma voz amada. E aí, recobramos ao menos a memória inicial — confortável e curiosa — da escuta de nossas primeiras histórias.

Podemos enumerar uma série de "enamoramentos" que se deram através dessa memória afetiva. Outros que simplesmente não aconteceram porque o leitor não conseguia experimentar essa felicidade genuína, primeira e fundadora de receber uma leitura por uma voz amada. Klaus Mann, filho de Thomas, não conseguiu encontrar na escola nem a metade do encantamento pela leitura que experimentava em casa. As vozes dos poetas apresentadas pelos docentes pareciam meros ecos da entonação "emocionada e bem timbrada" da mãe de Klaus. O "Mágico", como era apelidado Thomas Mann, com sua voz tranquila, dava corpo aos personagens de Gogol e Dostoiévski, seus escritores preferidos. Seja pela doçura da mãe ou pela reverência ao pai, Klaus se apaixonara pela literatura e parecia não reconhecer sua bela amante nos cursos dados por seus professores.

Uma das principais características para confiarmos no ledor, dar a ele a difícil tarefa de tecer os fios do texto, é que ele seja não apenas um leitor, mas um leitor apaixonado. Flávio Carneiro observa bem que aquilo que nos faz dar crédito a Sherazade como nossa contadora, ledora e condutora nas histórias das mil e uma noites é o fato de ela ser uma grande leitora. Uma leitora instruída que leu livros e escritos de várias naturezas, interessada em tratados de medicina, em obras de sábios, em sentenças de filósofos. Sherazade não "passou os olhos" pelos livros, mas leu-os com atenção. E, por último, mas não menos importante, ela tinha excelente memória: guardava em si a sabedoria dos contadores, sabia poemas, narrativas e provérbios populares de cor. Um ledor nos seduz porque possui no brilho dos olhos e no fogo das palavras a mesma paixão que nos alimenta na leitura de nossos livros, por isso, pode narrá-los.

Ser um bom ledor, ler para os outros, depende em grande parte do nível de interesse de quem lê. Impossível emprestar voz a um texto sem estar apaixonado por ele: quem escuta sente, desinteressa-se e perde a viagem. Mas nem sempre foi assim. Ledores existem há muitos anos, quiçá há séculos, e, no princípio, eram meros instrumentos, ferramentas do autor e do texto. Nem por isso menos importantes, já que garantiam os dois lados da moeda: a escritura e a leitura.

Quem é o ledor?

Como elemento fundamental, ponte textual entre os leitores cegos e o texto, surge, ou retoma-se, a figura do ledor. Mas como desenvolver o conceito de ledor? Decidi usar uma definição utilizada por Roland Barthes no artigo "Écrivains et écrivants", no qual coloca em questão a transitividade do verbo escrever. Para os *écrivains* (escritores) escrever é um verbo intransitivo, eles se preocupam em "como escrever". Já os *écrivants* (escreventes) se interessam pelo caráter transitivo do verbo: "Escrever o quê?". O escrevente foi, durante muitos anos, apenas aquele que anotava palavras ditadas por um autor, fosse este autor de um documento, de uma carta ou mesmo de um texto literário ou acadêmico. As bases da criação e da escrita (ou da leitura) não estavam diretamente interligadas, muitos escritores não sabiam realmente escrever e muitos leitores não sabiam realmente ler. Por outro lado, escreventes e ledores eram pessoas que escreviam e pronunciavam palavras sem muitas vezes entenderem o sentido geral do texto.

Essas funções permaneceram estanques durante um bom tempo. Até que finalmente a complexidade do ato de leitura, o desenvolvimento do gosto pela tarefa de ler e a segmentação do público — gerando oferta e procura de livros de diferentes gêneros — fizeram com que estas figuras intermediárias do ledor e do escrevente fossem sumindo gradativamente ou ficassem restritas a determinadas tarefas e instituições. Barthes explica que os escritores têm uma relação de guardiões com a palavra: transformam o trabalho de linguagem em dom de escrita, e a técnica, em arte. Os escreventes encontram na palavra um meio para chegar a um fim: testemunhar, explicar, ensinar.

Por isso, durante muito tempo, os escreventes foram apenas pessoas ocupadas em transferir para o papel aquilo que era ditado pelo próprio escritor. Quem alinhavava as palavras em frases, orações e parágrafos eram essas pessoas, que funcionavam como "instrumentos" para os autores. O escrevente público era uma figura importante nas sociedades do Antigo Regime; escrever para o outro era um recurso muito usado numa sociedade de iletrados ou mal-letrados. Era ele que redigia documentos, ementas e também cartas de amor e, portanto, perpassava os assuntos burocráticos, acadêmicos e pessoais.

A figura do escrevente só começou a desaparecer em princípios do século XIX, quando as pessoas do interior de certas categorias sociais começaram a aprender a escrever também. Pelo menos um deles garantia o serviço da escrita aos outros. Em muitas cidades europeias do século XX, a função do escrevente começou a ser relacionada com as atividades burocráticas (função que permanece até hoje) e mecanizou-se com a máquina de escrever e o computador: eles preenchiam formulários oficiais, papéis e documentos.

A partir dessa dicotomia, segundo Barthes, desenvolvem-se dois modos de escrita: uma escrita de criação e uma escrita de informação. A escrita da criação pertence ao domínio do escritor (ou autor), que não precisa se contentar apenas com o real, mas pode criar personagens e contextos imaginários, pode gerar seu próprio mundo, ou sua linguagem particular. O autor ou escritor cria também conceitos e teorias novas, ou seja, é um criador de universos: mundos de ficção (onde os personagens podem ser baseados inclusive nas pessoas que conhece), uma nova arquitetura de palavras, com destaque para a função poética da linguagem e para a formação de um estilo próprio. A escrita da criação não se contenta só em transmitir. Ela inventa.

O escrevente é o responsável pela escrita de informação, que pode ser uma receita de cozinha, um relatório ou um artigo de jornal. São textos que não lidam necessariamente com a criação, mas com a difusão de uma informação, e nos quais a linguagem exerce uma função referencial. O autor está ali, mas apagado pela informação, que precisa apenas ser transmitida. A linguagem é um instrumento de comunicação, um veículo de pensamento. O escrevente empenha-se em colocar fim à ambiguidade do mundo por meio de sua palavra, procura dar uma explicação irreversível ou uma informação incontestável, mesmo que admita que possa ser de caráter provisório. É claro que, como toda a dicotomia, esta apresenta falhas, aberturas. Nem sempre os textos informativos apenas transmitem mensagens. Quem garantia que o escrevente de uma carta de amor não punha intenções próprias ou floreava o texto alheio? O que dizer, então, de tantas reportagens jornalísticas com forte caráter literário?

O ledor, a princípio, surgiu para representar a mesma função do escrevente. Ele é a ferramenta de ligação entre o autor ou o leitor e o texto. Então, a diferença que Barthes impõe entre escritor e escrevente pode ser usada também para definir a diferença entre leitor e ledor. O ledor é aquele para quem o texto só se justifica no ato mesmo da leitura. O leitor é quem usa o texto como instrumento de análise: para aprender e criticar. O que não significa certamente — assim como entre escreventes e escritores — que as duas funções não se confundam. Contemporaneamente, o ledor sabe, entende e analisa muito mais de um texto do que um ledor em outras épocas.

A visão que se tinha de um ledor, em plena Idade Média, era bem específica. Depois de a leitura oral ter sido a "voz da escrita" no período da Antiguidade, e, por isso, preocupada em reproduzir o sentido e o ritmo da escrita, ela ficou restrita às leituras litúrgicas na igreja. Declamação, eloquência e gestual exagerado quando se pronunciavam as palavras eram características exigidas do ledor da Idade Média, que provavelmente seriam reprovadas numa leitura contemporânea (principalmente se ela for uma leitura para cegos).

Durante muito tempo, o fato de dominar a leitura e ler para os outros não era nem mesmo considerado um sinal de status social ou intelectual. Na Grécia Arcaica e Clássica, por exemplo, o ledor era considerado um "instrumento vocal" do autor. O seu papel era, quase sempre, o de ser submisso, prestar um serviço para a palavra do autor: fazer o texto falar e, de preferência, da maneira mais próxima pensada pelo seu criador. Por isso, não era incomum que o trabalho da leitura fosse relegado a um escravo (que na Grécia e Roma Antigas era um homem culto), já que era uma maneira de servir e se submeter a algum "senhor" (nesse caso, o texto).

O que se esperava é que a leitura fosse uma tarefa praticada com moderação. A leitura era considerada um "vício" e aqueles que liam podiam, também de forma figurada, virar escravos das ideias, dos livros e dos autores. A tessitura do texto era uma trama formada da série escrita com a ajuda vocal: era uma junção dessas duas coisas que se desfaziam rapidamente depois da leitura, assim que as palavras eram pronunciadas. Então, era como se o texto fosse fruto dinâmico de uma relação entre escrita e voz, escritor e leitor. A postura que se esperava do ledor na Grécia Antiga era de que o texto deveria se apropriar de uma voz (*uma* voz, não *qualquer* voz) para poder realizar-se plenamente. O escritor esperava um leitor que estivesse disposto a franquear o conteúdo do seu texto aos passantes.

> Ler é como colocar sua própria voz à disposição do escrito (em última instância, do escritor). É ceder a voz pelo instante de uma leitura. Voz que o escrito logo torna sua, o que significa que a voz não pertence ao leitor durante a leitura. Este último a cedeu. Sua voz submete-se ao escrito, une-se a ele.[5, 6]

Existiu, ao longo dos séculos, uma série de modos de leitura. No século XII, por exemplo, Robert de Melun explicava, no prólogo do seu livro *Das Setentiae,* que havia dois tipos de leitores: aquele que se contenta em ler o texto em voz alta, a quem chama de *recitator*, e o leitor que procura captar e entender o sentido do texto, o *lector*. Os *recitatores* eram ledores que se valiam de sua memória, podiam decorar e reter um grande número de textos sem compreendê-los. Era uma atividade desconectada das funções intelectuais. Talvez encontremos nos ledores contemporâneos pessoas que leem um texto não sem entender o sentido, mas muitas vezes sem mergulhar na significação profunda. Nas épocas antigas, de fato, como os livros eram lidos em voz alta para uma pluralidade de receptores que absorviam o texto pela audição, descer profundamente na significação do texto e na "espessura do discurso" era bem mais difícil, sem contar com a censura e o controle social que eram feitos mais fortemente. Poucos ledores, pouca informação circulante.

Assim, ler significava distribuir informação, sentimento e modos de pensamento. Mas distribuir incluindo-se na leitura. O ledor se acrescenta ao livro. E não apenas porque com sua voz complementa o escrito, ainda incompleto, como porque o escrito sem o ledor (e ainda hoje, sem o leitor) é uma letra morta. A voz dá vida, faz andar o texto, mas é preciso que aquele que fala também esteja envolvido com o que pronuncia. Não basta ler um texto, é preciso vivê-lo.

A função de entretenimento e até política foi transformando a figura do ledor em algo mais do que puro "instrumento" em função da voz do texto. Em meados do século XIX, o charuteiro e poeta Saturnino Martínez decidiu publicar em Cuba um jornal denominado *La Aurora*, que, além de informar os trabalhadores da indústria de charutos sobre um pouco de política, trazia também textos científicos e literários. Só que no século XIX, apenas quinze por cento da população em Cuba sabiam ler, e a maneira que Martínez encontrou de fazer o seu jornal circular foi pela figura do ledor.[7]

Enquanto os operários enrolavam charutos, um ledor lia *Batalhas do século*, *O rei do mundo* e até manuais de economia. Mesmo com a guerra, as leituras não desapareceram. Os operários que migraram para solo americano fizeram ressurgir o hábito nos Estados Unidos, importaram consigo a "instituição do *lector*".

Como em Cuba, os textos para essas leituras eram escolhidos com antecedência pelos operários.

> Tinham seus prediletos: *O conde de Monte Cristo*, de Alexandre Dumas, por exemplo, tornou-se uma escolha tão popular que um grupo de trabalhadores escreveu ao autor pouco antes da morte dele, em 1870, pedindo-lhe que cedesse o nome do seu herói para um charuto; Dumas consentiu.[8]

Esses pequenos rituais tinham regras: as leituras não podiam ser interrompidas para comentários, só ao final, e os "ouvintes" deveriam ficar em silêncio. O ledor podia ler notícias de jornal para atualizar os operários e, depois, em parte do dia, se dedicar à leitura de romances.

As leituras públicas e informais eram constantes no século XVII. Faziam parte das reuniões entre amigos ou famílias que, portanto, eram mais descontraídas e permitiam uma maior liberdade ao ledor. Maridos liam para suas mulheres, mães educavam seus filhos, famílias inteiras se sentavam em torno da lareira para ouvir, a cada noite, a leitura de um dos membros. Diderot encontrou um método particular para curar o fanatismo religioso de sua esposa Nanete, que dizia só se interessar por livros de valor espiritual. Leu para ela durante três semanas textos de leitura vulgar.

> Tornei-me seu leitor. Administro-lhe três pitadas de Gil Blas todos os dias: uma pela manhã, outra após o jantar e uma à noite. Quando terminarmos Gil Blas, passaremos para *O diabo sobre duas varas*, *O celibatário de Salamanca* e outras obras estimulantes da mesma categoria. Alguns anos e umas poucas centenas dessas leituras completarão a cura...[9]

E nem sempre essas leituras foram feitas no calor das lareiras, entre entes queridos ou na segurança dos lares. O ledor teve e tem uma função política aliada diretamente à sua relação com a memória.

Há uma série de verbos gregos que podem significar ler. Os pesquisadores Roger Chartier e Guglielmo Cavallo se concentram em um especificamente: o *némein*, que significa "distribuir". A leitura de fato é uma bela colheita que é feita pensando, inicialmente, no entendimento e no benefício do ledor e dos ouvintes (na falta de uma palavra melhor). A derivação de *némein* que indica a ação é *nómos*, que pode ser traduzido como "leitura", mas que nos dicionários aparece com o significado de "lei". "A lei é uma distribuição vocal, que se apoia inicialmente na memória, e mais tarde no escrito."[10] Então, o ledor tinha a função de distribuir e memorizar. Função que foi se aperfeiçoando com o passar dos anos.

Voz viva, letra viva e memória viva. Nunca deixar que as histórias morram. Não permitir que um leitor interessado durma sem antes saber o que conta um escritor. Guardião do tempo e das memórias, o ledor foi crucial em alguns momentos da História. Os nazistas instalaram uma extensão de Auschwitz na floresta de bétulas de Birkenau, dentro dela existia um bloco separado para crianças, denominado "número 31". Por incrível que pareça, em meio a quase quinhentas crianças, o prazer da leitura foi instaurado. O bloco 31 tinha uma biblioteca. Pequena, é verdade, formada por menos de dez livros. Em meio a nenhum espaço para a fantasia, esses livros eram um dos maiores tesouros para aqueles pequenos. No final do dia, ficava a cargo de uma das crianças mais velhas escondê-los em um lugar diferente, com os gêneros de primeira necessidade: remédios e restos de comida. O mais espantoso é que a coleção era maior do que aqueles dez livros, havia uma biblioteca oral que extrapolava os limites do campo e que os tutores recitavam de memória para as crianças. Exemplares imaginários de uma biblioteca inventada eram trocados debaixo dos narizes dos algozes nazistas. Todos circulando por meio dos ledores e suas poderosas vozes.

É esta voz que memoriza, que aviva e que dá corpo à figura do autor. Quantos autores não leram seus livros para auditórios repletos? Ontem, nas convenções, hoje, em festas literárias. Aquela voz vacilante, algumas vezes inaudível, fraca ou firme, distante ou próxima do que os leitores haviam imaginado. O homem feito livro, ali na nossa frente. Uma série de ouvintes — leitores ou não, mal-letrados, maus leitores — silenciam para ter acesso ao que só pensavam em sonho ou nas suas leituras particulares: a voz do autor.

Já demos uma ideia e vamos falar mais adiante da figura do "autor oral": o corajoso destemido que lançava suas obras literárias em leituras públicas. Ali, na linha de frente, em barricada, corpo a corpo com seus leitores, ele era obrigado a ler integralmente e esperar as reações mais variadas: desde o total deslumbramento até a mais completa indiferença. Mas esses homens que faziam (e alguns ainda fazem) tudo para divulgar pessoalmente sua obra não deixaram nunca de ler em voz alta. Liam para si mesmos, liam para entender seu ritmo e a melodia do texto, liam para criar, para ouvir as vozes dos personagens, para escutar o que eles falam e como contribuem para o livro. Dylan Thomas leu em voz alta seus poemas, Charles Dickens leu seu *Oliver Twist*. Será que Kafka arriscou ler *A metamorfose* para Max Brod? Será que Virgínia Woolf não se deliciaria ouvindo Jane Austen lendo *Orgulho e preconceito*?

> E Dostoiévski, que não se contentava em ler em voz alta, mas que *escrevia* em voz alta... Dostoiévski, sem fôlego, depois de ter proferido violentamente sua acusação contra Raskolnikov (ou Dimitri Karamazov, não sei mais)... Dostoiévski perguntando à sua mulher estenógrafa: "Então? Qual é o seu veredicto? Hein? Hein?"
> Anna: "Condenado!"[11]

São homens que acreditam no poder das palavras. Que desejam que elas passem pela boca antes de entrar na cabeça. Não se guiam apenas pelos olhos, mas pelos ouvidos. Precisam ouvir o canto ou o lamento de seus personagens para que eles tomem forma, para que o texto tenha cadência, ritmo e melodia. Pois é, as palavras têm som, gosto, textura e saliva. Cada uma dessas sensações só se experimenta na leitura (ou na escrita) em voz alta. Dickens recebeu um ultimato médico: a sua saúde em troca dos gritos de seus romances. Mas, se não por esse motivo vital, nenhum outro deveria calar um livro.

EM BUSCA DO LEDOR IDEAL

Já falamos de Sherazade. O que a faz uma excelente ledora é a capacidade de sedução, o dom de contar histórias e, mais ainda, a instrução e o amor que tem pelo texto. Não basta ler o texto, é preciso amá-lo. Amor genuíno, de leitor. George Perros, além de professor, era poeta. Para sorte de um grupo de alunos franceses, lecionou em Rennes durante um tempo. A rotina de Perros era chegar ao liceu em cima de sua moto azul, com os cabelos desgrenhados e com uma bolsa cheia de livros. "Esvaziava a sacola de livros sobre a mesa. E era a vida", comentava uma aluna, deslumbrada. Era a vida que saía da voz sonora e clara que enchia todo o espaço da sala de aula. Não impunha nem livro, nem leituras, apenas oferecia em copos transbordantes a literatura aos seus alunos. Era o "livro feito homem". O encantamento e a empolgação que causava nos estudantes, que os faziam correr a esvaziar as livrarias, eram os mesmos que o próprio Perros tinha pelos textos.

O amor simplifica tudo. Os programas, as aulas arrastadas, as escolas literárias, arquivar, classificar, colocar em gavetas apertadas personalidades de escritores que não cabem em si de tão abundantes. Autores que, por si só, são quase uma escola inteira, uma corrente literária, uma possibilidade de vanguarda. Sem comprimir esses homens em arquivos, Perros oferecia, com voz luminosa, voz de amante, essas leituras aos seus alunos. Leituras degustadas, saborosas, que tinham um tempero especial porque eram divididas.

Não um professor de um lado e alunos do outro, não um ledor que recita e ouvintes que apenas escutam. Mas um ledor que distribui, incluindo-se na distribuição, que tem interesse verdadeiro pelo que está lendo e, durante o período da leitura, compartilha o mesmo prazer de quem escuta. Ouvidos abertos, os alunos retinham o texto de tal forma que os velhos fantasmas da literatura, os "grandes" escritores, foram servidos junto com o banquete, sem segredos ou dificuldades. "E nada de patrimônio cultural, de segredos sagrados grudados nas estrelas; com ele (Perros), os textos não caíam do céu, ele os apanhava na terra e nos oferecia para ler."[12]

Perros me faz lembrar um professor de literatura que tive no segundo grau. Naquela época, ler, para mim, era sinônimo de enfrentar textos enormes e maçantes, de morrer de cansaço em frente às folhas de papel, às páginas intermináveis que adiavam a minha chegada ao "mundo lá fora". Eu tive a vida inteira uma dificuldade imensa de me concentrar. Amava os textos e amava principalmente o teatro porque ele fazia esses textos "dançarem", ganharem vida, na minha frente. Não importava a complexidade: se os textos tinham voz, me prendiam imediatamente. O divórcio com a literatura aconteceu aos poucos, de maneira imperceptível, com o desgaste dos dias e o teor analítico das aulas. Até que surge esse homem suado, em plena manhã de março, com o *Ulisses*, de James Joyce, embaixo do braço. Entrando pela sala, sem pedir licença e lendo com voz apaixonada o monólogo de Molly Bloom. Demorei a levantar a cabeça e, na verdade, nem precisei olhar para ele: meus ouvidos dançavam na melodia de "sins" e campos verdes irlandeses. Pronto, estava comprometida! Diria Pennac que o professor tem que ser como uma casamenteira: quando é chegada a hora, ele precisa sair de cena na ponta dos pés. Daí, já podemos ficar a sós, nós e o livro, nosso amante. E dizer sim.

Ele tinha começado o livro pelo fim. Eu ficara curiosa e teria que enfrentar as quinhentas páginas que fizeram Molly chegar àquele orgasmo literário. Queria sentir a mesma coisa que ela e era para já. Nenhum tempo era o suficiente: varei noites sem dormir, li nas longas viagens de ônibus, perdi alguns dos compromissos que mais amava nos finais de semana. O mundo me esperava, continuava lá fora, mas eu estava presa num outro mundo: literário e fantasioso. E quem havia me conduzido até ali fora a voz daquele mestre, um pouco displicente e com um método de ensino heterodoxo. Um homem baixinho, carrancudo, mas que, ao ler, tinha uma voz com o poder de fechar todas as janelas da sala que davam para o céu azul e abrir outras, rumo à imaginação.

É verdade que ali, naquele momento, ele se igualava a nós. Ler em voz alta é uma prova de confiança em quem escuta. É entregar-se aos outros nos erros eventuais, na voz vacilante, é uma das coragens do ledor.

> O homem que lê de viva voz se expõe totalmente. Se não sabe o que lê, ele é ignorante de suas palavras, é uma miséria, e isso se percebe. Se se recusa a habitar sua leitura, as palavras tornam-se letras mortas, e isso se sente. Se satura o texto com a sua presença, o autor se retrai, é um número de circo, e isso se vê. O homem que lê de viva voz se expõe totalmente aos olhos que o escutam.[13]

Por isso, limpe sua garganta. Mergulhe no texto. Ame-o. Ou não o leia. Quem escuta está atento. A voz é a presença física do que se passa na cabeça do ledor. O ledor que está simpático ao texto, ao autor, ao conteúdo conquista um círculo de ouvintes.

No entanto, o que foi que me atraiu para o "tijolão" ilegível de Joyce? Não apenas a voz grave e forte do meu professor. Não apenas a paixão com que ele expressou a leitura do famoso monólogo de Molly. Mas alguma coisa despertou dentro de mim, algo que estava adormecido, a lembrança de um momento em que eu e o livro nos entendíamos como um casal em plena parceria. O palpite dos teóricos que trabalham com voz e leitura é sempre o mesmo: restabeleceu-se a memória da voz amada. A primeira voz que nos apresentou os contos e acalantos nas noites que estávamos por atravessar. E embora eu não tenha nenhuma lembrança nítida dos meus pais me contando histórias, mesmo sabendo que me contavam, o fato é que a leitura em voz alta do meu professor resgatou o meu amor pelos livros, a paixão de ler. O melhor de toda a experiência era ver, em sua entonação e em sua leitura, não um tom de superioridade ou de imposição, mas um rasgo de ingenuidade que fazia dele tão leitor quanto eu. Eu ia para casa com os ecos da senhora Bloom:

> [...] sim e como ele me beijou debaixo do muro mouresco e eu pensei bem tanto faz ele como um outro e então eu lhe pedi com meus olhos que pedisse novamente sim e então ele me pediu se eu queria sim dizer sim minha flor da montanha e primeiro eu pus meus braços à sua volta sim e o arrastei para baixo sobre mim para que ele pudesse sentir meus seios todo perfume sim e seu coração disparou como louco e sim eu disse sim eu quero Sim.[14]

Queria saber por que, para ela, tinha valido a pena esperar por seu Ulisses, Leopold. O que afastavam as primeiras páginas que apresentavam o jovem judeu Stephen Dedalus daquele desfecho de orgasmo fulminante.

 O que importa no momento da leitura é que tudo seja perfeitamente encenado: o ledor, o texto e a plateia. Essa santíssima trindade sem a qual o prazer pela leitura e pela escuta não existiria. A apresentação completa: um ledor apaixonado, dominando a história, fazendo sair das folhas de papel a fantasia; o ouvinte, estando presente no momento da criação desse texto, tempo e espaço único em que a leitura vai se dar; e o livro — matéria viva, sem palavras mortas. Se um dos três falta, a apresentação não estaria completa.

LER PARA UM CEGO

Ser ledor é, então, reencontrar a voz primordial. Aquela que participou da primeira infância, que nos fez atravessar as noites para dormir. Quem escolheu ser ledor precisa revisitar essa voz. A maioria consegue porque tem a memória de uma voz que fez essas primeiras leituras. O jornalista Marcos de Castro, depois que se aposentou, decidiu contribuir fazendo leitura para cegos no Instituto Benjamin Constant. Na família, nenhum histórico de cegueira ou catarata. O próprio Marcos tem uma visão saudável. Mas o histórico familiar aponta outra "enfermidade": o amor pela leitura. Marcos mora no mesmo apartamento há quarenta anos. A enorme estante de madeira que ocupa três paredes da sala foi construída junto com a casa e foi se expandindo, com o passar dos anos, para o escritório, o quarto e o corredor. "Nenhum desses livros é enfeite, todos foram lidos ou estão a caminho de leitura. A leitura é um prazer que a gente adquire. No meu caso, foi adquirido desde pequeno, em casa, porque meu pai era um leitor permanente."[15]

O que esse ledor decidiu foi repassar e redistribuir um prazer que lhe foi ensinado por vias familiares. A casa do pai de Marcos, senhor Hugo, era um grande ponto de encontro de artistas e boêmios. A lembrança mais viva era das festas que atravessavam a madrugada e as estantes: "A casa de meu pai era um verdadeiro depósito de livros." A voz afetiva era a do pai, era ele que lia os textos, e das tias: uma pedia para que Marcos treinasse a leitura em voz alta, a outra reunia os sobrinhos na casa em Petrópolis e os iniciava, aos 8/9 anos, em textos que talvez só tivessem acesso com quinze. Marcos foi criado num tempo em que não era fundamental que a criança fosse diretamente ao colégio, muitas delas se alfabetizavam em casa. Pequeno, foi apresentado a Eça de Queiróz e a Machado de Assis. E, também pequeno desenvolveu o seu amor pela leitura. Amor que, depois, mesmo com a distância geracional, foi passado para os filhos através das leituras de uma velha Bíblia em francês ilustrada ou das histórias geniais de Monteiro Lobato.

Quanto à arte da leitura, nenhum segredo. "Em primeiro lugar, você nunca sabe se é um bom ou mau ledor. Mas, à medida que você vai se habituando, busca se aperfeiçoar um pouco."[16] Não há regra. Como a leitura é de viva voz, no tête-à-tête, o ideal é ir se adaptando às necessidades do outro: acelerar ou retardar o ritmo, ler mais claro, mais limpo. Marlene Amorim era uma leitora assídua, mas perdeu completamente a visão há dez anos. Se pudesse, leria com a mesma avidez de quando era adolescente: tinha um livro em casa, um na escola e um terceiro que, em geral, lia nos transportes públicos. Marlene não se adaptou plenamente ao sistema de voz pelo computador para leitura. "O computador lê mais do que deve", reclama. Mas ela não abre mão do hábito de ler mais de um livro ao mesmo tempo, escuta ledores durante o dia e os CDs de livros à noite. Para ela, não existe grande mistério em uma boa leitura. O ledor precisa "mais do que uma boa voz, da expressão".[17]

Leitores cegos não são leitores comuns. Também não são leitores iniciantes. Muitos já leram o texto que está em pauta. Mais do que agradá-los, como entendê-los? Como ajudá-los a voltar a imergir nos livros como outrora? Não é fácil, e a imersão nunca será igual ou a mesma. Aqui, volta a imagem que uma aluna fez do poeta, professor e ledor Georges Perros: "Com ele, no entanto, não tínhamos medo de nos molharmos. Mergulhávamos nos livros, sem perder tempo em braçadas friorentas."[18] É preciso, pois, que o ledor tenha coragem de mergulhar nesse mar de águas turvas e geladas e se propor, não a guiar, mas a dar a mão para alguém que não enxerga, mas talvez conheça melhor as correntes do mar bravio. É uma parceria que precisa ser selada, sem mestres ou alunos, mas com trocas.

Entrar em equilíbrio com o texto, em concordância com ele. Gestual, muita eloquência e muita representação não valem para um leitor iniciado. São modos de ler que provavelmente o nosso professor Balicci desaprovaria. Quando Balicci procura um ledor, não é apenas uma voz, mas alguém para reordenar o enorme labirinto em que se transformara sua biblioteca e, mais, alguém para ser um intermediário entre ele e o texto, seu objeto de desejo. O ledor, guardados os devidos exageros da ficção de Pirandello, é um "instrumento". Ele representará as mãos que seriam a extensão das suas para organizar a biblioteca e os olhos que seriam o prolongamento dos seus para a leitura de suas obras preferidas, muitas já conhecidas de memória. A cegueira tirou de Balicci as possibilidades de orientação, mesmo dentro de casa e em sua própria biblioteca e, embora pudesse saber onde os seus livros estavam e se lembrar de parágrafos e pedaços inteiros dos textos de memória, faltava-lhe uma coisa: seu mundo de carta precisava de uma voz, uma voz que o fizesse "ouvir" o que estava escrito.

A tentativa de quebrar o silêncio veio com a procura de um ledor: encontrar alguém que habitasse o mundo de papel. A senhorita Tilde Pagliocchini parecia um "passarinho assustado", e não lia, quase cantava. Sua leitura cheia de inflexões, modulações vocais, tons em altos e baixos ainda acompanhados de gestos (inúteis a um leitor cego) podia até agradar a outro tipo de público, mas não ao professor — um leitor bibliófilo, que já conhecia a maioria dos livros que solicitava para leitura. O primeiro pedido de Balicci é, então, que a moça leia baixo, o mais baixo que puder, quase sem voz. Isso também não o satisfaz. O professor não tarda a perceber o óbvio: que um leitor nunca terá substitutos, que a leitura que cada um faz de um texto é particular, íntima e única.

Como saída para o paradoxo, Balicci propõe uma estranha solução: pede à senhorita Pagliocchini que comece a ler os livros em silêncio. De repente, quando se deu conta de que não podia habitar seu mundo, ele decide então confiar o descobrimento desse universo a outro leitor.

> "Aqui está, te peço", responde Balicci, calmo, com um amargo sorriso. "Sinto prazer em que alguém leia aqui, em meu lugar. A senhorita talvez não chegue a entender este prazer. Mas como eu já disse: este é o meu mundo; me conforta saber que ele não é deserto, que alguém vive dentro dele."[19]

Nosso extravagante protagonista dá à moça a chave para ser uma boa ledora: leia, mas leia com amor, com interesse.

Estreitar a convivência com o texto. Habitá-lo. Deixar que ele se entranhe no corpo e na voz. Só dessa maneira a "performance ledora" será completa. Quando Barthes insiste que ama a voz de Panzéra, que sempre a amou, justifica dizendo que o canto de Panzéra tem o brilho do perecível porque "toda a arte de dizer a língua se refugiou aí: a dicção pertence aos cantores, e não aos comediantes [...] que é uma estética da *articulação*, e não da *pronunciação*, como foi a de Panzéra."[20] Embora a conceituação que Barthes faz em *O óbvio e o obtuso* seja particularmente voltada para a música, não podemos deixar de aproveitar muito do que diz sobre a escuta de um cantor e aplicá-lo, sem dificuldades, à escuta de um ledor. O que atrai Barthes na voz de Panzéra é uma bela e requintada relação entre música e língua francesas. O amor por essa voz foi tão longo e constante que arrastou Barthes para além da música, levando ao texto e à língua.

Talvez um dos maiores segredos de Panzéra seja cantar a melodia culta como se fosse uma canção popular. E o que não é um bom ledor senão aquele que nos faz revisitar as nossas primeiras histórias? As de origem popular? As que escutamos das avós, das tias, das cozinheiras, aquelas que não podemos dormir sem ouvir. Então, mais do que excesso de ênfase ou representação, o ledor precisa estar à vontade com o texto, encontrar-se com ele como se fosse um velho conhecido. Ler com "uma voz nua" ou, como diria Barthes, como um colegial que vai ao campo e canta para si, com toda força, para afastar todas as ideias tristes e deprimentes. "Porque a canção popular se cantava tradicionalmente *com uma voz nua*, é porque era importante que *se ouvisse bem a história*: algo é contado, que é preciso que eu receba a *nu*."[21]

Por isso, nada de dramatizações, de suspiros semânticos e de efeitos de voz. Tudo isso investe a música e a leitura de demasiado sentido. Quebra-se a linha melódica da canção e do texto: a língua não precisa passar na frente do texto, basta apenas que o acompanhe, harmonicamente, de mãos dadas. Por esse motivo, Panzéra defendia a pronunciação, as consoantes devem ser mais deduzidas do que impostas. Quando se articula, é comum tentar dar a mesma intensidade sonora a todas as consoantes e, em um texto, seja musical ou literário, uma consoante ou palavra nunca é a mesma. Saturar o texto, dar a ele um logro de sentido, atravancar o texto, com "uma clareza parasita" pode destruí-lo. Ou pior, no caso da leitura, desviar o interesse de quem escuta. Cristina Antunes, ledora frequente do exigente José Mindlin, explica:

> Eu acho que (a leitura) tem um tom certo. Você não pode fazer uma leitura sem nenhuma entonação. A menos que você não esteja nem um pouco interessada... Por outro lado, tem gente que faz quase uma apresentação teatral. E aí também incomodaria a mim ouvir algo desse gênero. [...] Quando você se envolve, é automático, é como se estivesse conversando.[22]

A língua, numa leitura, precisa encontrar o texto no que há de mais musical e amoroso nele. E, claro, não é todo texto que entrega de primeira a sua linha musical. Há textos dissonantes, dodecafônicos, mas que, nem por isso, deixam de ter a sua partitura. O bom ledor precisa aprender a orquestrá-los para tirar deles e oferecer para o outro o maior prazer possível. Virgínia Woolf, num ensaio tremendamente lúcido, denominado "O ponto de vista dos russos", inclui os escritores russos neste grupo particular no qual a melodia que se toca não é conhecida. Não há nada "em seu devido lugar" na literatura russa, diz ela, não existem modelos ou padrões de comportamento. Os homens podem ser vilões e santos e são capazes de realizar ações que, ao mesmo tempo, são belas e desprezíveis. Podemos amá-los e odiá-los concomitantemente porque, de fato, são mais humanos que perfeitos. As histórias de Tolstói, de Dostoiévski terminam com sensação de "inacabadas". "Já cheguei ao fim?", se pergunta o leitor. Sim, é um fim. Mas um fim irreconhecível, uma melodia que não sabemos cantar.

> Quando a melodia é familiar e o fim enfático — uniões apaixonadas, inimigos derrotados, intrigas reveladas — como ocorre em grande parte na ficção vitoriana, podemos raramente nos equivocar, mas quando a melodia não é familiar e o fim, um ponto de interrogação, ou simplesmente a informação de que continuam conversando, como em Tchekhóv, precisamos de um senso literário muito ousado e alerta para nos fazer ouvir a melodia, e em especial aquelas últimas notas que completam a harmonia.[23]

Difícil tarefa a do ledor. Orquestrar o que é tão confuso. O que Virginia Woolf procura explicar é que o leitor precisa estar atento ao ritmo do texto. Nós, leitores, tendemos a escutar a música que nos parece mais harmoniosa aos ouvidos, criamos imagens, escolhemos uma voz para o autor: aquela que escutamos internamente quando não há ninguém por perto. O que acontece a um leitor cego que busca o auxílio de um ledor é que, invariavelmente (querendo ou não), ele terá outra voz, uma voz nova fazendo o livro falar. As melodias precisam coincidir: a que toca dentro da cabeça de quem escuta e a que emana da voz de quem lê. No meio, a memória do leitor cego e a imaginação do ledor. Duas individualidades que vão precisar se transformar em apenas uma em "sacrifício" ou, mais precisamente, em glorificação ao texto, para garantir sua clareza e gerar o tão sonhado prazer.

O jornalista Alessandro dos Santos não teria essa profissão se não fosse a fatalidade de ter ficado cego. A família é de semianalfabetos, o trabalho chegou cedo, e a leitura foi abandonada e retomada apenas com a perda total da visão, aos 24 anos, depois de dois deslocamentos e inflamação nas retinas e uma cirurgia de catarata. O vestibular e a faculdade de jornalismo foram feitos quando Alessandro já estava cego, com a ajuda de ledores. Alessandro se adaptou a todas as formas de leitura. Prefere ledores para estudar e trocar ideias. Para leituras de lazer, age como um leitor vidente: prefere ler em meios de transporte ou na cama, nesses casos, lança mão do MP3. Vai ao cinema, às vezes acompanhado de um ledor — que precisa ler as legendas e dar o "tom" da história — às vezes sozinho, quando o filme é dublado. Mistura as imagens e lembranças de leituras e filmes que já viu com as sensações de obras a que tem acesso agora, como não vidente.

Depois de ter visto em pequeno a versão original de *O mágico de Oz* e em adolescente a sátira do mesmo filme feita pelos Trapalhões, Alessandro decidiu ler, ou melhor, escutar *O mágico de Oz* em CD. Para ele, a maior alegria foi se dar conta de que a voz era feminina e que, portanto, coincidia com a de Dorothy, protagonista da história.

> Você começa a viver a história, o ledor está só narrando. É como se fosse um pensamento seu. É como se fosse você mesmo lendo. E quando a gente está lendo tem a impressão de que é transportado para dentro do livro, se transforma num observador das coisas que estão acontecendo. Você acaba desenhando todas aquelas ações que estão sendo lidas e esquece que o ledor está ali.[24]

O ledor some e, magicamente, as vozes do autor, do narrador e do livro aparecem na cabeça do leitor cego. Não há saturação semântica, nenhum teatro que atrapalhe o sentido, ele está ali, à mão, para que o ouvinte possa fazer uma interpretação particular do livro.

MÉTODO DE PREPARO PARA LEDORES?

Francamente, é um método que não existe. É claro que hoje há uma série de cursos que ensinam como ler melhor, como projetar a voz, como não "comer" ou interromper palavras. Métodos sérios que ajudam, mais do que a ensinar, a fazer o leitor se reencontrar com o texto. O encontro no sentido mais genuíno. Gravar um livro para disponibilizar para cegos ou leitores não funcionais exige, de fato, certo preparo, principalmente porque a nossa "voz leitora", aquela que escutamos dentro de nós quando corremos as linhas do texto, não é a mesma que aparece no gravador. Espantamo-nos com o duplo estridente e destoante que o aparelho nos devolve. "Quando você se depara com a própria voz é um choque", explica Lúcia Doria, que fez um ano de curso para gravar a leitura de livros que ficariam disponíveis para fazer download.

Quando não há a máquina para devolver de forma crítica e sem retoques o timbre, a melodia e a dicção do ledor, está ali o próprio ouvinte: o leitor cego. Não há público mais exigente. Cuidadoso, é claro, não há nenhum cego que não seja grato em ter alguém que se proponha a ler para ele. Entretanto, como qualquer leitor, espera que aquela voz não venha ferir o tecido do texto no que há de mais bem acabado em sua trama. A emoção, a inflexão, o ritmo do texto precisam estar lá, verdade, mas pedem o envolvimento do leitor. O mesmo que fez Alessandro se transportar para a terra de Oz. Não existe nada que se possa ensinar a quem deseja ler para o outro, além, é claro, do amor incondicional pelo texto. "O ideal é o leitor que aprecia o livro como eu apreciaria", diria José Mindlin.[25] É pedir muito? Claro que não.

O amor incondicional aos livros não se ensina: vive-se. Senão, como explicar que uma família de semianalfabetos como a de Cesário (Cesarino Rodrigues da Silva) tenha despertado nele o gosto pelo cordel? O pai dele não lia, mas sabia cantar e contar de memória uma vasta biblioteca de cordel. Cesário, que sabia ler e escrever, "já era quase doutor", na concepção do pai, cedo foi tirado da escola para começar a trabalhar. Mas manteve a leitura dos folhetos de cordel e se lembra de sua infância, na Paraíba, quando ia às feiras escutar os contadores de viola e emboladores de coco. Às vezes, duplas desses cordelistas iam às casas da vizinhança, um monte de gente se juntava para escutá-los. Criavam na hora, com rimas poéticas, declarações de amor por encomenda dos amantes às suas namoradas, ou faziam verdadeiro duelo, se desafiando em improvisos, respondendo às provocações um do outro. Cesário não tinha ninguém que lesse para ele em casa, mas se encantou com o cordel graças ao gosto paterno.

O mesmo aconteceu com Alessandro. No segundo grau, um professor apresentou-lhe a coleção Para Gostar de Ler, mas antes disso um avô fissurado em histórias de terror o introduziu no mundo da fantasia. "Ele contava muitas histórias que me davam medo. Depois, eu não conseguia dormir, ficava com receio de entrar em casa sozinho", conta. Era o frio na barriga, o proibido, o assustador para depois vir o aconchego da cama. O avô de Alessandro chamava esses contos de "histórias de trancoso", era um livro que não existia, um folclore feito de lobisomens e mortos-vivos que não estava em nenhum manual de estudos sobre temas populares. Pura invenção de um homem analfabeto. "Eram histórias de 'ouvir dizer'."[26]

Vejamos que entre o que acontecia antigamente e a realidade de dois desses leitores cegos algumas características se mantiveram. Na Europa do século XI, já existia uma figura muito parecida com o cordelista: o *joglar*.²⁷ Os *joglars* eram cantadores itinerantes, artistas públicos que faziam apresentações em feiras e mercados, cantavam versos de sua autoria e de alguns poetas que eram mais conhecidos. Eram mais populares que os trovadores, os temas que cantavam eram previsíveis e recitavam jograis de maneira teatral. Os trovadores eram especialistas em versos e canções mais formais que louvavam seus amores inatingíveis. Essas vozes atravessaram séculos e foram desembocar num país de cultura inteiramente diferente, mas que realiza uma arte parecida: a do cordel. Alguns cordelistas são analfabetos, mas têm um excelente ouvido e vocabulário espetacular para cantar poesia e recitar histórias. E foram algumas dessas vozes que despertaram leitores adormecidos na primeira infância.

Voltar à primeira infância é necessário. Não porque os leitores precisam se "infantilizar", mas porque devem voltar a ouvir. Voltar a ouvir como ouviam antes: na sala de suas casas, nas feiras de vaqueiros, em suas camas. "A leitura não depende da organização do tempo social, ela é, como o amor, uma maneira de ser."²⁸ Estamos em total acordo com Daniel Pennac: o verbo ler é como o verbo amar, não suporta o imperativo. É um prazer. E ler em voz alta, definitivamente, não tem idade. As escolas saturam o aluno com a necessidade do silêncio, da postura religiosa diante da leitura, o que está bem, já que foi o mínimo de norma de convivência social que se criou ao longo dos anos para esse lazer. No entanto, por que privar alguém de escutar a própria voz, alto e bom som, quando lê? Limitar essas leituras ao reino infantil e fechá-las a chave junto com os contos de fadas? Redescobrir esse lugar de leitura é um dos papéis desafiadores do ledor.

Alberto Manguel, que foi um grande leitor a vida inteira, lembra-se de que, quando tinha entre 9 e 10 anos, o diretor de sua escola o reprimiu, dizendo que ouvir alguém ler uma história era uma atividade apropriada apenas para crianças pequenas. Imediatamente abandonou a prática. Um dos motivos era porque escutar alguém ler, ter um ledor, era algo que dava imenso prazer a Manguel. E, na época, acreditava que qualquer coisa que lhe oferecesse prazer era, de alguma forma, perniciosa.

"Somente muito mais tarde, quando a pessoa amada e eu decidimos ler um para o outro, durante um verão [...] foi que recuperei a delícia que havia muito esquecido de ter alguém lendo para mim."[29] No registro adulto, a leitura começa a fazer parte de um "tempo roubado", como se a vida ou os afazeres fossem intensos demais para abrir espaço ao prazer do texto.

Quem precisou de ledores boa parte da vida não pode se envergonhar da leitura em voz alta. O bibliófilo José Mindlin considerava uma injustiça não poder mais ter o contato direto com os livros, seus amigos de toda a vida. Mas não se fazia rogado. "Não deixo escapar nenhuma 'vítima em potencial'. Aparece uma pessoa aqui e eu indago com jeito se estaria disposta a ler para mim", contava. É claro que existiam os ledores mais frequentes como os filhos e Cristina Antunes, que trabalha há tantos anos na biblioteca e que, lendo e escrevendo cartas para Mindlin, absorveu a maneira como ele gostava de ouvir. Há ledores que fazem falta, principalmente porque eram importantes interlocutores. "Eu leio coisas e fico pensando: 'Como a Guita, minha mulher, gostaria desse texto'", lamenta Mindlin. Quantas vezes Borges não pensou o mesmo depois da morte de sua mãe, principal ledora e parceira para as composições escritas e traduções. Borges dizia que era mau observador e que vivia solicitando à sua mãe detalhes circunstanciais na hora de escrever uma história. Uma vez, ditando para Leonor um conto sobre Juan Manuel de Rosas, Borges falava dos cascos de cavalos batendo em pedras. "Bem", afirmou minha mãe, "que eu me lembre, nessa época, todas as ruas de Buenos Aires eram de terra, com exceção da Florida e da Peru, que eram feitas de pedra..."[30]

O comentário evitou que Borges colocasse paralelepípedos na Rua Suipacha no tempo de Rosas.

A VOZ INTERIOR: DIÁLOGO DO LEITOR COM O LIVRO

Ouvir alguém ler pode ter os propósitos mais diversos: para dar aos sons o poder de revelar o sentido; por prazer; para se instruir; ou para meditar. Dependendo da escolha, o fato de ter um ledor conduzindo o texto pode empobrecer ou enriquecer o seu sentido e o ato de ler. É claro que, para um leitor contemporâneo, permitir que outra pessoa pronuncie palavras do conteúdo de um livro que pode segurar nas mãos soa como uma experiência pouco íntima. O leitor cego se vê roubado dessa "experiência íntima", não pode mais ter o contato com o livro a menos que saiba ler em braille, por isso, pede emprestada a voz do ledor. No entanto, exige que tal voz seja apenas um apoio, um instrumento, uma ponte entre ele e o livro, mais do que isso, ela se transforma em um resíduo. "Render-se à voz do ledor — exceto quando a personalidade do ouvinte é dominadora — retira nossa capacidade de estabelecer um certo ritmo para o livro, um tom, uma entonação que é exclusiva de cada um."[31]

Surge um ledor que, em princípio, parece se interpor entre o texto e quem está lendo. Sai de cena a presença física do livro, seu cheiro, sua cor e sua textura, entra em seu lugar uma voz. Sabiamente, Virginia Woolf dizia:

> [...] sabemos que não podemos nos simpatizar inteiramente nem nos anular por completo; há sempre um demônio interior que sussurra, "Odeio, amo", e não conseguimos silenciá-lo. De fato, é exatamente porque odiamos e amamos que nossa relação com poetas e romancistas é tão íntima a ponto de considerarmos intolerável a presença de outra pessoa.[32]

Isto é, criamos uma relação íntima. Depois de anos escutando os outros contando histórias, mais alguns lendo os textos que nos eram impostos na escola, chegamos a este ponto: o autor e nós.

Silêncio absoluto, uma urgência quase egoísta de não compartilhar o momento com ninguém. Até que (imaginem!) o leitor perde sua visão. Então, os dois lados da leitura — ledor e leitor — precisam se adaptar à nova realidade, voltar à santíssima trindade que eram junto com o texto quando apenas um deles sabia ler.

O ouvido, de repente, fica condenado, submetido à voz de outra pessoa. A perda do objeto livro, que não está mais entre as mãos, e o aparecimento dessa voz "dominadora", que vem de fora para suplantar um texto que podia ser lido silenciosamente, são duas grandes ameaças. Ameaças que, juntas, reprimem e tentam calar uma expressão única e pessoal do leitor: a voz interior. "O verdadeiro prazer do romance está ligado à descoberta dessa intimidade paradoxal: o autor e eu... A solidão dessa escrita reclama a ressurreição do texto por minha própria voz, muda e solitária."[33] Essa voz é o muro silencioso que se ergue entre o espaço de leitura e o mundo lá fora, é com ela que o leitor confabula, conversa, tira conclusões, concorda ou discorda do livro e lembra trechos de outros livros que já teria lido. Muitas vezes, ela aparece e depois some de novo, por isso, a importância de ter o livro entre as mãos; porque, nos momentos em que estamos "conversando" com nós mesmos, podemos tomar nota desse diálogo nos espaços em branco do livro.

A voz interior é a responsável pelo nosso bate-papo com o texto. E é claro que, quando se escuta uma leitura em voz alta, precisamos abrir mão, pelo menos em parte, dela. O diálogo que existia entre a voz interior e a voz do texto acaba sendo "interrompido" por uma terceira voz: a do ledor. Roland Barthes, em um trecho de *O prazer do texto*, enumera uma série de linguagens diferentes e, sem perceber, conceitua exatamente o que eu entendo por voz interior:

> Uma noite, meio adormecido sobre uma banqueta de bar, eu tentava por brincadeira enumerar todas as linguagens que entravam em minha escuta: músicas, conversações, ruídos de cadeiras, de copos,

toda uma estereofonia da qual uma praça em Tanger (descrita por Severo Sarduy) é o lugar exemplar. Em mim, isso também falava (é coisa conhecida), e essa fala dita "interior" parecia muito com o rumor da praça, com esse escalonamento de pequenas vozes que me vinha do exterior: eu mesmo era um lugar público, um *souk*; em mim, passavam as palavras, os pequenos sintagmas, as pontas de fórmulas, e nenhuma frase se formava, como se fosse a lei dessa linguagem. Essa fala, ao mesmo tempo muito cultural e muito selvagem, era sobretudo lexical, esporádica; constituída em mim, através de seu fluxo aparente, um descontínuo definitivo: essa não frase não era de modo algum algo que não tivesse tido poder para chegar à frase, que tivesse existido antes da frase; era: aquilo que existe eternamente, soberbamente, fora da frase.[34]

Sempre haverá várias interrupções, ruídos externos, barulho da rua. Mas esses ritmos fazem parte de uma canção maior: aquela que liga o leitor ao texto. Do lado de uma estante, há sempre uma janela. E, como diria Virginia Woolf: "Que delícia parar de ler e olhar lá fora!" Porque o cenário emoldurado possivelmente existe e continua apesar do leitor, tem sua inconsciência e irrelevância, mas importa no ato da leitura.

Acompanhando tudo de perto: a voz interior. "A leitura se desenrola sobre o pano de fundo do barulho da voz que a impregna", diria Paul Zumthor. Não são mais apenas os homens, as mulheres e os asnos que Virginia Woolf detectara, são eles e nós mesmos. Lê-se e, automaticamente, retrai-se. E não como um ato de egoísmo, mas porque a leitura pede recolhimento, silêncio. O leitor fecha o livro e continua escutando o eco de sua própria voz. O prazer que extraímos do livro, em geral, guardamos: "[...] seja porque, antes de podermos dizer alguma coisa, precisamos deixar o tempo fazer seu delicioso trabalho de destilação. E este silêncio é a garantia de nossa intimidade."[35] Calamos para ler ou, mais precisamente, para escutar a nossa voz interior.

Para um leitor arguto, que já tem nessa voz interior uma companheira inseparável, as outras, vindas de fora, são dissonantes, invasivas. Alberto Manguel conta que Proust, em suas férias de verão, se esgueirava para a sala de jantar para aproveitar o único momento de silêncio em que sua família saía para o passeio matinal e passava algumas horas lendo na companhia dos únicos que acreditava que o respeitariam: os pratos pendurados na parede, a lareira, o relógio e o calendário "que falam sempre sem exigir que alguém os responda e cujos doces propósitos vazios de sentido não vêm, como as palavras dos homens, substituir o das palavras que lemos".[36]

PARA OUVIR NO ESCURO

Voltemos ao que foi dito na abertura deste capítulo. No princípio, era o verbo. Da escuridão, do caos, antes mesmo de emergir a luz, surgiram as palavras. Os céus e a Terra esperaram o alfabeto para nomeá-los: uma criação tão humana. Criação que, a princípio, seria apenas divina se não fossem os homens quererem se reunir para desafiar Deus e caírem numa Babel de línguas que faria com que levassem anos para voltarem a se entender. As palavras iluminam o pensamento, mas também precisam de luz para serem lidas. Segundo Alberto Manguel, escuridão, palavras e luz formam um círculo virtuoso. "As palavras suscitam a luz e lamentam sua extinção. Lemos à luz, falamos no escuro."[37]

Perto da mesa de cabeceira, nas bibliotecas, na casa de amigos, em lugares perigosos, não importa, o leitor precisa ter um ponto de luz para acompanhar as palavras. A luz se apaga e, imediatamente, as palavras ressurgem, mas em seu modo sonoro. Em meados do século XVIII, Thomas Jefferson introduziu o lampião na Nova Inglaterra. As longas conversas feitas à luz de velas à mesa se tornaram menos interessantes, era o que diziam, porque as pessoas mais inteligentes se recolhiam para ler na cama. "Raramente leio em praias e jardins. Não se pode ler com duas luzes ao mesmo tempo, a luz do dia e a luz do livro. Deve-se ler à luz elétrica, a sala nas sombras e somente a página iluminada", dizia Marguerite Duras em entrevista ao *Magazine Littéraire*. E tinha razão: os livros têm uma luz própria. De dentro deles, sai um mundo com dias, meses e um tempo único que já possui seu próprio sol.

Na escuridão, a conversa aflora. A luz pede silêncio, leitura. Calamos. Alberto Manguel lembrava-se de todos os livros que projetou com os amigos nas noites estreladas fora de sua biblioteca. Borges sentava no sofá do apartamento de Adolfo Bioy Casares e Silvina Ocampo e com eles inventavam bibliotecas inteiras de livros que nunca escreveram. Borges em sua escuridão e cegueira, mas com a imaginação e as palavras afiadas.

Os cegos precisam de ledores. Vozes únicas, particulares e especiais que emergem da escuridão e dão um tom de conversa, de intimidade, de aproximação com os livros compartilhados. Os ledores têm uma missão meritória: são os focos de luz sem os quais o mundo de papel estaria perdido para alguns cegos.

Notas

1. Flávio Carneiro, *O leitor fingido*, p. 177-178.
2. Jorge Luis Borges, *El hacedor*, p. 118.
3. Flávio Carneiro, *O leitor fingido*, p. 176.
4. Daniel Pennac, *Como um romance*, p. 54.
5. Guglielmo Cavallo; Roger Chartier (orgs.), *História da leitura no mundo ocidental*, vol.1, p. 49.
6. Nota-se, com o passar do tempo, que o papel do leitor é esse, mas também o reverso: ele vai tomar posse do texto, enchê-lo de suas intenções, transformá-lo através de sua interpretação.

7. José Antonio Portuondo, *"La aurora" y los cominezos de la prensa y de la organización obrera en Cuba*.
8. Alberto Manguel, *Uma história da leitura*, p. 135-136.
9. *Ibidem*, p. 144.
10. Guglielmo Cavallo; Roger Chartier (Orgs.), *História da leitura no mundo ocidental*, vol.1, p. 45.
11. Daniel Pennac, *Como um romance*, p. 165.
12. *Ibidem*, p. 88.
13. *Ibidem*, p. 166.
14. James Joyce, *Ulisses*, p. 815.
15. Marcos de Castro, em entrevista à autora, 2010.
16. *Ibidem*.
17. Marlene Amorim, em entrevista à autora, 2010.
18. Daniel Pennac, *Como um romance*, p. 89.
19. Luigi Pirandello, *Novelle per un anno*, p. 510.
20. Roland Barthes, *O óbvio e o obtuso*, p. 268.
21. *Ibidem*, p. 271.
22. Cristina Antunes, em entrevista à autora, 2010.
23. Virginia Woolf, *O leitor comum*, p. 83.
24. Alessandro dos Santos, em entrevista à autora, 2010.
25. José Mindlin, em entrevista à autora, 2009.
26. Alessandro dos Santos, em entrevista à autora, 2010.
27. Sobre os *joglars*, ver Gaston Paris, *La littérature française au Moyen Age*.
28. Daniel Pennac, *Como um romance*, p. 119.
29. Alberto Manguel, *Uma história da leitura*, p. 132.
30. Jorge Luis Borges, *El hacedor*, p. 70.
31. Alberto Manguel, *Uma história da leitura*, p. 146.
32. Virginia Woolf, *O leitor comum*, p. 133.
33. Daniel Pennac, *Como um romance*, p. 115.
34. Roland Barthes, *O prazer do texto*, p. 59-60.
35. Daniel Pennac, *Como um romance*, p. 82.
36. Marcel Proust, *Sobre la lectura*, 2006, p. 10.
37. Alberto Manguel, *A biblioteca à noite*, p. 222.

IV. O LEITOR CEGO

Até agora traçamos o caminho histórico que nos levou à figura do leitor como a entendemos hoje: o leitor que participa e influi no texto. Um leitor que começou como um mero "instrumento vocal", necessário para passar o conteúdo de um escrito, ao leitor como é atualmente: alguém que interpreta o texto. Durante todo esse trajeto, assistimos gradualmente à transferência da importância do par voz/escuta para o olhar/interpretação. Não se trata de criar antagonismos desnecessários, mas de entender as conquistas do leitor ao longo do tempo até transformar a leitura num ato particularmente privado.

As mudanças foram graduais, em seu tempo, levaram séculos. O fato é que a palavra falada, repositório da memória, privilégio dos poetas, foi perdendo sua supremacia para a palavra escrita. A pena substituía a voz. Talvez um dos primeiros registros sobre isso apareça no livro VI das *Confissões* de Santo Agostinho, quando ele se inquietava com aquele singular espetáculo de um homem sozinho em seu quarto lendo um livro sem articular as palavras. "Quando Ambrósio lia, passava a vista sobre as páginas penetrando sua alma no sentido, sem proferir uma palavra, nem mover a língua."[1] Nesse trecho relatado por Jorge Luis Borges, fica claro que, naquele momento, o que causava tanta surpresa era algo relativo à história da leitura que iria se confirmar nos próximos anos: que o texto passa pelos olhos, penetrando diretamente na alma. O conhecimento e a sabedoria passam a ser adquiridos pelo olhar, que os filtra e direciona para o cérebro. Os olhos se transformam no filtro do mundo.

Observaremos, ao longo deste capítulo, que autores diversos fizeram leituras diferentes dessa importância do olhar. No entanto, uma coisa é comum entre eles: são os olhos que incidem luz sobre o texto. Quando tratamos de leitores que ficaram cegos, precisamos lembrar que eles perderam esse meio de contato com o livro. Um meio que, acima de tudo, garantia independência no ato de leitura. Para além do simples fato de que o olhar faz a mediação direta entre o leitor e o texto, existe o livro como objeto, a noção de seu tamanho, de sua textura e de sua cor. Até o cheiro do livro nos parece dado no momento da visão. Fora isso, há todas as sensações ligadas ao ato de leitura: o lugar onde estamos, a visão da paisagem que nos cerca, os barulhos que vêm de fora, os cheiros que experimentamos, as memórias de outras leituras ou outros momentos que passamos ao ler livros parecidos ou lendo o mesmo livro.

Lembremo-nos de Cézanne em seu esforço de buscar uma singularidade na pintura, que foi um desafio para toda a sua vida e também obra. Ao pintar, sua ideia era imobilizar as sensações e deter o movimento: o quadro deve ser o resultado da visão expressiva do pintor, por isso, tem caráter provisório, está em aberto, inacabado. O mesmo acontece com o quadro que o leitor pinta no ato de leitura. Ele volta, de alguma maneira, àquela percepção primordial em que as distinções entre tato, visão e os sentidos em geral são desconhecidas. A leitura o leva para aquele estado em que todas essas percepções estão misturadas, e, sem dúvida, a responsável por essa experiência marcadamente sinestésica é a visão:

> Nós *vemos* a profundidade, o aveludado, a maciez, a dureza dos objetos — Cézanne dizia mesmo: seu cheiro. Se o pintor quer exprimir o mundo, é preciso que o arranjo de cores traga em si esse Todo indivisível; caso contrário, sua pintura será uma alusão às coisas e não as mostrará na unidade imperiosa, na presença, na plenitude insuperável que é, para todos nós, a definição do real.[2]

É esse "Todo indivisível" que o leitor capta durante o ato da leitura e é também dele que o leitor cego vai abrir mão. Se, no entanto, algum dia esse leitor enxergou, quais são os resquícios que carrega de seus atos de leitura passados?

OLHOS: ESPELHOS DE SABEDORIA

Supremacia dos olhos. Anos antes de Cézanne se arriscar nesse golpe de vista sinestésico sobre a arte que fez Merleau-Ponty elaborar filosoficamente a função do olhar, a importância da visão já vinha sendo estudada. O Renascimento chegava com o desenvolvimento da ciência e da tecnologia e, principalmente, cultivando o valor do Humanismo. O homem como o centro e a medida de todas as coisas. O homem criando, construindo, arquitetando, pintando e esculpindo pelo toque das mãos, mas não sem o intermédio definitivo dos olhos, esses perscrutadores de mundo. É descoberta renascentista a "espiritualidade da visão", o olho como escrita e leitura do mundo, criador de todas as artes. Não é por acaso que Leonardo da Vinci, em seu *Traité de la peinture*, define com grande paixão o olho:

> É o príncipe das matemáticas: suas disciplinas são intimamente certas; determinou as altitudes e dimensões das estrelas; descobriu os elementos e seus níveis; permitiu o anúncio de acontecimentos futuros, graças ao curso dos astros; engendrou a arquitetura, a perspectiva, a divina pintura [...].
> O que o olho não faz? Desloca os homens de leste para oeste, inventou a navegação e ultrapassa a natureza cujas obras são finitas, enquanto aquelas que o olho comanda às mãos são infinitas, como demonstra a pintura.[3]

O mundo definitivamente abandonava a Idade das Trevas e entrava no Renascimento tendo como guias os olhos: duas lanternas que projetavam luz sobre o mundo.

A visão renascentista, influenciada pela tradição neoplatônica, era de um olhar revelador. Giordano Bruno escreve que "a vista é o mais espiritual de todos os sentidos", pensamento que coloca finalmente o olho na zona de transição entre a materialidade e a espiritualidade, entre o corpo e o pensamento. Em vários quadros renascentistas, uma pequena janela era pintada dentro dos olhos: seria ela a porta de entrada para o espírito? Ou melhor: não é a partir deles que o espírito pode vagar fantasmaticamente pelo mundo externo? Leonardo dizia: "Não vês que o olho abraça a beleza do mundo inteiro? [...] É janela do corpo humano, por onde a alma especula e frui a beleza do mundo, aceitando a prisão do corpo que, sem esse poder, seria um tormento."[4] Cabia ao pintor espelhar cada uma dessas emoções em sua obra, Da Vinci sabia disso.

O olho é a parte da carne que pode sair do corpo, vagar pelo mundo, mas é também o reflexo interno das coisas que existem lá fora, onde se dá o teatro mundano. Como conceituaria Marilena Chaui, "as janelas da alma são também espelhos do mundo". Não apenas porque o espelho facilitou uma série de técnicas pictóricas, mas porque, citando Platão, o olho é um espelho vivo, refletindo na pupila a imagem do rosto que vemos, daquele que olha. No fim, acreditamos que a visão nos faz sair de nós mesmos e trazer o mundo para nosso interior. E a predisposição para o que traremos para o nosso registro é inteiramente pessoal. Nisso consiste a leitura que temos do mundo e bastante do nosso papel como leitor.

O Renascimento vinha para afirmar o poder do olhar. Poder que tinha sua origem distante na mitologia. A potência realizadora e destruidora do olhar que transformara em estátuas de sal as filhas e a mulher de Ló, que fez com que Édipo desistisse de sua visão e que ajudou Perseu a petrificar a Medusa. Um olhar que ainda guardava as forças mágicas e feiticeiras de outros mundos. Ou a visão, sentido cheio de curiosidade que, segundo Santo Agostinho, não se contentava apenas com a superfície das coisas e, desavisadamente, usurpava os outros sentidos.

> [...] um desejo de conhecer tudo, por meio da carne. Esse desejo curioso e vão disfarça-se sob o nome de conhecimento e ciência. Como nasce da paixão de conhecer tudo, é chamado, nas divinas Escrituras, de concupiscência dos olhos, por serem estes os sentidos mais aptos para o conhecimento. É aos olhos que propriamente pertence o ver.⁵

É uma questão de linguagem. O verbo "ver" entra no lugar de todos os outros e está tão ligado ao domínio intelectual que quem não aprende a ler é considerado "cego". Invade a área das ciências e da medicina: o bom médico não é só aquele que vê os sintomas, mas sabe como descrevê-los, tem o controle da linguagem.

De fato, a linguagem é muito importante. Quando observamos a etimologia das palavras ligadas ao ato de ver, percebemos que muitas estão relacionadas ao conhecimento. Por exemplo, a própria filosofia é chamada *théoria*, ação de ver, contemplar, ou *théorema*: o que se pode contemplar, regra, espetáculo e preceito. A partir delas, podemos mostrar outras que designam ideias aproximadas — luz, luz dos olhos, brilhar, irradiar, mostrar, clarear — ou completamente opostas — como esconder, ocultar, escuridão, cela, esconderijo; até chegar aos significados da visão na sua função mais mística, que é a da fantasia, do fantástico, da imaginação e do ser visionário. Mas, sem dúvida, a raiz em que vamos nos deter mais é a de *eidô*.

> Esse laço entre ver e conhecer, de um olhar que se tornou cognoscente e não apenas espectador desatento, é o que o verbo grego *eidô* exprime. *Eidô* — ver, observar, examinar, fazer ver, instruir, instruir-se, informar, informar-se, conhecer, *saber* [...].⁶

Ver é saber. Saber é ver além. Considerando que o conhecimento era mérito de poucos, muitos ainda precisavam de "luz", estavam de alguma maneira cegos. As conceituações sobre a visão, no entanto, nem sempre foram as mesmas e nem sempre muito promissoras. Platão já alardeava sua desconfiança em relação aos sentidos, plasmada na separação entre o corpo e a alma. A visão física, corporal, era aquela responsável pelo engano, pelas ilusões (lembrando que, para Platão, os olhos do corpo só enxergavam as sombras). Só a visão do intelecto era capaz de vislumbrar a verdade, contemplar as ideias que, a princípio, eram invisíveis ao corpo. René Descartes dá um passo maior quando começa a destrinchar a visão, buscando explicações físico-matemáticas para o seu funcionamento e pesquisando as maneiras de corrigi-la. A *Dióptrica* era uma maneira de afastar os "fantasmas sensitivo-sentimentais" relacionados à visão e trazer o olhar definitivamente para o campo da razão. A ciência marcava o surgimento do pensamento cartesiano com o princípio da Idade Moderna, que daria o seu golpe de misericórdia na supremacia da visão com o aperfeiçoamento do telescópio por Galileu Galilei.

Com essa descoberta, a credibilidade da visão a olho nu se modificou. O telescópio era prova de que havia uma variedade de coisas que os olhos humanos não podiam alcançar. E tudo isso era feito "retificando" a visão a olho nu pela modificação das distâncias, luminosidades e grandezas.

> Os olhos estorvam a visão. Iludem-nos, mentem-nos e, graças à geometria que preside o telescópio, onde a experiência é guiada pela razão, confirmam o verso de La Fontaine [...]: "meus olhos nunca me enganam, mentindo-me sempre."[7]

O olho, então, introduziria obstáculos, interferências no ato de ver, e **só a** tecnologia seria capaz de "corrigir o olhar". Depois de alguns anos de soberania absoluta, o telescópio ensinava não só que o homem deixava de ser o centro do Universo, como também que o ponto de vista humano, sua visão, precisava ser reparado, e a tecnologia o ensinaria a "ver melhor". Todas essas descobertas, incluindo aí o microscópio, em 1590 — que servia para aproximar as coisas e fazer entender que a matéria compacta vista pelos olhos era formada de uma trama invisível a eles —, pretendiam explicar o funcionamento do olhar. No entanto, sabemos, há mais do que isso. O olho não é um mero e obediente trabalhador do pensamento.

O OLHO INTERIOR

O divórcio entre o ato de olhar e a visão foi matéria da arte, da filosofia e da religião. As teorias neoplatônicas lideradas por Plotino defendiam que os olhos carnais deveriam ser fechados para que a alma do homem pudesse mergulhar no belo. Era preciso preparar o terreno para que o "olho de espírito" se abrisse. O homem teria que abandonar a consciência do seu corpo e a distração que a visão do mundo a sua volta gerava para que a alma recebesse a iluminação do verdadeiro. Instaura-se uma tradição contra as belezas corporais, que enganam, iludem e não mostram a verdade. A fábula de Narciso, contada uma e outra vez, de um homem que viu a sua imagem refletida, apaixonou-se por ela e, ao tentar tocá-la, morreu afogado nas águas do rio, é a melhor metáfora para esse momento. Como Platão, Plotino acredita na separação entre o corpo e a alma, também como ele, desconfia dos sentidos, mas aponta uma saída contra as visões mundanas e carnais: manter o foco do olho interior, ver as belezas da alma.

> Porque é necessário que quem veja as belezas corporais não se apresse em correr atrás delas. Deverá persuadir-se de que são imagens, sombras, ondas, fugir dessa beleza que representam. Se alguém corresse atrás delas, lhe aconteceria o que nos conta

a fábula do homem que, atraído por sua bela imagem refletida nas águas, submergiu na corrente profunda e nela desapareceu. Coisa semelhante ocorre com quem se prende à beleza dos corpos e não é capaz de abandoná-la. Não será seu corpo, mas sua alma que submergirá nos abismos obscuros e funestos para o intelecto, levando a alma a uma cega convivência com as sombras, na região do Hades. [...] Que é o olho interior?[8]

Aí está a pergunta. O olho interior era o olho do espírito. Já em Plotino, fica claro que é preciso desembaraçar-se da confusão, dos limites e do que falta no olhar carnal para adquirir mais sabedoria com o olhar espiritual. Compreensivelmente, a tradição neoplatônica foi utilizada por teólogos como Santo Agostinho, que percebia os olhos carnais como curiosos, ávidos e com desejo pela aparência do visto. Ao contrário do olho interior que podia chegar a ter a visão de uma luz sobrenatural, embora o êxtase da contemplação de Deus fosse reservado apenas aos santos. E, depois, as mesmas ideias foram utilizadas por Malebranche no seu estudo das relações entre a alma e o corpo: o filósofo acreditava que uma análise das percepções da alma se dava por três modos distintos — os sentidos, a imaginação e o entendimento.

Então, a cegueira passa, de alguma forma, a ser não apenas física, mas interna. Uma deformação ou deficiência nos olhos carnais pode ser compensada com uma excelente visão interior. A visão do espírito pode vir pela religião, pela retidão de caráter, pelo conhecimento ou pelas artes. No Renascimento, o olhar virou um espelho que refletia a alma; esta, a Natureza; e a Natureza se refletia nas artes. Finalmente, o homem tinha luz própria, a da visão intelectual, que se diferenciava da luz divina de Deus. O filósofo e matemático francês Charles de Bovelles dizia que os olhos carnais (ou "mundanos") eram duas esferas perfeitas, criações divinas, mas que permaneciam com apenas um lado voltado para o mundo e seus estímulos visuais e de cores, a outra parte, presa à cabeça, permanecia "cega". Ao fechar o olho na parte interior do corpo, a natureza desafiava o homem a desenvolver sozinho e por meio da sabedoria de si mesmo a visão interior. Bovelles acreditava que o intelecto se assemelhava ao olho mundano: se estivesse preso à sensação dos sentidos, estaria semicego e semividente, veria as coisas do mundo, mas não os desejos interiores do homem.

Descartes propunha uma saída radical para despertar esse olhar interior:

> Fecharei agora os olhos, tamparei meus ouvidos, desviar-me-ei de todos os meus sentidos, apagarei mesmo de meu pensamento todas as imagens de coisas corporais ou, pelo menos, uma vez que mal se pode fazê-lo, reputá-las-ei vãs e falsas; e assim, entretendo-me apenas comigo mesmo e considerando meu interior, empreenderei tornar-me pouco a pouco mais conhecido e mais familiar a mim mesmo.[9]

Voltar-se para si, descobrir-se. Eis a saída de Descartes: fechar os olhos das distrações do mundo e passear internamente pela alma. Buscar uma fonte de autoconhecimento. Tornar-se cego ao espetáculo mundano.

Quando o racionalismo de Descartes ainda estava longe de chegar ao fim, aparece uma visão inteiramente nova e conturbada gerada pelo poeta inglês John Milton. Milton pertencia à seita dos puritanos e era extremamente religioso. Além disso, ia seguir a carreira eclesiástica, mas, por conta do temperamento inquieto, terminou saindo da St Paul's School, em Londres, para matricular-se no Christ's College, Cambridge, em 1625. Permaneceu aí por sete anos até se formar com louvor e estudar uma série de disciplinas, entre elas, teologia, filosofia, história e literatura. Cresceu numa época em que o latim era considerado a língua dos homens cultos, percorreu a Itália — lugar onde chegou a conhecer Galileu — com o intuito de completar sua instrução e escreveu poemas em inglês e italiano.

Milton baseava muito de seus escritos na doutrina da Igreja e nos ensinamentos de Santo Agostinho. Ele fez parte de um grupo de homens que depositavam uma fé indiscutível na Bíblia. O seu poema épico mais importante é *O paraíso perdido*, escrito como um ato de fé e perante uma imensa dificuldade: Milton estava cego. Os primeiros traços da cegueira o assaltaram por volta de 1652, quando somava 44 anos e uma relativa fama como poeta depois de ter publicado *Lycidas*. Os motivos físicos de sua cegueira são desconhecidos: glaucoma crônico, complicações de miopia e catarata foram algumas das causas registradas pelos seus biógrafos. Lembrando que em seu principal poema, *O paraíso perdido*, o homem perde o Paraíso por desobedecer a Deus, imaginamos o pobre autor, com a confirmação da cegueira, repetindo mentalmente a última frase de Cristo na cruz: "Meu Deus, meu Deus, por que me abandonaste?" No entanto, as melhores declarações de fé de Milton foram escritas no período de sua cegueira, que chegou num momento em que estava no auge de seu potencial e, estranhamente, se sentia nas mãos de Deus. Em uma carta destinada ao amigo Leonard Philaras, datada de setembro de 1654, Milton declara abertamente sua aceitação da cegueira, resignado com a vontade de Deus.

> E amiúde penso que, sendo muitos, como admoesta o sábio, os dias de trevas aos quais todo homem é destinado; que os meus, pela grã misericórdia da providência, ocorrendo em meio ao ócio e estudos e a conversa e saudações dos meus amigos, são muito mais claros do que as sombras da morte. Mas, se, como está escrito, nem só de pão o homem vive, mas de toda palavra que procede da boca de Deus, então por que não admitir por essa razão também que não enxerga só com os olhos, mas que a condução e pro-

vidência de Deus lhe bastam para ver. É certo que, se Ele cuidar de mim — se Ele tratar das minhas necessidades — o que, de fato, Ele cumpre, e guiar-me pela mão e acompanhar-me ao longo da vida, de bom grado permitirei que meus olhos quedem ociosos.¹⁰*

O que chama atenção neste trecho é que ele diz atravessar a escuridão com ajuda de estudos, lazer e conversas com amigos: alimentos para a alma, visões importantes para o olho interior.

Milton chegou a pensar que sua cegueira veio como castigo de Deus por ele ter participado na revolta de Cromwell, que depôs o rei Carlos I. A perda da visão, no entanto, não o impediu de trabalhar ativamente. Os primeiros oito anos de sua vida de cego foram dedicados a Oliver Cromwell, como secretário de Línguas Estrangeiras, responsabilizando-se pela tradução de cartas do latim para o inglês e vice-versa. Conseguia ditar e ler as cartas graças à ajuda de secretários e amanuenses. Mais tarde, com a derrota dos puritanos e triunfo dos realistas, Milton abandonou a vida pública e voltou a alentar um antigo projeto: compor um poema épico da literatura inglesa. A princípio, o poema seria estruturado tendo como base um tema patriótico: a lenda do rei Arthur. No entanto, Milton decidiu contar a história que levaria à tentação e à queda do Primeiro Homem. *O paraíso perdido* fala do castigo de Adão e Eva e das consequências sofridas por eles pelo fato de não obedecerem às leis divinas. "O pano de fundo do conceito de Milton relativo ao Pecado original da Humanidade reside, pois, na crença que, há mil anos prevalece, no princípio da obediência aos superiores."¹¹

Mais do que apenas culpa e expiação, o épico de Milton lança uma série de questões originais sobre o tema do olhar por meio de um número consistente de metáforas visuais. É o ponto de vista de quem sofreu no próprio corpo a perda da visão, mas que

---

*Tradução de Adriano Scandolara.

como vidente se muniu de conhecimento para desenvolver o olhar interior. Milton não está satisfeito de fazer a viagem para o autoconhecimento e despertar o olhar interior sozinho, convida o leitor a explorar o caminho junto com ele. E não vai ser fácil ao leitor que se propuser ao desafio, porque, de quebra, Milton irá vendar-lhe os olhos. O importante nessa obra não é aceitar-se como cego (o autor o entende como um desígnio de Deus), mas desenvolver uma perspectiva particular de cegueira, da qual aquele que lê participa como um espectador que será incluído e transformado pela obra. E o caminho do texto não é tradicionalmente de princípio, meio e fim, mas *in media res*: ou seja, "no meio do relato". O que não significa que o autor tenha estabelecido um centro, mas sim que está avisando ao leitor que seu movimento será em direção às margens.

Diz o crítico John Rumbrich que os leitores de Milton começam jogados em meio à confusão do Inferno sem entender ao certo o curso da narrativa. "Depois, lança-se logo o poema para o meio do assunto, e mostra Satã com seus anjos dentro do Inferno, descrito não no centro da criação [...], mas nas trevas exteriores mais propriamente chamadas Caos."[12] Desconforto da cegueira. O leitor experimenta fazer parte de um quadro em que os acontecimentos que geraram o ocorrido e os que vão suceder-lhe estão em suspenso. Ainda supreendido pela falta de direção que lhe dá o autor, depara-se com um guia particular: Lúcifer. Um anjo caído, privado da visão "celestial", desnorteado pela perda da luz, cego de inveja e ressentimento. Dupla escuridão: trevas do reino de Hades, trevas internas decorrentes do sofrimento pela punição.

Mas o mais desconfortável ainda está por vir. Esse anjo caído, essa figura de nome impronunciável (com todo o poder negativo que evocar seu nome pode trazer) causa, estranhamente, uma atração. O interesse vem do seu forte poder de persuasão. O poeta se recusara a apresentar o diabo como uma figura desprezível. Ele que ousara reunir um exército de rebeldes para combater a autoridade divina, ele que conseguira convencer o casal edênico a trair o Criador, não podia ser um antagonista medíocre. "Milton atribui a Satã o poder da majestade de um arcanjo, e, de início, sob certos aspectos, não podemos furtar-nos a admirá-lo."[13] Realmente, o poeta confere um caráter de nobreza ao personagem que, mesmo expulso do Paraíso e sujeito à humilhação do exílio, pretende ainda arrebanhar reforços para sua causa. O seu verdadeiro caráter vai se esboçando ao longo do poema, até virar uma simples sombra à espreita da figura divina. "Alguns críticos pensam que, no início do poema, Milton imprime a Satã um aspecto demasiadamente nobre, esforçando-se depois em corrigir seu erro, degradando-o subsequentemente."[14] Quem sabe?

De fato, a figura do anjo caído é como uma primeira memória fotográfica para o leitor: difícil de esquecer. O livro segue o empurrando para a sombra, mas essa figura escorregadia, que ousou fazer o caminho contrário da luz em direção às trevas, continua no inconsciente. É impressionante o quadro visual que se forma na imaginação de quem lê ao acompanhar o momento de desesperança e desânimo dos anjos após o sofrimento da queda, seguido da força de seu despertar. É como se houvesse uma esperança ou uma recuperação possível para o grupo. "Despertai, levantai-nos, companheiros,/Ou ficai para sempre aqui submersos!", suplica o anjo mau. E lembramos da gravura de Debret em que uma massa infinita de anjos perde-se no crepúsculo: eles não estão mais sob o signo da luz ardente do fogo, mas pairando em cima, próximos às nuvens (ainda que negras ou cinzas) e brandindo suas lanças. O cenário anterior de desolação e desespero parece ganhar movimento: essa legião de anjos por entre as nuvens é o espelho manchado e turvo da paisagem celeste.

> Ouvem-no e coram: logo sobre as asas
> Vai-se erguendo cada um, qual sentinela
> Que apanhada a dormir por duro cabo
> Logo insta pressurosa em pôr-se alerta.[15]

Que poder é esse de erguer uma multidão com as palavras? E elevá-la em meio à escuridão e à desorientação? O texto de Milton esconde uma reflexão complexa sobre a visão, que articula mundos internos e externos. Na condição de cego e crente, ele antecipa a perspectiva pós-estruturalista da cegueira proposta por Jacques Derrida em seu livro *Mémoires d'aveugle*. Milton coloca o benefício da dúvida quando, no primeiro livro, evoca a expressão paradoxal "escuridão visível". Num confuso caos, em que a única luz é o "diamante intenso do fogo", luz que arde, turva e embaça, é possível a um anjo mau ver tão longe quanto é permitido aos anjos: "Prisão de horror que imensa se arredonda/Ardendo como amplíssima fornalha/Mas luz nenhuma dessas flamas se ergue;/Vertem somente escuridão visível."[16] Luiz Fernando Ferreira Sá e Miriam Piedade Mansur defendem em seu ensaio "John Milton e Derrida: sob o signo da cegueira" que essa expressão miltoniana cancela o olho visível e insere um outro, capaz de enxergar na escuridão. Acreditam que "a dialética da filosofia tradicional em relação à visão/cegueira [...] deve ser colocada sob rasura, com o cancelamento do olho literal e a inserção da visão figurativa no escopo da intepretação."[17] Os autores propõem, então, desconfiar da visão física e entender ou refletir mais profundamente sobre a "superficialidade das imagens".

Uma relação ambiciosa e arriscada proposta pelos pesquisadores, mas que talvez tenha uma raiz numa estranha coincidência: Milton e Derrida, de maneiras diferentes, perderam a visão em algum momento da vida. A perda dos olhos carnais, sentir fisicamente a experiência da cegueira, fez com que ambos produzissem obras intelectuais a partir disso. Derrida foi, durante duas semanas, vítima de uma paralisia facial de origem viral. O resultado foi a desfiguração, o nervo facial inflamado, o lado esquerdo do rosto rígido, e o olho esquerdo fixo, sem poder se mover, impedido de piscar, "este instante de cegueira que garante à vista sua respiração".[18] Foram duas semanas de terror e espanto, mas o inesquecível para o filósofo foi a inacreditável quantidade de equipamentos e exames médicos para acompanhar e inspecionar a enfermidade. Derrida ficou perdido entre o dia e a noite, até que conseguiu curar-se com um sentimento de conversão e, ao mesmo tempo, de ressurreição.

Poucos dias depois, o autor iria ao Louvre fazer a primeira reunião que geraria a exposição *Mémoires d'aveugle* a partir das coleções do museu. O desafio da curadoria era confiar a escolha de uma proposta que gerasse uma reflexão sobre alguma virtude demonstrativa da obra e destacasse algo essencial da coleção do museu. Voltando para casa depois desse encontro, imediatamente ele pensou em um título provisório para encabeçar suas notas *L'ouvre où ne pas voir*:

> Esse documento não deve ser lido, eu o transmito a vocês, como o diário de uma exposição. Eu somente pego a classe ou o lugar de uma pergunta reflexiva: como poderia ser o diário de um cego, íntimo ou de outra natureza, e o dia, ou seja, o ritmo dos dias e das noites sem dia, as datas e os calendários que organizam as memórias? [19]

Essa reflexão inicial coloca o seu estudo sob a tensão do olhar. Não quer refletir sobre poemas, cantos ou relatos de cegos, mas memórias. E, portanto, um tipo de escrita que coloca as ideias no campo da realidade: a cegueira sentida na carne. E, mais, a dimensão de tempo e espaço, que para o cego não podem ser mensurados: não há a visão do relógio, do calendário, das datas.

Partindo de sua própria dificuldade de desenhar, Derrida se pergunta sobre como a invisibilidade pode gerar o desenho. Questão simples, mas que traz à tona novamente a expressão de Milton "escuridão visível". Dentro das trevas é possível enxergar algo? Nossos olhos físicos nos alertam para as falácias do mundo? A insularidade do cego em sua escuridão o isola ou priva das coisas? Derrida não define respostas, mas aponta linhas de força que nos ajudam a refletir sobre essas perguntas. O "cego que existe nele" abdicou há muito ao desenho por sofrer de um traço imperfeito, ao contrário do irmão mais velho, desenhista talentoso: todos os desenhos enquadrados e religiosamente presos nas paredes dos quartos da casa. O olho de Derrida o fazia admirar o irmão, mas também denunciava um desejo fratricida. Ele iria insistir no esboço? Não, o filósofo renunciaria ao desenho em favor da palavra: "eu fui chamado por um outro traço, essa grafia de palavras invisíveis, esse acordo do tempo e da voz que nós chamamos verbo — ou escrita."[20] A retomada ao desenho se dá pelo limite do trauma. Num inverno em que está velando sua mãe no hospital, Derrida decide desenhar o perfil dela. O retorno ao traço se dá pela tentação de registrar o momento entre a vida e a morte, em que ela está num silêncio letárgico e não pode reconhecer as pessoas porque tem os olhos velados pela catarata.

Essa trajetória um pouco filosófica, um pouco pessoal é a que o filósofo vai traçar em *Mémoires d'aveugle*, definido por ele como "um autorretrato e algumas ruínas". No prefácio da obra, Françoise Viatte alerta que, provavelmente ao fim do percurso, cada pessoa encontrará sua própria luz — própria ou no sentido figurado —, mas já estará, pelo menos, nos caminhos do desvelamento. Não teria algo em comum com o difícil caminho que Milton propõe ao leitor? Derrida volta à noção de diferença, que não aceita a eleição de um centro (de um logocentro) que estabelece a avaliação do eu como única possível. Significante e significado se confundem em Derrida, se descentralizam, caminham em direção à margem e resumem o caráter de "indecidibilidade dos signos": o que por si só já torna impossível um interpretação "única e monocular". Mutável, desestabilizado, o signo deve ser lido aos poucos, pela revelação de significados secretos: é esse movimento que leva a leitura para o campo da escuridão. "A interpretação de um signo, de acordo com Derrida, deve seguir um ato que procede da noite e escapa ao campo de visão."²¹ É a necessidade de chegar à escuridão para alcançar a experiência de visibilidade: tornar-se um pouco cego.

É o mesmo que Borges propõe em seus escritos: enxergar de outra maneira a partir de sua própria cegueira. Ou não seria a sua expressão "neblina luminosa", que aparece no poema "On his blindness", uma alusão aberta à "escuridão visível" de Milton? Borges dedicou parte de sua obra a esta questão, oferecendo ao leitor não só experiências particulares recolhidas de sua própria cegueira, como da cegueira de outros homens. A neblina borgiana reduz todas as coisas a algo "sem forma e sem cor", mas faz uma ideia nascer de todas elas. O que Borges propõe está no cerne da expressão paradoxal de Milton.

Usando dois pensamentos do desenho, Derrida estabelece dois tipos de cegueira, correlatas. A cegueira *transcendental* e a *sacrificial*. A primeira surge exatamente da invisível condição de possibilidade do desenho: desenhar sem um modelo à frente, sem um objeto real para copiar. Desenhar de memória. A cegueira *sacrificial* pode ser o tema do desenho: o sacrifício corporal da perda dos olhos, representado no acontecimento da imolação, no espetáculo ou na representação dos cegos. Entre os dois, o acontecimento pode dar lugar à palavra do relato do mito, da profecia, do messianismo, do romance familiar ou de cenas da vida cotidiana.

> As cegueiras *transcendental* e *sacrifical* são, na verdade, duas formas de interpretação que disseminam o significado do aspecto falho do literal e, consequentemente, descentralizam a essência do olhar físico, guiando a interpretação para uma perspectiva de "escuridão visível".²²

Derrida explica que todo desenho parte do que não é visto. Mesmo se o desenho é representativo ou figurativo — o modelo posando na frente do artista —, o traço vai ser esboçado "na noite".

O que Jacques Derrida, John Milton e Borges defendem é essa escuridão primordial que antecede todas as ideias e como ela se mescla à luz para produzir uma nova leitura. Escuridão e visibilidade como dois conceitos opostos, mas que se complementam e se reforçam simultaneamente. Os autores desejam conduzir o leitor de textos e do mundo para um lugar de leitura em que não apenas os olhos externos sejam estimulados. Querem distanciar o olhar literal para alcançar o figurativo e, por ele, descobrir os riscos da visão carnal. Em momentos diferentes, todos desafiaram o modo de olhar para descentralizar e reavaliar a visão feita a partir de um único ponto de vista, um único eu. No desconforto, vivido pessoalmente, descobriram na cegueira uma forma de visibilidade, de sabedoria. Querem compartilhar isso com o leitor, querem que ele usufrua e aprenda com essa experiência.

> A experiência das cegueiras derridianas, o movimento do externo em direção ao olhar interior, como um ato de "descer para o caminho da sabedoria", é representada por um processo de introspecção. Em *O paraíso perdido*, a mesma tentativa de cegueira ocorre na experiência do eu/olho como um paraíso perdido, interiorizado pela perspectiva da "escuridão visível" em um ato de reconquista do "paraíso interior".[23]

É o movimento de uma visão exterior rumo a uma interior que interfere e auxilia num olhar mais consciente do mundo. Para ler o mundo, é preciso ser "cego".

Merleau-Ponty segue com essa problemática ao colocar o homem como vidente e objeto do olhar. Ou seja, apesar de todas as metáforas ligadas à visão interior, a esse olho intelectual que observa e critica as imagens recebidas, existe o corpo, suporte material da visão, limitação final na qual sempre esbarramos. Ponty nos convida a fazer as pazes entre os sentidos e o intelecto, entre o olhar e a visão. Ele questiona o que aconteceria com a filosofia se tivesse abandonado o espectador intelectual absoluto para apostar no vidente. Depois dessa longa jornada interior realizada pelo olho do espírito, que cada leitor tentasse voltar ao sensível porque é através dele que se entrelaçam a interioridade e a exterioridade. "Ver, assim como tocar ou mover-se, não é uma decisão do espírito, não nasce do 'eu penso', [...], mas origina-se do corpo que, silenciosamente, diz 'eu posso'."[24] Por isso, seja qual for a leitura de mundo proposta por Milton, Derrida ou Borges, ela será feita a partir da ferida aberta no corpo, da cegueira sentida no tecido.

Então, voltamos à indecidibilidade de Derrida, as coisas se oferecem ao olhar de forma inacabada. Os olhos nunca vão conseguir vê-las totalmente de uma só vez, com todas as faces e ângulos que dispõem. O olho espiritual, interno, imagina que vê as coisas em sua totalidade porque delas se apropria em termos conceituais. No entanto, elas são mais do que isso, são o que podemos depreender de nossos sentidos: profundidade, cor, volume, rugosidade, sabores, odores e toques. Cada uma dessas qualidades é um ramo do Ser. São elementos visíveis, tecidos de invisibilidade. Marilena Chaui aponta a terceira dimensão do espaço em Merleau-Ponty: a invisibilidade, "aquilo sem o que não vemos e sem o que nada seria visível". O que é apenas sugerido por um quadro de visão. Isso quer dizer que, apesar de acreditar que o saber, o conhecimento, enfim, o intelecto se instala nos horizontes da percepção, para qualquer ponto que o olho se direciona, ele capta dos objetos apenas uma parte, a outra é intuída pelo que não podemos ver. "Isso quer dizer, finalmente, que o próprio do visível é ter um forro de invisível em sentido estrito, que ele torna presente com uma certa ausência."[25]

E se a ausência que se dá na visão for a do próprio olhar? E se a falta for justamente o olho carnal: o sensível exemplar do corpo, vidente e visível? Se os olhos falham em uma determinada época da vida, não significa que perderam sua dimensão do sensível. O sensível está lá, não apenas pela intervenção dos outros sentidos, mas também pela memória do que já foi visto. Ponty acredita que a visão é o meio que é dado para que o homem esteja ausente de si mesmo. Cézanne já alertava que a natureza está no interior, ou seja, as coisas manifestam uma visibilidade material que esconde uma "visibilidade secreta". Para Ponty, o pintor enquanto produz precisa praticar a teoria mágica da visão. "Nada muda se ele não pinta a partir do motivo: ele pinta, em todo caso, porque viu, porque o mundo, ao menos uma vez, gravou dentro dele as cifras do visível", explica o filósofo. O que significa que é possível fazer uma releitura do mundo depois de tê-lo visto "ao menos uma vez", é possível pintar, desenhar, ler ou escrever apesar da cegueira.

FRAGMENTOS DE UM MUNDO VISÍVEL

Em seu belo relato *Sobre a leitura*, Marcel Proust nos faz reviver, através de suas memórias, os momentos que passamos junto aos nossos livros queridos. O mergulho nesse mundo espetacular, que nos afastava de todo o mundo visível, era um sentimento de imersão. Qualquer coisa que nos trazia de volta à realidade parecia um espetáculo vulgar ao "prazer divino" da leitura: um amigo que vinha convidar para alguma brincadeira, os raios de sol que nos incomodavam primeiro esquentando a cabeça, depois refletindo agressivamente nas páginas, o jantar que nos aguardava. Nosso único desejo era completar o capítulo ainda não lido. No início de *Sobre a leitura*, Proust abre um livro que tenta ler insistentemente. Sai fugindo do passeio matinal pelo parque e se esgueira pela cozinha para aproveitar todo o tempo anterior ao almoço. Como companheiros, os pratos, a folhinha de calendário, o fogo e o relógio: silenciosos e coniventes com o ato da leitura, não incomodam o jovem leitor. Até que outras vozes aparecem, interrompem, e vem a frase derradeira: "Feche seu livro, está na hora do almoço." E que tortura precisar retardar a tão sonhada volta ao livro. Depois de uma refeição que parecia mais longa do que o comum, ia o jovem Proust "retirar-se em seu quarto", um santuário em que todos os objetos de decoração pareciam facilitar o ato de leitura: as cortinas altas e brancas, a poltrona, a toalha de mesa que ficava sobre a cômoda, as flores, uma imagem de Cristo, o cenário ideal.

Se fosse possível ler apenas aí. Mas o mundo levava Proust para outros lugares. À tarde, ele precisava sair novamente e andar até o parque. Antes que os outros terminassem o chá, o rapaz já escapava para sentar-se próximo à vegetação mais distante, onde não havia qualquer risco de ser descoberto e onde o silêncio era profundo. A sensação de segurança era abalada vez ou outra pelos gritos ao longe, o toque do sino da igreja (que o advertia das horas que passavam) ou as vozes que chamavam o seu nome, se aproximavam e, depois, se afastavam por não o encontrar. Este livro que tirava suas noites de sono, Proust só nomeia perto da página quarenta de seu relato: chama-se *El capitán fracasa*, de Théophile Gautier. E o nome só é revelado tão adiante porque não importa. O que sobrou da memória dessa leitura foi a descoberta de algumas frases, que para ele eram as mais originais e belas da obra, e a lembrança fortíssima de todos os lugares, momentos e pessoas aos quais ele precisou refutar para levar adiante sua leitura. Como Proust, voltamos aos livros de antanho porque desejamos ver refletidos neles casas, lugares e pessoas que não existem mais. O que essas leituras deixam em nós "é sobretudo a imagem dos lugares e dos dias nos quais as realizamos".[26]

O amor pelos livros não está apenas numa vista cansada pelo excesso de leitura. Está em todos os lugares e pessoas reais a que o leitor abdicou para estar naquele momento único com/em seu próprio livro. Uma das qualidades mais importantes adquiridas pelo leitor nos últimos tempos é a privacidade. Tomar o livro como se fosse nosso melhor amigo, o confidente para o qual contamos os mais profundos segredos. O homem "vive em grupo porque é gregário, mas lê porque se sabe só", afirma Daniel Pennac. No ato da leitura, estamos apenas os dois: nós e o livro. E tudo que está à volta não chega a desaparecer, mas começa lentamente a ser incorporado no ato de leitura.

Um amigo fiel, o livro não pede exclusividade. Enquanto estamos lendo, podemos parar, retomar, saltar trechos ou virar as costas sem que ele nunca se ofenda. Livros são quase nossos reféns: submetemo-los a tudo. Nas mais públicas declarações de amor, somos capazes de marcá-los, escrever em suas páginas e molhá-los. Filho de diplomata, Alberto Manguel lembra-se da dificuldade de privacidade que tinha: cada ano, uma casa nova, um novo país, uma nova língua a aprender, um novo espaço físico a explorar. Viveu uma infância e uma adolescência nômades em que a única companhia e sensação de lar eram seus livros: "a combinação de cama e livro concedia-me uma espécie de lar ao qual eu sabia que podia voltar noite após noite, sob qualquer céu."[27]

Manguel era ainda adolescente quando experimentou uma aventura particular na biblioteca de seu pai em Buenos Aires (o senhor Manguel comprava livros a metro e pedia para que fossem cortados e encadernados para ficarem da mesma altura nas estantes). Pegou a enorme enciclopédia espanhola Espasa-Calpe e começou por conta própria sua iniciação sexual buscando verbetes relacionados com sexo. Na sua pequena viagem literária, procurou o significado de palavras como "masturbação", "prostituição", "pênis" e "vagina"; quando estava atento aos efeitos da gonorreia, seu pai entrou na biblioteca e sentou-se na escrivaninha. Manguel ficou à espera de uma repreensão pela leitura proibida, mas se deliciou com a descoberta de que o pai nunca poderia enxergar através da capa. O mundo dos livros, com tudo o que estava proibido ou vetado, pertencia a ele pelo menos naquele pequeno instante.

O sabor e o prazer derivado de um livro dependem completamente do tempo e do espaço em que o leitor o explora. Cada ambiente propõe um tipo de concentração diferente. E é claro que para quem ama os livros não é difícil ficar imerso numa história estando num transporte público — trem, ônibus, metrô — ou sentado confortavelmente na poltrona de casa. Os livros que lemos numa biblioteca pública nunca vão ter o mesmo sabor dos que foram lidos no quarto, no sótão ou na cozinha. Volumes explorados no isolamento, numa leitura particular são diferentes dos lidos coletivamente, numa reunião de família ou num grupo de estudos. Cada uma dessas leituras terá um cheiro e gosto particulares.

Alguns leitores históricos mostram suas maneiras particulares de desenvolver o hábito. Filha de um rígido pai militar e de uma mãe que não acreditava na ficção, Colette aprendeu desde cedo a separar os livros que lia da vida em comum com os pais e encontrou um refúgio no próprio quarto, na cama. Esse seu hábito se repetiria até o fim da vida. Independentemente dos lugares onde tenha morado, sempre buscava um espaço de isolamento onde leria sem ser perturbada. Henry Miller acreditava que todas as suas boas leituras tinham sido feitas no banheiro. Esse era o lugar ao qual Proust recorria também para ler, uma de suas atividades de "solidão inviolável". Marguerite Duras lia muito pouco em lugares abertos como praias e jardins. Não queria que a luz do dia ofuscasse a luz do livro.

Fora isso, até que recobremos a vontade de compartilhar nossas leituras, esse prazer é inteiramente egoísta. Descobrimos um livro, e um novo mundo se apresenta para nós. Um mundo diferente daquele que vemos e vivemos e onde podemos nos abrigar. Walter Benjamin dizia que não lia livros, habitava neles, morava entre suas linhas e, mesmo que os fechasse por tempo indeterminado, quando voltava, se surpreendia que ainda existissem no ponto em que tinha parado. Depois de terminado o livro, a longa travessia, o leitor tem todo o direito de calar-se, porque aquela leitura "não lhe oferece qualquer explicação definitiva sobre seu destino, mas tece uma trama cerrada de conivências entre a vida e ele".²⁸

As sensações de liberdade e privacidade serão as primeiras das quais o leitor cego se verá roubado. Na longa história da leitura, elas foram ganhos importantes de que esse leitor terá que abrir mão, a menos que aprenda o braille. Depois, vem a terrível sensação de perder o ambiente de leitura. Sensação que, pouco a pouco, vai se desfazendo na medida em que o leitor se dá conta de que seu ambiente não é apenas visual, mas formado com a ajuda dos outros sentidos. Esse leitor precisará fazer novas adaptações ao ato e às posturas de leitura. No entanto, uma coisa é certa: a memória afetiva dos livros que um dia leu não se perde com a visão.

Tocamos os livros e nos vêm lembranças, relê-los ou simplesmente folheá-los nos leva de volta aos lugares, nos faz revisitar histórias, momentos, partes de nossa biografia que pareciam esquecidas, amarelecidas nas folhas.

> Gosto de descobrir, em volumes quase esquecidos, traços do leitor que já fui — rabiscos, passagens de ônibus, pedaços de papel com nomes e números misteriosos, às vezes uma data e um local na guarda do livro, levando-me de volta a um certo café, a um quarto de hotel distante, a um verão longínquo.²⁹

O leitor precisa do conforto de retomar essas experiências. É essa memória que o faz passear pelos livros. Reconhecer-se ao reconhecê-los. E essa memória é mutável para cada leitor, mesmo que o livro lido seja o mesmo. O enorme aposento de estantes envidraçadas que embalou as leituras infantis de Borges, o peso e a textura dos livros de Charles Schweitzer que com seu cheiro de mofo povoaram a imaginação do pequeno Sartre, a expressão do pai de José Mindlin ao ver que o filho "lia" o livro de cabeça para baixo. A cegueira pode apagar a visão concreta dessas páginas, mas nunca a memória que provém delas.

Walt Whitman acreditava na extrema importância do ambiente para o hábito da leitura, saía das bibliotecas e ia para as paisagens remotas do campo ou das praias de Long Island onde lia o Novo e o Velho Testamento de ponta a ponta. Sentia que era capaz de absorver melhor um livro numa leitura ao ar livre do que dentro de uma biblioteca. A maior parte da obra de Dante, Whitman enfrentou sentado em um bosque. E a pergunta que ele sempre se fazia era porque nunca havia sido "soterrado" pelas obras desses grandes mestres. "Provavelmente porque os li na presença plena da Natureza, sob o sol, com paisagens e panoramas a perder de vista ou o mar quebrando na praia."[30]

Esses lugares servem de cenário, alentam a leitura e ativam a memória cada vez que pegamos um livro. Mindlin recorda-se de sua própria voz recitando Júlio Verne para a mãe, que tinha uma "paciência evangélica" para ouvi-lo e encorajá-lo. O ambiente todo está lá: a sala, o peso do livro, sua mãe bordando com o tecido sobre os joelhos. Cesário Rodrigues da Silva voltou no tempo quando foi à Feira de São Cristóvão e, mesmo na confusão de vozes a sua volta, pôde relembrar dos cordéis de sua infância: "Você volta no tempo, começa a se lembrar de toda a vida, quando lia aquilo ali, quando via nas feiras ou quando ouvia nas casas aonde eles iam cantar nas localidades mais próximas. É um passeio no tempo."[31] São palavras que atiçam uma ou outra cor e começam a pintar na memória uma paisagem agora não vista.

As saídas

Em fins de 1955, Jorge Luis Borges foi nomeado diretor da Biblioteca Nacional de Buenos Aires. O reconhecimento de seu trabalho e de sua personalidade como escritor veio com a queda do governo peronista. Mas esse desejo tão antigo de estar à frente da suntuosa biblioteca vinha com uma terrível confirmação de um destino pessoal: a cegueira do escritor. Nesse momento, Borges, mais uma vez, se voltou para a literatura, sua principal saída, e escreveu *Poema de los dones*:

> Ninguém derrame a lágrima ou reprove
> esta declaração magistral
> de Deus, que com perfeita ironia
> me deu de uma só vez os livros e a noite.[32]

O cargo estava envolto numa grande mitologia, os dois diretores anteriores, Paul Groussac e José Marmol, ficaram cegos. Quando Borges invoca no poema o nome de Deus, não é pelos mesmos motivos de Milton. Borges via no poeta alguém que aceitara a cegueira de forma muito mais "valente" que ele. O nome de Deus aparece porque, de forma irônica, ele dá ao escritor dons que se contradizem: uma grande quantidade de livros e a incapacidade de lê-los.

Embora aceite a cegueira como destino, Borges pretende fazer dela um grande instrumento. "Essas coisas nos foram dadas para que as transmutemos, para que façamos da miserável circunstância de nossa vida coisas eternas ou que aspirem a ser eternas; se um cego pensa assim, está salvo. A cegueira é um dom."[33], diria ele em sua conferência dada sobre a cegueira no teatro Coliseo de Buenos Aires. Seja como for, a saída de Borges para a cegueira anunciada foi plasmá-la na escrita. Ele tratou de trabalhar o tema em suas histórias, seus contos e seus poemas. O seu "olho interior" foi desenvolvido, mas de uma maneira diferente da miltoniana: não para livrar-se das distrações terrestres, mas para compensar a cegueira externa com um conhecimento intelectual fortíssimo adquirido por meio dos livros.

Milton se guia em sua confiança no arbítrio de Deus. Borges gostaria muito de aceitar a postura de Milton, mas seu ceticismo o impede. Para ele, a visão é uma das vias mais importantes do conhecimento, então não pode resignar-se a perdê-la. Além dos vários escritos sobre a visão e a cegueira, Borges busca no destino e nos exemplos de outros escritores uma maneira também de definir-se como sujeito. Entretanto, existem duas outras saídas que estão de alguma maneira relacionadas uma à outra e que têm uma ligação direta com o seu olhar como leitor, e não como autor. Munido da informação de que um dia ficaria cego, Borges confiou em duas "portas de emergência": a memória e a biblioteca mental. Uma foi formada com a ajuda da outra. A memória foi desenvolvida e alimentada e o ajudou a reunir, pouco a pouco, os volumes formadores de sua biblioteca mental. Falamos dessas duas saídas porque são as primeiras usadas por leitores ávidos que ficaram cegos.

Memória

Por ter sido uma das saídas para sua cegueira, a memória tornou-se um assunto muito frequente na literatura borgiana. Era a sua maneira de ser leitor, de pensar a leitura. Irma Zangara, uma de suas alunas no grupo de literatura anglo-saxônica, acreditava que ele educou a própria memória desde muito jovem para aguentar as condições adversas da cegueira. Maria Kodama, na conferência denominada *Borges e yo* (ditada algumas vezes, a última em setembro de 2010 numa cerimônia de homenagem ao mestre em Rosário), conta que, ao saber que iria perder a visão, Borges desenvolveu poderosamente sua memória. Ela se lembra da avidez com que ele, já cego, descrevia cada um dos detalhes de suas gravuras preferidas e de como repetia os poemas de que mais gostava "que ficavam ali nos vastos cavalos da memória para que pudesse pegá-los quando necessitasse". O pai de Borges, um dos antecessores genéticos da cegueira, ensinara o filho desde pequeno a recuperar o passado formulando, várias vezes, perguntas filosóficas, tais como: qual o sabor, o aroma e a cor de uma maçã?

O fato é que Borges era um leitor que confiava em sua própria memória e que também fazia dela, de seus enganos e de seus ganhos para a leitura, um assunto para sua literatura. O conto "A memória de Shakespeare" mostra que, mesmo no final da vida (o texto foi escrito em 1980), o assunto ainda era um desafio e um mistério para o leitor Borges. Nele, o protagonista, Hermann Soergel, um estudioso de Shakespeare, aceita herdar a memória do bardo sem se dar conta de que ter acesso às lembranças do outro não lhe dará necessariamente o dom da narrativa. Hermann, no momento em que recebe a memória, já está com um princípio de cegueira, imagina que terá, mais do que tudo, uma explosão de memórias visuais que o fará voltar ao momento em que foi vidente. Grande engano: as primeiras revelações mnemônicas de Shakespeare são metáforas auditivas, não visuais — primeiro fala algumas palavras, depois assobia uma melodia. Pouco a pouco, inicia-se uma transformação gradual dos seus sonhos: rostos e lugares que não conhecia entravam em suas noites. Soergel, como bom leitor, persegue textos, inspirações, passa a reler todos os livros que sabia que fizeram parte da biblioteca de Shakespeare. Termina preso em zonas obscuras da memória de um homem que, na realidade, era trivial como todas as outras. Essa era uma das questões de Borges: temia ficar preso nas zonas de sombra produzidas por sua memória. Diria isso em seu poema "El grabado":

> Às vezes me dá medo da memória
> Em suas grutas côncavas e palácios
> (disse Santo Agostinho) há tantas coisas
> O inferno e o céu estão nela.[34]

O livro *História da noite* é um libelo de Borges à cegueira, à escuridão e aos mundos criados a partir de ambas. Soergel termina por querer livrar-se daquela segunda memória, acoplada à sua, que não lhe dá sequer a possibilidade de escrever a biografia de Shakespeare: ter a memória do escritor não lhe garante o dom da prosa. Claro, Borges acredita que a memória é um dos instrumentos mais poderosos para um leitor enfrentar a cegueira. No entanto, precisa ser uma memória bem praticada, com algum filtro.

O mesmo acontece com o famoso personagem de "Funes, o memorioso": tinha uma memória prodigiosa tão difícil de suportar que fazia com que ele negasse o presente. "Mais recordações tenho eu sozinho que as que tiveram todos os homens desde que o mundo é mundo", dizia. Ao contrário de Soergel, suas lembranças eram vívidas e visuais: lembrava-se com riqueza de detalhes de todos os cachos e frutos de uma parreira, ou das formas das nuvens austrais do amanhecer de um determinado ano, podendo compará-las às pequenas rachaduras de um livro em couro que tinha visto apenas uma vez ou aos sulcos feitos pelo remo nas águas de um rio. Não tinha tempo para viver, lembrar se tornara sua atividade principal. Como diz o narrador do conto: "Suspeito, entretanto, que não era muito capaz de pensar. Pensar é esquecer diferenças, é generalizar, abstrair. No abarrotado mundo de Funes, não havia senão pormenores, quase imediatos."[35]

Fazer o trabalho memorial de um leitor comum não cabia a Funes. O personagem guardava uma série de informações sem, no entanto, articulá-las intelectualmente. Outra coisa era a memória de Borges, prodigiosa também, mas de leitor cuidadoso, atento. Enquanto lia algo novo, relia coisas antigas, articulava textos internamente e não deixava de deliciar quem quer que o estivesse ouvindo com sua vasta capacidade de "armazenamento".

> Devido a sua memória colossal toda leitura era, no seu caso, releitura. Seus lábios se moviam desenhando as palavras lidas, repetindo frases que tinha aprendido há décadas. Ele se lembrava

> das letras dos primeiros tangos, recordava versos cruéis de poetas mortos há muito tempo, fragmentos de diálogos e descrições tomadas de romances e contos, assim como adivinhações, jogos de palavras e charadas, longos poemas em inglês, alemão e espanhol [...], versos das sagas nórdicas, anedotas injuriosas sobre pessoas conhecidas ou passagens de Virgílio.[36]

As palavras de Manguel, um dos ledores mais frequentes de Borges, provam que o autor tinha uma memória implacável. Borges dizia que invejava a memória inventiva de autores como De Quincey, capazes de transformar os poucos versos de uma tradição em um poema de setenta páginas. Mas nunca saberemos se era um comentário genuíno ou mais uma de suas ironias.

O fato é que, coincidência ou não, o relato sobre a memória de Shakespeare contém um detalhe quase histórico: aquele que detém a memória precisa oferecê-la ao novo "proprietário" em voz alta. Na verdade, o ritual misterioso que o conto desvenda é uma alusão à importância mnemônica para se guardar um texto, seja ele visual, oral, de imagens ou de sons. Na cultura islâmica, a maior parte da literatura árabe antiga foi confiada por muito tempo à memória de seus leitores, embora vários textos, incluindo o Corão, tenham sido redigidos. O aprendizado era, então, feito pela leitura em voz alta: era mais importante para eles que os textos entrassem no corpo através da mente e não dos olhos. "Dada a crença islâmica de que apenas a transmissão oral era verdadeiramente legítima, a memória era tida como o grande repositório de uma biblioteca."[37]

Desde sempre, há leitores que puderam adquirir seus livros e outros que, por motivos materiais, políticos ou sociais não tiveram condições de tê-los. A memória cumpriu um papel fundamental na posse dos textos: uma vez memorizados, eles pertenciam para sempre àquele leitor. Rachel Korn, poetisa iídiche, ficou exilada de sua terra natal, a Galícia Oriental, durante muito tempo da vida, período em que viveu no Canadá. Aflita pelos livros que havia deixado para trás, Rachel se deu conta de que jamais poderia perder sua biblioteca se a recordasse e lesse em espírito. Mesmo depois de chegar a Montreal, a poetisa passou a treinar a memória da filha: pedia que ela decorasse os poemas de Púchkin, Akhmatova e Mandelstam como se fossem preces noturnas. Conhecia de cor muitos deles e, às vezes, corrigia um ou outro trecho que a filha declamava desatenta.

No Cairo do século XV, por exemplo, poucos eruditos tinham aposentos pessoais unicamente para o trabalho, a maioria dos leitores precisava usar as bibliotecas de escolas públicas e mesquitas. Naquela época, o leitor, ao consultar um livro, para conseguir levá-lo para casa, tinha que copiar trechos ou simplesmente gravá-los na memória. Alberto Manguel em seu grande estudo sobre as bibliotecas, *A biblioteca à noite*, conta que no século XII o estudioso Ibn Jama'a recomendava que seus alunos comprassem os livros que pudessem, mas afirmava que o mais importante é que levassem no coração os textos de que gostavam. "Levar no coração" é guardar em nossa memória de leitores, mesmo imperfeita, os livros que escolhemos por motivos amorosos, ou seja, independe da necessidade ou da urgência de formar um acervo.

Pelo tipo de criação ou simplesmente pelo amor que sempre teve pela leitura, José Mindlin acabou memorizando uma série de poemas. Considerava os poetas companheiros de suas horas de leitura. Com eles, mesmo cego, podia ainda passear pelas paisagens do Brasil que inspiravam Manoel de Barros ou as experiências do cotidiano feminino que permeiam a escrita de Adélia Prado. Na sua "antologia de poesias", feita internamente por sua memória, estão trechos de versos ou poemas desses poetas brasileiros misturados a outros, como *As flores do mal*, de Charles Baudelaire, os sonetos de Ronsard, de Camões, de Rimbaud, de Paul Verlaine e de Paul Éluard. Nesse estranho compêndio, está também quase todo O *navio negreiro*, de Castro Alves, que Mindlin memorizou jovem, mas soube de cor até o fim da vida. Essa antologia complexa, fragmentária e pouco usual é fruto de suas próprias preferências como leitor, que terminaram gravadas em sua memória. É o que Mindlin, de uma forma ou de outra, escolheu levar no coração, saber de cor. Para Ibn Jama'a, "a arte da memória tinha afinidade com a da arquitetura, uma vez que, ao praticá-la, o leitor podia construir para si um palácio pessoal repleto de tesouros, declarando sua posse dos textos que elegera profunda e definitivamente."[38] Esse pensamento é interessante porque não restringe o ato de leitura à posse, não o faz depender da materialidade do livro.

    É claro que essa memória de leitor não permanece imutável. Fabricamos novas antologias, novos romances, alguns poemas que são fruto da mistura de vários, encurtamos livros imensos, abreviamos outros a apenas uma simples paisagem de acordo com o nosso percurso como leitores. Um autor nunca mais é o mesmo depois de lermos outro e encontrarmos em nossa vasta biblioteca memorial pontos de aproximação entre os dois. Pontos que, talvez, só existam para nós. Cada leitor trança os fios mnemônicos de seus livros de maneira diferente. E cada leitor nunca é o mesmo depois de uma nova leitura. Alberto Manguel se dá conta de que, em sua memória, *A tempestade*, de Shakespeare, reduz-se a um par de versos considerados por ele imortais ao passo que um romance breve como o *Pedro Páramo*, de Juan Rulfo, é responsável por toda a ideia de paisagem mexicana que ele construiu como leitor. Assim como, para mim, *Ulisses* preenche todo o visual do Aterro do Flamengo, nas horas passadas no engarrafamento da faculdade até a casa, e *A morte e a morte de Quincas Berro Dágua* é o aconchego da varanda do meu sítio em Miguel Pereira, com cheiro de pão e risadas ao fundo.

    De alguns livros lembramos como se fossem uma paisagem pintada em tons coloridos, outros viraram uma única imagem estática, como uma fotografia em sépia, de outros, ainda, recordamos apenas o título, embora isso não faça deles livros menos importantes. Alguns cegos dariam tudo para revisitar esses lugares — reais e imaginários, dentro e fora dos livros — nos quais estiveram quando ainda podiam ver. Outros redescobrem esses lugares pela voz do ledor. No escuro, os leitores cegos não se perdem, têm uma luz própria representada pela memória dos livros que leram. A literatura não cansou de falar sobre o poder dessa memória, sobre o resquício que ela é não só do que lemos, mas daquilo que somos. No livro *Fahrenheit 451*, o bombeiro Montag vive em uma cidade deserta de pessoas e pensamentos, onde o fogo é responsável pela "limpeza das ideias". Sua função é simples: receber uma denúncia, encontrar a casa onde estão os livros, queimá-los. Fahrenheit 451 é a temperatura ideal para se queimar um livro.

O que Guy Montag não sabia, ou pelo menos não desconfiava, é que não era feliz. Teve todas as suas memórias apagadas pelo "diamante e intenso fogo", nas palavras de John Milton. Uma luz destruidora que apenas é questionada quando em contraste com a claridade do rosto da menina Clarisse: "aconchegante e rara e levemente agradável de uma vela", uma luz perfeita para a leitura. Clarisse, personagem equivalente à deusa Mnemosine, ajuda a despertar o desejo das leituras e as sensações adormecidas no bombeiro. "Você é feliz?", pergunta a moça para depois se perder na sombra e deixar Guy sozinho diante da absurda questão. Montag vive num mundo em que as luzes são a da histérica eletricidade e do terrível fogo. Sua função está deslocada: os bombeiros não atuam mais como aplacadores de fogo, mas provocam incêndios, destroem memórias.

O filtro da água acabou não apenas porque as casas ficaram à prova de fogo, como as pessoas ficaram à prova de suas próprias memórias. A água é aquilo que reflete o olhar e os pensamentos do homem. Sem esse espelho natural, Montag encontrará no rosto de Clarisse um enorme espelho, um poço profundo de águas límpidas.

Mas a função da água, aquela que saía dos canos das mangueiras dos bombeiros e foi substituída por fogo, é de suma importância no livro. Lembremos que Lete é a órfã da memória, filha de uma união terrível entre a Noite e a Discórdia. Lete, já aponta Virgílio em *Eneida*, é o rio que banha as almas que vão em direção a Hades e permite que elas esqueçam o que foram no passado para nascer novamente. Entretanto, esse olvido levará consigo não apenas os pesares, como também as alegrias. Montag esqueceu sua "existência anterior" e precisa passar uma vez mais pelo filtro da água para recuperá-la.

Não sabemos exatamente em que momento do livro isso acontece, mas Montag, por curiosidade ou por audácia, começa a roubar livros dos incêndios de que participa. Onde poderia ter começado? O leitor atento repara que, em uma cena, Clarisse convida o bombeiro não só a andar na chuva como a experimentá-la. Depois de uma longa conversa na qual a moça pergunta se ele nunca foi tentado a ler algum livro, Montag sente seu corpo dividir-se em duas metades: "uma quente, a outra fria, esta macia, aquela dura, uma trêmula, a outra firme, uma oprimindo a outra".[39] Depois dessa mistura de sensações antagônicas, decide finalmente caminhar na chuva, inclinar a cabeça para trás e provar a água. O rosto queimado como uma ponta de rolha recebia um jorro de água natural, da chuva, fogo e água se juntavam dentro de seu corpo. Em casa, o "mal" já estava feito: dentro do tubo de ventilação do ar-condicionado, um grupo de livros roubado nos incêndios crescia, como um animal morto que um dia vai aparecer.

E até que Guy Montag se revele um traidor, até que de fato possam provar que escondia livros, alguns dias se passam, muitos pensamentos o consomem, e sua temperatura corporal aumenta: o fogo interno lança um alerta. Com febre, ele se permite faltar ao trabalho, indeciso sobre voltar. Mas a água já havia entrado no seu corpo. Ele não retorna ao quartel de bombeiros e decide colocar sua esposa, Mildred, como cúmplice do roubo dos livros. Passa as últimas 48 horas que tem para decidir voltar ao trabalho lendo. Não está feliz, aí está a resposta que devia a Clarisse. Na verdade, não consegue lembrar-se do momento em que foi feliz, sequer se recorda de quando conheceu sua mulher. Lê com as telas de entretenimento da sala desligadas, uma luz cinza fraca e a chuva lá fora. Decide fugir. A esposa ficará para trás, irá delatá-lo, para depois esquecê-lo. Montag seguirá, então, sua trajetória rumo a um novo Lete: um rio que fará com que ele recobre a importância da memória.

Saído da confusão e do caos da cidade envolta em chamas e cinzas de livros, ele passa pela água uma segunda vez. Agora, precisa desvencilhar-se da perseguição dos bombeiros e do "sabujo". Mas nem a "tempestade de luz" que os helicópteros lançam sobre o rio é capaz de localizar o bombeiro. Uma vez dentro dele, uma súbita escuridão e calmaria recaem sobre o protagonista: é a cegueira anterior à descoberta. Flutuando no rio, as luzes da cidade, das calçadas, dos fogos de artifício espetaculares estão distantes, passam a pertencer a um mundo que ficou para trás. É como se, pela primeira vez, um viajante de Hades saísse do fogo eterno para, no caminho contrário, reencontrar a própria memória e deparar-se com uma "procissão de estrelas". Purificado, desarmado, desfeito da pele queimada que carregava as marcas de centenas de bibliotecas destruídas, esse homem tem um único pensamento: é preciso voltar ao ato de salvar e guardar lembranças, seja nos livros, nas histórias ou na cabeça das pessoas.

AS BIBLIOTECAS

Voltemos à história de Pirandello, *Mondo di carta*, e seu personagem, o professor Balicci. Perdido em seu mundo de papel, sem os olhos para poder orientar-se nessa Babel que sempre conheceu, esse homem toma uma primeira resolução: decide organizar sua biblioteca. Balicci passara quase toda a vida lendo e comprando livros. Conhecia geograficamente, apesar da bagunça, cada recanto de sua casa, tinha livros amontoados no sofá, nas estantes, nos degraus da escada, nas mesas e no chão. De uma hora para outra, com o aviso incontestável do médico de que não podia mais ler, se sente perdido. Por que seus livros não estavam ordenados por assunto ou por que eles negavam às mãos a organização perfeita que ele tinha na cabeça?

> Pediu para colocar um aviso no jornal em busca de algum técnico de biblioteca, que se encarregasse do trabalho de ordenar os livros. Ao fim de dois dias um jovenzinho presunçoso se apresentou, que parecia bem maravilhado de encontrar-se diante de um cego que queria reordenar a biblioteca e que pretendia, além disso, guiá-lo nessa tarefa.[40]

Balicci não está errado: a biblioteca de um homem é sua biografia. Cada livro está ali por um motivo especial que só diz respeito a ele. Quando o assunto é organizar sua própria biblioteca, mesmo sendo cego, o melhor guia sempre será o dono dos livros. A biblioteca é o reflexo de seu proprietário, não se forma apenas pela escolha dos títulos, mas pelas associações internas que eles guardam e que fazem com que se avizinhem nas estantes. Na minha estante, Dostoiévski e Borges estão lado a lado simplesmente porque são dois de meus autores prediletos e precisam estar sempre à altura das mãos. São como se fossem minhas obras de referência, gosto de consultá-los como a oráculos para me inspirar ou simplesmente dar um "respiro literário" entre uma leitura e outra que esteja fazendo.

A biblioteca de Alberto Manguel, como a maioria das bibliotecas pessoais, não possui um catálogo. A ordem dos livros nas estantes é feita por sequências e padrões inteiramente pessoais. Para ele, basta imaginar o espaço para que possa lembrar-se da disposição. "A ordem das estantes, planejada e ao mesmo tempo aleatória, a seleção de temas, a história íntima da sobrevivência de cada livro, os vestígios entre as páginas de certas épocas e certos lugares, tudo isso aponta para um leitor singular."[41] As bibliotecas são fruto não só dessa organização particular do leitor, mas também de seus hábitos de leitura. Muitos leitores preferem colocar os seus livros num espaço pequeno, gostam de sentir-se próximos a eles enquanto leem. Outros gostam de um espaço circular, e há ainda aqueles que têm por hábito ter uma enorme janela ou porta que dê para a paisagem externa, respiro dos olhos interiores e exteriores entre uma leitura e outra.

Em geral, preferem sentir o aconchego do espaço, pensar que os livros estão à altura de suas mãos. Uma das coisas mais saborosas dentro de uma biblioteca é a surpresa: buscamos um livro e encontramos outro. E não é que, às vezes, é justamente o segundo que nos serve?

O fato é que cada biblioteca está diretamente associada à história, gosto e hábitos de seu idealizador. Os pontos de associação dentro de uma biblioteca refletem a configuração da mente de quem a constrói. Visitar as estantes alheias é perder-se na mente do outro. Pensamos que podemos, a partir dos livros, entender o leitor, mas, por trás das folhas, entre as páginas, existe um segredo que pertence apenas a quem concebeu aquele espaço. Eu me lembro do dia em que visitei a biblioteca de José Mindlin. Embora seja um lugar permitido para visitantes, ela parece guardar as características de seu dono: é grande para uma coleção "particular", mas, ao mesmo tempo, aconchegante, iluminada, localizada no meio de um jardim. Entrei, olhei as prateleiras, identifiquei os autores, mas me senti um pouco perdida. E a pergunta que me vinha à cabeça era:

como um cego podia se orientar naquele espaço? Cristina Antunes, ledora de Mindlin durante tantos anos, explica:

> Como ele (Dr. José) diz: a biblioteca é disciplinada porque reflete o gosto de leitura dele. O que é verdade, mas também não é verdade. Porque tem uma interdisciplinaridade, tem um cuidado com a formação da Brasiliana e das várias coleções. É uma lógica própria: você tem aqui, agrupadas, literatura brasileira, literatura estrangeira, história, viagem. Numa biblioteca convencional, esses livros não estariam todos juntos, talvez estivessem divididos em blocos.[42]

Para depois complementar que Mindlin conhece de cor a ordem dos livros nas estantes. Com exceção das aquisições novas, "os livros todos que ele foi adquirindo ao longo da vida, ele sabe: que edição é, que ano é, de que tipografia é, quem imprimiu".[43]

O desconforto que senti nessa minha visita foi o mesmo que o filósofo Ernest Cassirer teve quando visitou a biblioteca de Aby Warburg, que tinha uma paixão vital pelos livros e passou a colecioná-los, assim como José Mindlin. Como não tinha meios para comprá-los, fez uma estranha troca: abriu mão de seus direitos de primogênito em relação à empresa familiar para o seu irmão mais novo, Max. Em troca, Max deveria fornecer os recursos para ajudar a formar sua biblioteca. Começava aí uma reunião de livros que se tornou tão grande que, em 1909, precisou ser transferida para outra casa. O método de Warburg era de um sistema de catalogação inteiramente idiossincrático: queria que sua coleção tivesse fluidez e vivacidade e não que ficasse restrita a cronologias ou histórias literárias. Essa característica, aliada ao tipo de memória do escritor, que era completamente iconográfica — estabelecia complexas conexões a partir de imagens —, terminaram por desorientar Cassirer.

Pouco a pouco, por meio de Fritz Saxl, diretor-assistente da coleção, Cassirer foi convidado a entrar na ordenação de universo particular de Warburg. Nela, os compêndios de arte dividiam estantes com obras de literatura e religião, os livros de filosofia ficavam junto aos de astrologia, magia e folclore. Warburg acreditava numa espécie de lei da "boa vizinhança", ou seja, o livro procurado nem sempre continha o que seu leitor buscava, mas sim o seu vizinho desconhecido. Ao fim da visita, Cassirer estava convencido de que nunca mais voltaria àquela biblioteca sob pena de perder-se para sempre. "Não foram os campos temáticos da biblioteca que me causaram aquela impressão avassaladora, mas antes o próprio princípio de organização da biblioteca", explicava Cassirer.[44] O que o assombrou foi o descobrimento de uma identidade leitora misteriosa e inclassificável em Warburg.

Nem sempre as bibliotecas são formadas apenas pela organização física. Há, de forma subliminar, um esquema mental que atua sobre elas. A coleção de Marlene Amorim, leitora cega, é uma representação do que foi sua vida. Nela, existem alguns livros de histórias que sobraram de uma infância com pouca leitura e as revistas que seu pai trazia das viagens completando as lembranças que restaram da infância. Há uma prateleira com livros de ficção, outra com os livros religiosos e ainda outra com partituras, hinários e livros sobre o aprendizado teórico e prático de música. Por último, uma prateleira com biografias e quase uma nova biblioteca com livros em braille. Se não fosse pelas repetidas perdas de livros com a chuva ou as obras de vizinhos e a constante mudança de exemplares das prateleiras por conta dos netos, Marlene saberia de cor tudo o que há em suas estantes. Não é difícil porque essa biblioteca é um resumo da sua vida. Um espaço composto de parte das histórias que ouviu quando criança contadas pelo pai, dos livros em inglês que teve durante o magistério ainda vidente, da escolha pela faculdade de música na Unirio, já cega, das enormes partituras que lia com dificuldade por sua incapacidade visual, da escolha da igreja como saída para voltar a tocar piano, os hinários que precisava aprender "de ouvido" por não conseguir mais ler partituras e, por último, os livros em braille, necessidade adquirida no final da vida. A biblioteca de Marlene encerra o seu ciclo vital: todas as coisas que aprendeu desde que começou a ser leitora até virar uma leitora cega.

Junto com essa biblioteca física, palpável, há outra: mental. Esta segunda reserva literária inclui todas as histórias que ouviu dos pais e contou para os filhos, todos os livros que, quando não tinha dinheiro, se via obrigada a pegar emprestado nas bibliotecas públicas e ainda todos os textos que escutou de ledores ou gravados em CD depois de ficar inteiramente cega. Leitores, videntes ou não, possuem uma reserva de livros guardados na mente, que podem acessar em momentos diferentes de vida e leitura. Essa biblioteca, sem dúvida, não padece das mesmas regras que regem uma biblioteca física. Ela se faz de forma afetiva não por acúmulo, mas por experiências. Nela, perdoamos a ausência de alguns autores que "não poderiam faltar" em nossas estantes. Nela a organização dos livros muda de tempos em tempos: uns são esquecidos, outros, lembrados, uns ressuscitados pela simples leitura de um novo volume ou pela visão de uma cena cotidiana. Livros que mudam sempre de lugar nas estantes subconscientes do nosso cérebro e que são acionados cada vez que fazemos uma viagem, realizamos uma nova aventura, conhecemos pessoas, nos apaixonamos.

O importante é entender que, tanto como autores, colecionadores ou leitores, várias vezes misturamos as duas bibliotecas em nosso labirinto mental. E a memória é muitas vezes responsável por fazer prevalecer a que levamos no pensamento sobre a outra que está à frente de nossos olhos. É com a ajuda da biblioteca mental que alguns cegos vão prosseguir no seu caminho de colecionar textos e ordená-los. Não apenas textos, mas sensações, cheiros, cenas e paisagens. É uma questão de voltar à ideia de que os livros queridos devem ser levados no coração e à máxima islâmica de que biblioteca e memória são sinônimos. Jorge Luis Borges acreditava nisso. O desavisado que fosse ao seu apartamento na Rua Maipú ficava impressionado: para um homem que acreditava que se o Paraíso existisse teria a forma de uma biblioteca, a sua própria era bastante modesta. Sua casa não tinha mais que um punhado de estantes na sala. Conta-se que o jovem Mário Vargas Llosa visitou Borges nos anos 1950 nesse mesmo apartamento e, espantado, perguntou por que o escritor não vivia em um lugar grande e mais luxuoso. Borges ficou irritado e respondeu dizendo que em Buenos Aires, diferente de Lima, as pessoas eram menos devotas da ostentação.

Quem frequentou o apartamento do mestre como amigo, para ler ou para fazer parte dos grupos de discussão literária que animavam sua casa, sempre se impressionou com a simplicidade em que vivia. Simplicidade refletida em sua própria biblioteca. María Esther Vázquez se recorda perfeitamente da disposição dos livros: "Não tinha muitos livros em sua casa. Na sala de jantar, havia um móvel em forma de esquina, localizada em duas paredes. E, depois, tinha uma biblioteca no seu quarto: destas antigas que tinham os armários com porta de vidro."[45] Eram poucas estantes, mas que encerravam o essencial de suas leituras, começando pelo maior orgulho: as enciclopédias e os dicionários. Isso já denunciava bastante da biografia do mestre. Desde pequeno, ele se interessara pelas obras de referência quando visitava a Biblioteca Nacional com seu pai e, tímido demais para pedir um livro, pegava um dos volumes da *Britannica*, que eram franqueados ao público em geral, e não desgrudava os olhos até que Jorge Guillermo voltasse.

Mais velho, Borges jamais perderia o hábito de consultar um dicionário ou enciclopédia e pedia aos seus ledores que o ajudassem nisso. As obras de referência habitavam as estantes da sala junto com os livros em inglês, língua que o fez penetrar cedo na literatura de Stevenson, Chesterton, Henry James e Kipling. Aí também guardava vários romances de Eça de Queiroz, *La piedra lunar*, de Wilkie Collins, livros de Lugones, Groussac e Güiraldes, *Life on the Mississippi*, de Mark Twain, além de *Ulisses* e *Finnegans Wake*, obras de James Joyce que, depois confessaria, jamais teria chegado ao final. Também havia algumas obras de Oscar Wilde e de Lewis Carroll misturadas à "famosa" edição da Garnier de *Dom Quixote*, de capa vermelha e com ilustrações, ele teria lido a versão em inglês antes de aventurar-se pela espanhola. Em seu quarto, que mais parecia a cela de um monge, entre os pouquíssimos móveis, estava a estante envidraçada que continha uma das mais completas coleções de literatura anglo-saxã e islandesa, paixão adquirida no final de sua vida. Em alguma outra parte da casa, talvez no quarto de sua mãe, estava a literatura argentina. Sua modéstia chegava à própria obra: não tinha exemplares de sua autoria em casa. Todos os que recebia automaticamente dava de presente. Dizia que queria uma biblioteca apenas com grandes escritores e que não figurava entre eles.

Com essa pequena quantidade de livros, uma pergunta nos persegue: onde estava, então, a verdadeira biblioteca de Borges? Podemos arriscar que em sua cabeça. María Esther indagava: "Além do mais, por que ter uma biblioteca física se ele tem tudo em sua mente?" A biblioteca mental do escritor era enorme. A memória de livros lidos, de trechos, de opiniões de autores, de citações estava arquivada com a minuciosidade de um bibliotecário em sua cabeça. Quando necessitava de um livro, tirava-o desta "caixa de Pandora" que era seu cérebro. Alicia Jurado dizia que:

> O resultado dessa torrente literária é que junto a Borges se aprende sem cessar; ele não apenas parece ter lido quase tudo, como qualquer comentário que faz é imprevisto e implica um enfoque original [...]. O ajuda enormemente sua prodigiosa memória: recorda as datas, as edições, os versículos de modo impressionante.[46]

Borges era o homem feito livro, o bibliotecário cego que aparece em tantos de seus próprios contos, aquele que sabia andar com desenvoltura na enorme biblioteca de Babel e que completava dentro dela o ciclo de uma vida.

Por isso, como leitores, precisamos salvaguardar a memória sempre. Porque ela é nossa maior garantia de que vamos continuar lendo quando nossos olhos nos faltarem. Em *Fahrenheit 451*, bastou o bombeiro Montag passar pelo rio para que seus outros sentidos, há tanto tempo adormecidos, despertassem: o roçar do mato, o amarelo de um vidro de mostarda, o aroma de cravos vermelhos do quintal da casa vizinha, a noite gigantesca. Sabia o que procurava: um grupo de deserdados, andarilhos espalhados pelo campo, vivendo próximo aos trilhos do trem, que ainda sobreviviam com seus livros e memórias porque se tornaram apenas uma ameaça distante das cidades. Ao encontrá-los, qual não é a surpresa do bombeiro: esses memorialistas também queimam livros. Eles mesmos se responsabilizam pela perda material dos volumes com medo de que sejam encontrados. Granger, um dos intelectuais que fazem parte do grupo, explica: "o melhor é guardá-los na cabeça, onde ninguém virá procurá-los. Somos todos fragmentos de obras de história, literatura e direito internacional. Byron, Tom Paine, Maquiavel ou Cristo, tudo está aqui."[47]

Cada um daqueles homens perde, por um determinado momento, a própria identidade para converter-se no livro que memorizou. Um grupo de professores, filósofos e críticos literários transformados, como mágica, em Charles Darwin, Schopenhauer, Aristófanes e Confúcio. E não porque, como no conto de Borges, herdaram a memória desses escritores, mas porque decoraram suas obras, parágrafo por parágrafo, transformaram-se em exemplares de uma grande biblioteca. Estes homens podem ser uma nova tentativa de Alexandria depois do incêndio, com os fragmentos do que se lembram, chegam a restaurar todos os livros perdidos na cidade. E qual é a ideia? De geração em geração, de boca em boca, passando dos filhos aos netos, eles encontrarão uma maneira democrática e possível de colocar esse conteúdo ao alcance de um número maior de pessoas. Escondidos nos trilhos, perdidos na noite, esses homens foram aprendendo que são menos importantes que a memória que carregam: "vagabundos por fora, bibliotecas por dentro".

A LEITURA COMPARTILHADA

Com a cegueira, o mundo real vem impor limites ao de papel. Os livros, fiéis companheiros, se tornam objetos distantes. Depois de orientar o jovem a organizar sua própria biblioteca, dividi-la por assunto e redescobrir cada livro como um amigo reencontrado, o professor Balicci se vê envolto numa escuridão mais aconchegante. No entanto, observa os livros e continua sem ver a luz que deles emana. O silêncio é completo. "Com a fronte apoiada sobre a lombada dos livros alinhados nas prateleiras, passava cada hora do dia esperando que, pelo contato, a matéria escrita neles passasse para dentro de si."[48] Há coisas que a memória não é capaz de restaurar. Caprichosa, ela se apresenta em traços, fragmentos de textos e lugares de leitura pescados ao acaso.

Impedidos fisicamente de voltar a penetrar nos livros, esses leitores cegos procuram ledores. Sua sabedoria precisa ser estimulada com novas leituras, com o retorno a leituras antigas, com o manejar da matéria viva que é o livro. Não deixar de ler nunca, continuar a construir dia a dia um mundo de papel: suas ruas, suas esquinas, seus rios, suas casas. Memorizá-los ou não, dar a chance para que essas linhas, esses caminhos, esses roteiros se entrecruzem na própria cabeça formando outros, apontando novas saídas. Não desistir nunca.

Muitos leitores ao perderem a visão têm a coragem de mergulhar no aprendizado de leitura e escrita de uma nova linguagem: o braille. Outros, notadamente aqueles que são foco deste livro, vão recorrer aos ledores. Esses cegos vão procurar guias externos que possam acompanhá-los pelo texto. A ideia inicial é que essas pessoas sejam um prolongamento de seus olhos seguindo a narrativa, uma prótese de suas próprias mãos a folhear o livro. No entanto, essa aventura encontra um limite: o outro. O ledor é também um leitor, com suas experiências de leitura, suas opiniões e sua voz. Essa relação pode transformar-se em uma terrível tensão entre duas visões ou ser uma maneira prazerosa e inteligente de compartilhamento.

Mas como compartilhar a leitura depois de tanto tempo para conquistá-la como ato privado? Como abrir mão do nosso egoísmo? Como pensar que o livro não é mais "meu", e sim "nosso"? Quando um leitor toma para si a tarefa de ler um livro, começa ali uma relação. Primeiro se estabelece um pacto. Um pacto de silêncio, de recolhimento. Inicia-se, então, um "diálogo" com o livro e, a partir daí, como já vimos, desenvolve-se a voz interior. Aquela que ouvimos por dentro: concordando e discordando do texto, relacionando-o com os assuntos que se desenrolaram durante o nosso dia, associando aquele texto com outros que estamos lendo ou que já lemos.

No meio dessa torrente de pensamentos e palavras, desse fluxo interno, aparece, de improviso, esse ledor, alguém que vai emprestar a voz ao escrito. Árdua tarefa tem o ledor de leitores que ficaram cegos: ler para homens que já conhecem um livro, que já tiveram condições um dia de lê-lo "com os próprios olhos", que já construíram seus caminhos particulares dentro das veredas textuais e, agora, se tornaram dependentes desses novos guias. O ledor então vai precisar, por alguns instantes pelo menos, apagar a sua própria voz interior para emprestá-la ao texto. Ser um bom ledor é fazer o livro falar, é tornar-se transparente, converter-se em simples via de acesso.

Estar em sintonia é mais do que importante. No entanto, como em qualquer relação, a do leitor cego com o seu ledor não tem regras. O essencial é que ambos estejam afinados com suas próprias vozes internas e com a voz do livro. Na peça *Leitor por horas*, de José Sanchis Sinisterra, Celso, pai de Lorena (uma moça cega), contrata os serviços de Ismael, um escritor frustrado que se transforma em ledor. No trecho da entrevista que faz com Ismael, Celso destaca algumas das características que imagina fundamentais para o cargo. Pede para que Ismael leia um trecho de um livro e, a partir daí, orienta-o:

> CELSO — Não é a mesma coisa.
> ISMAEL — Não.
> CELSO — Desta vez o senhor pôs intenção demais, significado demais. Quis me impor sua leitura, a sua interpretação.
> ISMAEL — Desculpe.
> CELSO — Como que me dizendo o que eu devia entender do texto. [...]
> ISMAEL — Posso tentar outra vez?
> CELSO — Era uma questão de transparência. Isso, é esta a palavra: transparência. Compreende?
> ISMAEL — Acho que sim.
> CELSO — Um órgão puramente fisiológico, sem mais pensamento do que o necessário para transformar a cadeia de signos gráficos em...
> ISMAEL — Sei, sei.
> CELSO — ... em unidades melódicas e rítmicas de significação.
> ISMAEL — Compreendo. É como se...
> CELSO — Quando empregamos pensamento demais, a transparência se perde. E aparece uma figura interposta, que é a sua; alguma coisa do senhor ali no meio, entre mim e o texto.[49]

O que o pai zeloso espera do ledor é uma transparência. Como Lorena, a leitora cega, é uma personagem de temperamento difícil e uma leitora exigente, é preciso que o texto não venha até ela com qualquer intermédio de interpretação do ledor.

Essas características de imparcialidade e neutralidade que são cobradas do ledor vão se modificando à medida que o leitor cego adquire confiança em seu guia e é capaz de entender a relação de troca e não mais da supressão de uma leitura em função da outra, ou de uma voz em função da outra. Borges, quando precisava de ledores, procurava "quem estava à mão", no entanto, se a pessoa não tinha o mínimo de inteligência ou possibilidade de trocar impressões com ele, não era chamada para fazer uma nova leitura. Então, diante do estranhamento que causa a figura do leitor, nada mais natural do que procurar vozes cotidianas, vozes amadas, vozes dispostas e pertencentes a rostos já conhecidos que possam dar vida ao texto. Amigos, família e amores são os ledores mais procurados pelos cegos, talvez porque com eles a experiência de compartilhar um texto encontre uma explicação, uma finalidade.

Em seu livro *Como um romance*, Daniel Pennac propõe aos pais desesperados pela falta de leitura dos filhos adolescentes que voltem a ler textos em voz alta para eles. É claro que a experiência se renova, não tem mais o caráter anterior de um adulto apresentando um mundo à criança, o leitor iniciante. A leitura deve ganhar o sabor do compartilhamento, de querer dividir com o outro, aquele que amamos, um pouco de nosso interesse. Se pensarmos, mesmo como leitores videntes, fazemos da leitura um ato compartilhado. Lemos, calamos, retardamos o contato e, claro, não fazemos relatórios críticos dos livros, mas esperamos em nosso íntimo dividir com o outro aquilo que descobrimos. Pennac lembra que todos nós temos uma lista de leituras que estamos "devendo", seja para a universidade, para a crítica ou para o trabalho. E talvez não possamos fugir do que é pura obrigação, mas, sem dúvida, a uma pessoa querida devemos os textos mais belos que já lemos: um amigo, alguém da família, um amor. "Talvez porque, justamente, é próprio do sentimento, como do desejo de ler, *preferir*. Amar é, pois, fazer dom de nossas preferências àqueles que preferimos. E esses partilhamentos povoam a invisível cidadela de nossa liberdade. Somos habitados por livros e amigos."⁵⁰ Quando visitamos, então, essas obras, evocamos a presença daquela pessoa. Buscamos ali um pouco de seus gostos, de suas preferências e das razões que a fizeram colocar o livro em nossas mãos. Querendo ou não, em tempos e espaços diferentes estamos partilhando leituras.

Embora com liberdade de escolher os seus "pares de compartilhamento", o leitor cego enfrenta ainda outras barreiras. De posse dessa "nova ferramenta" de leitura que se interpõe entre ele e o texto, há uma modificação drástica na postura de leitura. O silêncio inquebrantável, a sensação de cumplicidade, de estar só com a imaginação e o livro e, finalmente, o ato de leitura como ato de privacidade se perdem, se modificam. Há uma reeducação dos processos de leitura. Reinvenção, releitura, mas agora dentro de um sistema que propõe parceria. Ainda assim é possível voltar àquela sensação primeira? A de estarmos sós com o livro? Tudo depende da obstinação de cada leitor.

A leitora Marlene Amorim explica que a sua cumplicidade com o livro nunca se perdeu, nem depois de ficar cega: "Quando estou interessada no livro, o mundo pode cair em volta. Sempre fui assim. Quando pego uma coisa para ler, pode acontecer o que for que não me atrapalha."⁵¹ A mesma obstinação que levou Borges a perder definitivamente o que lhe restava de visão. O médico já o havia proibido de ler, mas, em um crepúsculo em que viajava de trem, resolveu continuar a narrativa envolvente de um livro. O vagão entrou em um túnel e, quando saiu, o escritor estava completamente cego.

Concentrar-se no texto. Concentrar-se até perder-se nele e fazer parte dele. Perdidos os olhos carnais, os cegos podem envolver-se na imaginação, criar e percorrer outros mundos que como videntes jamais visitariam. Fazer dos livros um refúgio, uma nova pátria. Sentir-se abrigado por esses livros. E, depois, trazer a mesma condição de conforto e de concentração para junto do ledor. Assim, sintonizando os tempos e as perspectivas, é possível ler em conjunto com tudo o que a atividade possibilita: consultar outros textos, voltar a um texto anterior, pular trechos e anotar nas páginas do livro.

 José Mindlin observa que sempre praticou a "poligamia" em termos de leitura. Mesmo encontrando nos livros uma amizade "antiga e sólida", nunca se contentou em ficar apenas com um deles: gostava de ler dois, três textos simultaneamente. Com a cegueira, não abandonou o seu costume de leitor; mais de uma vez, enquanto o ledor estava lendo um texto, pediu que pegasse outro livro na estante. "Causo muitas vezes espanto quando peço isso, mas funciona."[52] Mindlin também não abriu mão de outro direito de leitor: fazer anotações relacionadas aos livros. Nunca os rabiscou, seu respeito por eles foi o que o transformou em colecionador, mas não deixa de fazer apontamentos em separado. E, embora com a perda da visão a escrita também se perca um pouco, é capaz de realizar os seus comentários sobre o texto por escrito para, só depois, pedir para alguém ler e ele poder corrigi-los.

 Marlene Amorim foi durante quase a vida inteira uma leitora de livros emprestados de amigos ou das bibliotecas. Quando vidente, não podia escrever nos livros. Depois de ficar cega não se furta do prazer de, ao ler um livro seu, pedir a um ledor que sublinhe trechos e anote ao lado os comentários que ela dita. Muitos leitores cegos se renderam às facilidades dos meios eletrônicos. O gravador virou o instrumento para conservar a leitura do outro, ao voltar para casa, o leitor cego pode reler com o seu auxílio. Essa espécie de "memória artificial" é de extrema utilidade: permite que o ledor se faça presente por meio da voz em qualquer lugar onde o cego esteja. Ajuda imensamente no estudo de novas línguas: é possível pedir ao ledor que repita duas ou várias vezes a pronúncia de palavras novas. Alguns computadores já vêm com um sistema de voz embutido que possibilita ao cego fazer as anotações no texto e solicitar que o aparelho repita o que ele quis escrever, essa escrita pode ser feita diretamente no teclado ou ditada. O mesmo sistema permite ao leitor uma ferramenta de hipertexto: ao não entender uma palavra, ele pode voltar a ela e pedir para que o dicionário encontre o significado, corrija a pronúncia, entre outras coisas.

A ajuda tecnológica é ilimitada. Mas uma grande parte de leitores cegos prefere conjugar os dois recursos: os ledores humanos e os digitais. Borges, por exemplo, tinha uma aversão imensa à própria voz. Não possuía bom ouvido, é verdade, mas não gostava de escutar-se. Valia-se muito de sua memória, mas gostava de tomar nota das coisas que o interessavam em cada livro que lia. Irma Zangara, uma de suas ledoras, encontrou uma vez dentro de um livro em inglês (uma espécie de tratado sobre Espinosa) uma anotação na contracapa. Com letras desencontradas, brutas e um pouco ilegíveis, letras de cego, estava aí um esboço do poema *Los espejos*, escrito por Borges de próprio punho. Alberto Manguel também se lembra de que o mestre, com frequência, solicitava o *Dicionário Enciclopédico de Montaner e Simón* para fazer uma consulta. Quase sempre pedia para anotar algum dado que o interessava no final do volume com o número da página correspondente. "Misteriosas anotações, fruto de mãos distintas, salpicavam as páginas de guarda dos seus livros."[53]

Apesar das limitações causadas pela cegueira, Borges defendia abertamente o lugar do leitor. Para ele, o leitor era também criador porque ordena e dá vida ao texto. E o bom leitor, o leitor ideal, para Borges, era uma destas espécies raras de cisne, ou estes pássaros que vemos cantar poucas vezes na vida. No entanto, sendo bons ou maus leitores, uma coisa ele sabia: era necessário sempre respeitar a imagem mental que cada leitor guarda de um texto. Por isso, o autor não acreditava em descrições:

> Creio que as descrições são, em geral, muito falsas [...] Se um romancista fala de um homem de barba negra, você o imagina em seguida [...] Se mais adiante, aparecem detalhes sobre a cor dos olhos, sobre a tez, etc... e se estes não coincidem com a primeira imagem, você não vai aceitá-la, e terminará por repudiá-la.⁵⁴

Seja por sua cegueira ou por excesso de abstração e lógica, Borges acreditava que um texto deveria ter a força para gerar imagens mentais poderosas nos leitores. O processo de leitura é a conjugação de ver as palavras e dotá-las de sentido pela voz e pelas imagens interiores. Esse processo sempre o encantou não só como leitor, mas também como autor. Ele acreditava e defendia a ficção no lugar da realidade, a palavra no lugar da imagem. Enfim, acreditava no "mundo de papel", seu universo de criação.

RELER

Se o tempo de leitura é um tempo roubado, o que dizer do tempo de releitura? Reler está entre os pecados capitais do leitor. Émile Faguet, um importante crítico literário francês do século XX, arriscava alguns motivos para a releitura. Entre eles, três mereciam destaque: para compreender melhor um texto e a ideia de um autor, para desfrutar o detalhe do estilo e, finalmente, para nos comparar a nós mesmos. Se formos observar a terceira razão, o pecado da releitura anda de mãos dadas com a vaidade. Os resultados nem sempre são os mais satisfatórios, terminamos por descobrir que os lugares, as aventuras, as paisagens, as pessoas e os livros que tanto nos empolgavam se tornaram distantes, impessoais, alguns até banais. Ou somos nós que deixamos de sentir e ler como antes?

Exatamente pelo fato de a primeira leitura ser feita com mais sofreguidão, com mais impetuosidade, é que pode haver nela esse fator do novo, do inédito. Uma primeira leitura em geral faz com que descubramos o texto. As releituras já são uma forma de descobrirmos um pouco de nós mesmos. Sempre vamos nos perguntar o que será que encontramos naquele livro em nossa juventude para que ele fosse tão importante. Por alguns dias, esquecemos lugares, pessoas reais, para ficar na companhia dele. E ele nos deu uma revelação na época que talvez nunca voltemos a ter novamente. Esse primeiro leitor, mais aventureiro, pode deixar passar uma série de assuntos interessantes que depois serão recuperados em outras leituras. Mas é bonito também descobrirmos traços do leitor que fomos nesses livros. A memória, sempre traiçoeira, faz com que voltemos a esses códices como se pudéssemos ter o benefício da surpresa, como se tivéssemos esquecido o destino do personagem. Teimamos em nos enganar que voltamos ao mesmo tempo com a primeira inocência. Alberto Manguel caminha pela própria biblioteca, abre um livro que nunca imaginou ter lido antes e encontra um verso esplêndido que acredita ser sob medida para aquele momento de sua vida. Até fechar o livro e verificar que, na última página, ele mesmo mais jovem (e talvez mais sábio) marcou a mesma passagem.

Que estranhos caminhos o teriam levado de volta àquela leitura? Alguns livros que jamais amamos, descobrimos com surpresa que nós mesmos, mais adultos e mais maduros como leitores, passamos a apreciar. Reler por prazer um texto que nos foi imposto há tanto tempo pela escola ou pela universidade, que fazia parte de uma obrigação ou de uma prova, e que, de repente, muda de figura porque simplesmente o estamos lendo em um momento de lazer. Não importa o tamanho ou o estilo do livro: reler vem da vontade de reencontrar. Seja o leitor que um dia fomos, seja o livro como um velho conhecido. Leitores cegos gostam de releituras porque voltam a encontrar o leitor vidente que um dia foram ou porque estão dentro de uma "zona de conforto".

Uma e outra vez esses leitores vão voltar aos textos antigos. Fechados os olhos, pontos de contato com as páginas escritas, eles escutarão esses textos recuperando um pouco da inocência da primeira leitura. E tudo aquilo que deixaram passar porque estavam distraídos com "o mundo lá fora" entra agora pelos outros sentidos, de maneira renovada. "Eu acho a releitura um dos grandes prazeres da vida", diria José Mindlin. Ele releu Marcel Proust com Cristina Antunes. Para ela também era a segunda vez, e o interessante disso é que ambos puderam ter uma visão nova de um mesmo livro que já tinham lido em separado, mas nunca compartilhando.

A mesma música de Proust maravilharia também João Cabral de Melo Neto nas poucas leituras em voz alta que escutou. Memorialista, preocupado com as sensações retiradas dos sentidos, Proust escreveu uma obra que tomou quase o tempo de toda sua vida. As descrições longas e as cenas que aguçavam os sentidos chamaram atenção desses leitores cegos. Uma simples mordida em um bolinho molhado no chá trazia de volta a lembrança de uma infância, uma mãe amada e o ambiente em que se estava lendo o livro. Andar por aquela casa, participar daquelas festas, esperar a mãe que virá, a cada noite, para acalmar o filho, se apaixonar tantas e tantas vezes acompanhando essa saga é uma maneira de o leitor voltar à sua casa, ao ambiente conhecido, às frases aconchegantes.

Maria Kodama dizia que Borges sentiu durante sua vida certa nostalgia dos livros que não poderia ler. Mas também leu pouquíssimos de seus contemporâneos. Em compensação, tratou de ler e reler os textos que conhecia melhor para poder "atesourá-los" em sua memória. María Esther Vázquez conta que Borges gostava muito de que lessem para ele e, quase sempre, os livros que conhecia. Era saboroso para os seus ledores, porque nessas experiências ele redescobria pontos novos e os compartilhava de maneira generosa. Mas Borges não usava apenas a releitura como zona de conforto.

Na verdade, uma série de pensamentos que iriam gerar novos mundos e ideias para sua escrita surgia a partir dessas visitas.

Reler um texto é voltar a outros tantos. Reler, para Daniel Pennac, está dentro dos direitos fundamentais do leitor. É preciso reler para não pular os trechos que antes, por falta de tempo ou de maturidade, deixamos para trás. É preciso reler sob outro ângulo ou simplesmente para verificarmos algo que ficou perdido lá no fundo de nossa memória. Reler, enfim, para nos darmos uma segunda chance de entendimento. Querer mais, e mais do mesmo, é o desejo que trouxemos do passado, da criança que fomos e que pedia a repetição da história, mas que se renova, agora, no presente. "Nossas releituras adultas têm muito deste desejo: encantar-nos com a sensação de permanência e as encontramos, a cada vez, sempre ricas em novos encantamentos."[55] É uma prova de amor sempre renovada. Cegos releem para mostrar que amam e voltam aos mesmos textos porque sabem que eles nunca os teriam abandonado por não poderem enxergar.

Notas

1. Jorge Luis Borges, "Otras inquisiciones", in: *Obras completas*, p. 714.
2. Maurice Merleau-Ponty, "A dúvida de Cézanne", in: *O olho e o espírito*, p. 130.
3. Leonardo da Vinci, *Traité de la Peinture*, p. 89-90.
4. *Ibidem.*
5. Santo Agostinho, *Confissões* (Livro x), p. 222.
6. Marilena Chaui, "Janela da alma, espelho do mundo", in: *O olhar*, p. 35.
7. *Ibidem*, p. 55.
8. Plotino, *apud* Marilena Chaui, "Janela da alma, espelho do mundo", in: *O olhar*, p. 50.
9. René Descartes, *Meditações metafísicas*, p. 136.

10. John Milton, *Milton's Familar Letters*, p. 69-70.
11. Prefácio à edição de 1994. John Milton, *O paraíso perdido*, p. 15.
12. *Ibidem*, p. 21.
13. *Ibidem*, p. 16.
14. *Ibidem*, p. 17.
15. John Milton, *O paraíso perdido*, p. 37.
16. *Ibidem*, p. 23.
17. Luis Fernando Ferreira Sá; Miriam Piedade Mansur, "John Milton e Derrida: sob o signo da cegueira", in: *Caderno Seminal Digital*, p. 213.
18. Jacques Derrida, *Mémoires d'aveugle*, p. 38.
19. *Ibidem*, p. 38.
20. *Ibidem*, p. 46.
21. Luis Fernando Ferreira Sá; Miriam Piedade Mansur, "John Milton e Derrida: sob o signo da cegueira", in: *Caderno Seminal Digital*, p. 216.
22. *Ibidem*, p. 216.
23. *Ibidem*, p. 220.
24. Marilena Chaui, "Janela da alma, espelho do mundo", in: *O olhar*, p. 59.
25. Maurice Merleau-Ponty, "A dúvida de Cézanne", in: *O olho e o espírito*, p. 53.
26. Marcel Proust, *Sobre la lectura*, p. 29.
27. Alberto Manguel, *Uma história da leitura*, p. 177.
28. Daniel Pennac, *Como um romance*, p. 167.
29. Alberto Manguel, *Uma história da leitura*, p. 269-270.
30. *Ibidem*, p. 194.
31. Cesário Rodrigues da Silva, em entrevista à autora, 2010.
32. Jorge Luis Borges, *El hacedor*, p. 63.
33. Idem, "La ceguera", in: *Siete noches*, p. 159-160.
34. Idem, "Historia de la noche", in: *Obras completas* (vol. III), p. 217.
35. Idem, "Funes, o memorioso", in: *Ficções*, p. 128.
36. Alberto Manguel, *Con Borges*, p. 42.
37. Idem, *A biblioteca à noite*, p. 164.
38. *Ibidem*, p. 159.
39. Ray Bradbury, *Fahrenheit 451*, p. 42.
40. Luigi Pirandello, *Novelle per un anno*, p. 509.

41. Alberto Manguel, *A biblioteca à noite*, p. 162.
42. Cristina Antunes, em entrevista à autora, 2010.
43. *Ibidem*.
44. Alberto Manguel, *A biblioteca à noite*, p. 166.
45. María Ester Vázquez, em entrevista à autora, 2008.
46. Alicia Jurado, *Genio y figura de Jorge Luis Borges*, p. 15.
47. Ray Bradbury, *Fahrenheit 451*, p. 214.
48. Luigi Pirandello, *Novelle per un anno*, p. 509.
49. José Sanches Sinisterra, *Leitor por horas (manuscrito)*, p. 23.
50. Daniel Pennac, *Como um romance*, p. 84.
51. Marlene Amorim, em entrevista à autora, 2010.
52. José Mindlin, em entrevista à autora, 2010.
53. Alberto Manguel, *Con Borges*, p. 32.
54. Georges Charbonnier, *El escritor y su obra*, p. 86-87.
55. Daniel Pennac, *Como um romance*, p. 53.

V. A IMPORTÂNCIA DA VOZ

O OLHO E A VOZ

Sem querer contrapor um conceito ao outro ou cair nas desgastadas dicotomias, precisamos trabalhar a tensão, que percorre este livro, entre o olho e a voz. Mais precisamente, a tensão entre os sentidos da visão e da audição. Porque, ao longo dos anos e da história da fala e da leitura, esses sentidos foram privilegiados cada um a sua vez, mas também sofreram adaptações, reestruturações e mudaram suas funções. A oralidade não desapareceu, mas experimentou ajustes com o passar do tempo, influenciados pelo crescimento da cultura escrita. A performance e o discurso oral existem contemporaneamente, mas são realizados de uma nova forma e pertencem a novos espaços. De todos esses espaços, o que mais nos interessa é o da leitura. Raciocinando à luz dos leitores cegos, que vão precisar voltar a desenvolver a sua escuta — reeducar-se para não fazer mais a leitura pelo ou com o olhar —, cabe entender, analisar e realocar a importância da voz: agora instrumento fundamental de acesso ao texto. O texto amado da literatura.

A cultura oral reinava quase que soberana, com a valorização da retórica, até que no século XIII, por volta de 1250, a cultura ocidental começa a se encaminhar para o que o medievalista Paul Zumthor chama de "A Idade da Escritura". Apesar de acanhada e ainda nas formas de manuescritura medieval — lembremo-nos dos incansáveis copistas —, a produção de textos escritos começa a mudar as posturas de recepção do leitor. É ela que estimula uma forma de leitura que, cada vez mais, vai privilegiar o olho. O fato é que, nesse primeiro momento, o texto ainda depende muito da oralidade. As primeiras manifestações escritas são fruto da organização oral do discurso: os textos são baseados em ditado, os autores possuem autoridade e conhecimento pertencentes à cultura oral.

O texto impresso passou a ter uma influência intelectual mais marcante no Ocidente e isso não se deu especificamente pela invenção da imprensa, mas pela maneira como os caracteres e as grafias ocidentais contribuíram para as tecnologias de impressão e as formas de leitura voltadas exclusivamente para uma percepção visual. A impressão organiza as palavras espacialmente: as linhas são perfeitamente regulares, todas do mesmo tamanho, o texto justificado gera uma mancha gráfica uniforme na página. Um resultado que, mesmo antes com o texto manuscrito, nunca foi obtido. "Progressivamente, as fronteiras da transgressão cresceram, e a palavra proferida foi perdendo lugar para a palavra escrita, a poesia oral para a literatura, e os homens e mulheres para o autor."[1]

Com o surgimento da cultura escrita, as posturas de leitura mudaram, o individualismo foi cada vez mais valorizado pela leitura silenciosa, e o texto, agora cristalizado no papel, pertencia necessariamente à figura do autor. O calor da troca performática desenvolvida pelo poeta, que acontecia num tempo e num lugar estabelecidos e contava com um público de mais de uma pessoa, desaparece, ou sofre uma releitura. A nova relação entre texto e leitor pede o silêncio, a calma e um "lar". Distante dos lugares públicos onde os poetas, trovadores e jograis cantam, dizem, reinventam seus textos, o leitor vai se voltar para a página impressa. Nesse esforço, terá que focar a atenção no olhar e fechar os ouvidos, que, anteriormente, eram a porta de entrada da leitura.

As mudanças das posturas de leitura e recepção dos textos foram, pouco a pouco, gerando modificações gráficas importantes nos documentos impressos. Basicamente, as etapas iniciais da impressão ainda consideravam a leitura um processo auditivo que a visão colocava em marcha. A verdade é que, ao buscar o significado de um texto no século XVI, o leitor se concentrava muito mais no som do que na apresentação gráfica da palavra.

Todo texto implica, a princípio, em olhar e ouvir. O leitor, até os dias atuais, ainda lê e compreende um texto como se estivesse ouvindo as palavras. Com a chegada e o desenvolvimento da impressão, o domínio do ouvido foi cedendo espaço, pouco a pouco, ao da vista. A escuta das palavras não desapareceu, permaneceu em cada leitura silenciosa por meio da voz interior.

Até que acontecesse o divórcio entre a lógica do discurso oral e a estruturação do discurso escrito houve um período longo de adaptação. Os textos começaram a ser passados para o papel por obra dos copistas. O processo era todo artesanal, a figura e, principalmente, a voz do autor eram atuantes: ele fazia o ditado. Os resultados gráficos dessa experiência eram ainda para uma leitura baseada fortemente no modelo oral.

> As capas de livros do século XVI com grande frequência dividiam as palavras importantes, inclusive o nome do autor, com travessões, e apresentavam a primeira parte de uma linha com uma tipologia grande e a segunda com outro tipo menor.[2]

A lógica de edição era inteiramente distinta da contemporânea: privilegiava-se o que poderia resultar esteticamente mais agradável como desenho visual. Quem ditava e quem copiava tinham uma consciência da leitura muito diferente. As palavras não eram vistas como unidades estanques, os copistas não separavam as palavras, não abriam parágrafos, nem imaginavam índices. Enxergar a palavra como uma unidade visual é específico da cultura escrita. Os manuscritos não eram nada fáceis de ler. Localizar algum dado no texto dependia unicamente do leitor. Como o critério de produção textual era baseado no oral, pretendia-se que o leitor memorizasse em parte o manuscrito e fosse capaz de encontrar ou pelo menos ter uma ideia da posição de uma determinada informação no texto.

Claro está que os mecanismos de memorização ainda eram herança da cultura oral e não os que conhecemos e usamos hoje como leitores. E isso, basicamente, porque o leitor comum lia em voz alta, pausadamente, com a sonoridade do *sotto voce*. Mesmo as leituras individuais eram em voz alta ou murmuradas. O texto necessitava da voz para recobrar vida. Era o lastro da cultura oral.

A posição que a fala ocupava no mundo da cultura ocidental era muito importante. Os poetas possuíam o que Paul Zumthor chama de "autoridade vocal". Autoridade que futuramente culminaria no surgimento das literaturas europeias. De toda maneira, o mundo intelectual na Antiguidade era dominado muito mais pelo ouvido do que pela visão. A cultura do manuscrito seguiu sempre à margem da oral, a ponto de Santo Ambrósio de Milão observar que a vista era frequentemente enganada e que só o ouvido servia de garantia. O sentido mais "confiável" era a audição.

Os debates universitários começaram a reclamar a leitura de textos. Com isso, a escritura atua como o principal instrumento para fazer o conhecimento oral circular, e a leitura, em voz alta ou *ruminatio* vai ocupando espaço no cotidiano acadêmico. Aos poucos, o lugar de poder foi se deslocando e com ele as posturas de leitura e a reestruturação da consciência do leitor para uma nova apreensão do texto.

O olho iluminava todas essas modificações. A porta de entrada de percepção textual passava agora por ele no silêncio das bibliotecas, no isolamento dos monastérios, nas poltronas dentro de casa. Urgia ao leitor estar só. Para facilitar essa leitura sem som, com a repetição das palavras mentalmente, a apresentação gráfica do livro mudou e foi fortemente influenciada pela organização que a imprensa propiciava.

O discurso oral era basicamente, por questões de memória, relacionado ao tempo, ligado particularmente à performance. Nenhum discurso dito é igual a outro. Sempre são as circunstâncias sociais, conjunturais, de tempo e, também, de espaço que fazem de cada texto um texto único. A cultura da escrita se insere no espaço. E, mais detidamente, quando nasce, no espaço de uma página. A imprensa torna concreta a presença da palavra: aquele grupo de caracteres negros impresso que significa e dá vida a alguma coisa no pensamento do leitor.

A partir daí, uma série de melhorias foi operada no espaço do texto para torná-lo adaptável e possível de ser interiorizado. Um dos primeiros esforços da organização visual foi o índice: que propiciava uma independência de navegar livremente pelos assuntos. Depois, os índices foram se refinando. Há, atualmente, livros com índice onomástico, índice de citação de autores, índice por temas. Na maioria das vezes, o leitor também cria seus próprios índices ou divisões textuais quando intervém escrevendo nas margens dos documentos, nos espaços em branco deixados pela mancha gráfica, rearrumando e reordenando o texto em função de princípios pessoais.

A cultura oral antiga não funcionava com as organizações textuais como conhecemos hoje. As listas, atualmente tão banais de serem feitas, eram quase impossíveis de serem decoradas. Nesses casos, os adjetivos eram fundamentais para ajudar a lembrar as informações listadas. Uma lista de alimentos, por exemplo, continha expressões como "cabritos saciados", "ovelhas bem alimentadas", em um discurso oral, era difícil aparecer um grupo de palavras isolado, sem estar inserido no contexto de uma frase, menos ainda uma enumeração de substantivos.

Lembrando que, antes de deslocar-se inteiramente para o campo da visão, a cultura escrita tinha uma forte raiz oral mantida particularmente pelo manuscrito. A escritura trabalhava em serviço da oralidade, e a preparação de séries, listas e índices escritos muitas vezes tinha a finalidade de auxiliar a memorização oral para um aprimoramento intelectual. Até hoje, alguns educadores ocidentais permanecem com a mesma opinião em relação ao sistema de ensino: o aluno precisa apurar os ouvidos, prestar atenção à aula e fazer apontamentos para despertar na memória o conteúdo absorvido oralmente que está adormecido em alguma parte da cabeça.

Os índices funcionam para uma navegação ocular no texto. Mas só foram aprimorados quando realmente o conteúdo passou a ser impresso. Criá-los era uma tarefa impossível para os copistas. Cada copista fazia um manuscrito distinto, que nunca era igual a outro página por página mesmo quando gerados pelo mesmo ditado (por conta do tamanho e desigualdade das caligrafias). A funcionalidade era questionável: o leitor ainda não tinha um olhar treinado para separar o som da apresentação visual das palavras. Por isso, durante muito tempo, os índices foram muito mais objetos decorativos do que propriamente funcionais. Para o leitor da época, ainda permaneciam um mistério. Com o surgimento da palavra impressa, um novo mundo intelectual, agora organizado espacialmente, menos abstrato, nascia.

Os primeiros conceitos de capa ainda acompanhavam o modo auditivo de perceber o texto e não previam o sistema de reprodutibilidade da produção do livro. Muitas capas de manuscritos medievais do Ocidente continham uma alusão direta à figura do leitor: como se o autor estivesse presente no objeto-livro proferindo o convite à leitura. Algo como: "eis aqui, caro leitor, o livro que este autor escreveu sobre determinado assunto". Ora, analisando casos assim, percebemos claramente a influência da herança oral nos primeiros textos escritos.

O aparecimento do texto impresso suspendeu o caráter desigual das obras. Antes havia o processo que começava com o ditado do autor, a cópia do texto, outras reproduções não provenientes do ditado inicial, ou seja, várias "edições" de um mesmo livro eram feitas. Não com o sentido editorial que entendemos hoje, mas pelas diferenças geradas pelo caráter artesanal do processo. A edição impressa fez com que um exemplar de um livro fosse idêntico ao outro. O objeto único não existia mais: vários leitores poderiam ter acesso ao mesmo livro, ou seja, a edições fisicamente iguais. A partir daí, as lombadas, os números de edição e os pormenores (como uma nova revisão do autor) passaram a importar para o leitor e o colecionador de livros, figura que aparece aos poucos no cenário da leitura.

A outra modificação interessante foi o uso das gravuras como material de informação. Há muitos séculos, a arte da gravura era conhecida, mas o valor era artístico e estético. A impressão com tipos móveis trouxe essa técnica para os livros. Os desenhos técnicos feitos pelos copistas se deterioravam com o tempo, e muitos não eram confiáveis em termos de informação, porque apenas copiados sem que tivessem a orientação de um perito no assunto. A gravura, que pertencia particularmente ao universo do olhar e da arte, passa a fazer parte do livro impresso, ajudando no processo de interiorização, reflexão e interpretação do texto.

O uso do novo recurso é fundamental na ciência moderna. Ela exigia a mistura da observação com a descrição verbal exata. Os objetos de estudo e os processos complexos precisavam ser descritos em palavras ou com a ajuda de gráficos, figuras, tabelas e desenhos. Uma revolução se opera no sistema de pensamento e produção do homem: o mundo intelectual inteiramente visualizado era novo. Por conta da exigência de produzir imagens com o teor abstrato das palavras, cobra-se do autor uma nova maneira de escrever e pensar. "Os escritores antigos e medievais são simplesmente incapazes de produzir descrições de objetos complexos com palavras precisas."[3]

Esse sistema de pensamento aparece depois da imprensa e amadurece na época do Romantismo.

A página em branco cria um espaço tipográfico, exige um projeto gráfico, impõe uma organização do livro. Por um lado, limita o texto a um espaço visual. Por outro, permite uma série de organizações espaciais que geram novos gêneros literários ou contribuem com inovações particulares de alguns escritores. Para dar exemplos mais contemporâneos: as frases iniciadas com reticências de Clarice Lispector, o texto em formato de espiral de Lewis Carroll, os poemas de e.e. cummings nos quais as palavras são desintegradas e espalhadas de forma irregular pela página e, por fim, toda a produção concretista. Segundo Walter Ong, algumas dessas criações são impossíveis de serem lidas em voz alta: cada som que as letras evocam precisa estar presente na imaginação. São textos que pedem uma percepção de leitura muito mais visual do que auditiva. No entanto, a compreensão deles não deixa de exigir uma "consciência de som articulado".

O instrumental que a leitura e escrita davam aos intelectuais desalojou, pouco a pouco, a retórica do centro de saber: saber articular e trabalhar material impresso se tornou uma qualidade importante no manejo do conhecimento. O mesmo material impresso estimulou o desejo de organizar e criar regras para uma escrita correta. Gramáticas e dicionários surgiram como uma demanda da cultura escrita, uma busca de homogeneidade. E, por fim, a impressão gerou um novo sentido de propriedade privada para as palavras. O autor oral não precisa reclamar plágio, já que cada discurso, na interpretação de um narrador, é único e autoral. O texto entra numa produção, cada vez maior, que reestrutura o conceito de "original" e "cópias", por exemplo. A discussão dos direitos do autor e do editor entra em pauta até evoluir para as modernas leis de propriedade literária, que tomam forma na Europa do século XVIII.

É claro que as palavras nunca foram totalmente uma propriedade privada. O produto impresso gerou uma nova maneira de compartilhá-las. Com o deslocamento do texto oral para o impresso, as palavras saíram do mundo do som e foram definitivamente materializadas na superfície visual. O resultado é que saíram do calor do intercâmbio humano, da atividade, do corpo para atuar num mundo mais abstrato. Esse novo modo de recepção textual fez com que o homem atentasse mais para os seus recursos internos: os conscientes e os inconscientes. "A impressão ajudou a mente a sentir que suas posses estavam guardadas em alguma espécie de espaço mental inerte."[4]

Levando em conta o caminho histórico percorrido pelos textos e as mudanças drásticas ocorridas com invenções como o papiro ou a imprensa, é comum que os estudos sobre o período em questão considerem uma espécie de discurso "evolutivo" sobre o aparecimento da cultura escrita. O primeiro impacto que o surgimento do produto impresso causou nas posturas de produção e recepção de textos é imenso. E é natural que, entre todas as mudanças sociais que aconteceram nesse meio-tempo (contando aí algumas guerras e revoluções), o novo olhar sobre o texto apareça como mais uma contribuição para o temperamento individualista do homem no Ocidente. A leitura no isolamento, o silêncio, as posturas desse novo leitor privilegiam o olhar, mas a voz persiste. Ao contrário do que muitos imaginam, a voz está acompanhando esse leitor: uma voz interior. E, mais do que isso, o discurso oral se atualiza e ganha outros contornos tanto na produção como na recepção de textos.

A verdade é que o discurso oral, a performance, nunca esteve tão vivo. O esforço aqui não é só no sentido de evitar a oposição entre oralidade e escritura, mas também de evitar cair na armadilha de pensar o texto impresso como uma evolução do discurso oral. O surgimento das *literaturas* europeias, da figura individual do escritor, do livro e da afirmação da letra tem sua origem diretamente ligada à poesia oral, à autoridade vocal do poeta. Por outro lado, a vida pública continua a ser o grande teatro no qual os atores sociais desenvolvem seus papéis baseados na oralidade. O teatro, lugar de destaque do corpo e da voz, foi sendo entendido cada vez mais como uma forma literária. Essa posição acabou restringindo os estudos sobre o texto teatral (para ser ouvido mais do que lido), submetendo-o a métodos clássicos de análise e crítica literária.

A cultura ocidental instalou o nascente teatro moderno, a partir do Renascimento, nas câmaras de nobres e, depois, nos teatros reais. Os textos receberam um tratamento literário, e o resultado final foi uma privatização geral da arte que gerava novos gêneros artísticos. A ideia era marcar a separação entre a cultura culta e o universo oral, que terminou numa região periférica que os intelectuais escolheram chamar de cultura popular. Infelizmente, o olhar preconceituoso e limitador em relação à essa cultura permanece até hoje em alguns grupos intelectuais. A urgência de uma definição mais criteriosa e menos genérica em relação aos elementos que compõem essa cultura ainda é uma carência contemporânea.

A insistente divisão qualificativa entre produção oral e escrita, ou melhor, entre voz e palavra teve o seu cerne naquele momento histórico. A partir daí, um errôneo divórcio entre os registros sensoriais colocou a voz no terreno da experiência vivida; e a escrita, a palavra e, consequentemente, a visão, nos campos especializados de conhecimento.

Durante muito tempo, foi realmente o teatro, embora encarcerado nas formas literárias, que fazia as pazes entre letra e voz. A trégua foi garantida pela posição que formas teatrais como o teatro Isabelino e o do Século de Ouro Espanhol[5] ocuparam no mapa cultural ocidental. Apesar das inúmeras mudanças históricas, as produções teatrais do Renascimento permaneceram, de alguma maneira, "incapturáveis" pela lógica de poder dominante. Não é à toa que até os dias atuais a obra de William Shakespeare seja montada não apenas por países de língua inglesa, demonstrando o vigor inegável da oralidade nos tempos isabelinos, como também por países de outras línguas. "O frescor do teatro renascentista europeu representou um parêntese na batalha entre os universos do oral e do escrito."[6]

O mais importante para se depreender dessa "crise da cultura vocal" datada (não com tanto rigor temporal) no período do Renascimento é que, mais do que o desaparecimento, houve uma reestruturação. Ou seja, o Renascimento provocou o desenho de um novo mapa de vocalidades. A cultura vocal permaneceu, mas nas feiras, nos pátios, nas ruas e nas rotas medievais, espaços que Paul Zumthor define como de "teatralidade generalizada" e que terminam por se tornar periféricos na cultura. Esses espaços públicos de sociabilização caracterizaram o que se convenciona chamar de arte popular e que funciona em oposição à arte erudita, produzida nas esferas de poder econômico e político da sociedade e encampada pelas técnicas de escrita.

Para entendermos melhor essa oposição e a importância da cultura oral, cumpre destacar o conceito de vocalidade em Paul Zumthor. O autor, no seu estudo sobre poesia medieval, abandona a ideia de oralidade, para ele imprecisa e muito abstrata, e desenvolve o conceito de vocalidade, que coloca a voz como uma experiência sensual. Vocalidade, para Zumthor, é a experiência da voz, seu emprego. Essa nova leitura do medievalista não é apenas uma mudança formal de conceito, mas uma maneira de trazer para o campo de investigação sobre a voz a ideia da mesma como um objeto de estudo vivo e mutável. É dele que estamos nos valendo neste trabalho, principalmente quando o assunto é o retorno da experiência oral pela figura do ledor.

O fato é que a abstração se tornou uma característica forte da tradição intelectual ocidental. Hans Ulrich Gumbrecht considera essa tendência perigosa porque acredita que abstrair significa perder as dimensões sensuais e concretas de qualquer experiência. Ou seja, as abordagens da palavra passaram a ser muito mais literárias, teóricas, abstratas do que propriamente baseadas numa realidade concreta. Isso em parte porque o som, que constitui a fala, é efêmero: objeto de estudo flutuante, "não adaptável" às teorias. O aspecto de exterioridade da linguagem não é considerado no estudo de humanidades e, *pour couse*, a ausência do corpo como tópico a ser estudado.

Muitos dos intelectuais na área de Ciências Humanas, incluindo aí os contemporâneos, têm uma visão logocêntrica. Mesmo Jacques Derrida e as formas de desconstrutivismo prestam pouca atenção na exterioridade da linguagem. Derrida incorre no erro de considerar e fazer uma leitura da fala como se fosse uma espécie de escrita: todas as brechas logocêntricas que encontra são referentes ao discurso literário, como se só ele pudesse oferecê-las. A fala é ignorada na sua qualidade de experiência sensual compartilhada, e, mais uma vez, o som que emana das palavras permanece em um lugar não visitado ou estudado. O vocal vem sendo confundido com o estudo da retórica, arte que segue impregnada pelos princípios da escrita.

Gilles Deleuze e Félix Guattari avançam mais na questão em *Mil Platôs* (vol. 4) ao considerarem a linguagem um discurso indireto — nem informativo, nem comunicativo —, mas acabam privilegiando o ouvido em lugar do olho. E, como os estudiosos anteriores, recaem na oposição binária escrita/fala ao predicarem a segunda como modelo de variação e multiplicidade. A concepção da dupla contempla a voz a partir do sujeito contingente que a profere. A voz não é anônima ou imaterial, pertence a um corpo concreto: a presença da voz é um ato. Caminham para uma abordagem muito mais física e social do que propriamente psicológica da voz. O resultado é um modelo distante do semiótico e próximo ao performativo.

Deleuze e Guattari, em princípio, procuram superar a ordem binária e formulam uma grande cartografia do sujeito, do corpo, do desejo e da linguagem. Não se prendem a modelos, mas a modos. Por isso, quando conceitualizam a voz, não perguntam o que ela é, mas como funciona, em que casos, onde e quando. As contingências, nesse caso, são muito importantes para o estudo do objeto. Percebem na voz um potencial poderoso de desterritorialização que pode se dar através da música (porque nesse lugar está menos atada à linguagem) ou na subjetivação (a voz exterioriza o que há de mais íntimo no sujeito). Deleuze e Guattari apontam o "lugar vocal", que fica mais além do institucional lugar da linguagem. A voz é sexualidade e desejo e possibilita diversos processos de subjetivação e individualização. A voz e a palavra fazem rizoma do mundo.

O fato é que, durante muito tempo e talvez até hoje, as abordagens da fala levam em conta a sua esfera mais normativa: a retórica. Há um sistemático descuido em relação à vocalidade humana, os enquadramentos abstratos sobre o tema da voz perdem de vista sua materialidade, a sua realidade concreta e tendem a confundir as vocalidades com os dispositivos retóricos. As diferenças são claras:

> A retórica se refere a um ethos dominante, a uma estratégia totalizante, a predictibilidade, e a uma verdade hegemônica, que subentende a teoria como oposta à prática. A fala está ligada à performance, à improvisação, ao jogo e às contingências táticas.[7]

Por isso, é muito mais conveniente estudar a importância da voz através da performance, porque nela confluem a economia visual e a acústica, que estão no mesmo corpo, mas que mantêm certa interdependência. A professora Peggy Phelan, que desenvolve pesquisas sobre performance, descreve a relação entre imagem e palavra da seguinte forma: o que alguém pode ver se refere, de todas as maneiras, ao que essa mesma pessoa pode dizer. Imaginar o par fala/escrita não como um antagonismo, mas como uma dupla complementar, vai ser o trabalho desenvolvido pela performance e, em certa medida, o teatro contemporâneo (que em muitos momentos vai fazer uso da linguagem performática).

Os grupos e as propostas experimentais surgidos no século XX são a resposta, entre outras coisas, à saturação literária para a reflexão dos textos teatrais. As criações coletivas, os *hapennings*, as performances foram motivados principalmente pelo rechaço ao texto percebido unicamente como literatura. Como a performance pode ser entendida como social, mais do que unicamente artística ou teatral, podemos dizer que, de uma maneira geral, ela voltou a acentuar a "vocalidade dos textos". Sem cair nos exageros de buscar uma "voz pura" ou voltar a negar a escrita e a palavra em função da voz, podemos trabalhar o texto contemporâneo pelo viés do conceito performático pensando nele como uma união flutuante e mutável entre letra e voz.

A performance, presente ao longo dos tempos na cultura ocidental, ganha o seu espaço e releitura nos dias atuais. "Ao examinar o século XX a partir de qualquer uma dessas perspectivas é possível afirmar que a performance redefiniu a cultura ocidental em todos os campos."[8] O conceito de performance hoje pode ser entendido como um novo gênero, mais amplo[9], uma fusão de gêneros. Algo multidisciplinar porque envolve os eventos, a intervenção política, a militância, o ritual, o teatro e, para sermos mais específicos, a leitura em voz alta também. Mais do que apenas artística, a performance é social e definiu uma série de campos no século passado: arte, política, mercado, teoria e vida cotidiana.

Uma das linhas de frente da performance é a reconsideração do papel da audiência, do público, do espectador; a necessidade de uma participação da plateia ou simplesmente de um novo olhar que não seja apenas de quem assiste em direção à cena, mas de quem está em cena em direção à plateia. Era um olhar voltado para a recepção do ato de performance. Muitos artistas ajudaram a redefinir essa realocação de posições, repensar as unidades estanques de emissor/receptor (para usar termos da área de comunicação), um deles inegavelmente foi John Cage. A composição *4'33"*, criada por ele em 1952, gira exatamente em torno da reação da plateia. Ela é quase um marco histórico na avaliação do silêncio, das posturas sociais esperadas num teatro e, principalmente, do papel do receptor de uma obra para a construção da mesma. Essa obra de Cage se caracteriza por um músico (não importa o instrumento) que delineia um gesto como se fosse iniciar uma peça e permanece congelado nesse gesto durante quatro minutos e trinta e três segundos. As plateias não sabem o que fazer: muitos permanecem em silêncio, na postura de recepção, esperando que algo aconteça ou imaginando justamente que precisam "escutar o silêncio" emoldurado pelo gesto mudo do artista.

Erika Fischer-Lichte, em seus estudos sobre teatro contemporâneo, destaca que, mais do que os dadaístas e futuristas, foi mesmo John Cage que gerou a mudança mais importante na arte contemporânea:

> [...] persistindo nas forças destrutivas de suas performances com o objetivo de agitar as audiências — "*épater le bourgeois*" — e destruir a cultura burguesa, o evento de Cage (*"Evento sin título"*) enfatizou as novas possibilidades abertas não só pelos artistas, mas também pelas audiências. O modo performativo foi implementado então como um meio de "liberar" o espectador no seu ato de perceber e criar sentido.[10]

O que os estudos de Cage[11] e seus contemporâneos apontam é uma redefinição das "audiências" (receptor) no tempo e no espaço. Essas experimentações e reflexões podem ultrapassar os limites da pesquisa em performance teatral e ajudar a pensar a performance como elemento cultural, em diversos campos, principalmente na literatura, objeto do presente trabalho.

A transformação operada pela visão de Cage dialoga diretamente com a série de conceitos desenvolvidos por John Langshaw Austin, no início dos anos 1960, com a teoria dos "atos da fala". As ideias de Austin vieram para inserir a noção de performance dentro do conhecimento produzido na linguagem. Ele e um grupo de filósofos provenientes da Escola Analítica de Oxford começaram a pensar, ainda dentro da Filosofia da Linguagem, sobre os diversos tipos de ações dos homens que se realizam com e dentro da linguagem: os atos da fala.

A teoria teve a sua origem numa série de doze conferências realizadas por Austin em Harvard em meados dos anos 1950 e que, posteriormente, foram publicadas com o nome de *How to do things with words*, título que sintetiza a principal ideia do autor de que "todo dizer é um fazer". Com isso, Austin amplia o caráter meramente informativo da fala (linguagem, vocalidade): dizer é uma maneira de agir diretamente sobre o interlocutor e o contexto circundante. Ou seja, um ato de performance. Grosso modo, a teoria pode ser apresentada pela divisão em dois tipos de enunciados: os constativos e os performativos. Evidentemente, como todos os conceitos que levam em conta a divisão binária, esse também encontrou falhas posteriores que foram descobertas e apontadas pelo próprio Austin.

No entanto, vamos nos deter no desenvolvimento da concepção dos dois tipos de enunciado apenas para entender por que Austin lança uma nova luz sobre a importância das vocalidades de Zumthor. Os enunciados ditos constativos são aqueles que descrevem ou relatam o estado das coisas: em termos gramaticais, são as afirmações, descrições ou relatos. São enunciados passíveis de verificação, quer dizer, podem ser avaliados e qualificados de "verdadeiros" ou "falsos". Os performativos simplesmente não são passíveis de verificação. Quando ditos na primeira pessoa do singular do presente do indicativo, na forma afirmativa e na voz ativa, esses enunciados "realizam uma ação", daí a ligação com o verbo em inglês: *to perform*, que significa realizar. A fala, então, é investida de poder no seu ato, torna possível *realizar* algo, embora nem todos os enunciados performativos proferidos garantam imediatamente a sua realização. Ela depende não só de quem escuta, mas, mais ainda, das circunstâncias em que a enunciação é proferida. São os dois pré-requisitos da performance.

Austin levou muito tempo tentando recortar o seu objeto de estudo: queria definir também um critério gramatical para os enunciados performativos, no entanto, encontrou mais problemas do que soluções em sua leitura. Se abandonamos o caráter formal da teoria e seus problemas aplicativos, a contribuição de Austin continua sendo muito importante porque restaura a palavra como uma grande potência. Já que até então ela se via:

> [...] debilitada pela ação dos discursos que, através do tempo, foram confinando o pensamento sobre a voz e a palavra a uma região na qual sua materialidade é percebida como "forma" continente de um "conteúdo" abstrato e pleno de sentido.[12]

Este é o problema básico das abordagens anteriores: colocarem o discurso escrito no terreno formal, profundo e gerador de conteúdo, e o falado como apenas o meio pelo qual o homem externa sua reflexão interior.

A voz é muito mais do que um simples comunicador entre polos inteiramente definidos (emissor e receptor). Ela é um elemento vivo que só pode ser delimitado pela sua materialidade, sua variabilidade e seu fluxo nômade: a capacidade de mudar de acordo com quem fala e as circunstâncias que o cercam. Tudo contribui para a constituição da vocalidade: o corpo em performance, as suas formas de percepção, os quadros visual e acústico, o tempo e o espaço onde acontece, até o contexto social, político e institucional. Tudo isso influencia na maneira como um texto vai ser dito, interna ou externamente, entre duas pessoas ou para uma enorme plateia, sentado ou de pé.

Por isso, as formas como os leitores vão ler ou escutar, suas posturas, variam de uma situação para outra e, principalmente, por características individuais. Dessa forma, nenhuma leitura (entendida aí também como performance cultural) é igual a outra. Por esse motivo, uma vez que nos propomos a estudar a importância da vocalidade no momento contemporâneo, temos que abandonar o binarismo fala/escritura e observar com cuidado elementos como a atuação da tecnologia na captação e difusão e até na modulação da voz.

Em seu trabalho sobre a voz no teatro contemporâneo, Silvia Adriana Davini procura estabelecer as diferenças entre retórica, fala e vocalidade. Embora usemos os conceitos de fala e de vocalidade muitas vezes como sinônimos neste trabalho (e a retórica vai aparecer aqui como um marco histórico), é interessante definir as linhas tênues que os separam. A fala é a linguagem humana experimentada verbal e acusticamente, é o volume, o timbre, a textura, o grão da voz, elementos que vão ser estudados neste capítulo. A fala em si mesma, dentro do conceito de Deleuze e Guattari, está no plano de consistência corpórea, que é modelado por ritmos, contrações e expansões. A retórica está nos corpos normativos que implementam as "estratégias de Estado" na linguagem. Ela está mais ligada à ética dominante, a uma verdade hegemônica que coloca a teoria em oposição à prática: é a parte da conceitualização da fala que está mais próxima da escrita e que mantém a oposição do par voz/letra. A fala habita o terreno do performático e da improvisação, por isso, está muito mais perto do jogo tático dos sofistas.

A noção de vocalidade é mais fluida e, como já foi destacado anteriormente na definição que Paul Zumthor propõe, envolve a produção vocal: a fala, o grito, o silêncio, os timbres, as texturas, as velocidades e as articulações influenciados por tempo e lugar determinados. Daí o estudo da voz como "elemento vivo" e muito mais próximo da performance do que do texto literário.

Dessa forma, a voz é também instrumento de poder, de controle e de condenação, ponto de vista estudado pelo par Deleuze-Guattari, mas sempre do lugar do "sujeito que fala". Ora, em uma performance cultural, os papéis de sujeito do enunciado e sujeito da enunciação são trocados constantemente, a palavra "eu" é dita por um lado ou por outro dos "vasos comunicantes" e, a cada vez que é pronunciada, atualiza novas configurações de poder, novas relações e encontros de forças.

A voz é um elemento que une o corpo ao que se passa externamente, sua "transformação" incorpórea resume numa mesma senha a fala e o ato de falar. A palavra, a frase, por meio da voz, comanda, ordena e conecta o que está dentro do sujeito com os agenciamentos coletivos, sociais e corporais. Por isso, a palavra "eu" gera uma ordem diferente de acordo com a diferente posição em que é proferida. Para Deleuze-Guattari, as ordens ou enunciados aparecem de dois modos: expansivos e limitativos. Os limitativos têm como função reterritorializar, ordenando morte e captura. Os expansivos, ou contrassenhas, transformam a composição da ordem, dando uma "mensagem de fuga". É o momento do respiro, do esgarçamento da linguagem fazendo-a ultrapassar os próprios limites e levando os corpos a realizar metamorfoses. Qualquer "palavra de ordem", por mais limitativa que seja, esconde atrás de si uma rota de fuga que realiza uma passagem para além do mundo formal, para chegar ao terreno imaginativo.

Existem senhas sob as palavras de ordem. Palavras que seriam como componentes de passagem, enquanto as palavras de ordem marcam paradas, composições estratificadas, organizadas. A mesma coisa, a mesma palavra, tem sem dúvida essa dupla natureza:

é preciso extrair uma da outra — transformar as composições de ordem em componentes de passagens.¹³

Todo discurso — toda fala — é composto por uma estrutura gramatical, frasal e organizacional, que pode ser escrita ou lida, que pode se submeter a regras e exigências. Mas ele também possui os seus componentes de passagem, suas brechas, suas vias de acesso para as linhas de fuga, para os caminhos da imaginação. E é esta última característica que define o aspecto indireto da linguagem, um aspecto que vai muito além das funções linguísticas comunicativas e informativas que teimamos em atribuir a ela. A linguagem é originalmente de natureza não totalizante, ela desloca-se, amplia e gera eco porque não se fecha em si mesma, mas influencia as circunstâncias e as pessoas circundantes. O que Deleuze-Guattari apontam é que, assim como existem muitas paixões em uma única paixão, há também muitas vozes na constituição de uma voz. Se usada dentro do modelo limitativo, a linguagem vai obedecer a constantes invariáveis e acabar restrita a normas retóricas e estilísticas. Se usada de modo expansivo, chega a produzir infinitas vias de evasão: a literatura é uma delas.

Levando em conta a série de linhas de pesquisa apresentadas aqui brevemente, observamos a importância de um estudo contemporâneo sobre a voz, o discurso falado e a vocalidade, porque a questão não é pertencente ao passado ou à cultura popular, mas uma questão premente, atual e mutável ao longo dos anos. É um objeto de estudo muito menos fácil de definir porque pertence ao terreno da imaterialidade, do incorpóreo. Mais valia cantarmos, ou talvez até recitarmos ou lermos em voz alta um estudo sobre voz do que, mais uma vez, restringi-lo ao cárcere da escrita. Mas a palavra e a voz (ou a escrita e o som, se preferirmos) já estão tão intimamente ligadas em nossa cultura que é um erro querer separá-las e, mais ainda, hierarquizá-las. A voz continua viva, atuante na linguagem cotidiana, penetra pelos "poros" do corpo quando vem de fora e, quando estamos absolutamente em silêncio, ainda somos capazes de ouvi-la, porque ela brota como uma consciência em nossa vida interior.

Considerações sobre uma oralidade midiática

Não podemos nos furtar, se estamos tentando reatualizar a importância da voz, de falar sobre o conceito de oralidade secundária, desenvolvido por Paul Zumthor. Já destacamos que o medievalista, em seus estudos sobre poesia oral, gerou uma classificação para os tipos de oralidade, depois revista por ele com o conceito mais amplo de vocalidade. Na sua classificação, Zumthor distingue três tipos de oralidade: a primária, a secundária e a mista. A oralidade primária é produzida pelos grupos que não têm nenhum contato com a escrita. A mista é aquela influenciada pela escrita, mas de maneira externa e parcial: estão incluídos nesse grupo as crianças não alfabetizadas, os analfabetos e os semianalfabetos. Pessoas que sabem que existe a possibilidade da escritura, que vivem em sociedades que dependem e funcionam com ela, que às vezes entendem visualmente o que uma palavra quer dizer (ligam a imagem ao conceito), mas não são capazes de ler ou de escrever, seja porque não sabem, seja porque sabem, mas de maneira incipiente. A oralidade secundária é a que corresponde à cultura letrada, em que a voz aparece como complemento ou apoio da escrita.

Walter Ong defende que a era eletrônica também é a da oralidade secundária porque os meios de comunicação e impressão terminaram por gerar uma nova avaliação da anterior disparidade entre o oral e o escrito. O telefone, o celular, o rádio e a televisão redimensionaram a função e a importância da voz, são meios de destaque da vocalidade, mas que dependem diretamente da escrita e da impressão para sua existência. São processos resultantes do desenvolvimento tecnológico e social que reinventaram a fala e a aproximaram de alguma maneira da escrita, já que esta funciona como uma base de roteiro e produção dos textos midiáticos falados.

Silvia Davini prefere instituir o movimento de "retorno ao discurso falado" como um quarto tipo de oralidade: a oralidade midiática; principalmente porque o novo tipo de oralidade vai marcar, pela primeira vez, uma distância entre a voz (a palavra) e o corpo que a produz. Fato que vai redefinir os conceitos tradicionais de performance. Ao contrário de rechaçar os meios que distanciam a voz do corpo, a "nova performance" vai agregá-los como ferramentas de produção. Lugar e tempo se expandem, se dilatam: com a entrada dos processos de gravação e reprodução da voz, não é mais necessário que aquele que fala esteja no mesmo lugar e sequer pertença ao mesmo tempo de quem o escuta.

Essas mudanças na "recepção vocal" operadas por alguns meios de comunicação esquentaram e redimensionaram a oralidade. Raymond Murray Schafer, no interessante estudo que desenvolveu sobre a paisagem sonora, formula o conceito de "esquizofonia": que é exatamente a possibilidade de escutar um som afastado de seu local de produção, de sua origem. Possibilidade que só começou a ser aventada depois da invenção do fonógrafo — o pioneiro de mídias como o disco, o rádio e seus "derivados" posteriores. Esses meios de comunicação que possibilitaram a esquizofonia são invenções particulares do século XX, o século que, segundo Schafer, veio para modificar radicalmente a paisagem sonora e principalmente para redefinir a questão do ruído e do silêncio.

A Revolução Industrial influenciou diretamente nos barulhos urbanos. Só para se ter uma ideia, hoje é praticamente impossível para quem vive em uma cidade grande morar num lugar que esteja protegido de ruído: o som dos carros, do trânsito, das obras próximas, dos aviões, das pessoas está por toda parte. O silêncio virou um valor raro. Para mergulharmos melhor no conceito, Murray define paisagem sonora como o campo de estudo acústico qualquer que seja ele. A caracterização de uma clareza ou poluição na paisagem sonora se dá pelos conceitos de *hi-fi* e *lo-fi*. A expressão *hi-fi* é uma abreviação do inglês *high fidelity* (alta fidelidade) e, quando aplicada ao conceito de paisagem sonora, representa um ambiente onde os sons são claros, podem ser escutados distintamente, sem nenhum grande ruído que os perturbe ou mascare. Já o *lo-fi* provém de *low fidelity* (baixa fidelidade), que aponta para a presença de um sinal insatisfatório (ou ruído). Um ambiente *lo-fi* é aquele em que os sinais são tão numerosos que acabam dando origem a uma paisagem sonora sem clareza.

A paisagem *hi-fi* é aquela em que cada som é percebido em sua integridade: um som pode ser ouvido nitidamente a distância e de maneira tão cristalina que é possível a quem o escuta definir sua origem. Os sons mais sutis, como os de passos na neve, o farfalhar das folhas de uma árvore e o sibilar do vento, foram se perdendo na paisagem sonora desorganizada e ruidosa das grandes cidades e, cada vez mais, vão desaparecer de muitos lugares no planeta. Schafer identifica essa enorme sinfonia dentro da qual o homem vive como uma composição, sem maestro definido, orquestrada por *leitmotifs* distintos.

> Tais são, portanto, os enfáticos *leitmotifs* da sinfonia musical: tráfego aéreo, guitarras amplificadas, os sons de tempo de guerra e maquinário elétrico. Esses são os grandes blocos sonoros, a linha contínua de som, as armas letais que agora dominam a composição. Elas mostram a crueza da sua orquestração.
>
> Em seguida, os *leitmotifs* menores: os onipresentes aparelhos de rádio e televisão, os sons de trânsito nas ruas, o telefone [...], o som de encanamento, de fornalhas, de ar-condicionado. [...]
>
> E aqui, no centro de tudo, como uma viola no final de um *allegro* para trompete e tambor, estão sons de nossas próprias vozes.[14]

Essa imensa e complexa partitura é a que nós enfrentamos diariamente para desdobrarmos a nossa fala, para ouvirmos a voz do outro, para lermos e escrevermos e, também, para escutarmos a nossa reflexiva voz interior. Essa voz — a nossa voz, a voz do outro — é um dos instrumentos orgânicos que participam dessa orquestra, instrumento que vem sendo sobrepujado pelos demais e que vem encontrando, nos meios tecnológicos, formas de se amplificar. Mas no uso cotidiano, no calor das relações, não usamos esses "extensores vocais": "tocamos" nossa música com a amplitude natural que lhe é possível. Não faz muito tempo, as pessoas cantavam nas ruas da cidade; nos dias de hoje, o ato de falar é frequentemente um esforço violento: "O que deveria ser o mais vital som da existência humana está pouco a pouco sendo pulverizado sob sons que podemos chamar, muito acuradamente, de 'não humanos'"[15], explica Schafer. Não é à toa que as pessoas têm encontrado sua voz, inclusive voz política, em grandes manifestações. A tentativa de um uníssono é também uma amplificação das vozes.

Sem nos deixarmos arrastar pela visão apocalíptica de Schafer, principalmente porque à medida que o ruído aumenta também o homem passa a desenvolver formas de isolar-se dele, podemos trabalhar levando em conta essa nova paisagem sonora — contemporânea e ruidosa. Sem exageros, é com essa "melodia de fundo" que se dão as trocas vocais e a escuta em nossa sociedade. A saída pode ser, como aponta Schafer, uma "limpeza de ouvidos": voltar a apurar o sentido auditivo, já tão pouco sensibilizado e embotado pela agonizante paisagem sonora. Separar o joio do trigo. Despertar a audição para todos os sons do mundo: existentes, desaparecidos, imaginados, sonhados e fruídos. Ora, uma parte desses sons reside indubitavelmente na literatura.

Esse é um exercício que o leitor imaginativo, apaixonado, nunca deixará de fazer no seu mergulho na fantasia do livro. É uma saída difícil, mas palpável e possível de ser alcançada. Mas existem outras saídas, corriqueiras, que, sem se dar conta, o indivíduo foi incorporando socialmente e transformando num costume. São sons que, "por estarem tão arraigados ao nosso dia a dia, já não são mais percebidos atentamente, pois fazem parte do pano de fundo que constitui nosso cenário ambiental, sons que fazem parte da enorme massa que hoje compõe o universo sonoro contemporâneo".[16] Com seus reflexos positivos ou negativos, essa paisagem sonora ruidosa já não é mais percebida como tão entrópica para o discurso oral, a escuta ou a reflexão de leitura do homem contemporâneo.

Mas o silêncio, inegavelmente, continua sendo um desejo. E a probabilidade de encontrá-lo, cada vez mais difícil. Raramente é possível realizar uma leitura em que o único barulho de fundo seja a respiração e os "ruídos corporais" do próprio leitor, em que esse mesmo leitor possa se concentrar unicamente em sua voz interior. O valor do silêncio aumentou porque se tornou moeda socialmente em extinção. É um estado tão importante que um ditado ocidental diz que "o silêncio é de ouro", embora a cor dele seja muito mais o negro que o dourado, porque o negro é ausência de cor, e o silêncio, ausência de palavras. Pauta limpa, na qual é possível inscrever qualquer evento sonoro, espaço que protege a música do ruído (até hoje as salas de concerto exigem silêncio), o silêncio é "uma caixa de possibilidades. Tudo pode acontecer para quebrá-lo", diz Schafer. E o próprio verbo quebrar indica a fragilidade do estado silencioso. O fato é que o homem teme o silêncio como teme a própria morte: a ausência de som é a ausência de vida, porque cada vez que um indivíduo fala ou pronuncia o "eu" está dando vida a um discurso e a si próprio. Desconfio que o medo que o homem tem do silêncio é menos o da morte e mais o de ter que tomar contato com seu mundo interno, redescobri-lo.

Já que o silêncio não existe — como bem observa John Cage, fazemos silêncio, mas sempre há alguma coisa produzindo som —, outras maneiras de levantar uma barreira protetora contra os ruídos foram sendo descobertas. Não é mais possível isolar-se para escutar apenas os sons do próprio corpo, mas o *walkman* (MP3 e afins) deu a possibilidade ao homem de ter um mecanismo de som "plugado" diretamente ao corpo por meio dos fones de ouvido, e o poder de criar um ambiente sonoro inteiramente pessoal (cada indivíduo escolhe a trilha sonora que prefere). O *walkman* define o ritmo do corpo e, ao mesmo tempo, cria uma proteção musical, separa a pessoa que o escuta dos ruídos externos, barulhos do mundo tão indesejados em determinados momentos.

Atualmente, já não se pode mais escutar as várias sinfonias que foram tocadas: uma carruagem puxada por cavalos, o barulho do açoite ou o da lâmpada de óleo a carvão. São "melodias" que, sim, podem ser imaginadas, escutadas "por dentro" se sugeridas por um livro, por uma música ou que até podem ser realizadas em estúdio pela pesquisa de técnicos de som. Já não existem mais silêncios aterradores, nem santuários onde quem estivesse sofrendo de fadiga psicológica ou sonora podia se refugiar. Rareiam os lugares em que, num momento de profundo estresse provocado pela crescente quantidade de barulho, um homem possa restaurar sua psiquê: olhar as estrelas, escutar apenas o som das aves e do vento e ficar em paz. Os escritores e compositores não criam mais à luz de velas tendo por trás apenas os sons calmos da noite.

A paisagem sonora mudou e, com ela, as formas de criar, de ler, de escutar. O silêncio passou a ter novo sentido, mais positivo, menos mortal: o instante em que, entre um ruído e outro, é possível escutar a vida pulsar. Não mais "O silêncio eterno destes espaços infinitos me amedronta"[17], parafraseando Pascal. Escrever, compor, sonhar qualquer processo criador atualmente depende fortemente do silêncio, convertido numa espécie de energia vital.

Outros sons mudaram também. Entre eles, o instrumento humano: a voz. Não foram apenas os ritmos corporais, a entonação da fala também mudou. As pessoas começaram a falar mais alto: o que é chamado pelos fonoaudiólogos Mara Behlau e Paulo Pontes de *efeito Lombard*. Que consiste na:

> [...] elevação automática da intensidade (da voz), na presença de ruído mascarante. A competição sonora vocal ocorre geralmente em famílias numerosas ou em ambientes de trabalho com várias pessoas falando ao mesmo tempo, mas também pode ser não vocal, relativa a ruídos de máquinas elétricas e de trânsito na rua.[18]

Os indivíduos que possuem o tom moderado acabam elevando o volume da voz, tensionando e forçando o aparelho fonador, para poder minimizar os ruídos que mascaram a fala. Consequentemente, também escutamos, cada vez mais, com dificuldade: não nos damos conta de sons mais sutis e aumentamos o volume dos nossos rumores cotidianos.

O ouvido capta essa nova paisagem sonora — uma mistura de sons biológicos e artificiais — e passa a modular a voz por ela. Com a mudança dos sons que o circundam, o homem muda também sua dimensão espaço-corporal. Os reflexos da aceleração do tempo se fazem sentir nas atividades humanas e impõem um novo ritmo ao corpo e à fala. Tanto que a primeira máquina que o homem escuta e que passa a interferir diretamente na "música do corpo" é o relógio mecânico: é por saber que existe um tique-taque que se torna capaz de marcar e "ouvir" o tempo. O ritmo das horas aponta a passagem temporal, o envelhecimento e a morte. Por isso, a relação entre som e corpo está longe de ser neutra. A pele não é uma armadura que protege ou isola o indivíduo dos sons: ele é "invadido" cotidianamente por ondas sonoras audíveis e inaudíveis. E a maneira como essas ondas vibram dentro de cada um é diferente.

A principal resposta ao assédio aos ouvidos e ao esforço da voz é usar o conhecimento tecnológico para potencializar os dois órgãos que são afetados pela paisagem sonora. A expressão verbal sofreu uma "transformação eletrônica", na concepção de Walter Ong, uma nova oralidade secundária que, assim como a escrita, contribuiu para potencializar o discurso oral. Microfones para ampliar o alcance da voz, a televisão, que difunde um discurso num território antes impensado para a oralidade primária, e o gravador, que permite reter uma "fala" e reproduzi-la várias vezes para vários grupos de "ouvintes" diferentes. Se pensarmos com cuidado, o auxílio prestado por esses meios de retenção e conservação do discurso oral foram fundamentais para a escrita. Quantos livros não foram feitos a partir de entrevistas gravadas? Quantos artigos não foram gerados a partir da filmagem de um discurso em sala de aula? E o contrário também ocorre: quantos roteiros para filme e televisão são escritos por dia? Quantos discursos são colocados no papel e repetidos uma e outra vez até que seu orador possa proferi-los em público?

As palavras ganham uma nova disposição, mais visual e limitada ao papel, se considerarmos sua dimensão espacial. Mas o lado imaterial, que pertence à voz e ao som, recebe uma injeção de vida: já é possível registrar, guardar e arquivar o som. E essa possibilidade redefine o tempo da palavra, o tempo do discurso. Essa nova oralidade — seja ela um passo à frente da secundária, ou uma subdivisão dela — continua mantendo impressionantes similaridades com a antiga. Ou seja, segue instigando o sentido comunitário (só o fato de um número de pessoas escutarem um discurso faz delas um grupo: os espectadores), a vontade de participação, a concentração de quem escuta e de quem fala no momento presente (mesmo que esse presente aconteça em tempos históricos diferentes) e o uso das fórmulas mnemônicas. A educação está impregnada de discurso oral, mesmo que misturado à influência inegável da escrita para todas as tarefas (anotações de aula, papéis de referência para ditar conferências e leituras de trechos de autores).

Revisitada, "requentada" ou redimensionada, a oralidade volta. Os novos oradores podem não ter a melhor voz, eloquência ou capacidade de improviso dos antigos. Podem não saber, inclusive, lidar diretamente com o público se não tiverem o anteparo de um microfone ou a distância que só é possível dentro de um estúdio de gravação para televisão ou rádio. No entanto, alcançam grupos infinitamente maiores de ouvintes que os oradores anteriores e precisam ter o seu discurso muito mais finalizado: nada de redundâncias, nada de digressões, nada de atrasos. O tempo, que agora marca o ritmo das palavras e dos corpos de quem fala e de quem escuta, é curto. Ao lembrar que os antigos embates verbais se davam com uma intensa ação recíproca entre orador e auditório e que os polemistas ficavam fisicamente exaustos depois de um debate, nos damos conta de que os debates atuais dos políticos na televisão não exigem tanto desses novos oradores.

Essa breve explanação serviu para apontar não só o fato de que a vocalidade não desapareceu, como reatualizou-se e reestruturou-se dentro de uma nova sociedade, também com uma nova paisagem sonora e, portanto, com novos meios de empregar a fala. Meios que não são mais os da retórica ou da antiga poesia oral, mas que ainda passam pelas relações de poder, que de novo precisam da memória e que funcionam e contribuem para o processo de criação artística e literária. Por isso, para pensarmos em termos contemporâneos um texto, precisamos considerar também aos sons que ele emite e sugere ao leitor e, mais ainda, os sons que o seu criador ouve interna e externamente quando o compõe.

O PODER DA VOZ

Estamos em um século que, embora menos que o século XX, ainda sofre os efeitos da grande revolução gerada pelo Iluminismo. Após a Idade Média e o Renascimento, a Europa passou por uma importante separação entre o universo mítico e as referências científicas. Lévi-Strauss arrisca dizer que essa separação aconteceu em parte porque, de um lado, surgiu e se desenvolveu o racionalismo ao mesmo tempo que, de outro, nasceu a grande forma musical cujo expoente foi Bach. O Ocidente, a partir do século XVII, assiste gradualmente à morte do pensamento mítico e à sua substituição pela música. Esse é também o século que marca a ruptura entre o mundo da inteligência e conceitos (o espírito científico) e o mundo da sensibilidade, caracterizado como enganador. "É à música e às artes em geral que vai ser restituída a missão de preservar os valores do sensível, distinguindo-os dos valores especulativos."[19]

É como se, oficialmente a partir do século XVI, a música passasse a ser a expressão sensível da condição humana. Ora, a música vocal também está incluída nessa qualificação do sensível com a particularidade de que unifica, numa mesma temporalidade e expressão, a linguagem e a música — que exprime a vida íntima sem nomeá-la. A voz, então, pode transparecer o pensamento e a vida íntima através da música. Ela passa a ser o instrumento que exprime as experiências afetivas e emocionais da época: "É a voz que reconduz a linguagem e a música à expressividade da fala: esta torna-se a grande mediadora entre os sentimentos e o intelecto, une o corpo ao espírito."[20]

De fato, a fala vai perdendo o seu status de "lugar da sabedoria" para a escrita. A atividade acadêmica, científica e intelectual começa a ficar muito mais ligada à escrita e à leitura, ou seja, ao olho. Ao mesmo tempo, o discurso oral não perde a sua importância, já vimos anteriormente que permanece e é reestruturado em outros termos, assim como passa a conviver e cooperar com a escritura. Entretanto, num primeiro momento, a voz (instrumento principal da oralidade) passa a pertencer ao mundo dos afetos. A sua forma de saber se desloca para o terreno da sensibilidade e, nessa enseada, é ela que garante o entrelaçamento de razão e emoção. E, embora no princípio do século XVI sua função fosse subestimada, atualmente podemos enxergar sua importância: união entre corpo e espírito.

Mais do que procurar fazer uma comparação entre qual pode ser o sentido mais importante para o homem — já vimos que as oposições entre visão e audição empobrecem o fundamento dessa pesquisa —, o esforço aqui é de restaurar a importância e o poder da voz em sua vida. Antes de tudo, a essência do homem é sonora. Sua natureza íntima vai se caracterizar por dois sons: a força vital contida no grito do recém-nascido e o último suspiro antes de morrer. O aparelho auditivo é o último a deixar de funcionar, algumas horas e, às vezes, alguns dias depois do que os cientistas chamam de "morte funcional". O silêncio é o tabu do Ocidente para a morte:

> Para o filho do homem, o acesso ao mundo é acesso à voz: é o grito primário ou palavra de vida... A sua voz só se extinguirá quando soltar o último suspiro: último suspiro ou silêncio de morte... A sede de ar que faz gritar o moribundo é a mesma que fez gritar o recém-nascido: entre esses dois gritos de ser, há o tempo da vida, o percurso de uma consciência, a trama de um destino.[21]

A história de vida que está entre esses dois sons também tem uma partitura. Cada homem desenvolve sua própria "canção individual", que possui um ritmo e uma melodia referentes a uma personalidade. Não é à toa que existe a expressão "ritmo de vida", que nada mais é do que a maneira como cada um estabelece o compasso, as vibrações, os arranjos e as melodias da própria vida. Em geral, esse ritmo está diretamente ligado ao corpo, às pulsações sanguíneas, ao coração e também à cabeça da pessoa. É através desse corpo e desses órgãos, suas necessidades e desejos, que se estabelecem os ritmos de vida individuais.

Uma teoria que a maioria dos estudiosos de música desenvolve é a de que o canto é o veículo da alma no homem: é ele que estabelece a ligação entre o mundo interior e sensível e o ambiente externo. Gostaria de aplicar a mesma definição à voz: vibração sonora que emana do corpo e faz o homem expressar (seja pelo canto ou pela fala) seus sentimentos mais ocultos. Em termos mitológicos ou da gênese da maioria das religiões, a voz é o que aproxima o homem dos deuses: o herói civilizador pode ser um pastor, um médico ou um ferreiro, mas invariavelmente será também um cantor. É a voz que empresta aos homens um pouco de mágica, ela pode despertar os espíritos que animam objetos, é capaz de transportar o homem pelos mundos desconhecidos, fazê-lo comunicar-se com os deuses mais inacessíveis. Há vários mediadores que podem ajudar os indivíduos na relação com o divino, mas, de fato, a voz é o principal deles.

Na mitologia grega, Orfeu foi o mortal que melhor conseguiu se igualar aos deuses, e isso se deu por meio da música e de sua voz. A genealogia de Orfeu é um exemplo do poder vocal. Ele é proveniente da Trácia, país conhecido pelo dom da música, é filho de Calíope — uma das nove musas do Olimpo, de bela voz e prodigiosa eloquência — e Apolo, deus da harmonia e da beleza, que tocava em sua lira sons encantadores, capazes de extasiar todos os deuses. Imagina-se que essa mesma lira de poderes mágicos foi presenteada a Orfeu, um mortal que, talvez por ser filho do deus, era capaz de, ao tocá-la, exercer um fascínio ilimitado pelos seres animados e inanimados. Quando cantava e tocava, ganhava um poder semelhante ao dos deuses: "Orfeu é tido como aquele que representa a perfeição da música em geral ou, se preferirem, da música pura. Daí o seu poder sobrenatural sobre os animais, sobre as plantas e até sobre os minerais, e também sobre as almas."[22]

Orfeu, ao som de sua lira, arrastava árvores e fazia com que as feras do deserto viessem deitar aos seus pés. Contribuiu com a expedição de Jasão rumo a Cólquida, dando ânimo aos argonautas, que, cansados com o manejo dos remos, encontraram forças em sua bela música para seguir viagem. A participação de Orfeu e sua lira de nove cordas (acrescentou duas à de Apolo) nessa expedição é fundamental: seu canto tem o poder mágico de atrair as árvores na floresta para a construção do navio de Argos. Depois, o grupo de marinheiros passará por mais uma dificuldade: rochedos que se juntam agressivamente pelo poder de Simplégadas, mas logo são afastados pelo canto reparador de Orfeu. As sereias aparecem aqui também, como na viagem de Ulisses, para tentar desconcentrar os argonautas. E, mais uma vez, será com o engenho de sua lira que Orfeu tentará dominar o canto das terríveis feiticeiras.

Mas, sem dúvida, o mito mais belo ligado à potência transformadora da voz de Orfeu é o de Eurídice. Porque, nesse caso específico, entra o poder do amor, um sentimento particularmente humano. O Orfeu de Eurídice é um mito inteiramente literário, criação humana e não dos deuses. Um mito que é introduzido por Virgílio no quarto livro de *Geórgicas* e que substitui em definitivo, pelo menos na literatura, o Orfeu celibatário e só por um homem insatisfeito, inconsolável e transformado pelo domínio do amor. Fedro, no *Banquete*, de Platão, reprova a reação atrevida e ao mesmo tempo desesperada de Orfeu, que desce aos Infernos em busca de sua amada. Apesar do tabu que ronda o papel sagrado da catábase, na história de Orfeu, ela assume um caráter profano e se converte numa "história de amor comovente". O enredo desse romance é de um apaixonado, inconformado com a morte de sua Eurídice, que contraria os deuses e desce às profundezas de Hades para buscá-la.

> Ousou fazer o que nenhum mortal tinha alguma vez feito para salvar o seu amor: descer aos infernos. Quando lá chegou, fez ecoar sua lira e, nesse instante, tudo se imobilizou fascinado: o cão Cérbero afrouxou sua vigilância; a roda de Íxion deixou de girar, Sísifo apoiou-se à sua pedra; Tântalo esqueceu-se da sua sede; pela primeira vez os rostos das Fúrias, deusas do terror, cobriram-se de lágrimas. O senhor de Hades e a sua rainha aproximaram-se para ouvir melhor.[23]

A força da música e da voz de Orfeu foi capaz de romper as barreiras entre o real e o sagrado, mobilizar os deuses para o seu drama pessoal. O que impressiona nessa história não é apenas a coragem de um mortal de desafiar o lado tenebroso dos deuses, mas o fato de que os vence e sensibiliza com duas armas particularmente humanas: a voz e o amor. Com o seu canto enamorado, Orfeu faz correr as lágrimas de ferro de Plutão e convence o deus vingativo de que merece o amor que implora. Por incrível que pareça, nessa bela e triste história de amor, a visão é o sentido que atraiçoa.

Se é na voz e pela voz que Orfeu demonstra toda a pureza e honestidade de seu amor, são os seus olhos que vão traí-lo. Os deuses permitem que ele volte com sua amada à terra, mas com a condição de que ela teria que caminhar atrás dele e que nunca — nem pela ansiedade natural que se espera dos amantes — ele poderia voltar-se para olhá-la. A exigência só precisava ser seguida enquanto os dois não tivessem atravessado o limite que separa os mortos dos vivos. Não resistindo à tentação, Orfeu rompe o pacto e olha para trás: então perde Eurídice pela segunda vez e para sempre.

Esse mito literário é importante para entender as funções da visão e da voz. A primeira é responsável pela curiosidade, pela perscrutação, pela necessidade do homem de materializar o seu desejo interno. Eurídice só pode ser de Orfeu se ele a vê, o desejo é tão forte de tê-la e a posse pelo olhar é tão imediata que ele não pensa duas vezes em desobedecer às ordens divinas. Por outro lado, a voz é a comunicação, que permite a negociação com os deuses, e é a beleza, que encanta e extasia com o canto e convence os juízes mais rígidos. É como se Orfeu, ao olhar para trás, perdesse toda a grandeza de seu amor e incorresse em flagrante delito no apego aos sentidos. A terrível exigência tinha um motivo: era uma interdição, nem Orfeu nem Eurídice tinham o direito de se voltar para os deuses. E a justiça divina, nos casos mitológicos, é feita pela obediência às interdições. Ou, numa leitura mais dura, mas também apontada pela crítica literária, olhar para trás é um grande sacrilégio, assim como perturbar o silêncio. Orfeu infringira os dois tabus.

Por outro lado, o mito destaca o poder da voz como elemento de passagem. A voz e o seu prolongamento — música e palavras — são os mediadores que garantem as travessias. Orfeu pode passar pela floresta porque as feras se tornam dóceis só pelo fato de escutá-lo, pode acalmar as sereias e seu apetite devorador com as cordas de sua lira, pode navegar tranquilo porque seu canto acalmou ventos e marés e, finalmente, pode ousar transitar do reino dos vivos ao dos mortos porque enfeitiça os algozes mais cruéis. Seria capaz de dar vida à mulher que amou não fosse a curiosidade do olhar. É essa mesma voz que, vinda do ledor, garante a passagem de quem escuta pelo texto. É ela que, saindo de um guia, abre os caminhos imaginativos existentes dentro de uma narrativa literária.

Tudo funciona porque, até então, Orfeu pôde agir de acordo com o seu sentimento: a voz era o instrumento que, com a sua beleza, garantia os trânsitos possíveis e impossíveis entre seu mundo interno — mundo dos afetos — e o externo. Quando ele aceita o pacto e é obrigado a limitar seus anseios — "Saiba, portanto, moderar o fogo dos teus desejos, se não tua Eurídice logo te será arrancada", diz Plutão —, a história de amor se interrompe, e o desfecho é desastroso. Porque não se pede a um homem que abra mão do desejo: um dos elementos principais na construção de sua humanidade.

Outro mito que reforça a importância da voz é o da ninfa Eco. Mesmo sendo a eleita e protegida de Artemísia, Eco desperta a fúria de Hera, esposa de Zeus, pelo fascínio causado por sua voz. Preocupada em espionar a vida do marido infiel, Hera se distrai com o discurso de Eco e perde de vista Zeus, que foge com uma das amantes. Inconformada com a situação, ela decide designar um culpado e condena injustamente Eco por tê-la distraído. A maldição lançada sobre a ninfa tem como finalidade cerceá-la do uso da palavra: Eco só poderá servir-se da voz para repetir o que lhe é dito. "Terás sempre a última palavra, mas nunca mais serás a primeira a falar", vaticinou Hera. Com isso, a ninfa perde sua capacidade de persuasão e recebe em troca a condenação pela redundância.

O castigo se revela uma crueldade para Eco que possuía o dom do discurso e da palavra. Seus efeitos são ainda piores porque ela se apaixona perdidamente por Narciso e se vê impossibilitada de declarar seu amor. "Condenada à ecolalia, alheia à sua própria fala porque só podia repetir a fala do Outro, travou um diálogo com Narciso sem poder exprimir-lhe seu amor [...]."[24] A ninfa vê-se incapacitada de usar o encanto de sua voz e seu discurso para conquistar o grande amor de sua vida. O ardil que Hera preparou para Eco privou-a de seu mais valioso instrumento: a voz. O triste resultado foi um corte entre o mundo interior, dos desejos e das emoções, e o mundo exterior. A ponte realizada pela voz — que possibilitava a expressão e o encantamento — é destruída e, em consequência, Eco perde sua relação social e afetiva com o mundo.

O vigor da voz, o mesmo que deu a Orfeu a capacidade de realizar seus desejos, é negado a Eco. Não lhe sobra outro destino que não a solidão. A frustração de não poder cantar ou falar de seu amor faz com que ela se refugie em uma gruta para o resto da vida e morra assolada pelo silêncio e pela incomunicabilidade. O que esse mito discute é a função da voz na formação da identidade do homem. Uma vez que Eco perde sua voz, o corpo deixa de ser habitado por uma energia que o define e alimenta, então, ele enfraquece e morre. Eco está condenada a repetir o discurso do Outro, sua identidade se vê ameaçada por isso. Afinal, o que somos nós sem nosso discurso? O homem se caracteriza pelo seu discurso, um discurso alentado na cabeça e proferido pela voz. E essa voz, em cada um, é única como uma impressão digital. Se não é possível construir a própria fala, se ela é baseada numa duplicação da alheia, a alteridade deixa de existir, e a identidade acaba ameaçada. Eco torna-se dona de um discurso sem palavras: essa crise identitária coloca em perigo sua própria vida.

A relação de mitos que destacam a primazia da voz não termina aqui. Também Ulisses em sua travessia precisou resistir ao insuperável canto das sereias pedindo aos seus homens que o amarrassem no mastro do próprio navio. Apolo, como já foi dito, era o deus da beleza e da estética e extasiava os deuses quando tocava sua lira no Olimpo. Hermes fabricou a flauta de pastor; Pã, a de vime. As musas não tocavam instrumentos, mas todas tinham uma bela voz e, com sua formosura eram capazes de inspirar homens e deuses a realizar as obras mais bonitas dentro das artes. É pela voz e pelo canto que os homens se comunicam com os deuses na maioria das religiões, mas é também a voz e o seu poder que caracterizam a presença de um deus.

A potência da voz se reafirma dentro das religiões. A tradição bíblica privilegia mais o ouvido do que o olhar. Deus se faz presente por meio da voz, porque é ela o mais espiritual de todos os sentidos. Os homens que estão mais distantes do divino são aqueles que se preocupam com a visão: São Tomé é incapaz de acreditar na palavra de Deus, precisa ver para crer. Ele é o único apóstolo que duvida da ressurreição de Cristo, que pede para tocar suas chagas para convencer-se. Ao contrário de Maria, por exemplo, que, acreditando na palavra do filho, lhe pede enfaticamente para resolver o problema de falta de vinho nas bodas de Canaã. Basta uma palavra de Cristo para que a água se converta em vinho.

O relato sacerdotal da Gênese é um exemplo da onipotência e onipresença da palavra divina. É a voz que vai atuar na criação do mundo: "a criação é um ato de liberdade divina traduzida em palavras e transmitida pela voz".[25] Deus disse que se fizesse a luz, e ela foi feita, disse que se fizesse o dia e a noite e, por último, disse que se fizesse o homem, e é nesse momento, e só aí, que a visão participa. Porque o homem é feito à imagem e semelhança de Deus, é um duplo: uma criação realizada no quinto dia, com máxima inspiração e amor, que espelha a figura divina. O nome Yahvé, o tetragrama sagrado, não pode ser pronunciado, em respeito ao Senhor. Assim como nenhum homem pode ver o rosto de Deus sem morrer. Por fim, no Novo Testamento, a palavra de Deus aparece no Evangelho de São João como a origem de tudo: "No princípio era o Verbo, e o Verbo estava em Deus, e o Verbo era Deus."

É através da voz que se inauguram o mundo e também sua história. Na maioria das cosmogonias que deram origem aos ritos religiosos, os fenômenos sonoros desempenham um papel fundamental. Em muitos casos, eles estão ligados não só à religião como à magia. Para compreensão da simbologia e dos ritos indianos, por exemplo, é necessário entender o poder da música. Dentro do culto, os sacerdotes imitam a postura e a ação dos deuses. A tarefa deles é ensinar o canto e a música aos homens para garantir a ligação entre a terra e o céu. A maneira do iogue de comunicar-se consigo e com Deus é o mantra: repetição cantada de sílabas que materializa a presença divina. É a concretização do espiritual pela voz. Se repetido exaustivamente e com fervor, é capaz de trazer o poder divino em auxílio de quem o evoca.

Um dos livros de ritos chineses — o *Li-Chi* — concebe o músico como um dos maiores sábios, capaz de conhecer as origens profundas da vida. Separa os sons claros, representantes do céu, dos sons fortes e potentes, que representam a terra. Na devoção islâmica, a canção dos salmos do Alcorão é o testemunho de uma tradição secular. A principal maneira de transmitir a religião continua a ser a oralidade, e uma importante distinção é feita entre o canto religioso e o profano, detectada principalmente pela modulação da voz. A música acompanha as curas, os ritos funerários e os exorcismos na cultura africana. Os xamãs da Mongólia, apenas com o seu canto, evocam um mundo mágico a partir do invisível. A voz gera, cura, emociona, cria. Deuses, poetas e homens são capazes de transformar a natureza e de originar ou reviver o ato de criação por intermédio dela.

Apesar de pertencer aos deuses, de ser o mito gerador e formador de várias religiões, a voz é também, por excelência, uma característica humana. É ela que garante a comunicação com o divino, garante também as passagens, a negociação, a alegria, o êxtase. Resquício do corpo, o que sobra ou emana dele, a voz é o poder do sensível. Não existe discurso oral, por mais racional que seja, que não se deixe impregnar pelo sentimento que transparece na voz. E ela é mais poderosa quanto maior for a paixão. E o que é a leitura se não uma paixão. Ler em voz alta é colocar no texto, por meio da voz, a paixão pela narrativa, pela fantasia e pela leitura. Por isso, tratemos de redimensionar o papel da voz na escrita e na leitura.

Pela emoção da voz

1 — Voz: Um dna

Além de todo o poder mitológico que a voz dota o indivíduo, ela é também uma marca, uma identidade. "Cada pessoa tem a sua voz, reconhecível, singular, índice de personalidade tão seguro como as impressões digitais."[26] De tal forma que colher a mostra de uma voz pode ser uma pista importante num inquérito policial. Dado tão confiável como o tipo sanguíneo, essa voz pode envelhecer, tornar-se mais grave ou aguda de acordo com o momento de vida do indivíduo, mostrar-se mais neutra ou parcial, mas uma coisa é certa: ela exterioriza a parte mais íntima do homem. Por isso, nunca é a mesma. E nunca consegue esconder os processos internos. As variações da voz (sujeita a intempestivas flutuações) traem o corpo e mostram os afetos. Ela estará sempre alternando entre jovial e metálica, furiosa e sedutora, doce e emocionada, sua escala de notas é o que vai expressar as diferenças, por mais tênues que pareçam, no discurso de cada um. Mas é ela também que vai trair o homem quando, no esforço de esconder as emoções, deixa escapar o essencial.

A princípio, ter o que se chama de "voz normal" é ter a capacidade de, com ela, poder exprimir toda a gama de afetos e sentimentos. Sem grandes conflitos ou dissonâncias: vozes dissonantes são fruto de personalidades conflituosas e com distorções íntimas. Saber usar a própria voz, conseguir exprimir de maneira proposital ou involuntária o que se sente, é um sinal psicológico de harmonia interna. O mesmo princípio é válido também para o canto: sutilmente, o cantor consegue extrair, sem grandes floreios ou esforços, o sentimento de sua própria voz para gerar uma harmonia musical. Obter esse controle de um instrumento da natureza humana é extremamente difícil, por isso, muitas vezes incorremos no que Freud chamaria de ato falho, aqui "lapso vocal": mesmo quando não queremos, exprimimos pela voz a intenção inconsciente.

A voz é sempre capaz de revelar a intenção de quem expressa um discurso. Cada texto de um locutor é modulado, matizado e, algumas vezes, desmentido pelo seu tom de voz. Ela revela, abre e descortina as verdadeiras intenções daquele que fala. Por isso, é "traidora" e, muitas vezes, leva a uma participação errônea do indivíduo no teatro social. Ouça a voz de um homem para saber quem ele é, mas ouça-a despida das máscaras, invólucros e principalmente das pistas falsas dadas pelo corpo. Marie-France Castarède propõe um jogo arriscado para descobrir a honestidade dos discursos: tentarmos pessoalmente isolar por apenas um instante a audição do conteúdo da audição da voz. Invariavelmente, desviaremos a atenção do efêmero da conversa para o profundo da pessoa que nos fala.

Vários filósofos, foneticistas e físicos tentaram uma abordagem mais científica da voz. Até hoje, encontraram poucas respostas. Talvez porque sejam exatamente os poetas os únicos capazes de avaliar esse elemento ao mesmo tempo tão corporal e emocional.

A voz é timbre, inflexão, tom, mas é também um eco do que se passa dentro do corpo. "Se a escrita, como traço, nos define, a voz também nos caracteriza como marca sonora de nós mesmos."[27] Levando em conta as metáforas do canto: o que tentamos cada vez que proferimos um discurso é integrar a nossa "afinação vocal" com a imagem do corpo.

O fato é que, apesar das inúmeras abordagens psicanalíticas, filosóficas e linguísticas, o estudo da voz como um todo é extremamente complicado. A voz é um dos fenômenos humanos mais complexos. Ela é composta de elementos físicos e psicológicos. Para ser produzida, o som precisa ser impelido por uma onda sonora mantida de forma regular que se transforma numa vibração periódica quando chega à laringe. Essa vibração vem do poder que só o homem tem de unir as cordas vocais em várias posições, garantindo variações de pressão na corrente aérea. Vista por esse lado, a voz nada mais é do que o resultado de algumas forças mecânicas.

Falamos todo dia e tantas vezes que nunca nos demos conta da quantidade de operações necessárias para produção de nossa própria voz. Cientificamente, o processo funciona com o uso dos músculos da laringe e a orquestração das cordas vocais. Neurologicamente, dentro do sistema nervoso, há o diencéfalo, lugar do encéfalo diretamente implicado na voz. O diencéfalo serve como um transmissor em direção ao córtex (onde a emoção é sentida) e ao corpo (onde essa mesma emoção se traduz nas alterações da respiração e da voz). Por isso, os estados afetivos atuam diretamente na modulação dela, ou melhor, nas características acústicas que a compõem: frequência, intensidade e timbre.

> Os estados afetivos têm efeitos estimulantes (alegria, surpresa, cólera), ou efeitos depressivos (compaixão, dor, ansiedade) sobre a voz. As intenções expressivas voluntárias, como no canto, provocam efeitos semelhantes, mas menos duradouros.[28]

As últimas afirmações só contribuem para reforçar que os elementos psicológicos e emocionais são importantes na nossa produção vocal. No seu cotidiano, o homem sequer se dá conta disso, mas pode recorrer a esses elementos, por exemplo, para dar lirismo ao canto. Pensando unicamente na fisiologia da voz, já podemos observar que ela é parte da personalidade profunda do indivíduo. Mas o estudo da estrutura vocal não termina por aí: a voz é também fruto de fatores hereditários e depende, fundamentalmente, da personalidade, que cada pessoa forjou de maneira única e díspar ao longo da própria vida.

E essa "personalidade vocal" é formada ainda nos primeiros meses de vida: a partir do sétimo mês, o bebê já tem um aparelho auditivo constituído e é capaz de escutar pelo menos os sons internos de sua mãe: o barulho mais permanente é o dos batimentos cardíacos. A partir daí, qualquer estímulo externo que venha a suplantar e abafar os ruídos inerentes às atividades digestivas ou cardiovasculares da mãe é sentido pelo bebê, que reage se movimentando. Portanto, toda atividade que possa perturbar essa "sinfonia", bem como qualquer evento que acelere os batimentos cardíacos da mãe, influencia a criança. Por outro lado, é verdade a empatia que o bebê estabelece com a voz da mãe; ainda no útero, ele é capaz de escutá-la através da transmissão óssea. Essa voz pode ser ouvida e percebida pela entonação e percepção do ritmo, embora o timbre se modifique bastante. Quando a mãe canta, fala ou conta histórias para o bebê, é comum que essas atividades contribuam posteriormente para desenvolver algum traço da voz e da escuta da criança.

O primeiro espelho que a criança vai refletir é o vocal. Apesar da lenda de Narciso ser inteiramente visual, o bebê, nos primeiros meses de vida, vai estar feliz por encontrar um reflexo de sua voz na da mãe ou na das pessoas que fazem parte de sua vida. Depois do primeiro grito ou apelo que faz, se as respostas da mãe forem adequadas, são estabelecidos os primeiros traços de um narcisismo feliz. O *babytalk* (quando o bebê começa a ensaiar a própria voz e a trocar impressões com a mãe) conduz a uma compreensão mútua e resulta numa sensação de prazer. Desde o seu primeiro dia de vida, a criança que tem um ambiente sonoro adequado vai conseguir se comunicar muito rapidamente, vai reagir às vozes conhecidas e "dançar" com elas.

O *babytalk* é o primeiro pseudodiálogo de um homem, e a voz é o principal mediador desse entendimento fundador. Portanto, com a influência desse diálogo, a criança "espelha" a entonação, o timbre e a modulação das vozes da mãe, do pai e de outras pessoas próximas na família. A formação do eu e da subjetividade está diretamente ligada à construção vocal. No longo caminho que a criança percorre descobrindo e depois nomeando as coisas, existe uma emanação corporal única e particular: a sonoridade da voz. Até chegar à complexidade da linguagem, cada pessoa precisa aceitar a sua própria maneira de dizer, de se comunicar e, principalmente, de se escutar.

E, nesse caminho de amadurecimento, de formação do sujeito, a voz mudará algumas vezes. Desde o momento da mais alta vitalidade, passando pelo amadurecimento ou envelhecimento, ela acompanha e modula-se de acordo com as fases da vida. Nos recém-nascidos, é mais aguda e cristalina; durante os primeiros anos, abaixa bastante o tom, não apenas por conta do abaixamento da laringe como pelo fato de que o indivíduo passa a modular sua voz a partir daqueles que o rodeiam. No período da puberdade, pelas mudanças hormonais, esse "abaixamento" se atenua mais nos homens do que nas mulheres. A voz do homem e da mulher adultos é geralmente mais grave e baça, e algumas mulheres depois da menopausa ainda aumentam o tom grave da voz. Mudança de lugares, aprendizado de outras línguas, medicação e estados de espírito, tudo pode contribuir para a modulação vocal.

Mais do que as características do ambiente sonoro que destacamos acima, o diagrama a partir do qual a voz se estabelece recebe diversas influências e não é sempre uniforme. Atores e atrizes que precisam dar à voz um ar sedutor, automaticamente a transformam falando em tom mais grave. Algumas pessoas se dão conta da potência sexual de uma voz grave e fazem isso espontaneamente. Alguns casos psiquiátricos mostram pacientes com distúrbios de personalidade que transparecem diretamente na voz.

A voz aponta vários outros traços da personalidade. O psicanalista alemão Kare Abraham, discípulo de Freud, realizou um interessante estudo sobre a agressividade detectada por meio da voz. Vozes autoritárias e coléricas caracterizam-se por golpes duros de glote. Mas há também aquela que é contida, fria, metálica e com apenas um tom (monocórdia): essa voz também revela um ódio contido, é a voz do obcecado. Hitler tinha um discurso que procurava se refugiar nas sonoridades baixas para encontrar o timbre controlado e não passar abertamente o sentimento agressivo. Um pouco mais à frente, quando já está mais seguro de si, encontra "dificuldades vocais" em esconder sua cólera e lentamente a manifesta em gritos agudos. A voz do ditador era qualificada como bem ritmada e, finalmente, apoiada no *staccato* (que dentro da música é a indicação ao intérprete de que precisa cantar as notas em separado). "A interpretação psicanalítica sugere que uma atitude agressiva acentuará, seja em que língua for, a estrutura rítmica da frase, reforçará os acentos, fará diminuir o caráter melódico, simplificará o esquema melódico."[29] Quanto mais musical for a voz, mais distante da agressividade está quem a profere.

Na verdade, as notas de agressividade podem aparecer em qualquer voz como uma maneira de garantir ao enunciador algum poder ou uma dose de afirmação na combatividade pessoal. Por outro lado, as vozes doces, açucaradas, infantilizadas, são aquelas que conservam o caráter mais inocente, embora sejam uma grande armadilha, visto que as pessoas podem manejar o tom da voz como querem. Como a comunicação é a base dos relacionamentos humanos, é comum que as enfermidades psicológicas se manifestem justamente na dificuldade de dominar as mensagens que são transmitidas aos outros. Logo, estão diretamente ligadas à voz. A dificuldade de controlar a altura da voz, uma entonação incerta, a descontinuidade de tom e, muitas vezes, a afonia são traços de ansiedade, depressão, incomunicabilidade.

Por outro lado, a música e a melodia que podem ser tiradas de um desempenho vocal são o sinônimo de harmonia. É nesse momento que os foniatras e também os professores de música podem atuar detectando ou trabalhando os pequenos distúrbios vocais. Algumas pessoas só vão descobrir nas aulas de canto que os impedimentos que aparentemente pertencem à partitura na verdade são obstáculos que apareceram por bloqueios internos. Descobrir o seu próprio *legato*, a sua harmonia e a sua continuidade vocal é um trabalho também psicológico que remete ao reencontro com a felicidade dos primeiros vocalizos trocados com a mãe. Ter a voz harmoniosa na música é o segredo para poder se comunicar e arrebatar o público. O cantor capaz de encantar é aquele que transporta uma sala inteira para um presente de continuidade e de bondade, essa sensação que só sentimos na presença da voz terna e tranquilizadora da mãe.

> Os cantores que dão a voz ao mundo devem estar prontos para o sacrifício, porque o dom da voz é também a sua perda: não é verdade que anda sempre em fuga? Ouvi-la é sempre recordá-la; precedê-la na espera é também recear não poder ouvi-la.[30]

E isso justifica toda a tradição ligada aos concertos e às óperas: o silêncio que se faz no princípio, a expectativa da espera e, finalmente, o deleite da escuta com a sensação de que, quando terminado o espetáculo, não se voltará àquela experiência novamente.

2 — A materialidade da voz

No diagrama variado que estamos fazendo da construção da voz, existe mais um fator: a materialidade. O momento em que ela se forma é importante, mas existe também a língua, a maneira como essa voz se expressa, se coloca em palavras. E as palavras têm forma: sua própria densidade e espessura. É preciso atravessá-las. Como belamente definiu Sartre em *As palavras*, sua breve biografia de infância: "As frases resistiam-me à maneira das coisas: cumpria observá-las, rodeá-las, fingir que me afastava e retornar subitamente a elas de modo a surpreendê-las desprevenidas: na maioria das vezes, guardavam seu segredo."[31] Uma das maneiras de atravessá-las é dar corpo a elas através da voz. Para que as palavras sejam compreendidas, é necessária uma intervenção corporal sob a forma vocal, seja exteriorizando o discurso ou articulando essas palavras no interior, mentalmente.

Por isso, o pensamento e a significação das palavras se dão pelo e através do corpo. O discurso que alguém faz sobre o mundo é, então, seu corpo a corpo com o mundo. Toda voz vem acompanhada de um corpo. É ele que dá o suporte físico para materializar o som. O que Merleau-Ponty denomina *carne*: "palavra magnífica, emprestada à tradição do cristianismo primitivo. A carne, como noção ao mesmo tempo primeira e última", explica Zumthor. É a partir dessa carne que emanam as palavras com toda a sua concretude, presença, espessura, e é para ela que retornam e retumbam quando alguém as ouve.

E cada texto, cada discurso, cada fala pode dizer uma coisa diferente a quem os escuta ou lê. Quando dizemos que determinado livro nos diz algo, ou detectamos um tom num autor específico, significa que verdadeiramente podemos ouvir o que flui de um texto e às vezes imaginar que, por trás do que está escrito, existe um corpo que o produziu. Como se o leitor sentisse a vocalidade como uma presença irrefutável. Há vínculos inegáveis e naturais entre a linguagem e a voz. Por isso, há a dificuldade, já apontada acima, de separar a linguagem da voz (a leitura da escuta), já que as duas constituem de fato dois lados de uma mesma moeda.

O estudo de Paul Zumthor sobre performance é pautado em reflexões que encontram na poesia a maior parte das características físicas da voz. Analisando os trabalhos de Alfred Tomatis, Denis Vasse e Iván Fonagy, ele depreendeu algumas observações interessantes para o estudo da voz. Primeiramente, a voz é uma maneira de instituir alteridade, ou seja, a partir do momento que o "eu" é proferido, instaura-se a palavra de um determinado sujeito. A voz não chega a ser um objeto, ela é o próprio lugar do simbólico. Por outro lado, qualquer objeto concreto só adquire uma dimensão simbólica na medida em que é vocalizado. A voz é capaz de atravessar o limite do corpo sem rompê-lo e instaurar um lugar para o sujeito fora dele: nesse sentido, "desaloja o homem de seu próprio corpo". O mais belo é que escutar o outro é ouvir também nosso próprio silêncio

Não importa a maneira como o indivíduo vai dar potência às palavras: se num discurso ou numa leitura silenciosa. O fato é que só serão verdadeiramente expressivas se utilizadas em toda a sua força e sua atualização, que acontece apenas através da ação vocal. Então, a forte impressão que um discurso oral possui vem exatamente do mecanismo que destacamos antes para o canto. O falar é o equivalente a um espetáculo: a voz repousa num corpo silencioso e, de um momento ao outro, sem se dar conta da ansiedade de quem escuta, emana desse corpo e volta a ele. O silêncio é um nada que, integrado ao jogo da voz, passa a ter valor de significante. É ele que marca as pausas dramáticas, por assim dizer.

Nos homens, a voz é modulada pela cultura, está colada à linguagem, à sintaxe e ao ambiente cultural. É o elemento que se situa entre a palavra e o corpo: o som estabelece a ligação entre todas as atividades glandulares, viscerais e musculares do aparelho vocal e a linguagem proveniente do pensamento. Qualquer voz traz em si um pouco da memória do corpo que a leva. Os pais que tivemos, nosso ambiente sonoro, o que escutamos ainda na vida uterina, tudo contribui para estruturar a voz que temos hoje. Proferir palavras e sentenças é algo extremamente efêmero, mas o som que existe na voz que as profere é formado por temporalidade, história e memória.

A voz é também uma garantia de sociabilidade: vemos que não estamos sozinhos no mundo quando falamos algo ou escutamos os outros falando. A sensação de solidão termina quando ouvimos nossa própria voz. É comum que algumas crianças que têm medo do escuro falem ou cantem sozinhas para acalmar-se: é a garantia de que há uma presença vocal além do aterrador sentido visual da escuridão. O ato de falar é investido de dupla escuta: a do outro e a de nós mesmos. O espelho funciona imediatamente. Diferente da visão, que precisa de um objeto que reflita o corpo e que esteja no campo delimitado pelos olhos, a fala já conta com um receptor natural pertencente ao corpo. O ouvido escuta não apenas essa presença material e proferida, feita de timbre, intensidade e frequência, como também a voz que pertence ao nosso interior e que está presente nos discursos realizados em pensamento. A minha voz quando ouvida revela o que sou ao outro, mas também a mim mesmo.

Émile-Auguste Chartier — ensaísta, jornalista e filósofo, que escreveu com uma série de pseudônimos, entre eles o de Alain — desenvolveu uma coletânea de conceitos sobre a voz, os sons e o canto que explica bastante a ligação entre a música vocal e a comunicação. "O que é característica da música é que nela a voz é, apenas a voz, testemunho de nossas mudanças íntimas e dos nossos afetos", explicava Alain em seu livro *Les Arts et les Dieux*. Ou seja, a música seria a voz em seu estado puro de comunicação.

A melodia encantadora é aquela que não cede à cólera, que rege a linguagem no funcionamento de todos os sons possíveis de maneira harmoniosa. Para Alain, ela está nas composições de Mozart ou Beethoven, que resumem e contêm de maneira completa e intensa todos os afetos. Para mim, nas suítes de Bach e, para outros leitores e interlocutores, em outros tipos de músicas existentes ou sonhadas. Para Barthes, por exemplo, a voz que lhe dá sensação de pertencimento, de proteção e afeto é a de Panzéra:

> Eu gosto desta voz — gostei dela toda a minha vida. Com 22 ou 23 anos, querendo aprender canto, não conhecendo nenhum professor, com intrepidez dirigi-me ao melhor dos cantores de melodias dessa época de entre as duas guerras, a Panzéra.[32]

É exatamente a partir dessa voz que Barthes desenvolve o seu conceito de "grão da voz": "quando a voz se encontra em dupla postura, em dupla produção: de língua e de música". É o exato momento no qual ou em que uma língua encontra uma voz. Para Barthes, o modelo perfeito dentro da música cantada é o *lied*. Mas ele não se prende apenas ao modelo musical, vai servir-se das definições teóricas de Julia Kristeva de fenotexto e genotexto. Faremos o uso cruzado das visões de Barthes e Kristeva porque, na verdade, pretendemos trabalhar aqui com a voz interior, a voz do leitor e o texto literário.

Barthes acredita que é no canto que os dois textos aparecem: o fenocanto, que cobre todos os fenômenos e traços derivados da língua cantada, e o genocanto, que extrai da língua sua própria materialidade. O primeiro, como o fenotexto, está ligado a idioletos e estilos de representação, ou seja, a tudo que está a serviço da comunicação, da representação e da expressão. O segundo, tal qual o genotexto, refere-se a um jogo significativo que escapa aos padrões entendidos pela comunicação ou usados para a representação do sentimento. E, a partir daí, Barthes escolhe dois cantores que exemplificam as duas formas. Fischer-Dieskau é um cantor de dicção dramática, excessiva paixão no desempenho, com uma performance em que a alma acompanha o canto e o torna parcial em demasia. Panzéra, ao contrário de Dieskau, tinha um canto particular porque concentrava sua expressividade nas letras. Ao escutar Panzéra, ouvia-se uma voz vinda da língua, da glote, dos dentes e do nariz, era o corpo se fazendo presente.

A voz se situa exatamente na articulação do corpo e do discurso. O que Barthes destaca com o conceito de "grão da voz" é a corporeidade do falar, mas que pode ser aqui entendida também como a corporeidade da leitura. O grão está ligado não só ao timbre, à intensidade, à textura da voz, como também no destaque da língua em seu sentido puro, sem levar em conta a mensagem de uma fala, mas a fala em si. "O grão seria isso: a materialidade do corpo falando a sua língua maternal: talvez a letra; quase seguramente a significância."[33] E, por mais que o conceito pareça tão efêmero como o lado concreto do fenômeno, é nele que vamos nos concentrar para entender os motivos pelos quais certas vozes marcam seus "ouvintes" mais do que outras. Além disso, buscaremos compreender por que algumas vozes, mesmo que gravadas, tornam presente imediatamente o corpo da qual saíram.

É claro que existe uma parte corporal que é muito forte e manifesta trazendo para o "discurso diário" o conceito de "grão da voz" de Barthes. Quando escutamos alguém falar, está presente o grão: o momento em que o som passa pela glote e toma "forma" para chegar aos nossos ouvidos. Todos os resquícios corporais estão contidos ali, algo que vem "do fundo dos músculos, das mucosas, das cartilagens" e que expõe diretamente o corpo de quem fala. O grão é manifesto, insistente e vai além do sentido das palavras; está nas pequenas falhas, na respiração, em uma hesitação ou outra ao continuar uma frase.

> A voz é, em relação ao silêncio, como a escrita (no sentido gráfico) sobre o papel branco. A escuta da voz inaugura a relação com o outro: a voz, pela qual se reconhece os outros (como a letra num envelope), indica-nos a sua maneira de ser, a sua alegria ou sofrimento, o seu estado; ela veicula uma imagem do corpo e, além disso, toda uma psicologia (fala-se da voz quente, da voz branca, etc.). Por vezes, a voz de um interlocutor atinge-nos mais do que o conteúdo do seu discurso e damos por nós a escutar as modulações de harmonias dessa voz sem ouvir o que ela nos diz.[34]

É nesse momento que nos apaixonamos e passamos a confiar numa voz.

Voz e afeto

No grupo de ensaios que Barthes compila em *O óbvio e o obtuso*, ele lança um olhar particular sobre a voz. Como lugar único e privilegiado da diferença, a voz humana é inclassificável e de difícil definição. Não há ciência, embora várias possuam conceitos sobre, que esgote o significado ou o conceito de voz. No final, as abordagens históricas, sociológicas, estéticas e musicais não conseguem limitar a voz a nenhum "compartimento", até porque a conceituação mais completa pode ser exatamente a mistura de todas essas abordagens. Mas há uma especificamente que chama a atenção de Barthes e a nossa também: é a abordagem psicanalítica, que coloca a voz como objeto de desejo. Se ocasionalmente uma voz se mostra inteiramente neutra, ela termina por transformar-se em objeto de horror. Um horror proveniente de desejo morto, o mesmo que nos assombra com o silêncio, ausência de voz ligada à morte.

A partir desse desejo, Barthes explica o seu afeto pela voz de Panzéra, um amor que o acompanhou por toda sua vida. Apesar de todos os motivos filosóficos que encontra para esse amor por meio do "grão da voz", Barthes reconhece que fundamentalmente o sentimento é subjetivo, bastante parcial. Porque a voz de Panzéra o toca de uma maneira irracional e inexplicável. Por mais *naïf* que isso possa parecer, é infinitamente verdadeiro: gostamos de ouvir as vozes que amamos. Encontramos nelas tanto a afinidade musical quanto a de leitura. Uma sensação inesgotável de prazer (de desejo satisfeito) se dá quando escutamos essa voz amada: é ela que faz com que possamos sair de nosso corpo, sonhar, fantasiar. Por isso, é um dos elementos mais importantes quando escutamos uma leitura.

Na música, essa voz, segundo Barthes, está no *lied* romântico, modelo que encontrou seu apogeu durante todo o século XIX pelas figuras de Schubert, Beethoven, Wagner, Strauss e outros. O lugar de escuta do *lied* romântico é o salão burguês, local social do romance, da "expressão codificada do amor". Coincidentemente, é também no século XIX que se desenvolve o grande romance literário com todas as características "burguesas". O *lied* tem a dupla tarefa romântica: de um lado, ajuda o cantor a sair de seu próprio corpo e deixar a emoção vagar fantasmaticamente através da voz; de outro, ressoa no ouvinte, desperta nele algo muito forte, entre o medo e o desejo. O *lied* emociona e desestabiliza os dois lados dos "vasos comunicantes" e o faz porque se dá pela voz, instrumento inclassificável.

O ouvinte escuta o *lied* e forma dentro da cabeça a imagem do ser amado. Perde-se nessa imagem, imagina o abandono que é não a ter por perto. Cria-se uma interlocução, mas ela é interna, imaginária, fechada na mais profunda intimidade de quem escuta. "Pouco importa de onde vem a ferida ou a alegria: para o apaixonado, como para a criança, é sempre o afeto do sujeito perdido, abandonado, que o canto romântico canta."[35] Já aquele que canta faz do *lied* secretamente um objeto de dedicatória: está contida nele uma declaração de amor surda à pessoa amada. Um tipo de confissão que nenhum poema ou prosa é capaz de preencher com a mesma intensidade ou significância.

O mais bonito nessa versão musical da declaração de amor é que, por mais narcisista que seja, o mundo do canto romântico não está ligado estreitamente à imagem do ser amado ou à imagem que cada um reflete de si quando pensa no outro. O canto romântico faz alusão ao mundo que o sujeito amoroso tem na cabeça, onde não habita apenas o ser amado, mas figuras, sensações, cheiros, gostos, lembranças de situações e de pessoas, qualquer coisa que seja originária de "uma ferida, uma nostalgia ou uma felicidade". A música, através das vibrações incontestes da voz, entra na "armadura de pele" e desperta o prazer ou a dor de alguma sensação ou memória que estava, até então, guardada.

Algo mexe, desorganiza e rearruma as estruturas internas porque atua ali no limite entre o corpo e o pensamento, na fronteira entre a realidade e a fantasia, e porque se mostra inteiramente irracional e inexplicável. Isso ocorre infinitas vezes na música e varia de ouvinte para ouvinte — em cada pessoa uma voz particular aguça uma reação particular —, mas acontece também de maneira variada na literatura. Cada texto lido gera reações particulares em leitores diferentes. E, de fato, as epifanias textuais de cada um tocam a essência desses leitores, desestabilizam seus sentimentos e fazem, muitas vezes, com que pensem nas situações, memórias ou pessoas amadas. O mesmo acontece se esses textos são lidos por uma voz amada, repete-se uma sensação semelhante à do *lied* romântico. Ressoa no leitor a memória dos melhores momentos, ajuda-o a reencontrar-se com o prazer do texto.

As vozes amadas

Panzéra para Barthes, Anne-Marie para Sartre, a senhora Guermantes (mistura da mãe, Jeanne Proust, e da avó Adèle Weil) para Proust e meu pai ao ler para mim. Na realidade e na ficção, essas vozes, as vozes amadas, são capazes de tranquilizar a maior das angústias e devolver a mais pura felicidade. Talvez passemos grande parte de nossas vidas procurando essa voz ou a sensação de bem-estar que emana dela. Porque é ela que nos dá a sensação de conforto, remete mnemonicamente a algum tempo ou lugar em que éramos felizes. Escutá-la nos leva a reencontrar um tempo e um espaço, revisitá-los mentalmente. Jorge Luis Borges, em uma de suas entrevistas, explica desoladamente sua visão de felicidade:

> Creio que "ser feliz" é algo muito raro, ocorre pouquíssimas vezes. A felicidade está geralmente no passado e isso é, com certeza, uma forma de infortúnio presente. Por outro lado, querer ser feliz é uma tarefa ainda mais difícil de se conseguir. Para mim a felicidade consiste, quiçá, em ter sido feliz alguma vez [...].[36]

O que podemos depreender da visão borgiana é que a felicidade nada mais é do que a emanação de um passado. A diferença é que, ao contrário do que Borges acredita, podemos atualizar esse passado, torná-lo presente por meio de elementos ligados aos nossos sentidos: um cheiro, um gosto, uma visão, uma textura, uma música, um livro e, finalmente, uma voz. Não que a felicidade não apareça em momentos presentes, mas ela é capaz também de viajar no tempo e retornar sob forma de lembrança ou reconhecimento. A música ou o cheiro destacam, com a memória de alegrias passadas, o momento de bem-estar no presente. Madeleine de Proust. Cheiro de tabaco para Sartre. Meus saborosos ovos nevados.

Todos esses *aides-mémoires* são sinais de encontros amorosos, rastros de momentos felizes que despertam sensações primárias de prazer. Seguramente, o principal deles é a voz materna. Dentro da obra de Marcel Proust, essa voz desempenha um papel de espelho sonoro: a entonação melodiosa e terna acalma a angústia da criança que teme perder o seu objeto de amor. Um dos episódios de *À La recherche du temps perdu* em que Proust trabalha exatamente a intensidade desse amor é o momento em que o narrador precisa do beijo da mãe para acalmar-se e dormir. A saída que encontra é enviar um bilhete pela criada Françoise. A princípio, a tentativa é um fracasso, mas o pai, com pena da criança, permite que a mãe vá vê-lo e leia para ele.

O livro eleito é *François le Champi*, de George Sand. A capa avermelhada e o título que ainda não podia entender davam ao menino uma sensação de que aquele volume era uma personalidade única e misteriosa. Essa "personalidade" é apresentada ao narrador pela apaziguadora voz da mãe: a voz que vai ajudá-lo a realizar a passagem do mundo real ao fictício, da vigília ao sono.

> Minha mãe, se não era uma leitora fiel, também não deixava de ser, para as obras onde encontrasse a marca de um sentimento verdadeiro, uma leitora admirável quanto ao respeito e simplicidade da interpretação, e à beleza e suavidade do tom. [...] atenta em banir toda trivialidade, toda afetação que pudessem servir de obstáculo àquela poderosa onda, dava toda a ternura natural, toda a ampla doçura que exigiam aquelas frases que pareciam escritas para a sua voz [...].[37]

Os remorsos da criança estavam acalmados, seus medos, seu confronto com a escuridão e o "mundo lá fora", todos os perigos se estabilizavam pela simples escuta da voz materna. Durante muito tempo, a personagem acorda no meio da madrugada e com a recordação quente e visível daquela noite em Combray, se acalma, procura esquecer suas angústias.

Marie-France Castarède acredita que o reconhecimento de um refrão, de uma frase musical, de um *leitmotiv*, qualquer coisa que seja próxima e redundante, leva alguém a se familiarizar e acalmar. Lembremos da criança que caminha no escuro e cantarola uma música com a finalidade de aquietar sua aflição. Uma ária que ela repete para se "apropriar" da voz materna. Essa melodia é a possibilidade que qualquer homem possui de descobrir a sua frase musical, o trecho cantado ou escutado que o faz feliz porque traz consigo recordações especiais. Em Proust, ela é uma frase da sonata de Vinteuil, que desperta em Swann todas as recordações dos momentos sublimes que passou ao lado de Odette. Felicidade pretérita que parece irrecuperável para ele no presente: "[...] todas as lembranças do tempo em que Odette estava enamorada dele [...] despertavam e subiam em revoada para lhe cantar apaixonadamente, sem piedade para com seu atual infortúnio, os refrãos esquecidos da felicidade."[38]

A sonata é quase uma presença, uma "persona", uma musa, que com poderes espetaculares transporta Swann para outro tempo e espaço. A frase de Vinteuil pertenceria, no entanto, "a uma ordem de criaturas sobrenaturais que nunca vimos, mas que, apesar disso, reconhecemos enlevados". É a felicidade que nunca tivemos, ou que um dia tivemos e que se encontra fixada de maneira específica, mas também volátil, num movimento musical. Então, encontrar uma frase musical é sempre reencontrá-la, é revisitar uma alegria e saber que, a seu tempo, na duração mesma da música, ela vai suscitar a lembrança de uma felicidade perdida, lembrança que se esgotará também com o último acorde. Naquele curto intervalo de tempo, somos capazes de tudo: oscilamos entre o desejo e a nostalgia, a perda e o reencontro, a sublimação e a desolação.

A voz é o instrumento que, assim como a música, revela o lado afetivo e irracional do homem. Mas é também o lugar por excelência da polissemia, em que o intelectual e emocional se encontram não só no discurso de quem fala, mas nas associações verbais de quem escuta. Portanto, não importa apenas que seja a voz materna, é preciso que seja uma voz amada. E a voz para ser amada tem que amar o que está fazendo. Precisa ser uma "leitora admirável", um cantor que realmente participa e sente, que coloca o corpo (a carne) em sua performance, uma interpretação tão genial e única que faça com que os espectadores se enamorem de uma voz. Ou seja, não importa necessariamente a voz, mas o nível de comprometimento que ela terá com a composição (seja ela musical, poética ou prosódica).

Na autobiografia de Sartre — *As palavras* —, o escritor mostra o princípio de sua "história de amor" com as palavras: a infância. Admirador inconteste do avô, Charles Schweitzer (leitor assíduo e dono de uma enorme biblioteca), o menino Jean-Paul passa grande parte de seus primeiros anos cercado de livros e ansioso para compreender o funcionamento das misteriosas "caixas". Um dia, depois de abri-los uma série de vezes, acariciá-los, beijá-los e surrá-los, Sartre deposita um volume nos joelhos de sua mãe. Anne-Marie imediatamente lhe pergunta: "O que queres que eu te leia, querido? As Fadas?". Ao que Sartre imediatamente duvida: "As Fadas estão aí dentro?" Estariam, de fato. Recobrariam vida através da voz de Anne-Marie. A história, as fadas, tudo era conhecido. A mãe já lhe havia contado em algum momento — durante o banho, penteando os seus cabelos ou trocando sua roupa —, mas agora as histórias estavam organizadas, pertenciam a um livro e Anne-Marie as tirava das páginas impressas e transformava em discurso.

O menino, que só tinha "olhos" para a mãe, passa a ter ouvidos para ela também. O espelho, que sempre se deu pela imagem, reflete agora a voz. A voz de Anne-Marie, insegura, perturbada pela servidão, converte-se em objeto de amor pelo filho, porque é ela a via de acesso ao conteúdo dos livros. Durante o tempo em que acontecia o relato, a leitura em voz alta, Sartre tinha a impressão de estar longe dos homens, dos deuses, das exigências diárias, a leitura o fazia entrar em contato diretamente com as "fadas".

> Anne-Marie fez-me sentar à sua frente, em minha cadeirinha; inclinou-se, baixou as pálpebras e adormeceu. Daquele rosto de estátua saiu uma voz de gesso. Perdi a cabeça: quem estava contando? O quê? E a quem? Minha mãe ausentara-se: nenhum sorriso, nenhum sinal de conivência, eu estava no exílio. Além disso, eu não reconhecia sua linguagem. Onde é que arranjava aquela segurança? Ao cabo de um instante, compreendi: era o livro que falava.³⁹

Essa história e todas as outras que Sartre escutaria nessa mesma fase da infância e depois são o cerne de suas duas paixões: pela voz materna e pela literatura.

A voz é a revelação mesma do Outro em todas as suas matizes: apaixonar-se por ela é entregar-se ao seu dono. A regularidade da voz amorosa surte o mesmo efeito do *babytalk*: a harmonia e a felicidade. É como se fosse um longo *lied*, o canto legato que nos remete à felicidade primordial anterior à separação da mãe, um som que nos leva à ideia de completude.

Por isso o poder da voz dos cantores. Ouvir uma música é uma das maneiras possíveis de ascendermos a uma espécie de imortalidade. A voz materna, com seu tom e timbre, cantando ou lendo, é uma das primeiras fontes de prazer auditivo. A primeira voz amada. Primeira de algumas outras que vão desde o ser que amamos até os cantores e ledores que nos emocionam. Ouvir uma música ou uma história causa prazer porque suspende o tempo, ou melhor, faz-nos esquecer o mecanismo inabalável do relógio, que impõe um ritmo quase injusto às nossas vidas. A música nos faz ter acesso a uma espécie de eternidade: enquanto a escutamos, paramos no tempo, ganhamos a sensação de uma satisfação duradoura. "Porque, embora seja temporal, a música também é o nosso protesto contra o irreversível, um meio de revivermos o mesmo no outro."[40]

Notas

1. Paul Zumthor, *La letra y la voz en la literatura medieval*, p. 119.
2. Walter Ong, *Oralidad y escritura*, p. 119.
3. *Ibidem*, p. 126.
4. *Ibidem*, p. 130.
5. Mais detalhes sobre a permanência da oralidade através do teatro estão em *Voice in modern theatre*, de Jacqueline Martin.
6. Silvia Adriana Davini, *Cartografías de la voz en el teatro contemporáneo*, p. 36.
7. Conquergood *apud* Silvia Adriana Davini, *Cartografías de la voz en el teatro contemporáneo*, p. 122.
8. Silvia Adriana Davini, *Cartografías de la voz en el teatro contemporáneo*, p. 117.
9. Na verdade, o conceito sempre foi amplo. A diferença é que a partir do século XX começou a ser enxergado e definido pelas suas funções múltiplas.
10. Erika Fischer-Lichte, "Performance Art and a Performative Culture: Theatre as Cultural Model", in: *Theatre Research International*, p. 23-24).
11. Sobre isso, ver John Cage, *Silence*.
12. Silvia Adriana Davini, *Cartografías de la voz en el teatro contemporáneo*, p. 119.
13. Gilles Deleuze; Félix Guattari, *Mil Platôs* (vol. 2), p. 52-53.
14. Raymond Murray Schafer, *O ouvido pensante*, p. 192.
15. Lembrando que a maioria dos sons responsáveis pela poluição da paisagem sonora são ruídos humanos, porque produzidos por homens ou por artefatos criados por nós.
16. Marisa Fonterrada *apud* Raymond Murray Schafer, *O ouvido pensante*, p. 10.

17. "le silence éternel de ces espaces infinis m'effraie".
18. Mara Behlau; Paulo Pontes, *Princípios de reabilitação vocal nas disfonias*, p. 20.
19. Marie-France Castarède, *A voz e seus sortilégios*, p. 55
20. Michel Imberty, *Les Écritures du temps*, p. 176.
21. Marie-France Castarède, *A voz e seus sortilégios*, p. 11.
22. Pierre Brunel, *Dicionário de mitos literários*, p. 771.
23. Marie-France Castarède, *A voz e seus sortilégios*, p. 40.
24. *Ibidem*, p. 42.
25. *Ibidem*, p. 53.
26. Marie-France Castarède, *A voz e seus sortilégios*, p. 232.
27. *Ibidem*, p. 235.
28. *Ibidem*, p. 28.
29. Iván Fonagy, *La Vive Voix*, p. 151.
30. Marie-France Castarède, *A voz e seus sortilégios*, p. 259.
31. Jean-Paul Sartre, *As palavras*, p. 37.
32. Roland Barthes, *O óbvio e o obtuso*, p. 267.
33. *Ibidem*, p. 258.
34. *Ibidem*, p. 244.
35. Roland Barthes, *O óbvio e o obtuso*, p. 256.
36. Jorge Luis Borges, *El hacedor*, p. 81.
37. Marcel Proust, "No caminho de Swann", in: *Em busca do tempo perdido*, p. 46-47.
38. *Ibidem*, p. 331.
39. Jean-Paul Sartre, *As palavras*, p. 34-35.
40. Vladimir Jankélévitch, *La Musique et l'ineffable*, p. 123.

VI. O AUTOR CEGO

Já ajudou um cego a atravessar a rua? Existe uma sensação de extrema responsabilidade nisso. É um contrato de cumplicidade: o cego precisa confiar em nós, e nós, nele. Porém, o guia é desconhecido. Como confiar nele? Ler para um cego é ser um guia nos caminhos textuais. No entanto, como na rua, é o cego que indica que direção tomar, ele conhece os lugares, as coisas, mas não enxerga e supõe que possamos ser, mesmo que por um momento, os olhos dele neste mundo. Imaginemos, então, que nos tornemos o guia um cego por algumas semanas, até alguns meses. Se alguma vez ele nos pedir para ir a um lugar e nós errarmos o seu caminho de costume, será que perderemos a sua confiança para sempre? O ledor é um guia que precisa ganhar o crédito do seu leitor.

A escolha desse guia sempre foi importante para o cego. Principalmente quando esse cego, além de leitor, é também autor. O processo de criação autoral toma as mais variadas formas. Há autores que só trabalham no silêncio absoluto, outros precisam de música, um terceiro grupo prefere o isolamento, com a ajuda de belas paisagens ou em qualquer quarto de hotel. Os lugares de invenção variam proporcionalmente aos lugares de leitura. Mas uma coisa muda pouco: as pessoas com quem esses autores compartilham suas primeiras notas de criação. Essas são pessoas especiais, únicas, cuja opinião é muito cara e importante para eles.

São os pares intelectuais. Pessoas que se unem por meio do texto, da escrita e da troca de ideias. Truman Capote dividia as suas angústias literárias com a grande amiga e escritora Harper Lee, Clarice Lispector escrevia cartas para Fernando Sabino e Elizabeth Bishop gostava de contar com a companheira Lota Macedo Soares para ler os seus poemas. São muitas as relações que envolvem essa parceria: respeito pela opinião do outro, aproximação intelectual, interesse afetivo. Mas esse lugar de interlocutor, daquele que partilha o processo de criação do autor, está reservado a poucos.

Mostraremos, nesta última parte do livro, as relações de Jorge Luis Borges e João Cabral de Melo Neto — dois escritores que ficaram cegos — com os seus guias. Guias de leitura, que no caso de Borges podiam ser seus alunos ou amigos, e "guias de criação": Borges nunca abriu mão da ajuda de sua mãe, Leonor Acevedo Borges. Quando ela faleceu, sua esposa, Maria Kodama, assumiu o papel de ledora e amanuense. João Cabral jamais se separou das leituras feitas por sua esposa, a poetisa Marly de Oliveira. O primeiro, com uma produção poética intensa, não deixou de escrever mesmo na escuridão. João Cabral entregou-se ao dissabor da cegueira, principalmente porque a sua escrita era cunhada com as mãos, era trabalho de artesão, ele usava a máquina de escrever apenas para passar os textos a limpo.

Para quem produz textos na cegueira é necessária a presença de alguém que faça as tarefas de ledor e de escrevente e que precisa fazer o duplo trabalho de escrever o que o autor está ditando e depois ler para ele para que as correções sejam feitas. A maioria dos livros escritos durante a Idade Média ainda era feita com a ajuda de escribas e revisores, o trabalho do autor era praticamente proporcional ao desses outros indivíduos. O autor era apenas mais um dos participantes do livro, mesmo quando colocava nas lousas ou em pedaços de pergaminho o que gostaria de escrever, seus assistentes trabalhavam para finalizar o texto em gramática e coerência. Muitos autores não tinham facilidade com a *scriptio continua* e precisavam ditar suas criações.

Mais ou menos no início do século XI, a mesma privacidade que se insinuava pela leitura silenciosa era um desejo dos escritores, que viam na separação das palavras a chave para o sigilo na composição manuscrita. Nos séculos XI e XII, os autores começaram a querer ter o gosto de redigir os seus textos de próprio punho. Alguns deles ficaram satisfeitos em tornar o ato da escrita privado: longe dos olhos e ouvidos do escrivão, poderiam agora expressar seus pensamentos mais íntimos. "O verbo *dictare* no século XII havia perdido sua conotação obrigatoriamente oral e era utilizado para expressar composição por escrito e cópia visual."[1]

Apesar de todas as mudanças que vinham sendo operadas para garantir a privacidade do escritor no ato de criação, muitos autores mantiveram o hábito de ditar o texto para os escribas. Mas a escrita solitária ainda tinha alguns impedimentos, e o maior deles era o complexo trabalho de escrita, ainda muito lento e difícil. Outro grupo de autores não esmoreceu diante dos obstáculos e procurou passar por eles e tirar partido da intimidade que começava a se instaurar com o texto. O criador começa a se identificar mais com os seus próprios escritos e com o leitor, e essa nova relação de proximidade influencia a produção de textos eróticos.

Poder exteriorizar a "voz interior" sem intermediários proporcionou uma liberdade especial para esses autores. Uma liberdade que persiste até os tempos de hoje. No entanto, o autor cego precisa frequentemente voltar ao ditado e abrir mão da tão sonhada privacidade. Um exemplo histórico dessa experiência é o do escritor Guilbert de Nogent, que usufruiu da privacidade na escrita para começar a compor poemas eróticos e alguns ensaios contrariando a Igreja. Essas obras conseguiu manter secretas, longe das pessoas que trabalhavam ou viviam com ele. Ironicamente, Nogent acabou ficando cego no fim da vida e precisou voltar a ditar seus escritos a um secretário. O autor:

> [...] amargamente lamentava a perda de visão que o obrigava a redigir "somente com a memória e a voz, mas sem as mãos e sem os olhos". Ele se ressentia da interferência causada pela presença do secretário e lamentava não poder olhar para o seu texto escrito para rever o estilo e aperfeiçoar a escolha das palavras.[2]

As mesmas "queixas" que os autores cegos têm agora: depois de muitos anos para conquistar a privacidade do ato da escrita, precisam voltar às antigas formas de produção de texto e tornarem-se dependentes novamente de uma segunda pessoa que se interpõe entre eles e a criação do texto.

Na verdade, essa independência é fruto de um longo processo histórico. Nem sempre foi assim: leitores de um lado e autores de outro. Na época de Plínio, como já falamos, o bom leitor era aquele que ouvia o texto e expressava suas impressões. Uma série de autores reescreveu seus livros e discursos baseados em leituras públicas e nas críticas de seus leitores. O contato, então, era direto. Não bastava o autor escrever o texto, mas era necessário também que ele soubesse como fazer disso uma performance. As leituras eram enormes, duravam horas, às vezes alguns dias, era preciso uma atenção redobrada da plateia para não perder trechos. No entanto, como diria Horácio, pouco a pouco o prazer do que era ouvido se transferia para as "delícias vazias fugazes" do que era visto. As leituras públicas passaram a ser um encontro social, um lugar para ver e ser visto.

A "morte" do autor fazia com que o leitor passasse a ter livre comércio sobre o texto. Entretanto, o autor continua a ser o criador mágico, o alquimista responsável pelo caráter encantatório da obra. Os leitores ainda hoje buscam leituras públicas porque querem escutar a voz do escritor, compará-la à que imaginaram durante a leitura ou entender que vozes o autor tinha em mente quando criou determinados personagens. Querem ver o rosto desse alguém que foi responsável por idealizar um determinado conto ou romance, esse criador de um universo particular, esse pequeno deus. O corpo responsável por engendrar personagens, o "fazedor" que teria sonhado e forjado o doutor Fausto, Raskólnikov, Emma Bovary e Cândido.

Do outro lado está o autor, cada vez mais solitário pela fama, tentando encontrar os leitores que o acompanharão por um livro, dois ou por toda eternidade. Se ao menos alguma vez o autor soubesse quais os rostos ou interesses desses leitores, ele se preocuparia em escrever pensando unicamente nas necessidades deles? Como o personagem do livro *A abadia do pesadelo*, de Thomas Love Peacock, que, ao descobrir que sete exemplares de seu livro foram vendidos, adivinha um bom presságio e coloca esses sete leitores como os candelabros que iluminarão o seu caminho. Dickens era um grande leitor do próprio texto, bastante eloquente, fazia enormes turnês de leitura e se preparava pelo menos dois meses antes para treinar a forma de falar e os gestos, nunca deixou de anotar o comportamento do público. Gostava de arrancar reações extremas de choro e risada porque acreditava que sua voz e seu texto eram fonte de grande poder, um poder de mover e controlar o leitor.

Mesmo para Dickens, que fazia de cada apresentação uma nova experiência, as leituras eram feitas para dois públicos: os amigos, que ajudavam a polir o texto antes da escrita final e a avaliar que efeito o livro podia causar no leitor; e o grande público, que tinha que ser arrebatado para divulgar a obra e tornar o autor conhecido. Uma primeira leitura é sempre presenteada às pessoas mais próximas do autor. Ariosto leu para Isabela Gonzaga seu *Orlando Furioso*, ainda inacabado, em dois dias, para distrair a moça que estava convalescente. Molière não precisava de um ouvinte cuidadoso: lia suas peças para sua criada. Era a única maneira de escutar a própria voz.

O fato é que esse primeiro ato, o da criação, dá-se no escuro e no isolamento. "É à luz que lemos as invenções alheias; sob a escuridão, inventamos nossas próprias histórias", diz Alberto Manguel. Quantas vezes esses autores, nos momentos de insônia, antes de dormir, na escuridão de algum cômodo, olhando a noite estrelada, não estruturam o princípio de um romance, um conto ou uma novela? Em conversas com amigos, na presença da pessoa amada, em cartas e discussões com seus pares intelectuais, escritores alentaram as primeiras ideias para suas histórias. Quantos prólogos, prefácios e resenhas Borges não fez de livros inventados? O fato é que, para iniciar o processo produtivo, esses autores, videntes ou não, necessitam da mesma exigência dos leitores: silêncio, isolamento e retiro.

Nem sempre era possível aos autores, tanto por questões econômicas como pessoais, encontrar esses espaços de insularidade. O período do Renascimento não apenas foi de grande importância para destacar o olhar, como também foi o tempo do "despertar da individualidade". Na época, para quem aspirava a ser um escritor, possuir um espaço privado para a criação era sinônimo de gosto e educação civilizada. Mas, antes disso, alguns homens e mulheres já começaram a criar estúdios com espaços em que se recolhiam do movimento mundano e da vida social. Lugares onde podiam aprender, crescer, ler, escrever e refletir. O par silêncio e penumbra sempre foi o ideal para criar. Maquiavel gostava de ler e escrever em seu estúdio à noite: era a hora que lhe parecia mais propícia para manter o pensamento livre e voltar à intimidade com o texto. Quando chegava a casa à noite, tirava as roupas, "enlameadas e suarentas", que havia usado durante o dia, e com trajes novos entrava no seu santuário. "E por quatro horas esqueço este mundo, não me lembro dos aborrecimentos, não temo a pobreza, não tremo diante da morte: sou parte daquele mundo."[3] Por "aquele mundo" entende-se o mundo dos livros, a bolha criada por seu estúdio.

Todo escritor precisa desse lugar. Como se fosse um velho barco em que, náufrago e sem bússola, ele recorre uma e outra vez para dar forma aos seus escritos. Cícero dizia que ler e escrever traziam uma distração dos ruídos do mundo. Tinha um estúdio à beira-mar em Antium em que passava horas lendo e escrevendo e, quando precisava de um tempo para pensar, "contava as ondas". Virginia Woolf, como autora e leitora, considerava essencial um lugar privado, em que a mente pudesse mergulhar por inteiro no texto. Liberdade e paz eram as necessidades da escritora, aliadas a um recinto onde a noite já tivesse chegado, com as cortinas bem fechadas.

Nos lugares de criação, o autor vai se cercar de objetos pessoais, de talismãs que o "ajudam a pensar", e é também aí que vai reunir os livros, seus grandes companheiros, que vai folhear de tempos em tempos para poder escolher uma palavra, completar uma frase, estruturar um pensamento. Alberto Manguel se cercou de alguns objetos provenientes de lugares distintos que manuseia quando está em busca de uma nova palavra. Entre eles, estão lembranças de viagens feitas, presentes de amigos, coisas recolhidas ao acaso A lista inclui um osso esculpido em forma de crânio de Budapeste, um seixo da caverna de Sibila e até uma pedra-sabão em forma de cavalo de Congonhas do Campo, além da pilha de livros que gosta de folhear:

> Todos esses são como que extensões de mim mesmo, a postos e ao alcance da mão, sempre prestativos, conhecidos de muito tempo. Muitas vezes, tive que trabalhar em aposentos sem esses volumes familiares, e senti sua ausência como uma espécie de cegueira ou falta de voz.[4]

Imaginemos Borges no "aconchego" de sua escuridão, no período final de sua vida em que fazia uma série de viagens com Maria Kodama. Ele também tinha o seu ambiente de trabalho, cercado de objetos como a escrivaninha que fora de sua mãe quando era criança, uma caneca de mate prata pertencente ao seu avô, a pintura feita por sua irmã Norah Borges que representava a Anunciação e a sugestiva gravura de Piranese com as ruínas circulares. Borges saiu desse apartamento e percorreu uma série de regiões com Maria Kodama, seja como convidado em congressos, seja pelo simples prazer de viajar. Das fotografias e textos gerados nessas viagens, escreveu *Atlas*, um de seus últimos livros. Dizia no prefácio que o descobrimento do desconhecido não era privilégio apenas de Simbad ou de Copérnico. Todo homem começa descobrindo os sabores, as texturas, as cores do arco-íris, encontra rostos, mapas, animais e astros e continua entre a dúvida e a fé. Uma das características de Borges era redescobrir coisas. Quando andava pela mesma e antiga biblioteca, não cessava de descobrir:

> Eu gosto de fazer de conta que não sou cego, que me aproximo dos livros como um homem que pode ver [...] Ando curioso por novas enciclopédias. Imagino que posso seguir seus mapas, o curso dos rios e que descubro maravilhas nas descrições.[5]

CRIAR NO ESCURO

Como um autor, artista, desenhista ou escultor pode criar no escuro? Como nós, leitores, podemos saber que uma determinada obra foi escrita, feita, esculpida por um autor cego? São perguntas difíceis de responder. Em seu belo texto criado para a exposição *Mémoires d'aveugle*, Jacques Derrida aponta uma das saídas para se criar no escuro. Ele explica que tanto a origem do desenho como a da pintura está em representações em que a memória substitui a percepção. No grupo, podemos colocar também a origem de uma criação literária. A origem do desenho parte de um relato exemplar: *Dibutade*, uma história que foi, várias vezes, representada em pinturas. Dibutade, a jovem corintiana, precisou se separar de seu amante por alguns dias. Para cristalizar a imagem do ser amado, ela decide, então, contornar a sombra desse homem numa parede, ajudada pela luz de uma lâmpada.

Além de reforçar que a origem do desenho nos faz lembrar a espeleologia platoniana, o relato também aponta para uma criação que tem seu cerne numa representação gráfica na qual o modelo está ausente ou invisível. Enquanto Dibutade desenha, ela não pode ver o seu amante, precisa virar as costas para ele. Como se fosse uma versão feminina de Orfeu, a moça precisa mostrar o seu amor ao amante sem olhá-lo.

> [...] como se ver fosse proibido para desenhar, como se só desenhássemos com a condição de não ver, como se o desenho fosse uma declaração de amor destinada à invisibilidade do outro subtraído ao ver.[6]*

Em algumas pinturas sobre o tema, Dibutade ainda encontra um guia: um Cupido. Esse personagem a ajudará a seguir os traços da sombra do amante. Mas existe uma especificidade: o Cupido está com os olhos vendados. O que restaura o mito do amor cego, de gostar de alguém independentemente de suas qualidades visuais.

Em todas as representações, o importante é que a imagem do amante é construída na sombra, é uma *skiagraphia*, uma arte da cegueira. Tentando desligar-se do presente, embora o desenho esteja sendo feito naquele momento, Dibutade abre mão de seus sentidos e de suas percepções e baseia-se na memória para esboçar seu amor. Seu lápis é como se fosse o bastão de um cego guiando-a através da sombra, os dois coincidem. O que a lenda de Dibutade mostra? Que embora o modelo esteja ali, presente, quando criamos algo,

---

* Tradução de Célia Eyer.

acionamos diretamente a memória e a imaginação; e que ambas são modificadas e filtradas pelo amor. O resultado é que a figura representada é sempre uma mistura da técnica com a memória e os afetos. Dibutade sabe que só se lembrará do amante por meio do afeto, a sombra, essa imagem "imperfeita" em que se baseia para fazer os seus contornos, será apenas o espelho que vai contemplar para recordar-se dele.

Neste espaço em branco que é a folha, a tela, a partitura ou a parede, o artista arrisca seus primeiros traços no escuro. Todo artista, de uma forma ou de outra, é cego. E, por ser cego, cria em função de sua memória afetiva. O escritor Roger de Piles conta, em seu livro *Sur la manière de fair les portraits*, a história da descoberta de um escultor cego que fazia esculturas em cera. Um dia, sem saber que o rapaz era cego, encontrou-o no palácio Justinien fazendo uma cópia da estátua de Minerva e se impressionou com o fato de o artista nunca olhar para o modelo para fazer a cópia. O rapaz respondeu que não enxergava, que seus olhos estavam na ponta de suas mãos. Pelo tato, ele perscrutava as dimensões, as depressões, as elevações e as cavidades da peça, depois tentava reter na memória esses dados para fazer a sua escultura em cera. Ato de amor e de criação que nos faz lembrar que todo cego que gostaria de "ver" a pessoa amada toca sua fronte, num gesto próximo a bendição, quase protetor. Um gesto de amor.

Baudelaire, que escreveu o poema "Les aveugles", tinha uma interpretação da memória como uma reserva natural, sem que ela tivesse necessariamente história, tragédia ou trauma de acontecimentos. Em seu ensaio "L'art mnémonique", explica como a criação parte da invisibilidade do modelo e se pauta sistematicamente na memória. O autor comenta que todos os verdadeiros e bons desenhistas trabalham a partir da imagem inscrita no cérebro e não a partir da natureza. Explica que os desenhos de Raphael e de Watteau contêm notas minuciosas, mas são apenas notas, para realizar um desenho definitivo, o modelo passa a ser mais um estorvo do que um elemento para dar segurança ao artista.

> Até mesmo homens como Daumier e o Sr. G., acostumados há muito tempo a exercitar a memória e a abastecê-la de imagens, podem ter sua faculdade principal perturbada e, de algum modo, paralisada, quando estão diante do modelo e da multiplicidade de detalhes que ele traz.[7]*

O escritor acreditava que o desenhista que não era capaz de suspender a percepção visual para entregar-se à cegueira momentânea e aos olhos da memória corria o risco de ficar cego pelo simples medo de perder a vista, ou seja, os modelos concretos.

Para Baudelaire, os artistas, em sua maioria, estão presos neste "entrelugar". Um espaço onde sofrem pela necessidade de tudo ver e nada esquecer e precisam confiar na memória como capacidade de absorver vivamente a cor geral do que veem. O importante para o artista é ter o sentimento de que realizou a forma perfeita principalmente com o auxílio de sua memória e imaginação, fruto da afetividade e do amor. E essa memória é aquela que vai englobar o momento presente com a rapidez absoluta de apenas um piscar de olhos, além de absorver a síntese, os fantasmas, os medos do artista. Então, existe a memória responsável pela evocação ou pela ressurreição das lembranças. É a que é capaz de investir no papel em branco, na parede, na tela, na argila, aquela que pode usar o lápis, os pincéis, as mãos para começar a criação. E há também o medo de qualquer artista de, ao criar muito rápido, deixar escapar o fantasma que acompanha toda criação.

Ou seja, o que Baudelaire defende é que a execução ideal viria também das ordens do inconsciente. Quando relaciona a origem do desenho à memória, o poeta faz também um ato de memória.

---

* Tradução de Marília Garcia.

Ato que podemos encontrar em sua obra quando escreveu o poema "Les aveugles", integrado na segunda edição de *Fleurs du mal*. Muito pouco se descobriu sobre que fontes Baudelaire pesquisou para escrever esse poema:

> Olhe para eles, minha alma: são horripilantes!
> Parecem manequins, um tanto ridículos;
> Terríveis, e estranhos feito sonâmbulos,
> Lançam ao léu seus globos repugnantes.
>
> O brilho divino dos olhos já se apagou,
> Mas eles vão erguidos, como se olhassem o alheio
> Ou o céu; nunca vemos um deles em devaneio,
> Na rua, a cabeça curvada pelo que passou.
>
> Atravessam assim o escuro veloz,
> Este duplo do silêncio eterno. Ai, cidade algoz!
> Enquanto você, à nossa volta, canta, grita e ri,
>
> Totalmente tomada por um prazer atroz,
> Veja! Também me arrasto! Mas, confusa, minha voz
> diz: o que buscam lá no Céu os cegos que estão aqui?[8*]

Uma parte da crítica acredita que a origem do poema está no quadro *La Parabole des aveugles*, de Bruegel, o Velho. Mas o poema apareceu, pela primeira vez, publicado numa revista, em 1860, e o original do quadro estava no Museu de Nápoles; uma cópia só seria adquirida pelo Louvre em 1893.

É possível que a pintura tenha sido uma das inspirações do poeta: o encontro pode ter acontecido numa viagem, por exemplo. Os seis cegos que compõem o quadro de Bruegel realmente andam como

---

* "Os cegos". Tradução de Marília Garcia.

sonâmbulos: em fila indiana, usando seus bastões ou o ombro daquele que está adiante como apoio, guiam-se uns aos outros. O primeiro caiu em um barranco, o segundo já o acompanha, e essa queda antecipa o que acontecerá aos outros. Era normal que grupos de cegos maltrapilhos andassem pelas ruas mendigando dinheiro ou ajuda naquela época, o pintor os representou sem a menor compaixão. A mesma atitude que encontramos no poema de Baudelaire quando usa de maneira surpreendente os adjetivos "assustadores", "ridículos", "terríveis" e "sonâmbulos" para designar os cegos. Não estaria o poeta apontando para o medo que ele e que nós leitores temos dessas pessoas que, com os olhos vacilantes, buscam alguma luz num ponto no céu?

A riqueza de detalhes com que Bruegel pintou o quadro tem a exatidão de um médico. É possível diagnosticar o tipo de cegueira de cada um dos homens. O terceiro cego, da esquerda para a direita, padece de leucemia na córnea; o que está logo à frente dele, de catarata negra; o cego que está caindo não tem olhos, devem tê-los tirado para castigá-lo ou ele pode tê-los perdido em alguma briga. Sem dúvida, todos são assustadores, mas não necessariamente todos olham para o céu, principalmente no sentido que esse olhar aparece no poema. Outra parte da crítica literária francesa acredita que esse "olhar voltado para o céu" encontra sua origem, pelo menos em ideia, no conto "La fenêtre du coin", que está nos *Contes posthumes*, do alemão Ernst Theodor Hoffmann, cuja tradução foi publicada em francês em 1856.

Hoffmann propõe uma interpretação da cegueira mais psicológica e filosófica: no cego, o olhar para cima denuncia um olho interior que busca a luz eterna. O cerne dessa questão está num pequeno diálogo dentro do conto quando o personagem principal explica que uma das coisas mais marcantes que observa num cego, quando não tem nada em seu rosto que denuncie que carrega a enfermidade, é a maneira de "virar o rosto para o alto". Um gesto comum que parece um esforço de encontrar alguma claridade dentro da "noite" que os envolve. O primo do personagem então responde:

> O primo — Nada me emociona tanto quanto ver um cego que, distraído, parece olhar para longe. O crepúsculo da vida acabou para o infeliz; mas seu olho interior já busca enxergar a luz eterna que brilha no outro mundo, cheio de consolos, esperanças e beatitudes.[9*]

Tanto Baudelaire como Hoffmann observam que os cegos olham em direção ao céu. E provavelmente pelos mesmos motivos: porque são capazes de encontrar nessa visão interior outro mundo. Os cegos olham sempre para o céu (em minúscula) provavelmente porque creem no Céu (com maiúscula).

Mas o poema ainda esconde mais uma coisa: não é apenas um texto sobre cegos, mas um poema sobre o próprio Baudelaire. Os cegos que parecem ser o assunto do texto, na verdade, representam nele um papel de um dos termos de comparação. Do outro lado, está o escritor. Dentro desse poema, os primeiros são trabalhados mais longamente em detrimento do segundo: os dez primeiros versos são consagrados aos cegos. No entanto, tudo faz parte de um plano de Baudelaire de despertar a surpresa no leitor, de esconder deste que a obra fala do autor. A interpretação filosófica da atitude física dos cegos, olhar para o céu porque acreditam na força que virá dele, permite a Baudelaire não só se reconhecer neles como se sentir mais desamparado, perdido e finalmente mais cego que seus personagens. Se o poeta pode ver fisicamente a luz do céu, não tem a mesma sorte de, como os cegos, acreditar no Céu.

O soneto fala, na verdade, da solidão, da confusão e da angústia de um escritor que gostaria, mas que não pode acreditar. Um pouco depois de escrever o poema, Baudelaire enviaria uma carta à sua mãe na qual colocaria em melhores termos sua forma de pensar. Nela, ele dizia que tinha vontade de crer, embora não conseguisse, num ser superior e invisível que se interessasse por seu destino pessoal. Ele diria de uma maneira delicada, simples e direta para sua mãe o que falou de

---

* Tradução de Marília Garcia.

forma velada ao leitor nesse poema. É uma confissão. Uma confissão que concentra características paradoxais: ao mesmo tempo, impudica e discreta, violenta e velada. Uma prova de confiança ao leitor.

"Les aveugles" é o poema de um autor que acreditava na memória. E onde Baudelaire foi encontrar os modelos de sua cegueira? Em quadros, gravuras, outros livros ou até nas ruas de Paris. A postura dos cegos, a sensação de que olham para o "nada" ou para o "céu" e principalmente o medo que nos causam por fazerem parte de algo desconhecido para nós estão nesse poema. Baudelaire dizia que o mais importante é que o artista nunca deixasse de criar pelo medo de ficar cego. Para encarar a tela em branco, o papel, os pincéis e o lápis, era necessário enfrentar essa cegueira inicial, essa escuridão disforme, sentir medo e trazer o fantasma da cegueira e do esquecimento para o plano da criação.

Escritores cegos

Na Grécia Antiga, existiam apenas três personagens que eram capazes de professar a verdade pelo simples fato de ter qualidades que os distinguiam: o rei, o adivinho e o aedo (ou poeta). Graças ao poder da memória, o poeta era capaz de ter acesso ao invisível e enunciar "o que foi, o que é e o que será". Não é apenas a Memória, deusa Mnemosine, esposa de Zeus, mas suas filhas, as Musas, que auxiliam o poeta. Há uma relação que se transforma e se enriquece entre ele e as musas: elas o inspiram a dizer a verdade, a contar os feitos heroicos dos homens, a trazer o passado para o presente através da palavra. Na *Ilíada*, por exemplo, as musas sabem de tudo, e é graças a elas que Homero, mesmo cego, pode atuar completamente em um e outro campo: "Instruído pelas musas, ele canta, hoje para Ulisses e amanhã para um outro, o que se desenrola sob seu olhar cego como se ele estivesse presente no tempo da guerra de Troia."[10]*

---

* Tradução de Célia Eyer.

Hesíodo, por exemplo, escrevia algumas vezes na primeira pessoa, outras, na terceira. Existe um autor do canto que é ao mesmo tempo profeta e poeta, muitas vezes são as musas que assumem algumas modalidades do discurso, por isso, as vozes e os narradores podem mudar. Evocada pelo poeta no princípio de cada canto, a musa deve ajudá-lo a se lembrar dos acontecimentos do passado. Homero começa sua *Odisseia* chamando-a: "Musa, reconta-me os feitos do herói astucioso que muito/peregrinou, dês que esfez as muralhas de Troia;/muitas cidades dos homens viajou, conheceu seus costumes, [...]."[11] A palavra do poeta é solidária com duas noções complementares: a de memória e a de musa. Mas o que quer dizer musa? *Mousa* significa a palavra cantada e ritmada e também uma maneira de trazer de volta a memória, deusa maior e mãe das musas. A cada vez que se pede ajuda a uma musa é como se invocássemos a presença da memória.

Dentro da teogonia existe uma série de explicações sobre a quantidade e o nascimento das musas. Quando elas estão ligadas à palavra cantada e, portanto, ao poeta, têm um determinado significado. Clio é a que conota a glória (*kleos*) dos grandes feitos que o poeta será responsável por transmitir através da palavra às gerações futuras; Tália é responsável pela festa (*thallein*), condição social essencial para a criação do poeta; Melpômene e Terpsícore trazem consigo todas as imagens da música e da dança, lembrando que, em geral, o poeta canta os acontecimentos acompanhado da lira. Outras, entre elas Calíope, da qual já falamos quando contamos a história de Orfeu, e Polímnia, são as responsáveis pela diversidade das palavras e pela voz potente que dá vida aos poemas. Marcel Detienne lembra que no antigo santuário elas são apenas três e se chamam *Meletè*, *Mnèmè* e *Aoidè*. Cada uma traz um aspecto essencial da função poética. *Meletè* designa a disciplina fundamental para o aprendizado de um aedo: concentração, atenção e exercício mental. *Mnèmè* denomina a função psicológica que ajuda a recitar e improvisar. *Aoidè* é o produto: o canto épico, o poema fruto da articulação entre *Meletè* e *Mnèmè*.

Ora, sabemos que um dos principais poetas da Antiguidade foi Homero. No entanto, menos conhecido que ele, talvez porque seus escritos não tenham chegado até nós, foi Tamiris. Toda a obra de Tamiris se perdeu com o tempo, e a mitologia conta que ele se vangloriou de ser o melhor poeta e cantor, e, por isso, as musas quebraram sua lira e tiraram sua visão. O próprio Homero conta a história do aedo Demódoco de quem as musas tiraram a "luz dos olhos" para dar em troca a arte do "doce cantar". Ainda hoje não se sabe ao certo se Homero realmente existiu; cerca de sete cidades disputam a sua nacionalidade. Muitos estudiosos acreditam que não houve apenas um poeta, mas vários que foram ajudando a criar os textos e histórias que hoje acreditamos pertencerem a apenas um homem. A única unanimidade na história de Homero é de que o poeta seria cego. Embora, segundo Oscar Wilde, sua poesia fosse extremamente visual.

No período em que Homero cantou as epopeias, o fato de ser cego não era um problema: por meio da sua memória, o poeta podia evocar os acontecimentos a partir de uma visão inteiramente pessoal e entrar em contato com outro mundo. Para isso, podia abrir mão de seus olhos físicos. Sua memória lhe permitia "decifrar o invisível", segundo Marcel Detienne. Ela era o suporte material da palavra cantada, mas também tinha a função psicológica de sustentar a técnica de fórmulas usada pelo poeta. Concretamente era isso, mas também tinha a potência que emprestava ao verbo poético o seu estatuto de palavra mágico-religiosa. A verdade é que a palavra cantada, uma vez pronunciada, com todo o suporte fantástico que tinha, dava ao poeta o dom da vidência.

É claro que existe o caráter mágico mas há também o lado prático de que toda a civilização grega do século XII a.C. ao IX a.C. foi fundada não sob a escrita, mas nas tradições orais. Então, fica explicado em grande parte o caráter religioso da memória e o culto que os poetas prestavam a ela. Uma civilização oral exige um desenvolvimento bastante preciso de técnicas de memorização, a poesia de Homero era cheia delas. Por trás da tão falada "inspiração poética" existia um pano de fundo mnemônico, e uma das técnicas mais usadas era a dos catálogos. Os catálogos eram um número de histórias referentes a algum acontecimento que permaneciam guardadas na cabeça do poeta e que ele consultava e usava quando necessitava de uma delas para sua narrativa. Havia um catálogo dos melhores guerreiros, um de todos os cavalos conhecidos e um catálogo de armas gregas e troianas que Homero usou em grande parte de sua *Ilíada*.

Tradicionalmente, o poeta tem uma dupla função: deve celebrar os deuses e cantar os feitos humanos. Ele é imbuído das forças divinas, escolhido pelos deuses e acompanhado da inspiração das musas; ele é capaz de emprestar sua voz para lembrar a valentia dos homens. Tudo o que conta poderá, então, entrar para a Verdade (*Alètheia*) e para a Memória coletiva. O poeta ganha um status de soberania: quase como um árbitro supremo, ele decide, pelo seu canto, quanto tempo vai durar a lembrança de um feito e se aquele homem merece ser lembrado ou não. É o simples poder da voz que dá a ele o mérito de louvar uma realidade ou um ser; que o faz decidir o valor de um guerreiro.

A partir daí, a palavra poética está no centro de dois polos: a censura e o louvor. No meio, está o poeta como árbitro absoluto, decidindo quais homens serão glorificados, quais cairão num esquecimento tenebroso. Em algumas culturas, a censura pode ser uma crítica positiva, mas aqui, particularmente, funciona como uma ausência, o que não é louvor. Uma vez que um homem não é cantado em suas façanhas, perde-se na noite, irmã de *Lethe*, estará entregue ao silêncio e ao esquecimento. E, se a imortalidade das conquistas de um indivíduo é dada por sua permanência através dos tempos, o silêncio e o esquecimento são a potência da morte, enquanto a memória e as palavras são sinônimos de vida. Toda a existência de um guerreiro se equilibra entre esses dois polos, e é o mestre em louvor, o poeta, que decide se um homem ficará escondido sob o véu da obscuridade.

Se na Grécia Antiga os deuses subtraíam a visão do poeta e em troca lhe davam o dom da palavra e da memória, na civilização cristã e monoteísta, a cegueira era um desígnio de Deus. O poeta poderia aceitá-la como um dom ou uma perda, mas em troca continuaria usando sua palavra para criar e para fazer eco da palavra divina. Já discutimos que John Milton teve toda a sua obra fortemente marcada pelo caráter puritano. A primeira ideia de Milton sobre sua própria cegueira era a de que fora um castigo de Deus por ter cansado sua vista escrevendo folhetos em defesa do Parlamento a partir da execução do rei Carlos. Mesmo entendendo a deficiência como expiação, o poeta nunca se queixou dela, encarou-a também como uma escolha voluntária pela defesa da própria liberdade.

Em seu poema "On his blindness", de maneira extremamente pessoal, descreve algumas ideias essenciais sobre os motivos de sua cegueira e outras que estarão presentes no resto de sua obra.

A cegueira é encarada como mal referente a alguma falta cometida. O poema todo tem um tom de contida melancolia e aceitação intelectual, embora não exista aceitação emocional. Milton lamenta a impossibilidade de escrever, de materializar a criação literária e poder usar o seu talento único, que imagina ter perdido. Mas o poeta busca o consolo em Deus e, com a segurança de que a sua perda de visão corresponde a razões divinas, consegue suportá-la com uma resignação esperançosa.

Em seu soneto 22, Milton apresenta os efeitos da cegueira sobre o eu e a relação conflituosa deste com o mundo. O autor reconhece que sente falta do mundo que perdeu: das cidades, da lua, das estrelas. "Roubadas da luz, a vista em esquecimento;/ Nem surge a forma, às suas esferas vadias,/ De sol, lua ou estrela, todos os meus dias,/ Ou de homem ou mulher. Porém não me lamento."[12]* Mas nenhuma dessas privações o fizeram reduzir a fé em Deus e deixar de continuar sua nobre tarefa: a defesa da liberdade, palavra que aparece em maiúscula no texto: "Na defesa da Liberdade, nobre lida."* Nesse momento, Milton já está certo de que pode suportar as dificuldades de seu estado de cegueira e manifesta o desejo de continuar escrevendo, enfrentando a nova adversidade com fortaleza de espírito e lutando por um direito caro ao homem: a possibilidade de ser livre. Mesmo cego, o poeta acredita que o seu saber pode conduzi-lo como um guia pela máscara vã do mundo. "Tal reflexão conduz no baile vão da vida,/ Ledo, ainda que cego, outro guia não tendo."[13]* Apesar de ter como único guia sua cegueira, Milton está contente e confiante, o que muda um pouco o parâmetro em relação a "On his blindness". Um toque de esperança e otimismo volta a temperar os escritos do poeta.

Aceitando sua nova "condição", John Milton vai utilizá-la para concretizar um sonho que permaneceu esquecido por conta de sua desgastante atividade política: o de seguir a carreira de poeta e escrever um poema épico. Para levar a cabo esse desafio, ele retorna, então, àquela voz poderosa do aedo. A princípio, ele faria um poema histórico baseado na valentia dos cavalheiros do rei Arthur. Essa ideia perde lugar para a realização de algo maior: um mea-culpa por seus pecados, explicando, em *O paraíso perdido*, o maior delito dos homens: o Pecado Original. O poema mostra como o primeiro homem e a primeira mulher perdem o Paraíso por pura desobediência a Deus. Para criá-lo, o poeta atuou à maneira dos antigos aedos. Passava a maior parte de seu tempo sozinho e compunha os versos de memória. Borges explica em sua conferência *La Ceguera* que Milton "podia ter quarenta ou

---

* Tradução de Adriano Scandolara.

cinquenta hendecassílabos brancos na memória e rapidamente os ditava a quem viesse visitá-lo".[14]

Em "On his blindness" abundam as metáforas visuais costuradas a partir da ideia de "escuridão visível". Afinal, esta é a função fundamental do poeta: decifrar o invisível. Isso pode ser feito apenas com a memória, sem que haja a ajuda dos "olhos externos", na escuridão, na cegueira. Em *O paraíso perdido* Milton conta uma história de gênese da Bíblia, mas não se furta de colocar-se como voz narradora e essencial, assim como Homero em seus textos. A intervenção é clara. Como *O paraíso perdido*, é também um pedido de desculpas por sua própria conduta, é justo que mescle comentários sobre a sua condição e de como se sente capaz da "vidência interior" apesar da cegueira. Se ele perdeu os olhos externos, é para que os internos possam despertar para outra visão, mais luminosa. Como os primeiros trovadores, também pede ajuda das musas para começar o "Canto III", em que terá que encarar a luz divina. É nesse canto que Cristo se oferece em sacrifício para salvar o homem, a visão do céu é negada ao poeta, mas ele, por meio das musas, pode supor o que é invisível para qualquer humano:

> O tumulto do Caos, a noite eterna.
> Aventurei-me a profundar nas sombras
> Pela celeste Musa doutrinado:
> Co'o mesmo auxílio subo aos campos do éter,
> Custosa e rara empresa entre os humanos.
>
> Já livro hoje a ti volvo, e já me anima
> De sua essência o sacrossanto influxo;
> Mas tu não entras mais nestes meus olhos:
> Por invencível sufusão tapados
> Rolam ansiosos com baldado anelo
> Procurando teus raios penetrantes,
> E nem sequer lhes acham vislumbre![15]

Mesmo depois de *O paraíso perdido*, Milton ainda encontra fôlego para escrever mais dois livros: *Paraíso recuperado* e *Samson Agonistes*, ambos de 1671. Para Jorge Luis Borges, *Samson Agonistes* foi uma profecia do próprio poeta, que anotava de vez em quando quais os temas que gostaria de desenvolver na escrita, e entre eles havia o de Sansão. Milton via no destino desse homem algo parecido com o dele. Sansão, depois de empreender uma série de investidas individuais contra os filisteus, foi traído por Dalila, teve os olhos arrancados e terminou condenado a mover o moinho da prisão, trabalho dado apenas aos escravos. Quando Cromwell morreu e foi chegado o momento da restauração, Milton foi preso e ditou grande parte de *O paraíso perdido* em uma cela. Finalmente, assim como Sansão, foi perseguido e quase condenado à morte, não precisaram arrancar-lhe os olhos, já tinha ficado cego no cárcere. Entretanto, o rei Carlos II, filho do rei decapitado, teve piedade de Milton e de muitos outros e não assinou as sentenças de morte.

Quando Milton escreveu *Samson Agonistes*, queria que fosse uma tragédia grega em forma de verso. Toda a ação do texto ocorre no último dia de Sansão. "A circunscrição do tempo durante a qual a peça principia e tem fim, se dá de acordo à norma antiga e melhor exemplo, dentro do espaço de 24 horas."[16]* Como se pareciam os dois: Sansão, que havia sido um homem tão forte estava finalmente vencido, ficara cego. No entanto, mais à frente, já com os cabelos crescidos, ele é exposto em uma festa no templo de Dagon, derruba as colunas que sustentam a construção e termina morrendo junto com seus inimigos. No poema de Milton, fica bem clara a soma de desgraças que vão se acumulando na vida de Sansão: "Perguntai onde o Salvador, e ei-lo/ Cego em Gaza no engenho com os servos,/ Outro cativo, em jugo filisteu;"[17]* Triste, perdido, Sansão se

---

*Tradução de Adriano Scandolara.

sente abandonado por Deus, ele era um dos juízes de Israel chamados para liderar os judeus em Canaã contra a invasão dos filisteus. Seria esse o destino que Deus reservara para ele? (e nessa pergunta parece estar embutida uma pergunta do poeta a Deus).

> ... ou de um grande ato
> À raça revelado, de Abraão?
> Por que ordenada a minha concepção
> Como alguém separado para Deus,
> Fadado a grandes feitos; morrerei,
> Traído, capturado, sem meus olhos.[18]*

Será que Milton tinha a mesma sensação de abandono? Isso nunca saberemos. No entanto, é sintomático que esse seja seu último poema. Prova de que nunca deixou de pensar na sua condição de poeta e criador cego.

O poeta florentino Dante Alighieri sofrera graves problemas de visão durante a vida e, por conta disso, se tornara devoto de Santa Luzia, que vai aparecer em *A divina comédia* como a metáfora máxima da iluminação: externa e interna. Ainda que o poeta não tenha ficado cego, depois desse período de aflição, o poema sobeja em metáforas visuais e há uma precisão arquitetônica nas descrições de cada um dos ambientes, o que torna a estrutura de cada livro parte de um grande e fantasioso edifício. O Inferno é caracterizado por quatro círculos concêntricos, no meio está Lúcifer e a partir dele, ou se afastando dele, os pecadores, divididos por suas transgressões baseadas na doutrina aristotélica: incontinência, violência, fraude e traição. No fim, estão as pessoas que esperam no vestíbulo ou no Limbo porque não foram batizadas. O Purgatório tem a forma de uma imensa montanha que surge no mar, é dividida em terraços e vai se afinando

---

*Tradução de Adriano Scandolara.

até chegar ao plano do Paraíso Terrestre. A primeira parte dessa escalada é uma antessala reservada para as almas que se arrependeram tardiamente e estão esperando ser admitidas pela Porta de São Pedro. Depois, seguem-se sete círculos correspondentes aos pecados capitais em que as almas praticantes ficarão purgando até serem admitidas no Paraíso. São eles, por ordem de aproximação à graça celeste: I — Orgulhosos, II — Invejosos, III — Iracundos, IV — Preguiçosos, V — Avaros e pródigos, VI — Gulosos e VII — Luxuriosos.

De acordo com a cosmologia herdada de Aristóteles e Ptolomeu, a Terra é considerada um globo fixo e imóvel em torno do qual se organizam todos os outros corpos celestes. A arquitetura de Dante para o Paraíso obedece, a princípio, à mesma disposição: para além do céu de estrelas fixas há um (concêntrico a este) que é o mais veloz e que, por isso, não contém matéria alguma, chama-se o "Primum Mobile", ou céu cristalino. É ele que comanda os movimentos dos oito céus inferiores que, aos poucos, vão se aproximando da Terra, e são respectivamente os céus de estrelas fixas, de Saturno, de Júpiter, de Marte, do Sol, de Vênus, de Mercúrio e da Lua. Acima dos céus está o Empíreo imóvel, onde se localiza a Rosa Mística, glorificação dos beatos. No ponto mais alto do Empíreo, nove círculos angélicos, concêntricos, giram em torno de Deus, neles não há qualquer humano, apenas anjos criados por Deus que correspondem à classificação de perfeição.

São impressionantes as fortes imagens visuais que a descrição de Dante desperta no leitor. Vários desenhistas e pintores puderam representar esse esquema de camadas, montanhas e círculos milimetricamente relacionados com as formas de pecado, expiação, purgas e graças tão sistematicamente ordenadas. O fato é que a obra tão detalhadamente realizada pelo poeta dá a ele, voltando à audaciosa leitura agnóstica, o papel de um demiurgo: um criador particular de um ou mais mundos. Nessa obra, visionária e única que ele alenta em plena Idade Média existem algumas especificidades. Cabe a Dante colocar no Limbo homens como Homero, Horácio, Ovídio, Lucano e o próprio amigo inseparável, Virgílio, por não terem sido batizados, embora sejam almas virtuosas que se distinguem da turba e vivam aí dentro de um nobre castelo. Encerra no Inferno o casal de amantes Paolo e Francesca, contemporâneos dele, os cunhados adúlteros que foram surpreendidos e mortos pelo marido traído. O casal cometeu o pecado da luxúria. E, entre tantos outros infratores, Paolo e Francesca recebem uma visita especial do poeta, que pede para conversar com eles. O amor, veremos, é um dos principais guias de Dante na *Comédia* e interessa a ele saber os motivos pelos quais o casal de amantes está no Inferno.

> "[...] Amor, que a amado algum amar perdoa,
> tornou-me, pelo seu querer, tão forte,
> que como vês ainda me agrilhoa.
>
> Amor nos conduziu a uma só morte;
> Caína terá quem deliu nosso alento."
> Co' estas palavras resumiu sua sorte.[19]

O interesse do poeta é genuíno: vê naquele amor impossível a mesma intensidade do que sente por sua Beatriz, a mulher pela qual atravessará esses mundos desconhecidos. De alguma maneira, Dante inveja o casal luxurioso, eles não se arrependem porque não querem se separar e, embora vivam no Inferno, estão juntos sob certa forma de eternidade.

Em seu próprio mundo, Dante divide as graças ou estabelece os castigos. Há quem diga que o poeta escreveu *A divina comédia* para vingar-se dos inimigos e premiar os amigos. Nada mais falso, já que o próprio Virgílio, seu maior interlocutor de sabedoria, não habita qualquer dos céus próximos ao Empíreo. Mas vale dizer que essa foi a sua maneira de, por uma visão particular, estruturar e compreender um pouco da inexplicável Justiça Divina. Todo o poema é escrito em primeira pessoa. E aí reside a coragem do poeta: colocar-se na aventura e não apenas como mero espectador, porque escreve também sobre seus próprios sentimentos. Ou seja: "O desígnio de Deus nem sempre coincide com o sentimento de Dante."[20] Ao ver o sofrimento dos dois — Francesca que conta a história, e Paolo, que chorava seu amargor —, Dante chega a desmaiar de pena e sofrimento.

Colocando sobre penitência os outros personagens vivos ou mortos que existiram ou não, o poeta coloca-se também sob avaliação. Como Milton, começa a sua epopeia colocando a si e ao leitor no meio do caminho, perdidos em uma "selva escura". Dante estava, então, com 35 anos e, portanto, no meio de sua vida, já que a Bíblia aconselhava a idade dos 60 aos homens prudentes. Ao mesmo tempo, considerava que a sociedade e ele próprio haviam chegado ao máximo de extravio de suas virtudes. Depois de uma noite de angústia, ele parece escapar dessa selva, mas se depara com três feras: a onça, que representa a incontinência, o leão, que simboliza a violência, e a loba, que significa a fraude. Não poderia sair do jugo desses três poderes, três maiores pecados do homem, se não fosse Virgílio a convidá-lo para fazer uma de suas maiores aventuras: um passeio, ainda vivo, pelos mundos divinos.

Grande audácia a do poeta: imaginar que pode ver esses lugares que outros homens apenas adivinham. Como ele, um humano prosaico, aventurava-se ao trabalho de descrever o que se passava na esfera mística? Dante sabia que estava cruzando uma linha de proibição. E isso fica claro, segundo Borges, quando penaliza Ulisses aos duros limites do oitavo círculo do Inferno. O mais virtuoso dos heróis gregos ficou próximo do fogo eterno por ter cometido igualmente o pecado da audácia. Ulisses está nesse círculo que pertence aos "maus conselheiros" porque, já no final de sua vida, tentou convencer uns poucos companheiros a realizar uma nova viagem que os levaria a conhecer o mundo.

Soberba essa de Ulisses, que não ficou satisfeito com a maior viagem de sua vida, aquela que empreendeu até Ítaca. Soberba maior a de Dante: de, em vida mortal, ousar visitar o mundo divino. Como previsão contra a ira deste Deus — um Deus incompreensível, filicida, o mesmo do Velho Testamento e do *Livro de Jó* —, Dante já impõe a si o próprio castigo pela pena que escolhe para o herói. Ulisses está aí como o espelho do poeta. Mas para mirá-lo de frente, para se dar conta do próprio destino, Dante precisa de um guia. Como homem comum, o autor necessita de alguém que afaste os medos, que seja corajoso para descer "ao cego mundo": tão escuro e nebuloso que, mesmo fixando o olhar, é impossível ver algo. Virgílio é poeta e mentor: foi o homem em quem Dante se inspirou para escrever e, ao mesmo tempo, o profeta do cristianismo.

> Tu és meu mestre, tu és meu autor,
> Foi só de ti que eu procurei colher
> O belo estilo que me deu louvor.[21]

O interessante no texto é que o poeta se coloca no lugar de um cego. Não sabe que caminhos virão e, até que tenha certeza ou que tenha encontrado o que procura, pedirá a ajuda dos guias. Guias que serão responsáveis pela abertura interior e espiritual. O interessante é que essa abertura não depende apenas da fé, da crença e da obediência à vontade divina como acontece em Milton. Para enxergar a luz celestial, é preciso que Dante tenha três iluminações: uma vinda da razão; outra, do amor; e uma terceira, do misticismo.

É Virgílio que irá conduzi-lo pelo Inferno e pelo Purgatório. Mas Virgílio não atravessa para o Céu. A interdição é clara: ele não é batizado, não está dentro das leis divinas, e por isso lhe é negado o Paraíso. Mas a função do poeta latino na *Comédia* não é apenas essa: ele é a voz do conhecimento e da razão, duas inegáveis qualidades humanas que podem "endireitar" um caminho, mas nunca completá-lo. Nesse esquema dantesco, a companhia de Virgílio garante as quatro virtudes cardeais: força, justiça, prudência e temperança. Qualidades que contribuem para formar um homem reto, mas não o livram do temido pecado original.

A chave para ascender ao céu está em outra ferramenta: o amor. Para dar o primeiro passo em direção à luz divina e para ter coragem de vê-la, é preciso entregar-se nas mãos de quem se ama. É singular como Dante, em meio a tantos santos, beatos, interdições e pecados, venha buscar justo no amor, um sentimento tão humano, o poder para encontrar com o divino. E não é um sentimento qualquer, mas um amor de toda uma vida — se pensarmos que o autor conheceu Beatriz com apenas 9 anos de idade. É essa sensação de segurança, de "aninhamento", de tranquilidade de um primeiro amor. Então, sim, existem a vontade e o castigo de um Deus desconforme e poderoso de um lado. Mas, por outro lado, há o poder humano do amor. É só o afeto que Dante nutre por Beatriz que o faz aceitar seguir em frente, atravessar o rio Letes, responsável pelo esquecimento, depois de ter visto tanto sofrimento. A Beatriz que aqui surge é beatificada, assexuada, endeusada, contudo o que toca o pensamento do nosso viajante não é isso: é algum nervo no meio do cérebro que escapa à razão professada por Virgílio. A Beatriz que Dante vê na sua última passagem pelo Purgatório é aquela que ele perdeu lá na sua segunda infância, aos 9 anos. É uma personagem ligada amorosamente à sua memória afetiva.

> sobre o véu níveo cingida de oliva,
> dama me apareceu num verde manto
> sobre as vestes da cor chama viva[22]

Era a hora de Dante abandonar a razão e se deixar levar pelo espírito. Por isso, simbolicamente, o amigo Virgílio fica para trás. Entra em cena Beatriz, para iniciar o trabalho de arrependimento e dar ao poeta os meios de entrar em contato com as três virtudes teologais: fé, esperança e caridade. Estranhamente, os espíritos bem-aventurados do Paraíso, o destino final da viagem, são aqueles que não têm na memória a recordação do pecado, por isso não sofrem. Estaria Dante novamente desafiando o poder de interpretação do leitor? Ou apenas dizendo que, para ser feliz ou estar próximo de Deus, o homem precisa renunciar às suas próprias lembranças?

Independentemente do que queria o autor ao escrever essas palavras, uma coisa era certa: Dante estava lá, no corpo da aventura literária. Era o homem que precisou renunciar ao amor terreno de Beatriz, porque cedo ela morre e ascende até a Rosa dos Beatos. Uma vez lá, nossa heroína chega ao Olimpo e se despe do aspecto aparentemente humano que havia encontrado para conduzir Dante. Ele agora está de novo à deriva. E o medo do abandono poderia ser maior se o poeta não tivesse a segurança de estar a meio caminho do Paraíso. O Paraíso, como já explicamos, funciona como um espelho invertido do Inferno e tem nove céus concêntricos. Beatriz conduz o poeta até o último céu. Para passar ao Empíreo, onde Deus habita, Dante precisa agora da ajuda de mais um último guia: São Bernardo.

São Bernardo é escolhido por ser um santo místico. O viajante precisa abandonar o amor terreno (de Beatriz) e escolher outro: o amor a Deus. No meio, um mistério, incompreensível ao ser humano: a Santíssima Trindade. E Dante vai descrevê-lo magistralmente ao leitor usando a mudança de campo visual. É a visão, "o mais espiritual dos sentidos", que sofrerá uma adequação para enxergar o que não pode ser explicado, o que a um homem comum não é dado ver.

> Qual súbito corisco que suplante
> o sentido da vista tão que priva
> de sua função o olho mais possante,

> assim me confundiu uma luz viva,
> que deixou-me cingido de tal véu
> que me vedou toda função visiva[23]

O que o poeta sugere? Que a luz viva, a luz divina é tão intensa e poderosa que é capaz de vedar os olhos carnais. É preciso que o leitor e o poeta mudem a concepção do que veem e como veem para "adequar" à visão ao lume do Senhor. O poema inteiro é um caminho do pecado até a virtude, mas é também uma trajetória que sai das trevas e vai até a luz. Trevas representadas pelo pecado, pela distância de Deus, pelo excesso de razão, que vão, pouco a pouco, se desvelando, se abrindo até que o poeta possa abrir os olhos e se dar conta de que com estes ainda não pode ver a luz divina. Essa só será dada a ver aos iniciados, àqueles que pretendem mudar o seu ponto de vista, aos que querem aguçar outro olho: o olho interior.

OS TIRÉSIAS: A RELAÇÃO ENTRE CEGUEIRA E SABEDORIA

Estranhamente, todos os poetas da Antiguidade terminavam cegos. Há historiadores que dizem que era uma maneira de fechar os olhos físicos para voltá-los para o interior; dar mais atenção à palavra, ao que era escutado, e não às delícias visuais do mundo, que deslumbravam e desconcentravam. Eram homens que desenvolviam a mente, que necessitavam de música interior para poder criar as rimas, as cadências e inseri-las nas difíceis fórmulas mnemônicas que permitiriam que cada uma daquelas histórias fosse memorizada e contada uma e outra vez por outros poetas e bardos. Matar a própria visão para dar vida longa e eterna aos feitos dos heróis. Outra hipótese bem mais concreta era a de que os poetas eram cegos por puro ciúme dos reis: não queriam que esses homens se deslocassem para outros reinados e cantassem as glórias dos oponentes. "Função que soçobra com a soberania, função da qual Hesíodo perdeu a lembrança. Quando Pindale escreve: 'Cada soberano tem seu poeta que compõe para ele o hino harmonioso, recompensa de sua virtude.'"²⁴*

Os grandes adivinhos também tinham, como o rei e o poeta, o mesmo poder da palavra mágico-religiosa, proveniente da verdade e da memória. Toda grande cidade possuía um oráculo que a protegia. Depois da queda do sistema palacial, que acabou colocando em dúvida a soberania como função absoluta, alguns monarcas ainda guardavam o privilégio de serem mestres de justiça. O rei mestre de justiça é também um rei adivinho, e as afinidades do poder político com as formas divinas começam a se tornar mais frequentes. Em Atenas e em Tebas, as casas reais guardam com muito cuidado seus oráculos, que passam a ter um papel importante na decisão dos negócios. Por exemplo, na Atenas do século VI, acreditava-se que a deusa Atena ainda vivia na capela dentro do palácio com a tarefa de aconselhar o rei e influenciar o destino da cidade. Mesmo quando o rei já havia transferido definitivamente o poder para funcionários oficiais, continuou forte a tradição de recorrer à consulta oracular como um privilégio herdado dos reis. Então alguns magistrados faziam isso.

Segundo Marcel Detienne, um dos oráculos mais conhecidos era o do grande arquiteto Trofônio, que ficava na cidade de Lebadeia, na Beócia. Ele se localizava numa tumba que pertencera a um rei da Beócia e era defendido por uma colmeia. A consulta era feita de maneira muito semelhante ao que imaginavam ser a descida para Hades. A pessoa que se aconselhava em geral voltava abatida e melancólica. A longa preparação consistia em alguns dias de retiro com severas restrições alimentares. Era necessário oferecer uma ovelha em sacrifício, e as entranhas do animal é que diriam a Trofônio se deveria dispor dos serviços do oráculo para o visitante ou não. Uma vez passado o teste, o interessado era levado ao rio próximo, o Hecy

---

* Tradução de Célia Eyer.

na, e banhava-se com a ajuda de duas crianças de 13 anos que depois o ungiam com óleo. Mais uma vez, a água aparece como elemento que purifica e que prepara o homem física e psicologicamente para o confronto com a palavra divina. Logo depois, ele era conduzido ao oráculo, mas, antes de adentrá-lo, se defrontava com duas fontes: uma do esquecimento (Lethe) e outra da memória (Mnemosine).

A partir daí, pelo equilíbrio das duas, é permitido ao visitante passar para o outro mundo. Bebendo da primeira fonte, ele vai esquecer toda a sua vida humana e, provando da segunda, ele poderá se lembrar de tudo o que viu e aprendeu no outro mundo. É importante notar o papel metafórico da boca oracular: o "consultante" é colocado dentro dela começando pelos pés e pernas, e o resto do corpo é puxado com violência para o interior. É como se essa palavra, essa verdade, doesse. Não havia uma pessoa que não saísse da experiência com um ar sonâmbulo e triste. Depois de um tempo de inconsciência após a consulta, o visitante era sentado no "trono da memória" e poderia aí contar aos sacerdotes tudo o que soube pelo oráculo até sair do estado de coma. Interessante notar que a primeira reação de quem voltava da experiência é um estado de terror, que só é atenuado quando recobra a consciência pela faculdade do riso: como se a parte mais inocente tivesse sido acessada com a primeira memória afetiva. Esse tipo de consulta oracular, segundo Detienne, tem muitos pontos em comum com os rituais de iniciação: "[...] os tabus alimentares, o período de clausura são uma preparação para se penetrar num mundo estranho ao dos humanos; o riso terminal, pelo contrário, marca a ruptura com o período de tensão e o retorno à vida quotidiana após a viagem."[25]★

Ao sair da experiência oracular, o iniciado está dotado de uma memória especial e passa a ter o dom da vidência, ou seja, torna-se bastante próximo dos poetas e adivinhos. O processo de purificação associado ao despertar da vidência tem a sua origem na história

---

★ Tradução de Célia Eyer.

do Oráculo de Delfos. A grande aventura de Apolo — não é à toa que ele é o deus do saber, da luz e da poesia — foi matar o dragão Píton para tornar-se o senhor do Oráculo de Delfos. Essa mudança de soberania é sintomática: o dragão representava as potências telúricas — a terra, a escuridão — e Apolo, a luz, o conhecimento e a sabedoria. O elemento demoníaco, fantasmático, que implicava o conhecimento do oculto é exorcizado por Apolo e em lugar dele surge uma nova trilha em que é possível aos humanos ter acesso ao invisível.

Depois que o dragão é morto, suas cinzas são colocadas dentro de um sarcófago que será enterrado no centro de Delfos. A pele dele será usada então para forrar a trípode onde se sentará a sacerdotisa responsável por responder às consultas do oráculo, a Pitonisa. Guardar a pele do dragão e enterrá-lo no local indica que Apolo nunca perdeu o respeito ou abandonou as práticas ctônicas. O deus, então, vai permanecer um ano depois dessa vitória no vale de Temple, ano em que vai purificar-se do crime, portanto, não é raro que os rituais que precedessem a consulta de um oráculo exigissem a purificação. Apolo é um deus purificador, que ajuda a retirar uma mancha (que macula o corpo e a alma) provocada por algum crime grave. Depois dele, o tratamento dado aos homicidas se tornou mais humano: em vez da pena de morte, eles passaram a sofrer exílio, julgamento ou submeter-se a grandes ritos catárticos.

Isso é apenas uma mostra simbólica das mudanças de hábitos na vida religiosa, política e social em Delfos e várias outras cidades. É deixar para trás a obscuridade e pensar na luz através do equilíbrio: o caráter pacificador de Apolo traz uma nova maneira de conciliar as velhas tensões entre as cidades gregas. Aos poucos, ele vai mudando uma série de velhos hábitos, eliminando a barbárie. Uma das grandes conquistas do deus foi desaparecer com a antiga lei da vingança pessoal baseada nos critérios de laços de sangue e instaurar os termos da justiça por meio dos tribunais. Era substituir a autoctonia do antigo

Oráculo de Geia, terra mãe e primordial, pelo Templo Délfico, que pregava a sabedoria, o meio-termo, a moderação e o equilíbrio.

> Em síntese, temos de um lado *Geia* e o dragão *Píton*; de outro, o *omphalós*, Apolo e sua Pitonisa. [...] Apolo, como seu culto, implantou-se no monte Parnaso, porque substituiu a *mântica ctônica*, por incubação, pela *mântica por inspiração,* embora se deva observar que se trata tão somente da substituição de um *interior* por outro *interior*: do interior da Terra pelo interior do homem [...].²⁶

Apolo propunha que a experiência de quem passava por um oráculo devia ser de inspiração. A mesma inspiração dada pelas musas ao poeta. A grande lição apolínea é a famosa fórmula do oráculo de Delfos: "Conhece-te a ti mesmo." Antes a sabedoria, a ciência e a inteligência, o despertar do olhar interior, para depois ser capaz da vidência.

Apolo era um deus belíssimo e, entre suas aventuras amorosas, se apaixonou por Cassandra, uma linda jovem troiana. Pediu então que a filha de Príamo se entregasse a ele e em troca concedeu-lhe o dom da profecia, da *manteia*. Uma vez que recebeu o dom, Cassandra se sentiu poderosa e decidiu não satisfazer os desejos do deus. Como Apolo não podia voltar atrás e tirar-lhe o novo predicado, encarregou-se de tirar a credibilidade de Cassandra, que continuou a prever os acontecimentos, mas sem ter a atenção de ninguém. Apolo podia gerar adivinhos e também possuía uma atração especial por eles. Ele amou muito Manto, uma profetisa que lhe deu um filho, também adivinho, Mapso, neto de Tirésias. É sobre este último que nos debruçaremos agora.

Já comentamos no início deste trabalho o papel dos demiurgos: deuses menores que com o esforço de uma visão deficiente lograram criar mundos. Todos esses escritores são demiurgos. São homens que com criatividade e imaginação construíram mundos de palavra apesar de suas cegueiras. Se para Samael a cegueira foi a imagem da ignorância e incapacidade que acabou gerando o sofrimento humano, estes autores têm a sua cegueira relacionada à sapiência. Homero, Milton, Dante e contemporaneamente Borges e João Cabral de Melo Neto são Tirésias. Homens que precisaram abandonar o mundo das aparências para seguir enxergando pela visão interior. Uma visão alimentada pela sabedoria e pela leitura.

O dom da previsão e sapiência de presente, passado e futuro não era privilégio apenas de deuses, pitonisas ou oráculos, poucos homens possuíam essa característica que lhes fora dada evidentemente pela intervenção dos deuses. Tirésias, filho do espartano Éveres com a ninfa Cariclo (filha de Apolo), foi o adivinho de papel mais importante no ciclo tebano. Teve uma forte influência não só nos destinos pessoais — previu as desventuras e os crimes causados por Édipo — como nos destinos coletivos — quando houve a expedição dos Epígonos, aconselhou os tebanos a negociar um armistício e a deixar secretamente a cidade durante a noite para evitar um massacre geral. O adivinho era muito respeitado pelo povo de Tebas, várias decisões importantes políticas eram tomadas com base nas suas previsões. Muitos de seus presságios eram fruto da interpretação que fazia do voo e do canto dos pássaros, e o resultado nem sempre era bem recebido. Tirésias era um portador de *Alétheia*, mas a verdade, embora garantisse sua permanência no mundo, nem sempre era um bom presságio. O rei Édipo, angustiado pela procura do assassino de Laio, consulta o adivinho e mostra a ele a responsabilidade de sua tarefa: esclarecer e salvar a cidade.

> Nesta emergência, então, Tirésias, não nos faltes,
> não nos recuses a revelação dos pássaros
> nem os outros recursos de teus vaticínios;
> salva a cidade agora, salva-te a ti mesmo,
> salva-me a mim também, afasta de nós todos
> a maldição que ainda emana do rei morto![27]

Uma vez sabendo o que irá acontecer, Tirésias teme a ira do rei e, por isso, se esquiva de dizer o que sabe: Édipo já matou o seu pai e dorme com sua mãe, ele é o assassino que a cidade de Tebas procura.

Em seu diálogo com Édipo, Tirésias diz que é fonte de grande sapiência e que, no entanto, não pode aproveitá-la. O dom de conhecer passado e futuro dos homens não dá a ele a possibilidade de intervir em seus destinos. Por outro lado, o seu dom é acompanhado de uma deficiência: Tirésias é cego. A raiz de sua cegueira encontra-se em duas histórias. A primeira delas conta que Tirésias, ainda jovem, ao escalar o monte Citerón, viu duas serpentes copularem e, ao tentar separá-las, feriu a fêmea. Por conta de sua atitude, o rapaz imediatamente se transformou em mulher. Sete anos depois, passou pelo mesmo local e viu novamente duas serpentes na mesma situação, entretanto, ao tentar apartá-las, desta vez eliminou o macho, fato que o fez recuperar o sexo masculino.

Por conta desse evento, se tornou um conhecedor profundo dos dois sexos. O acontecimento tornou-o célebre e acabou sendo chamado a opinar numa acalorada discussão entre Zeus e Hera, que não chegavam a um termo sobre quem teria mais prazer, o homem ou a mulher. Tirésias respondeu sem hesitar que, se o gozo do amor pudesse ser dividido em dez partes, a mulher teria nove, enquanto ao homem restaria apenas uma. Imediatamente suscitou a ira de Hera. A deusa tomou o veredicto como uma afirmação da superioridade masculina e cegou Tirésias. É sabido que algo que um deus deseja a um mortal — seja uma graça ou uma maldição — não pode ser retirado. Portanto, Zeus, compadecido da triste condição do convidado, decidiu compensá-lo com o dom da profecia e o privilégio de sobreviver a sete gerações humanas.

A segunda versão da história sobre a perda da visão de Tirésias conta que Cariclo, mãe do menino, era uma das companheiras preferidas de Atena, que a deixava sempre subir em seu carro. Um dia em que as duas divindades se banhavam na fonte de Hipocrene, no monte Hélicon, Tirésias, que andava pelas proximidades caçando, veio até a fonte e acabou vendo Atena nua. Imediatamente ele perde a visão porque viu o que não deveria. É o que Calímaco canta em seu Hino: não se pode contemplar os deuses sem que eles permitam. A imprudência de Tirésias está no fato de ver o corpo nu de uma deusa virgem que não se olhava sequer no espelho das águas.

Há também aí uma potência especial: a do olhar de Atena. Um simples olhar faz com que ela tire a visão de Tirésias. Em vários escritos de Calímaco e também de Homero, a descrição do olhar de Atena é de um azul penetrante. No Canto v da *Ilíada*, ela dissipa a bruma dos olhos dos heróis para que, em tempo de batalha, possam discernir os deuses dos homens, o mesmo discernimento que Tirésias não teve e que o fez perder a visão. Mas esse olhar de Atena, compreensivo, próximo dos mortais, iluminador nas grandes batalhas, é também o olhar de poder paralisante de uma Górgona. A deusa paralisa a faculdade de ver do rapaz: num segundo, a visão luminosa de um corpo nu, em seguida as trevas.

> Ou melhor: os poetas a nomeiam de bom grado Gorgopis como se, em seus olhos azuis-esverdeados, metonímia de Gorgonia, se houvesse refugiado toda a potência maléfica da criatura ctônica que, outrora, ela havia predestinado à morte. Penetrante, o olho de Athenas [...]; mas penetrante também o olho de Palas para o mortal que de improviso o percebe. Entretanto o que Athenas temia no olhar de Tirésias? Se, desnudando seu corpo, a deusa renunciou à proteção da égide, a Górgona não está presente nos olhos de Palas?[28]*

Como Cariclo censura a crueldade da amiga, principalmente porque Tirésias não cometera a imprudência propositalmente, Atena decide, para consolá-la, dotar o rapaz de alguns dons. Entre as

---

* Tradução de Célia Eyer.

compensações de Atena, estão um bastão de cerejeira brava que dará a ele a possibilidade de orientar-se como se tivesse uma vista perfeita, uma total purificação dos ouvidos, a ponto de Tirésias poder compreender a linguagem das aves e ter o dom da profecia.

Imaginemos a confusão desse homem, entregue ao capricho dos deuses, que, de uma hora para outra, perde seu mundo material e ganha um estranho presente: o dom da previsão e da quase eternidade. Junto com eles a palavra final e a verdade: "Já vejo aproximar-se quem vai descobri-lo./Estão trazendo em nossa direção o vate/ guiado pelos deuses, único entre os homens/que traz em sua mente a lúcida verdade", dizia Corifeu.[29] Era isso um dom ou um fardo? Sua clarividência lhe daria o peso de antecipar destinos, de impedir guerras, de arruinar vidas, de conhecer as catástrofes do mundo. Ao mesmo tempo, saberia que estaria vivo, por sete vidas, para assistir a todos os desastres e venturas que havia previsto. Levou esse peso para sua tumba: com a guerra de Tebas, seu destino permaneceu um mistério. O que a tradição revela é que Atena deu a Tirésias mais um dom: depois de sua morte, ele manteve suas faculdades intelectuais e proféticas e seguiu fazendo prognósticos de dentro de Hades. "Para que ele não sonhe mais com esta vista (esta visão?) perdida por ele, a Deusa, em sinal de compensação, deu a Tirésias a audição hiperaguda do adivinho e, na noite de Hades, a lucidez entre as sombras."[30]*

Terrível destino, o de Tirésias. Ser a memória dos outros. Nunca descansar dos problemas alheios. Ver tudo, saber tudo. Funcionar como oráculo e esperança dos tebanos. E, tudo isso, por ter ficado cego. "Sou livre; trago em mim a impávida verdade!", grita ele a Édipo. Ganhou o poder da verdade. Um poder tão insuportável que Édipo, num ato de desespero, sem querer enxergar a verdade de sua vida, arrancou os próprios olhos. Todos os escritores aqui elencados, com o advento da cegueira, vol-

---

* Tradução de Célia Eyer.

taram o olhar para dentro. Seguiram vasculhando seus livros na memória, consultando a biblioteca interior, buscando a verdade, colocando-a em palavras.

Borges, em seu poema "The unending rose", já adivinhava sua própria função oracular:

> Sou cego e nada sei, mas prevejo
> que são numerosos os caminhos. Cada coisa
> é infinitas coisas. Sois música,
> firmamentos, palácios, rios, anjos
> rosa profunda, ilimitada, íntima,
> que o Senhor mostrará aos meus olhos mortos.[31]

O que queria nos dizer o escritor? Uma das interpretações possíveis é: a cegueira é implacável, mas me deu em troca o dom da previsão. E "pré-ver" é: ver antes, ver além. Tirar sentido daquilo que os "olhos mortos" não podem ver.

Notas

1. Paul Saenger, "A leitura nos séculos finais da Idade Média", in: Guglielmo Cavallo; Roger Chartier, *História da leitura no mundo ocidental*, vol. 1, p. 153.
2. *Ibidem*, p. 152.
3. Niccolò Machiavelli, *"The literary works of Machiavelli"*, p. 54.
4. Alberto Manguel, *A biblioteca à noite*, p. 149.
5. Jorge Luis Borges, *apud* Alberto Manguel, *Con Borges*, p. 31.
6. Jacques Derrida, *Mémoires d'aveugle*, p. 54.
7. Charles Baudelaire, "L'art mnémonique" in: *Oeuvres complètes*, p. 895-897.
8. *Idem*, "Fleurs du mal", in: *Oeuvres completes*. Tomo I, p. 92.
9. Ernst Theodor Hoffmann, *Contes posthumes*, p. 303.
10. Marcel Detienne, *Les Maîtres de vérité en Grèce archaïque*, p. 9.

11. Homero, *Odisseia*, p. 28.
12. John Milton, *The english poems of John Hilton*, p. 100.
13. *Ibidem*, p. 100.
14. Jorge Luis Borges, "La ceguera", in: *Siete Noches*, p. 155.
15. John Milton, *O paraíso perdido*, p. 101.
16. Idem. *"The english poems of John Milton"*, p. IV.
17. *Ibidem*, p. 5.
18. *Ibidem*, p. 4.
19. Dante Alighieri, *A divina comédia — Inferno*, p. 106.
20. Jorge Luis Borges, "La divina comedia", in: *Siete Noches*, p. 25.
21. Dante Alighieri, *A divina comédia — Inferno*, p. 28.
22. Idem, *A divina comédia — Purgatório*, Canto XXX, 31 a 33, p. 196.
23. Idem, *A divina comédia — Paraíso*, Canto XXX, 46 a 51, p. 210.
24. Marcel Detienne, *Les maîtres de vérité dans La Grèce archaique*, p. 71.
25. *Ibidem*, p. 107.
26. Junito de Souza Brandão, *Mitologia grega*, vol. II, p. 96-97.
27. Sófocles, "Édipo rei", in: *Trilogia tebana*, p. 32.
28. Nicole Laroux, *Les Expériences de Tirésias: le féminin et l'homme grec*, p. 63. Tradução de Célia Eyer.
29. Sófocles, "Édipo rei", in: *Trilogia tebana*, p. 31.
30. Nicole Laroux, *Les Expériences de Tirésias: le féminin et l'homme grec*, p. 270. Tradução de Célia Eyer.
31. Jorge Luis Borges, "The unending rose", in: *Obras completas* (vol. III), p. 141.

VII. Jorge Luis Borges: o Homero *criollo*

Homero *criollo*, assim muitas vezes foi chamado Jorge Luis Borges. Em parte, porque o autor escreveu muito sobre Homero ou se comparou a ele. Em parte, porque, depois de sua cegueira, Borges voltou-se inteiramente para a tradição oral e para a poesia clássica. Ele refazia o caminho que havia iniciado no princípio de sua vida, começara fazendo poesia e assim terminara, como num ciclo. E, como Homero, teria perdido os olhos, mas tinha um enorme potencial de memória, que vai acessar para voltar a escrever na escuridão. Quando Borges perdeu sua vista, já era um homem feito livro, já havia acumulado todos os mitos, lendas, versos e histórias de que necessitaria para escrever nos posteriores anos de escuridão. O jornalista Esteban Peicovich reuniu, em seu livro *El palabrista: Borges visto y oído*, uma série de frases e ditos de Borges que o fizeram conhecido. A maior impressão de Peicovich era de que Borges não era feito de carne e osso. Intocável, esse homem era para ser folheado como se sua própria carne tivesse se transformado em papiro.

É também de Peicovich a sensação de estar diante de um novo Homero: "Filho, repetidor de Homero três mil anos depois, absorto de tão sozinho, corajoso de tão sozinho, habitante de aviões, discursos, caixas chinesas, perfumes, caminhos que não vê."[1] Um Homero cansado das inúmeras viagens por lugares que jamais veria, rodeado dos livros da Biblioteca Nacional que jamais veria e de mulheres que o admiravam e amavam, mas que jamais veria também. Borges era uma mistura das figuras do aedo, do adivinho, do oráculo e do poeta, personagens que se articulam também à figura do cego. "Cegos para a luz, eles veem o invisível. O deus que os inspira lhes descobre, numa espécie de revelação, as realidades que escapam ao olhar humano", explica Jean-Pierre Vernand em *Mythe et pensée chez les grecs*. Borges oscilava entre o mundo dos adivinhos, que decifravam o invisível, a geografia sobrenatural (quantas e quantas vezes ele foi o responsável pela criação de mundos) e o mundo dos poetas, voltado para o passado, para o tempo antigo e, portanto, com o desenvolvimento de uma memória fenomenal.

Quando escreveu *El hacedor*, Borges já tinha mais de 60 anos, entre os quais alguns de cegueira. O conto principal ("El hacedor") é uma ode a Homero, mas é também uma maneira de falar um pouco de sua própria cegueira, assunto sobre o qual se esquivou abertamente em suas entrevistas, mas que destacou várias vezes em sua literatura. A palavra *"hacedor"* tem em seu significado algo de muito parecido com o *maker*, em inglês, ou seja, o "criador", que pode estar ligado à imagem divina ou demiúrgica ou também à ideia de artesão. O conto começa falando de um homem que nunca dera muita importância às maravilhas que provêm da memória. Nessa primeira parte, Borges explica que a dimensão da memória não é apenas visual, ela abarca várias coisas: a possibilidade de ver a lua, as estrelas e as cores, as sensações tácteis da textura lisa do mármore sob os pés, o sabor forte da carne de javali e do vinho, áspero e pesado, bem como o cheiro das mulheres e do mar.

No entanto, pouco a pouco, esse universo repleto de cheiros, de sensações, de visões, de histórias e de sabores o foi abandonando. E, nessa altura do conto, o leitor percebe que o homem que está ali sofrendo aquela experiência, e também confessando-a, é um pouco de todos os escritores cegos de que falamos até agora neste livro, mas é também indubitavelmente Borges, desnudando-se em sua agonia:

> [...] uma teimosa neblina apagou as linhas de sua mão, a noite despovoou-se de estrelas, a terra era insegura debaixo de seus pés. Tudo se afastava e se confundia. Quando soube que estava ficando cego, gritou; [...] já não verei (sento) nem o céu pleno de pavor mitológico, nem este rosto que os anos transformarão.²

Nota-se aqui que a primeira impressão desse *hacedor* é a de que as suas dimensões corporais, as linhas da mão e o rosto que não pode mais ver somem junto com as dimensões do universo, as estrelas, a terra debaixo dos pés e o céu. Porque toda a cegueira é, em tese, um pouco egoísta: é o que perdemos do mundo e não o que o mundo perde de nós. Desaparecido o mundo concreto e palpável, ele então irá "fazer", de forma demiúrgica, seu próprio mundo.

Mas um mundo baseado em quê? Na memória das experiências vividas. O homem atravessa dias e noites iguais, sem entender a passagem do tempo, em desespero, até que um dia acorda e vê uma espécie de reconhecimento nas coisas fora de foco que estão ao seu redor. Aqui, outro sentido parece de repente despertar: a audição. E como Tirésias, que ganhou de Atena a purificação dos ouvidos, esse homem pode agora escutar com mais apuro a música e a voz, que nada mais são do que as duas principais características da palavra do poeta. De uma hora para outra, uma inexplicável esperança o assola, e ele parece poder acessar a memória que estaria adormecida. "Então, desceu até a sua memória que a ele pareceu interminável, e conseguiu tirar daquela vertigem a lembrança perdida que reluziu como uma moeda embaixo da chuva [...]."³

E começa a recordar-se, como um poeta antigo, de um feito heroico e um amoroso. As duas instâncias que garantem a escrita e a verdade de um poema: os feitos heroicos de um homem e a inspiração das musas. Duas lembranças vão marcar a sua retomada. Uma de quando ainda era pequeno e foi desrespeitado por outro rapaz. Voltou à sua casa para contar o acontecido ao pai, que lhe deu um punhal para vingar-se. O punhal parecia carregado de poder, e essa única sensação mágica já era o bastante para que o sentido da revanche fosse esquecido. O protagonista sente em si todo o peso das batalhas de Perseu e Ajax, a força inesquecível desses homens, perto delas sua vingança pessoal — o pequeno combate e o regresso com a faca sangrenta — não importava. Uma segunda lembrança era a de uma mulher belíssima a quem procurava sem cessar dentro de galerias de pedra e declives cheios de sombra. Estaria aí uma alusão à interdição de Tirésias? Uma Atena que o *hacedor* busca, mas cuja visão é proibida por um labirinto de sombras?

O fato é que esse homem comprova que, perdida a visão, ainda o aguardam o amor e o risco. As duas bases que vão alimentar a poesia de Homero. Uma mulher pela qual os homens perderão a cabeça de amor e iniciarão uma guerra: Helena de Troia. Uma viagem de heróis que buscarão no mar uma ilha querida. Homens que defenderão até a morte os templos de seus deuses. Amor e risco: Ares e Afrodite. Esse *hacedor*, então, adivinha: "O rumor das Odisseias e Ilíadas que era o seu destino cantar e deixar ressoando concavamente na memória humana."[34] O conto é sobre a viagem de Homero, mas é também um pouco da vida de Borges. Quando ele o escreveu, sabia o destino do poeta: permanecer na memória dos homens pelas palavras. Era o mesmo destino que Borges esperava para si?

O AMOR AOS LIVROS

Borges estava sempre se esquivando de elogios quando se esmeravam em exaltar sua obra. Escondia-se atrás da timidez e retrucava com modéstia que nunca tinha sido um bom escritor, mas sim um grande leitor. De fato, era um grande leitor e, talvez por isso, fosse capaz de escrever tão bem. No livro *Elogio da sombra*, começa o seu poema "Um leitor" com: "Que outros se jactem das páginas que escreveram;/ a mim me orgulham as que li."⁵ Possivelmente porque as páginas que leu foram as formadoras de seu cerne como escritor. Ou quem sabe apenas porque achava que a leitura era uma atividade mais resignada e intelectual que a escrita, alentada e desenvolvida com cuidado ao longo dos anos.

Acreditava na máxima de Mallarmé de que o mundo existe para chegar a um livro. E justificava esse pensamento, embora fosse ateu, com a própria religião católica, ordenada por um Deus que mandava e desmandava, estabelecia direitos e deveres para os homens, condenava-os ou perdoava-os baseado numa espécie de "livro absoluto": a Escritura Sagrada. Borges nasceu e morreu entre livros. Ele mesmo era uma biblioteca ambulante ou, como disse María Esther Vázquez, um computador: "Bastava apertar um botão para que discorresse com profundidade sobre qualquer tema." Se há uma ideia de saber infinito para Borges, ela está contida num livro. O Livro dos livros não era a Bíblia, mas o livro de areia, essa matéria fina que não se prende entre as mãos, que determina a marcação do tempo pela ampulheta e que faz do livro um objeto sem princípio ou fim. Era assim que Borges via os livros: quando eram novos, ou releituras, tinham o poder infinito de fazê-lo sonhar e aprender.

Trancado em seu quarto, no trem, no ônibus, em todas as bibliotecas em que trabalhou e frequentou, Borges estava sempre em meio a uma leitura ou começando outra. Dizia que os livros eram uma parte sua sem a qual não poderia viver e que eram tão íntimos para ele como suas mãos ou seus olhos, que depois lhe faltariam para realizar a tarefa de leitor. Mas Borges, apesar do interesse desperto em sempre aprender algo novo, era um leitor hedônico. Para ele, era fundamental que as leituras provocassem primeiramente o encantamento, essa era uma qualidade imprescindível e sem a qual todas as outras se tornavam inúteis. Pensava nisso ao escrever seus próprios textos, deliciosos para os leitores comuns, cheios de subtextos para os iniciados e tão ricos em significados que levaram os críticos a pensar em mais referências que o próprio autor. Tentava não escrever para causar dificuldades aos leitores, embora nem sempre fosse possível.

Como leitor, não se furtava de pular trechos ou não ler um livro por inteiro. Quando o tema não lhe interessava, simplesmente deixava de lado sem a menor culpa. Nunca chegou a ler por inteiro o *Ulisses* e o *Finnegans Wake*, de Joyce, o que não o impediu de escrever sobre os dois livros. Tinha um interesse especial por literatura policial e poesia. Nem sempre se encantava com os grandes escritores:

> Comecei a ler *Guerra e paz* e de repente me dei conta de que os personagens não podiam me interessar. De Tolstói também li alguns contos... mas via a mim mesmo fazendo um esforço. E não gosto disso quando leio. [...] Quero me divertir. Não vejo razão pela qual o escritor de contos ou romances deva causar um problema.[6]

Reler para ele era sempre um prazer. Tirava frequentemente algo novo de livros que já havia visitado mais de uma vez. Não tinha muito gosto pela literatura latino-americana, lia muito pouco seus próprios contemporâneos.

No entanto, o gosto por determinados escritores, pela cultura clássica e pelo estudo das línguas foi forjado no seio de uma família de grandes leitores. O pai de Borges, Jorge Guillermo, era filho de mãe inglesa, gostava da língua e tinha como escritores preferidos Shelley, Keats, Swinburne e Spencer. Nutria grande interesse pela metafísica e pela psicologia; deu algumas aulas sobre a matéria na universidade. Alentava uma paixão especial por autores que tratavam de civilizações orientais: Lane, Payne e Burton (que tinha uma conhecida tradução de *As mil e uma noites*). Com esses gostos e interesses, foi formando sua biblioteca, a mesma que jamais seria esquecida por Borges e mencionada uma e outra vez em seus livros. Em prólogo a *Evaristo Carriego*, Borges dizia:

> Acreditei durante anos ter sido criado em um subúrbio de Buenos Aires [...] O certo é que me criei em um jardim, detrás de uma grade, com lanças e uma biblioteca de ilimitados livros ingleses.[7]

Todos os livros que aí estavam, nesse pequeno paraíso, nessa biblioteca da qual, confessava Borges, jamais saiu, foram franqueados a ele. O pai tentou não destacar qualquer volume em especial, era um homem que acreditava que os filhos é que deviam educar os pais. Tentava, também, não discutir literatura com Borges e se isentou de dar opiniões nos primeiros escritos do filho, para que ele pudesse andar com os próprios pés.

Foi nesse ambiente acolhedor e inesquecível que Borges começou suas primeiras leituras. E foi nessa biblioteca também que o pai convidou o filho, com apenas 10 anos, a realizar as primeiras interpretações dos fragmentos de Platão. Borges e sua irmã, Norah, tiveram a parte inicial de sua educação em casa com uma instrutora inglesa. Com pai de origem inglesa e mãe argentina, as crianças foram alfabetizadas nas duas línguas. A avó de Borges, dona Fanny de Haslam Borges, nascera em Staffordshire e por algum motivo inusitado veio viver na América do Sul. Não tinha um castelhano muito bom, mas era uma exímia contadora de histórias: lia para Borges, ainda pequeno e de fraldas, revistas inglesas para crianças encadernadas em um volume pesadíssimo. O pequeno era insaciável. Tinha uma preferência especial por histórias sobre feras, entusiasmava-se particularmente pelos tigres: animais que inspirariam depois vários de seus textos.

Fanny vivera com o marido nas fronteiras do norte e oeste de Buenos Aires por volta da década de 1870 e voltara da aventura cheia de experiências que gostava de contar aos netos. Borges se inspirou em uma delas para escrever o conto "História do guerreiro e da cativa". A avó era também uma grande leitora, que gostava de Arnold Bennet, Galsworthy e Wells. Dela, o neto herdaria a assombrosa memória: Fanny era uma bíblia viva, capaz de saber os livros, os capítulos e os versículos em inglês da Escritura Sagrada de cor. Por conta disso, o inglês se transformou também na "língua afetiva" do escritor.

A mãe de Borges, Leonor Acevedo de Borges, era proveniente de tradicionais famílias argentinas e uruguaias. Leonor era extremamente católica e, embora o marido fosse ateu, e a sogra, membro da igreja anglicana, criou um ambiente sem nenhuma discórdia religiosa dentro de casa. Aprendeu o inglês apenas escutando Fanny e o marido falando e passou a fazer a maioria de suas leituras também nessa língua. Reconhecia abertamente a influência do marido e absorveu a tradição dos livros ingleses, revelando o seu desejo de incorporar-se à linha cultural aspirada por Jorge Guillermo. A mãe era uma das bases de criação do processo de escrita de Borges, que contava com a memória e o conhecimento da língua que Leonor possuía para produzir seus textos. De tal maneira que, uma vez, confessou: "Minha mãe tem muito a ver com a essência da minha obra. Ela é um pouco a alma e o espírito que a impulsionam."[8] Era também uma excelente contadora de histórias: sabia fazer de cada narrativa algo atraente para se ouvir, fazia as pausas na hora certa, enfatizava as palavras e repetia algumas frases, uma oradora singular.

Leonor não conseguia fixar a atenção na página impressa, por conta disso, acabou traduzindo toda *A comédia humana*, de William Sayoran, para, durante a busca dos significados das palavras, ir escrevendo e lendo ao mesmo tempo. Uma editora se interessou pelo trabalho e acabou o publicando, e Leonor foi premiada pela Sociedade Armênia de Buenos Aires. Ela também traduziu contos de Hawthorne, *La mujer que se fue a caballo*, de D.H. Lawrence, Melville, Virginia Woolf e Faulkner; várias dessas traduções eram atribuídas ao filho. Por todas essas características familiares, vemos que não apenas a curiosidade pela leitura foi despertada como recebeu forte influência do ambiente privado. Borges teve a sorte de ter nascido e crescido em meio a uma família que, cuidadosamente, formava-o pessoal e intelectualmente. Eles esperavam algo. O destino do menino não seria de mero leitor, ele estava sendo preparado.

De qualquer maneira, nada poderia ter florescido se Borges não se interessasse por livros. Míope e tímido, ele acabou fazendo dos alfarrábios seus melhores amigos. Sua irmã, Norah, lembra de Borges desde pequeno com um livro na mão. As brincadeiras infantis giravam em torno do conteúdo literário. Reis, rainhas, viajantes de galáxias saíam das páginas e ganhavam a imaginação dos irmãos Borges: o biombo chinês da sala se transformava no projétil que os levaria até a Lua. A fantasia estava dentro de casa, não era necessário sair pelas ruas. Por isso, Borges não chegou a conhecer a fundo Palermo, seu bairro de origem e mais querido. Tudo se passava, magicamente, nos limites da biblioteca paterna, que contribuía para a criação de um novo Universo, um "mundo de papel".

Foi nessa biblioteca e, principalmente, na língua inglesa que começou suas viagens literárias. Lembrava-se que o primeiro romance que leu inteiro foi *Huckleberry Finn*, seguido de *Roughing it e Flush days in Califórnia*. Depois, aventurou-se por *Os primeiros homens na Lua*, de Wells, uma edição da obra completa de Longfellow, Edgar Allan Poe, *Dom Quixote*, os contos de fada dos irmãos Grimm, Lewis Carroll, que continuou em sua biblioteca até a morte, e *As mil e uma noites*, em tradução de Burton. Leonor tinha alguns moralismos quando se tratava de literatura e tentou retardar a leitura de *Martin Fierro*, porque achava o livro violento, assim como a obra de Burton. Borges leu o último às escondidas no terraço e estava tão emocionado com a narrativa e a quebra do protocolo familiar que não percebeu as partes que continham "obscenidades".

Sua relação com *Dom Quixote* foi toda a vida de idas e vindas. A princípio, preferia Quevedo a Cervantes, achava o último interessantíssimo em termos de conteúdo, mas complicado e inacabado formalmente. Depois mudou definitivamente o parecer: tinha a opinião de que Cervantes era genial por ter conseguido criar um personagem "ridículo" e, ao mesmo tempo, "venerável e querido". Levou para sempre na lembrança a imagem de seu primeiro *Dom Quixote*: uma edição em inglês da Garnier com capa vermelha e letras douradas que tinha belas gravuras em aço. Borges conta que, mais tarde, quando leu o original em espanhol, esse pareceu a ele uma má tradução.

Na infância borgiana, os escritores, pintores ou músicos mencionados em casa foram se incorporando, pouco a pouco, à vida familiar: de tanto ouvir falar sobre eles, acabaram se tornando velhos amigos. Vários autores que são alvos do afeto e da admiração de sua família acompanharão Borges para sempre. Ele integrará em seu mapa de escolhas pessoais alguns dos poetas preferidos do pai: Shelley, Keats, Fitzgerald e Swinburne, entre outros menos conhecidos que, mesmo considerados fora de moda ou de menos importância, farão parte de suas escolhas literárias.

> Dessa maneira, no curso dos primeiros 10 ou 12 anos de idade, vai compondo, talvez sem perceber, a constelação de vozes literárias que o acompanharão para sempre, pois, ainda que realize depois na juventude sua própria seleção, não se despedirá jamais desses primeiros autores: deles recebeu as entonações poéticas.[9]

Jorge Guillermo tinha o hábito de recitar os poetas românticos da Inglaterra com a voz grave e pausada. Leonor dizia que o filho, quando declamava versos em inglês, fazia-o com uma voz muito parecida. Borges acreditava que, quando recitava os versos de Schiller, era como se seu pai revivesse por meio de sua voz.

Esses primeiros livros também são responsáveis pelas memórias visuais inaugurais adquiridas na infância. Borges lembrava-se com detalhes do hotel *Las Delices*, onde passava os verões, em Adrogué, do amplo pátio e dos jardins da Rua Serrano, onde a família se estabeleceu e só se mudou quando viajou para a Europa, em 1914. Mas dizia que as lembranças vinham com um olhar de criança: recordava-se melhor das coisas pequenas, que eram aquelas com as dimensões que realmente podia ver. Assim, todas as ilustrações de *Huckleberry Finn*, *Roughing it* e *Life on the Mississippi* ficaram guardadas em sua mente, bem como as de *As mil e uma noites*, livro proibido. Outra imagem que não se apagou foi a dos tigres no zoológico, uma visita que a família fazia com frequência. Borges os desenhava bastante quando pequeno: rajados e gordinhos, com patas tão curtas que alguns pareciam uns lagartos. Assim como a obsessão por tigres, outras foram forjadas na infância. Havia um livro, encontrado na biblioteca do pai, com uma gravura com as sete maravilhas do mundo. Entre elas estava o labirinto de Creta. Borges não esqueceu aquela imagem que parecia uma praça de touros. Passava algumas horas examinando-a com a lupa com a finalidade de encontrar no desenho o temível Minotauro. Essa perplexidade diante do labirinto apareceria mais tarde em contos como "A casa de Astérión", "A morte e a bússola" e "A biblioteca de Babel".

Borges em sua essência era um anglófono. Quase todas as vezes que era perguntado ou escrevia sobre os autores que o haviam influenciado, citava De Quincey, Stevenson, Shaw, Chesterton, Kipling, Wells. E, apesar de mencioná-los com frequência, achava-se na obrigação de uma e outra vez corrigir o que chamava de injustiças entre os seus eleitos: "Eu tenho sido injusto com Shaw. Em um comentário que escrevi sobre ele fui tímido. [...] Devo dizer, claramente, que para mim Shaw é um dos maiores escritores de todos os tempos."[10] Eram essas suas preferências com pitadas em menor quantidade de autores franceses e alguns alemães. A história o teria encerrado nos muros bilíngues do inglês/espanhol se sua curiosidade e destino não o tivessem apontado o conhecimento de outras línguas. O que o iria unir a elas era primeiro o interesse em ser poliglota e depois, com o avanço da cegueira, a possibilidade de explorar mundos incomuns e ainda "escuros" do saber. Por uma estranha coincidência, foi a cegueira do pai que levou a família a uma viagem à Europa. O patriarca seria atendido por um famoso oculista, e as crianças começariam a aprender o francês e frequentar a escola em Genebra. O irrompimento da Primeira Guerra Mundial retardou os planos do clã Borges de viajar pelo continente e fez com que se estabelecessem naquela cidade.

O período de refúgio em Genebra foi de descoberta dos autores franceses. O contato inicial com a língua foi difícil para Borges, não para Norah, que em poucos meses já sonhava em francês. A princípio, os irmãos fizeram algumas aulas particulares: iam todos os dias de bicicleta para a casa de um professor até que Borges sofreu um acidente, e Leonor decidiu eliminar as aulas de francês e matriculá-lo diretamente no *Collège*, fundado por Calvino. O menino se revelou um belo latinista e conseguiu passar o primeiro ano com excelentes notas em todas as matérias, menos em língua francesa. Os alunos, a maioria estrangeiros, fizeram um longo abaixo-assinado explicando que não era possível que Borges pudesse absorver bem todas as matérias dadas em francês se não fosse capaz de passar de ano na língua. O diretor aceitou a solicitação. Mas Borges nunca alentaria pela língua francesa o mesmo amor que tinha pelo inglês.

As leituras na Suíça giraram em torno de Alexandre Dumas, Flaubert, Maupassant, Zola, Voltaire e Verlaine. Não tinha a mesma tolerância com os autores franceses, achava *Madame Bovary* impossível de ler, "uma história sem história", preferia o controverso André Gide a Balzac, mas gostava muito de Léon Bloy. O primeiro livro que leu em francês foi *Tartarín de Tarastón*, de Afonso Daudet, e com apenas 15 anos enfrentou *Os miseráveis*, de Victor Hugo, e depois *El Visconde de Bragelonne*, de Alexandre Dumas, livro de que gostava muito mais do que *Os três mosqueteiros*. Pouquíssimos desses autores entrariam mais tarde na lista de seus eleitos. Como era hábito da família a récita de poesia em voz alta, às vezes, o jovem ia passear com a irmã, Norah, no lago e, de pé, soltando perigosamente os remos do bote, recitava com voz solene Baudelaire e Rimbaud. Cruzava as pontes que ligavam as margens do Rio Ródano e já pressentia alguma coisa de seu destino de escritor, sentia-se ligado intimamente aos mesmos poetas que recitava. Nos seus passeios pela cidade, gostava de levar um papel quadriculado no bolso, onde fazia anotações quando descobria algo comovente. Havia um hotel perto de Genebra coincidentemente chamado *Les Délices*, onde Voltaire teria escrito o seu *Cândido*: a lembrança de Adrogué era inevitável.

Influenciado por esse ambiente e essas vozes, ensaiaria seus primeiros poemas. Muitos teriam se perdido para sempre se não fosse Leonor Acevedo guardar um trecho de *Petite boîte noire pour le violon cassé*, o texto completo pedia para que o poema fosse recitado com um acento russo, já que Borges considerava o seu francês bastante carregado e resolveu fazer uma brincadeira com o próprio sotaque. Escreveu ainda outros versos influenciado pelo Simbolismo francês, mas poucos textos foram resgatados dessa época. A verdade é que Borges não escreveu muito na cidade, mas foi feliz na Suíça. Tanto que escolheu Genebra para passar o fim dos seus dias.

> De todas as cidades do planeta, das diversas e íntimas pátrias que um homem vai buscando e merecendo no decurso das viagens, Genebra me parece a mais propícia à felicidade. Devo-lhe, a partir de 1914, a revelação do francês, do latim, do alemão, do expressionismo, de Schopenhauer, da doutrina de Buda, do taoismo de Conrad e da nostalgia de Buenos Aires.[11]

Esse depoimento concentra todas as coisas essenciais que aconteceram no período e cumpre destacar que o aprendizado de idiomas ocupou um lugar privilegiado.

Em 1918, Borges terminava seu bacharelado. A família sofria com as mazelas da guerra, mesmo estando em território neutro. O pouco leite que Leonor conseguia era para dividir entre os filhos e a própria mãe. Até que a calefação do hotel onde moravam se mostrou insatisfatória, já não havia mais lenha. Os Borges se mudaram, mas seguiram sofrendo com o frio até que a avó materna ficou doente e morreu nos primeiros meses do ano. Ao se formar, Borges passou por outro ritual de iniciação que era exigido dos homens de sua idade: a sexual. O costume das famílias da época era o de que os varões fossem iniciados pela mão das empregadas da casa. Por motivos financeiros e morais, Jorge Guillermo decidiu iniciar o filho pela visita ao prostíbulo. Marcou um dia e horário para o encontro, Borges aceitou, mas foi aterrado pela ideia de que poderia estar dividindo a amante com o pai e se encheu de vergonha. O encontro não funcionou, o rapaz teve uma crise que durou três dias de insônia, sem comer e chorando o tempo inteiro. A consulta médica apontava algumas saídas: uma vida mais saudável ao ar livre, muito exercício físico e uma mudança de clima.

A família se mudou, então, para Lugano, e se instalaram no Hôtel du Lac. Borges, dos preceitos do médico, seguiu apenas a mudança de clima e lugar, abriu mão dos exercícios físicos para enfurnar-se no quarto e praticar o alemão. Ele já havia começado o estudo do idioma no bacharelado, mas pediu de presente de aniversário uma enciclopédia alemã e um dicionário de inglês-alemão. O estímulo para mergulhar no aprendizado da língua veio através da leitura de *Sartus Resartus*, de Thomas Carlyle, um de seus autores preferidos. O protagonista da história Herr Diogenes Teufelsdröckh o encheu de curiosidade porque era um professor alemão dentro de uma escola idealista. Nesse livro, Carlyle desenvolverá a ideia de que a história universal é um evangelho e que os homens verdadeiros são textos sagrados, enquanto os outros, meros comentários, glosas e sermões. Borges queria entrar no idioma de

Goethe pela porta principal e começou com a difícil tarefa de ler *A crítica da razão pura*, de Kant. "Mas fui derrotado, como acontece à maioria das pessoas, incluindo quase todos os alemães", dizia. A literatura alemã revelou-se açucarada e fastigiosa, e o atalho que Borges encontrou para aprender o idioma foi uma edição de *Lyrisches intermezzo*, os poemas de amor de Heine.

Ganhou de uma amiga de sua mãe um exemplar de *O Golem*, de Gustav Meyrink, livro que muitos anos depois inspirou um poema com o mesmo nome. Na esteira das descobertas que fez lendo alemão, estavam também Kafka e Goethe. Carlyle e De Quincey gostavam particularmente de Jean-Paul Richter. Influenciado por eles, Borges começou a ler o autor, mas logo se sentiu entediado: para ele, Ritcher parecia pouco "apaixonado" e muito "confuso". Descobriu Walt Whitman numa tradução alemã de Johannes Schlaf de *As I have walked in Alabama my morning walk* e se encantou pelo autor. Certo de que queria lê-lo no original, encomendou em Londres uma edição de *Leaves of grass*. Continuou a ler em alemão na companhia de seu pai e depois na de seu grande amigo Macedonio Fernández; achava a língua belíssima e superior à literatura que produziu. Já o francês, para ele, não soava tão bem: dizia que as palavras pareciam mais triviais quando ditas em francês. Embora tenha criado textos em todas essas línguas, principalmente em inglês, sabia que o espanhol era seu "destino inelutável".

Foi em Genebra também que conheceu Schopenhauer. Mais tarde diria que, se tivesse que escolher um filósofo para toda a sua vida, seria ele. Se o enigma do Universo pudesse ser decifrado ou formulado em palavras, estaria na obra de Schopenhauer. Admirava *O mundo como vontade de representação*: "Desde já o universo segue sendo misterioso, mas me parece que, de todas as doutrinas filosóficas, a de Schopenhauer é a que mais me satisfaz, é a que mais se parece com uma solução."[12] Quando conheceu a filosofia de Schopenhauer, Borges tinha apenas 16 anos. Depois disso, leria muitos livros e acrescentaria mais uma boa quantidade à sua biblioteca de favoritos, mas o filósofo teria sempre um lugar preferencial. A biblioteca afetiva de Borges foi formada ao longo desses anos com essas línguas e fisicamente possuía poucos livros, mas era deles que sentiria mais falta com o advento da cegueira. Mais tarde, aos 76 anos, quando escreveu "La rosa profunda", faria um poema em que fala dos livros, não apenas dos que leu como dos que escreveu e de como eles são parte integrante do homem que forma e foi formado por eles:

> Meus livros
> Meus livros (que não sabem que eu existo)
> são tão parte de mim como este rosto
> de têmporas cinzas e olhos cinzas
> [...]
> Não sem alguma lógica amargura
> penso que as palavras essenciais
> que me expressam estão nessas folhas
> que não sabem quem eu sou, não as que escrevi.[13]

COMO SE FAZ UM ESCRITOR

Nesse ambiente de leitura, começava a nascer o Borges escritor. Ele começou a tecer o próprio destino com os fios da poesia herdada dos ingleses, sonhando com os novelistas universais e especialmente com o bucaneiro Stevenson, encantado pelas epopeias de Homero e atraído pelo enorme volume de capa dura de *Dom Quixote*. Amava ler romances policiais, ver os filmes de *western* e de *gangsters*, não se cansava nunca da mitologia do submundo de Buenos Aires, que estava sempre colocando em seus escritos em dois temas: a coragem e o duelo. Aos 6 anos, já imaginava o seu destino como escritor. "Este é o meu destino; eu sempre soube. Eu não imagino nenhum outro que não seja este", dizia de sua carreira de escritor.[14] E afirmava que Milton, como ele, também intuiu que seria escritor antes de sê-lo. E acreditava que um autor precisava ter imaginação, seguir seu subconsciente (que os antigos chamavam de "musas") e, principalmente, sua memória.

O seu "destino" como autor tinha algo da herança familiar. Uma herança que lhe legara a cegueira, mas também a cultura inglesa e o desejo da escrita. Havia uma esperança, por parte do pai, que o destino de grande escritor se cumprisse em Borges, e ele cresceu com a cumplicidade e o apoio à sua escolha pela família, mas também com uma espécie de dívida. A tradição literária estava no lado paterno: o tio-avô de Jorge Guillermo, Juan Crisóstomo, foi um dos primeiros poetas argentinos, conhecido por escrever uma ode ao general Manuel Belgrano. Álvaro Melián Lanifur, primo distante de seu pai, foi um poeta menor, mas o primeiro na família a entrar para a Academia Argentina de Letras. O bisavô de Borges, pai de Fanny, Edward Young Haslam, dirigiu um dos primeiros jornais ingleses na Argentina (o *Southen Cross*) e tinha o título de doutor em Letras pela Universidade de Heidelberg.

Em 1919, os Borges saíram da Suíça e iriam direto à Argentina, mas antes decidiram passar um ano na Espanha. O lugar escolhido para viver foi Maiorca: era barato, bonito e na época tinha poucos turistas. Foi aí que Jorge Guillermo começou a escrever seu primeiro romance, que se denominava *El caudillo* e versava sobre a guerra civil de 1870, que se passara em Entre Rios, sua província natal. Borges, nessa altura, estava completamente encantado com os alemães e ofereceu algumas metáforas expressionistas que o pai aceitou. Anos depois, iria se arrepender das intromissões causadas por seus interesses juvenis. *El caudillo* era a história de Andrés Tavares, um senhor feudal de grande influência política, violento, déspota e fora da lei que, ao final do livro, sucumbe à sua própria brutalidade. Entre os personagens secundários estava a figura de um famoso degolador de Urquiza, que tinha como característica a habilidade de separar o corpo da cabeça da vítima com apenas um golpe de faca. A irmã de Fanny, Carolina Haslam, também ganhara uma homenagem no romance: a personagem Madame Dubois é baseada nela. Esse escrito já traz algumas características que o Borges filho usará mais tarde em suas criações: o tempo, o livre-arbítrio e a predestinação.

Terminado o livro, Jorge Guillermo mandou imprimir quinhentos exemplares para presentear aos amigos na volta a Buenos Aires. Anos mais tarde, antes de morrer, pediu a Borges para reescrever o romance de forma mais simples, editando as partes com muitas descrições e floreios. Publicou também algumas traduções do inglês, notadamente a versão de Fitzgerald da poesia de Omar Khayyám, e ainda um livro de poesia, que de fato era sua maior paixão, no estilo de Enrique Banchs. Destruiu muitas coisas também: um esboço de livro de ensaios, um volume de histórias orientais no estilo de *As mil e uma noites* e um drama, *Hacia la nada*, sobre um homem que ficara desiludido com seu próprio filho.

Desde criança, ao assistir ao início da cegueira do pai, instalou-se uma espécie de contrato tácito entre os dois: Borges cumpriria o destino literário que foi negado a Jorge Guillermo. Pequeno, Borges começou a escrever fazendo uma espécie de plágio dos autores de que mais gostava. Seu primeiro texto foi um manual de não mais de dez páginas sobre a mitologia grega, feito num inglês infantil com vários erros e provavelmente plagiado de Lampière. Gostava muito de mitologia e, nas poucas páginas, explicava as histórias do Tosão de Ouro, do labirinto, de Hércules, que era um de seus heróis favoritos, a lenda de Troia e um relato sobre os amores dos deuses. O livro foi feito com uma letra muito pequena e apertada, porque Borges já contava com uma vista bastante comprometida. Leonor guardou com carinho esse exemplar, que acabou se perdendo com as viagens e mudanças da família. Depois, Borges escreveu seu primeiro conto: uma história absurda de narrativa anacrônica, denominada *La visera fatal*, abertamente inspirada no estilo de Cervantes. Com apenas 9 anos e já algum domínio do inglês, fez uma tradução de "O príncipe feliz", de Oscar Wilde. O primo poeta do pai, Álvaro Lanifur, considerou a tradução perfeita e a publicou no jornal *El País*. Como o texto vinha assinado por Jorge Borges, imaginaram que pertencia a Jorge Guillermo, que aclarou a confusão e presenteou o filho usando o texto em suas aulas de inglês.

Enquanto o pai escrevia *El caudillo*, Borges teve outra ideia para um conto sobre um lobisomem. Já naquela época, interessavam ao rapaz os assuntos sobrenaturais. Enviou o escrito à revista *La Esfera*, muito popular em Madri, mas ele foi rechaçado. No entanto, não demoraria muito para ver um texto seu impresso: em dezembro de 1919, quando passavam o inverno em Sevilha, publicou seu primeiro poema, visivelmente baseado na escrita de Walt Whitman, que se chamava "Himno del mar". Ele apareceu na revista *Grécia*, datada de 31 de dezembro. Borges gostava bastante da praia e, depois da cegueira, lamentava muito não poder entrar na água do mar e sentir as ondas em seu corpo ou poder boiar livremente. Tinha medo de deslocar novamente a retina.

A estada de Borges na Espanha foi importante para a escrita e a leitura. Em Madri, conheceria o mestre do movimento ultraísta, Rafael Cansinos Assens, de quem se considerou discípulo até o fim de seus dias. Cansinos era considerado mau escritor, mas era uma figura muito carismática e especial. Tinha uma cultura bem vasta, falava cerca de onze idiomas. Quando descobriu que nos arquivos da Inquisição figurava seu sobrenome, se converteu ao judaísmo, aprendeu o hebreu e fez uma circuncisão. Tinha uma produção curiosa e heterogênea: poesias, romances, contos, ensaios e, no meio, um livro erótico de salmos. Cansinos fez traduções de Goethe, Dostoiévski e de *As mil e uma noites* diretamente do árabe, só para mencionar algumas de suas qualidades. Além de participar de grupos de poesia e discussão de textos, Borges teve a oportunidade de mergulhar e conhecer melhor através da leitura os escritores espanhóis: o barroquismo de Góngora, o conceitualismo de Quevedo e a originalidade de Cervantes, autores que também virariam referências literárias próprias. Nessa época, ainda era aberto às influências de escritores contemporâneos: conheceu e se interessou por Valle-Inclán (que admirava muito), Juan Ramón Jiménez, Manuel e Antonio Machado, Baroja e Unamuno.

Do período espanhol também resultariam dois livros que, mais tarde, Borges iria rechaçar. *Los naipes de tahúr* era um apanhado de ensaios literários e políticos típicos de um jovem amante da paz e "liricamente anarquista". O segundo livro, *Los salmos rojos*, que reunia vinte poemas em homenagem à Revolução Russa, nunca foi publicado. Mesmo assim, causou problemas para Borges obter o visto quando viajou aos Estados Unidos por ser considerado um "comunista nefasto". O autor renunciou tão ferozmente aos dois livros que, quando alguém os mencionava, ficava furioso. Seu despertar como escritor aconteceria definitivamente com a volta a Buenos Aires, sua cidade natal.

A cidade que encontrou na sua chegada o assombrou. É claro que Buenos Aires tinha crescido, mas também Borges não era o mesmo menino que vivia na Rua Serrano, cercado de cuidados dos pais e que saía pouquíssimas vezes para ir ao Jardim Zoológico ou passar as férias em Adrogué. Depois de trazer nos olhos as lembranças de tantas cidades europeias, ele voltava com um novo olhar sobre sua própria cidade:

> Aquilo foi mais do que uma volta ao lar; foi uma redescoberta. Podia ver Buenos Aires de perto e com entusiasmo, porque estivera afastado dela por longo tempo. Se nunca tivesse ido ao estrangeiro, duvido que tivesse podido vê-la com essa peculiar mistura de surpresa e afeto daquele momento.[15]

A emoção de rever alguns lugares que amava o fez escrever o primeiro livro, *Fervor de Buenos Aires*, uma declaração de amor à cidade. Reencontrava a cidade em Palermo, no sul, e em Almagro com suas ruas de pedra, as casinhas baixas com três pátios que deixavam entrever as grades e as parreiras. Deslumbrado, saía depois do jantar para caminhar pelo bairro com o passo tranquilo, só ou em grupo. Manteve esse hábito de caminhadas noturnas por quase quarenta anos; era a sua forma de se inspirar e escrever.

Essa sua primeira incursão literária foi através da poesia, gênero que visitaria várias vezes em sua obra e que retomaria nos últimos livros. *Fervor de Buenos Aires* foi feito de maneira descompromissada: não houve qualquer correção de provas, fato impensável para Borges. Mas o tempo era curto, o pai tinha que voltar à Europa para fazer uma nova consulta com o oculista de Genebra. Na pressa, o número de páginas previsto ficou menor do que a quantidade de poemas, por isso, Borges precisou deixar alguns deles para trás. Norah fez uma gravura para a capa, e logo imprimiram trezentos exemplares. Na época, Borges não pensou em distribuir os livros para formadores de opinião como críticos e livreiros, deu a maioria de presente e inventou uma maneira original de fazer a distribuição: pediu a Alfredo Bianchi, diretor da revista literária *Nosotros*, para colocar o livro em alguns sobretudos de pessoas que visitavam a redação. O primeiro livro era bastante romântico: registrava os primeiros amores, a história da família e era pleno de metáforas líricas. Apesar de não revelar inteiramente o estilo pelo qual Borges se tornaria conhecido, esse livro, como dizia o autor, tinha os temas sobre os quais se debruçaria em todos os seus outros textos. "Sinto que durante toda a minha vida tenho estado reescrevendo esse único livro."[16]

Borges foi forjando, aos poucos, o escritor no qual queria se transformar. Começou pela poesia, mas queria chegar à consistência do conto. Seu palpite se baseava em sua própria experiência como leitor: tinha lido poucos romances e chegado à última página de alguns por puro senso de dever. Entediava-se facilmente com períodos longos e descrições. Por outro lado, lia e relia contos de Stevenson, Kipling, Conrad, Poe e estava sempre folheando uma e outra narrativa de *As mil e uma noites*. A concisão do conto, o senso de economia e uma formulação de princípio, meio e fim faziam com que o gênero fosse mais inesquecível para ele do que os romances que mais amava como *Dom Quixote* e *Huckleberry Finn*. No entanto, durante alguns anos, Borges pensou que escrever um conto estava acima de suas possibilidades.

Seu primeiro experimento no gênero, "O homem da esquina rosada", foi trabalhado durante seis anos. O autor burilou-o com o cuidado de um poeta: recitava em voz alta todas as frases até encontrar o tom exato. A maneira peculiar como fez esse conto se deve ao fato de que Borges queria registrar com riqueza de detalhes o modo particular de contar histórias de Nicolás Paredes, um grande amigo e jogador profissional do Bairro Norte. Era uma homenagem ao amigo morto, queria encontrar a voz de Nicolás novamente. Como Leonor provavelmente desaprovaria o texto, o autor escreveu-o em segredo. Apesar de ser uma experiência nova, nesse momento Borges já encontrara uma maneira particular de produzir:

> Eu não busco o tema: deixo que ele me persiga, me procure e só então o escrevo. Imaginar um conto é como entrever uma ilha. Vejo as duas pontas, sei o princípio e o fim. O que acontece entre ambos extremos tenho que ir inventando, descobrindo. Engano-me muitas vezes, elimino páginas, ou uma vez que estão feitas me dou conta de que devo movê-las para outro lugar. Todo esse processo me causa prazer.[17]

O autor acreditava que não possuía uma estética própria, além disso, era contra a divisão de escritores em escolas. Mas, claro, tinha alguns temas de seu interesse a que voltaria várias vezes em seus textos: o tempo, o infinito, os espelhos, os labirintos, as espadas. Com o passar dos anos, foi incluindo traços biográficos nas obras, traços que, no início, deixavam-se apenas entrever e que depois apareceriam de forma mais aberta, mais pessoal. Dizia que o tempo lhe teria ensinado algumas coisas, como eliminar os argentinismos, hispanismos, arcaísmos e neologismos; buscar palavras mais habituais que floreadas; colocar no relato traços circunstanciais que o leitor exige para organizar o quebra-cabeça das histórias; simular várias incertezas já que a realidade é precisa, mas a memória, não. Principalmente, dizia em seu prólogo ao *Elogio da sombra*, observar que todas essas pequenas normas não são obrigações, uma vez que o tempo pode modificá-las ou simplesmente aboli-las.

Às vezes, Borges sentia que o seu papel como escritor se deslocava dele como pessoa: pareciam dois homens distintos. A timidez de sua infância e juventude, que era atroz, foi se modificando ao longo da vida a ponto de fazê-lo dar aulas e ditar conferências. A cegueira o ajudava, dava a distância certa que necessitava para expor o seu ponto de vista. As conversas eram mais precisamente monólogos em que deliciava a companhia com uma cultura literária interminável que acessava nos cantos mais escondidos de sua memória. Tinha uma voz fraca e um pouco monótona, vacilante, que começava a recitar um poema aos trancos e barrancos, mas ganhava a firmeza e a força dos antigos bardos. Calculava cada uma de suas palavras em conferência: um parágrafo se encadeava perfeitamente ao outro. E tinha a capacidade de trazer a surpresa para os ouvintes, encontrava sempre uma maneira inédita de abordar os temas que escolhia, que, muitas vezes, eram repetidos. Hermínia Prumana, que foi aluna e amiga do escritor, descreveria muito bem esse Borges orador que surgia diante de uma plateia encantada de maneira rápida e silenciosa.

> Uma depois da outra, sem solução de continuidade, como uma chuva fina, persistente e implacável, as frases — respeitosas de uma sintaxe extraordinária — vão se sucedendo apertadas, desnudadas no mais opaco e monocórdio dos tons [...].[18]

O homem por trás dessas palavras também parecia cinza com olhos que, sem brilho, alcançavam um auditório para ele invisível. Assim como começava, o espetáculo terminava: sem aviso, sem ponto final, sem grandes despedidas. Mas, por trás da aparente frieza ou distância, estava alguém que amava as palavras, mas que aprendeu a fazer um uso ponderado delas para não impor de forma esnobe sua opinião.

Borges era um labirinto, um homem difícil de penetrar na intimidade. Era capaz de falar abertamente de sua opinião sobre política, mas se recusava a avaliar os trabalhos dos próprios amigos. Era um lorde com educação inglesa, portava-se de maneira impecável próximo às mulheres, mas dizia impropérios e anedotas grotescas quando cercado de homens. Apesar de rodeado de alunos e amigos, sentia uma solidão inconsolável, talvez pela crescente cegueira que o afastava tanto de seus livros queridos e de seu ambiente literário. Em *El hacedor*, no conto "Borges y yo", fala da luta interna entre o Borges público e o Borges privado, de como precisava criar essa *persona* para distanciar-se de suas próprias dificuldades e de que maneira, pouco a pouco, o primeiro Borges foi ocupando o lugar do segundo. Ambos têm os mesmos gostos: os relógios de areia, os mapas, a prosa de Stevenson, o gosto do café, as etimologias. Mas o autor, vaidoso, transforma todas essas alegrias em escrita. A relação entre os dois não é hostil: a literatura do autor justifica o homem.

O BIBLIOTECÁRIO CEGO

Borges costumava dizer que o Paraíso deveria ser uma biblioteca. Talvez porque era o lugar no mundo onde se sentia mais seguro e feliz. A história de sua vida teve como pano de fundo o cenário das mais diversas bibliotecas. Tinha um encantamento, quase uma obsessão, por esses templos de livros. Visitava-os na realidade e na ficção. Deu corpo e descrição espacial à Biblioteca de Babel. Sonhava que Alexandria poderia, um dia, ser reconstruída não pela memória dos homens, mas porque tinha a ideia de que cada livro já escrito podia ser produzido novamente. Pensava nos volumes perdidos e nunca encontrados, nos textos que nunca tomaram vida porque não encontraram um único leitor. Tinha a fantasia de que podia existir um exemplar único, um livro de areia, sem princípio ou fim, que deveria conter a promessa de todos os outros.

> Cada texto é a combinação das vinte e quatro letras do alfabeto: por conseguinte, uma infinita combinação destas letras deveria nos proporcionar uma biblioteca total, que incluiria todo livro concebido no passado e no futuro.[19]

Mas também defendia o oposto: uma biblioteca infinita podia ser também supérflua, pois sugere que um simples livro, uma só palavra ou as listras de um tigre podem abarcar todos os segredos do Universo.

Uma das últimas tarefas que lhe foram pedidas foi reunir uma lista de cem livros sem os quais não poderia viver. A editora Hyspanoamérica queria fazer uma série para ser publicada em bancas de jornal com os prólogos de Borges a que chamaria de *Biblioteca Pessoal*. O bibliotecário cego se entregou à prazerosa tarefa em longas tardes no seu apartamento da Rua Maipú. Nunca houve para ele um trabalho tão árduo. Até porque Borges sabia exatamente de quais autores não gostava, mas, quando lhe era cobrada a eleição dos favoritos, se perdia. Como dizia Alberto Manguel, era possível construir uma história da literatura perfeitamente respeitável usando como base apenas a lista de escritores que Borges depreciava. Goethe, Stendhal, Thomas Mann, Balzac, Zola e Pirandello faziam parte dela. No entanto, o contrário era muito mais difícil: Borges fez e refez listas de títulos e autores durante o tempo em que estruturou esse projeto.

Nunca saberemos se existe algo de diplomático na formação desta última biblioteca. O Calímaco argentino morreu antes de terminar a tarefa, com apenas sessenta e dois livros publicados. Alguns dos autores que desprezava publicamente vão aparecer na lista dos eleitos. Mas Borges tinha suas incongruências: rechaçava alguns escritores para, mais à frente, reconhecer características inegáveis neles. Outros autores que amava, como Dante e Shakespeare, foram retirados por parecerem escolhas óbvias. Mas o critério geral que o editor pedira para a formação da biblioteca não obedecia à cronologia ou às classificações literárias de qualquer tipo, era necessário que Borges escolhesse livros que lhe eram caros pelo prazer da leitura ou pela memória afetiva ligada a ela. A última listagem, o pequeno grupo ao qual Borges teria chegado, era bem heterogênea, mas ele afirmava que essa biblioteca díspar tinha sido formada ao longo do tempo pelo capricho da memória. Os textos não eram famosos, muitos desconhecidos, mas era desejo de Borges apresentá-los ao leitor, compartilhar um pouco de seus próprios hábitos, descobertas e preferências de leitura. Nessa estante, terminaram por dividir espaço Cortázar e Kafka, Gide e Melville, Wilde e Papini.

"Eu sempre tinha imaginado o Paraíso como uma espécie de biblioteca. Outras pessoas pensam em um jardim, outras podem pensar em um palácio",[20] dizia Borges tranquilamente em sua conferência sobre a cegueira no teatro Coliseo de Buenos Aires. A verdade é que a vida do autor foi uma sucessão de permanências em pequenos paraísos. O primeiro deles foi a biblioteca de livros ingleses de seu pai. Borges afirmava que a exploração desse tesouro teria sido a principal aventura de sua vida. Era um aposento enorme — com estantes envidraçadas, a mesa de trabalho de Jorge Guillermo e a escada portátil de cedro — que continha um "mundo de papel". Uma série de rostos que conheceu e amou nessa época se apagou de sua memória, mas a visão da biblioteca e das gravuras de aço das enciclopédias não se perderia jamais. Durante algum tempo, teve medo daqueles livros: por que os adultos os respeitavam tanto? Depois, com a aproximação cada vez maior, eles passaram a transmitir a Borges um verdadeiro sentimento de proteção.

O espaço cuidadosamente construído pelo pai procurava reproduzir os mesmos princípios de recintos parecidos em todas as partes do mundo: reflexão e silêncio. Era como a biblioteca circular em que Montaigne se isolou do mundo para escrever, ou a imensa sala em Weimar onde Goethe escreveu a segunda parte de seu *Fausto*. Como essas, as bibliotecas que Borges frequentou durante a vida, e a primordial, de seu pai, eram o seu âmbito de segurança: os lugares onde lia e tinha as suas conversas filosóficas. A biblioteca era uma espécie de refúgio, um ninho, que começa apenas como uma proteção ao mundo exterior quando se é criança e evolui para uma espécie de lugar estrutural. Era o principal refúgio de Borges, para onde iria voltar em sua vida quantas vezes fosse necessário.

É claro que esse material, franqueado pela reunião de livros feita pelo pai, jamais ganharia vida se não fosse o menino curioso. Por trás daquela lagarta, havia em estado germinal uma borboleta, um verdadeiro temperamento de escritor. Jorge Guillermo também estimula o filho a explorar esse tesouro que havia a sua frente abrindo os baús um a um, aproximando-o dos livros, quebrando as barreiras de medo e compreensão que poderia haver para o menino. Mais tarde, Borges contaria em uma conferência qual a atitude esperada por seu pai: via na biblioteca um gabinete mágico, lugar que deveria ser descoberto e desvelado por um leitor. "Neste gabinete, estão encantados os melhores espíritos da Humanidade, mas esperam nossa palavra para sair de sua mudez. Temos que abrir o livro; então eles despertam."[21] Borges levou essa reflexão ao extremo e via no livro um dos objetos mais impressionantes da fantasia e da imaginação. Era capaz de perder horas folheando um dicionário ou obra de referência, viajando nas palavras, descobrindo novos significados.

Em 1937, com a ajuda de Francisco Luis Bernárdez, Borges conseguiu seu primeiro emprego: um modesto cargo de primeiro assistente na Biblioteca Miguel Cané, localizada, segundo o escritor, num bairro cinzento e monótono. Não era exatamente o seu sonho de bibliotecário, que só se cumpriria anos mais tarde. O salário era baixíssimo: duzentos e dez pesos. O que deixou o escritor ressentido com o amigo por colocá-lo num cargo municipal tão baixo, ressentimento que guardou durante muitos anos. O trabalho era bastante simples: consistia em catalogar e classificar o acervo da biblioteca. Trabalho desnecessário: o acervo era tão pequeno que os funcionários o conheciam de cor. Eram cinquenta pessoas fazendo a tarefa de quinze, então era preciso que fizessem o mínimo por dia para justificar o salário. Borges catalogava a quantidade de livros que lhe era atribuída em apenas duas horas, as cinco restantes passava lendo ou escrevendo.

Ele ficou quase nove anos na biblioteca, que seriam de extrema infelicidade se não fossem essas horas roubadas. Seus companheiros de trabalho conversavam particularmente sobre futebol e corridas de cavalos, dois assuntos que não interessavam a Borges. Muitos deles sequer o conheciam como escritor. Era tratado com indiferença pelos funcionários da biblioteca até o dia em que recebeu um telefonema de Elvira de Alvear convidando-o para tomar chá. Elvira era uma figura pública e conhecida, bastante admirada pelas meninas que trabalhavam na Miguel Cané. Elas enchiam Borges de perguntas sobre as roupas que vestia, onde comprava os chapéus e como passava as tardes. Borges, por sua vez, apaixonou-se por Elvira, mas não foi correspondido e logo se tornaram apenas amigos. Durante todos esses anos, Borges cumpria as mesmas ações cotidianas: acordava às oito horas da manhã, tomava café com leite, pegava dinheiro que, estranhamente, guardava dentro dos livros, levava o jornal para ler na Praça San Martín, fazia a barba no barbeiro da esquina de Viemonte com Florida e voltava para casa para escrever um pouco. Almoçava com a mãe para, só então, sair para trabalhar na biblioteca.

Apesar de não se sentir bem no emprego, estava próximo aos livros, seus companheiros, e conseguiu algumas compensações desses anos passados nessa espécie de purgatório. Uma delas foi quando recomendou que fosse comprada uma pequena coleção de livros ingleses para integrar o acervo da biblioteca: escolheu com gosto esse conjunto de obras. Com o tempo esgarçado, podia se dar ao luxo de ler livros extensos, entre eles a *História da decadência e queda do Império Romano* em seis volumes, de Gibbon, e a *História da República Argentina*, de Vicente Fidel López. Leu também boa parte da obra de Léon Bloy, Paul Claudel, Groussac e Bernard Shaw escondido no porão ou, quando fazia calor, no terraço. Não parou nem um segundo, durante as férias, terminou as traduções de Faulkner e Virginia Woolf, também iniciadas na biblioteca. Como fazia um trajeto muito longo indo e vindo de bonde para o trabalho, empreendeu a leitura de *A divina comédia*. Primeiro, com a ajuda da tradução de John Carlyle até o *Purgatório*: "Depois fiz o caminho ascendente por meus próprios meios", dizia.[22] Aprendeu o italiano com a obra de Dante.

Apesar de os companheiros de trabalho o considerarem um traidor por não compartilhar das conversas e piadas grosseiras que faziam, Borges continuou escapando do ambiente da biblioteca para escrever. Alguns de seus principais contos posteriores foram produzidos em parte ou em sua totalidade no porão da Miguel Cané. Quase todos os textos possuíam um caráter fantástico e irreal: "A loteria da

Babilônia", "A morte e a bússola", "As ruínas circulares" e, finalmente, "A biblioteca de Babel", uma referência direta ao local de trabalho.

> Meu conto kafkiano "A biblioteca de Babel" foi concebido como uma versão de pesadelo ou uma magnificação dessa biblioteca municipal e certos detalhes do texto não têm nenhum significado especial. A quantidade de livros e de prateleiras que figuram nele era literalmente aquela que eu tinha junto do cotovelo.[23]

Lembremos a história de Babel: ela aparece no Gênesis, quando os povos da terra, depois do Dilúvio, decidem construir uma cidade e uma torre que chegasse até os céus. A Torre de Babel nasceu do desejo dos homens de vencer o espaço. Foram, contudo, punidos pelo poder divino com a pluralidade de línguas, fato que criou uma barreira constante que os impedia de se conhecerem. É essa mistura de vozes e línguas que Borges procura retratar em seu conto e que corresponde ao confuso cotidiano da biblioteca em que trabalhava. A Biblioteca de Babel é formada por galerias hexagonais, com poços de ventilação no centro que são cercados por balaustradas: uma arquitetura fantástica, sonhada pelo autor. O hexágono é o formato perfeito porque representa o espaço absoluto. Em cada muro do hexágono, há cinco estantes com trinta e dois livros de quatrocentas e dez páginas, cada uma com quarenta linhas e cada linha com cerca de oitenta letras, prova do gosto do autor por enumerar incertezas. Não se sabe se a biblioteca é infinita, mas ela representa o universo e, como nenhum homem pode cruzá-la, até então não é possível ter certeza disso. Mas há um espelho no vestíbulo, uma das obsessões do autor, que põe em dúvida a infinitude do lugar. Se a biblioteca não tem limites, por que duplicar as aparências?

A Biblioteca de Babel também foi construída de acordo com os anseios dos humanistas: dentro das dimensões humanas. Sua altura é apenas um pouco acima da de um homem comum, o que retoma a ideia de que os livros devem ser explorados e folheados. A intenção é que cada bibliotecário viva no próprio hexágono, que tem pequenos cômodos em dois de seus lados opostos: um para dormir de pé, o outro para satisfazer as necessidades físicas. Cada hexágono se conecta a um vestíbulo que o liga a outro hexágono, exatamente igual, e para uma escada em espiral e central, que parece não ter começo ou fim. E, apesar dessa arquitetura que simula a vertigem, que se aproxima dos quadros de Piranesi, um bibliotecário quase cego é capaz de se locomover nesses espaços. Ele, o protagonista do conto, passou toda a existência em busca de um livro, um livro profético que explicasse sua vida, e agora se prepara para morrer próximo ao hexágono em que nasceu. Nesse meio-tempo, uma série de coisas aconteceu na biblioteca: imaginaram que ela abarcava todos os livros do mundo e escondia em algum cômodo as respostas para os problemas pessoais ou mundiais, depois encontraram livros impenetráveis que deviam estar escritos em línguas pretéritas ou remotas. Mais tarde, descobriu-se que a biblioteca é total e contém em suas prateleiras todas as possíveis combinações dos símbolos ortográficos.

O acervo era variado. As prateleiras guardavam catálogos falsos, demonstrações de por que os catálogos eram falsos, os evangelhos gnósticos, o comentário desses evangelhos, os tratados que poderiam ser escritos e não foram, uma minuciosa história do futuro, os livros perdidos, seus fac-símiles com diferenças mínimas entre uma cópia e outra. Tentaram destruí-la como aconteceu com Alexandria, mas as tentativas dos homens eram muito pequenas para acabar com o acervo infinito. Incendiá-la, não era possível: como Borges temia, esses livros imortais poderiam causar um fogo eterno. Havia também uma mitologia que envolvia o lugar, acreditava-se que em algum hexágono existia um único livro que seria o compêndio perfeito de todos os outros. Um bibliotecário o consultou, leu e adquiriu o conhecimento comparável a um deus. Todas as hipóteses são muito incertas no conto, mas há uma coisa da qual esse narrador bibliotecário, mesmo velho e cego, tem certeza, da permanência daqueles livros. "Talvez me enganem a velhice e o temor, mas suspeito que a espécie humana — a única — está por extinguir-se e que a Biblioteca perdurará: iluminada, solitária, infinita, perfeitamente imóvel, armada de volumes preciosos, inútil, incorruptível, secreta."[24] A Babel de Borges é eterna.

Ao contrário de Alexandria. A inesquecível biblioteca de Alexandria, com seus livros tão carinhosamente catalogados, vítima da destruição. Alexandria, fruto do desejo do homem de vencer o tempo, construída para reunir volumes de todas as línguas e de todas as regiões do mundo. Esse sonho também ardeu em incêndio, mas era um projeto de uma biblioteca franqueada a todos, o primeiro que se destacaria no mundo antigo, onde as bibliotecas eram apenas coleções particulares pertencentes a um único homem ou armazéns governamentais que preservavam documentos legais e literários. Alexandria foi um centro de estudos fundado pelos reis ptolomaicos do fim do século II a.C. Um dos documentos redigidos pelo rei Ptolomeu I mostra a ambição do projeto: ele escrevia a todos os soberanos da Terra pedindo que enviassem a maior variedade de livros de todo tipo de autor em todas as línguas. A ideia era reunir prosadores, poetas, retóricos, sofistas, adivinhos e doutores de várias partes do mundo em um só lugar. Era como se fosse possível encontrar uma ordem secreta para a imensa variedade do universo. Destruído o sonho dos homens, Borges forjaria por escrito o acervo que adivinhara para Alexandria:

> Aqui está sua tarefa: a Biblioteca.
> Dizem que os volumes que abarca
> deixam para trás as cifras dos astros
> ou a areia do deserto. O homem
> que quisesse consumi-la perderia
> a razão e os olhos temerários.
> Aqui a grande memória dos séculos.[25]

Apenas por volta dos anos 1950, com a saída de Perón do poder, Borges pode realizar o seu sonho de Calímaco: trabalhar no suntuoso edifício da Biblioteca Nacional de Buenos Aires. Duas grandes amigas, Esther Zemvorain de Torre e Victoria Ocampo, sugeriram o nome do escritor para o ministro da Educação. Fizeram um abaixo--assinado que reunia a revista *Sur*, a reaberta SADE, a Sociedade Argentina de Cultura Inglesa e o Colegio Libre de Estudios Superiores. Alguns dias antes de ser nomeado, Borges foi com sua mãe até a biblioteca, mas não quis cruzar as portas, não até conseguir o cargo; era uma espécie de superstição. José Edmundo Clemente, um grande amigo que havia convencido a editora Emecé a publicar uma edição de suas obras, foi nomeado para o cargo de vice--presidente. Ficaram quase três meses sem receber o salário, já que os funcionários anteriores pertencentes ao governo peronista não foram oficialmente demitidos. Mas não importava: os 18 anos que Borges passou ali, de volta ao ninho, cercado de livros, amigos e alunos, foram os mais felizes de sua vida.

O primeiro desejo do mestre foi mudar-se para o piso superior da biblioteca, como fizeram seus antecessores Groussac e Martínez Zuviría. Um rápido exame de Leonor ao lugar concluiu que era impossível: o pé-direito dos quartos era muito alto, o que dificultava a calefação no inverno, fora isso, as paredes e o piso precisavam de uma boa reforma. Borges, a princípio, ficou um pouco desiludido com a decisão materna, e como não podia morar na biblioteca, passava a maior parte do tempo nela: recebia amigos, alunos, ditava livros e conferências. Fazia questão de comemorar ali o seu aniversário, 24 de agosto. Ano após ano, a tradição era a mesma: Borges brindava com uma taça de champanhe e, depois de tomá-la com apenas um trago, quebrava-a na lareira acesa. Tinha um presente clássico que gostava de ganhar: uma gravata amarela. Era um presente simbólico, já que, com a vista debilitada, o amarelo era a única cor que ainda distinguia.

Apesar de não o usar com frequência, Borges amava o escritório redondo que Paul Groussac mandara fazer. Diziam que era uma réplica do lugar de trabalho de Clemenceau: uma espécie de *pièce de resistance* que mantinha os esplendores de uma Argentina rica do princípio do século. Imitava um salão renascentista: teto com detalhes azuis, flores-de-lis e estrelas douradas, uma mesa de carvalho escuro, uma biblioteca em forma de anfiteatro e um globo terrestre feito por José Ingenieros, que Borges brincava de girar e colocar o dedo sobre a superfície, perguntando onde estava e desejando *"Ojalá que sea sobre Buenos Aires"*.

O próprio edifício da biblioteca parecia ter saído de um conto borgiano. Ele foi construído para ser a sede de uma loteria, mas, quando ficou pronto, Paul Groussac reclamou o lugar, já que o prédio original da Biblioteca Nacional estava caindo aos pedaços. Algumas características do prédio denunciavam sua função original: as escadas e os tetos eram adornados com símbolos relativos ao jogo, havia recipientes de bronze para sortear bolas de bingo espalhados por todo lado e ninfas aladas apoiadas nas pontas dos pés e com os olhos vendados. "E a arquitetura da biblioteca era impressionante: portinhas que se abriam, escadas que desciam e outras escadas que voltavam a subir. Quase um Piranesi, além de ser um labirinto", lembra-se María Esther Vázquez. Borges percorria, sozinho e cego, todos esses intrincados espaços. Gostava de levar um visitante perplexo até o último andar do edifício, atravessava uma estreita passagem que dava para um pátio minúsculo e uma porta de aço. Subia umas escadas complicadas e desiguais que levavam até um corredor escuro, mais corredores, mais degraus, agora de madeira, tetos baixos e janelas até que uma porta pequena levava o visitante para o paraíso pessoal do escritor: uma grande claraboia de vidros coloridos que ficava em cima de um enorme buraco circular de onde, não sem sentir vertigem, era possível ver dez metros abaixo a escada de mármore do prédio. María Esther lembra que era tão difícil chegar ali que uma vez um gato ficou perdido e precisou ser tirado pelos bombeiros. Borges conhecia esses lugares apenas com a ajuda de sua bengala, das mãos e do instinto.

O cargo de diretor da Biblioteca Nacional parecia envolto numa inexplicável maldição. Dois dos ocupantes anteriores ficaram cegos: Paul Groussac e José Marmol. Borges vaticinava com convicção: "Dois é uma mera coincidência; três, uma confirmação."[26] Paul Groussac perdera a visão no início dos anos 1920 e morreu logo depois, em 1928, José Marmol, que foi diretor entre 1858 e 1871, passou pela mesma experiência. Algum tempo depois de Borges, Dardo Cúneo, nomeado mais recentemente diretor, sofreu de uma grave doença nos olhos que não chegou a torná-lo cego, mas roubou dele alguns dias de luz.

A CEGUEIRA

Borges alcançava o tão sonhado cargo de diretor da Biblioteca Nacional e, com ele, a cegueira. Em sua conferência sobre o assunto, proferida no teatro Coliseo de Buenos Aires, desabafava: "Aí estava eu. Era de algum modo o centro de novecentos mil volumes em diversos idiomas. Comprovei que podia apenas decifrar as capas e as lombadas."[27] Ele imaginava a agonia de Paul Groussac, por exemplo, que guardou segredo sobre sua cegueira o tempo que pôde. Pensava também em Marmól, ambos, homens que amavam a leitura e que percorreram, em algum momento, aquela biblioteca querida de olhos vedados entre livros brancos e sem letras. Borges conhecia o lugar, aí tinha passado momentos felizes folheando dicionários, descobrindo palavras. No "Poema de los dones" falava da biblioteca não apenas como o maior presente que ganhou em sua vida, como a compara com a perdida Alexandria, agora transformada numa vaga imagem cinza que continuava a ser um sonho.

Mas aí já apontava uma saída: a biblioteca estaria viva em sua memória e em seus sonhos e poderia seguir sendo consultada.

> Desta cidade de livros se fizeram donos
> uns olhos sem luz, que só podem
> ler nas bibliotecas dos sonhos
> os insensatos parágrafos que cedem
> [...]
> Lento em minha sombra, a penumbra oca
> exploro com báculo indeciso
> eu, que imaginava o Paraíso
> como uma espécie de biblioteca.[28]

Os "dons" dos quais Borges falava no poema eram os livros e a incapacidade de lê-los. Embora a sua cegueira fosse anunciada, o escritor tentou ao máximo retardar o triste destino. Quando já estava bastante cego, podia ver por apenas um dos olhos e por um único ponto que era uma espécie de janela: por aí lhe chegavam uma neblina cinza e algumas poucas cores como o marrom, o verde, o branco e, a cor que mais se destacava, o amarelo. Borges resistia ferozmente a perder o que lhe sobrava de visão e, como o médico havia lhe dito que, se abaixasse a cabeça, a retina poderia se deslocar permanentemente, adotou uma posição muito rígida e ereta, com o rosto voltado para o céu e o pescoço erguido. A postura dava a ele um ar austero e suscitava deferência para além da admiração que as pessoas tinham pela sua obra. Borges percebia e brincava com isso, dizia que o respeitavam por ser "um velho poeta cego, uma espécie de Homero *criollo*".

O "Poema de los dones" foi uma maneira sarcástica de falar da própria condição. Borges não estava resignado. Tampouco se acostumaria tão facilmente à cegueira. Perdera completamente a visão em um olho e, no outro, via parcialmente. No entanto, nos anos finais da década de 1950, o oftalmologista já o havia proibido completamente de ler e escrever se quisesse conservar a pouca visão. Teimoso, Borges mudou de médico, mas o diagnóstico permaneceu o mesmo. O autor se ressentia de algumas coisas que havia perdido com a visão. A primeira delas talvez tenha sido a escuridão, a cor negra. Sua cegueira era diferente, estava envolto em uma eterna neblina. Sempre teve o costume de dormir na escuridão total, tivera a vida toda uma série de problemas de insônia e custou a se acostumar a dormir cercado de uma névoa verde e um pouco luminosa. Quando, no poema "Historia de la noche", fala do "intervalo de sombra que divide os dois crepúsculos", é como um verso saudoso de uma bela hora do dia que jamais desfrutará novamente. Elogiar a sombra significa que o poeta anseia por ela, embora não viva nela: "Vivo entre formas luminosas e vagas/ que não são ainda a escuridão."[29]

Quando essa escuridão virá? Uma escuridão que lhe permita se desligar inteiramente do mundo e pensar apenas por palavras? Borges lembrava-se dos adivinhos cegos, de Demócrito de Adera, que arrancou os próprios olhos para poder pensar. "O tempo foi o meu Demócrito", dizia. A cegueira deixava de ser um dom: não dera nada a ele, mas lhe arrebatou uma série de coisas de que gostava. Entre elas, o mundo exterior, os amigos que não tinham mais rosto, as ruas, sua cidade, as mulheres e, finalmente, as letras que não existiam mais nas páginas dos livros. Em troca, havia lhe presenteado o amarelo, e é com esse ouro, um ouro encontrado lá na primeira infância, visitando tigres no zoológico, que o autor como um alquimista irá forjar o que lhe resta de palavras e poesia. Quando escreveu "El oro de los tigres", tinha 70 anos, mas não perdera a obsessão infantil de imaginar que todo o mistério do universo poderia estar nas listras do animal:

> Com os anos foram deixando-me
> outras belas cores
> e agora só me restam
> a imprecisa luz, a intrincada sombra
> e o ouro do princípio.[30]

Mas esse ouro era moeda de troca? Valerá trocá-lo pelos rostos amados? Pelas letras dos livros? Pelas bibliotecas queridas? O amarelo era o ouro alquímico, mas era também a cor do pesadelo, a substituição de todas as cores, a insônia, a impossibilidade. Com a cegueira viria também a desoladora sensação de solidão. Quando fala da prisão do tigre, reflete sobre a sua própria: atrás dos olhos doentes que não o deixavam enxergar o mundo. Tinha uma ideia dúbia sobre a própria cegueira: ela era uma clausura, mas também uma liberação, uma solidão que propiciava invenções, "uma chave, uma álgebra". Sentia-se só não apenas por não pertencer ao mundo que todos viam, como por não poder compartilhar mais do mundo em que estava preso. Em vários poemas, Borges vai abordar a solidão e a sensação de isolamento. Embora cercado de amigos e admiradores, esse homem se sente só em um sábado, numa casa oca, repleta de cristais nas portas interiores, com medo das paredes que se alargam e dos espelhos que não refletem mais sua imagem. Os livros continuam ali, mas vedados ao seu amor. Em sua cama solitária, terá que forjar um novo poema.[31]

Não havia nada que preparasse um homem para isso, embora Borges insistisse que sua cegueira também era fruto do destino. Comentava sempre que o processo fora muito lento, avançando pouco a pouco, e que a cegueira tinha chegado como um tranquilo "entardecer de verão". Borges dizia que o fato de ter ficado cego aos poucos, de levar em si a promessa da enfermidade, fazia de sua perda algo menos trágico do que para aqueles que perderam a visão bruscamente. Um evento fulminante, um eclipse podia causar o suicídio, embora o próprio Borges tenha tentado suicidar-se possivelmente pelos mesmos motivos. "Eu sei, por exemplo, que meu pai morreu cego, minha avó paterna morreu cega, meu bisavô morreu cego. Eu sabia que esse era meu destino."[32]

Além do já mencionado destino literário, a família também tinha uma tradição de heróis e de cegos. O marido de Fanny Haslam, o coronel Francisco Borges, havia morrido numa das guerras civis das fronteiras da província de Buenos Aires: montado em um cavalo e seguido por poucos soldados, avançou em La Verde em direção às linhas inimigas e foi alvejado por duas balas. O avô de Leonor Acevedo, coronel Isidoro Suárez, com apenas 24 anos, comandou o ataque de cavalaria que decidiu a batalha de Junín, no Peru. Teria sido essa uma das últimas guerras sul-americanas. O avô materno de Borges, Isidoro Acevedo, mesmo não sendo militar, participou das guerras civis das décadas de 1860 e 1880. Borges, míope desde pequeno, parecia um homem destinado aos livros, não à ação. No entanto, herdara outra característica terrível para sua escolha literária: a cegueira.

Lembrava-se do bisavô e da avó: ambos morreram cegos e sorridentes, e tinham sido extremamente corajosos. Mas havia algo de sofrido nesse fim que Borges queria evitar. Tentava não interpretar a cegueira como uma maldição. Nenhuma das pessoas da família se entregou ao destino facilmente. O bisavô de Borges, Edward Young Haslam, fizera uma cirurgia de olhos tão complicada para a época que apareceu descrita com riqueza de detalhes na revista *Lancet*. Com 90 anos e cega, foi a vez de Fanny Haslam morrer. A morte da mãe afetou terrivelmente Jorge Guillermo, que via nela um espelho. Ele também estava cego e doente do coração, sofria de uma hemiplegia que o fez ficar com um lado do corpo inchado. Sofreu muito no final da vida, principalmente porque não tomava mais os remédios receitados pelo médico. Foi deixando-se morrer vagarosamente, já não comia quase nada, bebia apenas um copo d'água por dia. Borges assistia penalizado ao espetáculo: temia que viesse acontecer o mesmo consigo.

Toda a sua infância foi embalada por viagens para tratar da cegueira paterna. Jorge Guillermo sofreu uma série de operações. A última, feita pelo doutor Natale, finalmente lhe restituiu a visão. Borges pôde assistir a essa felicidade. Norah Borges contava com emoção que a primeira coisa que o pai viu quando lhe tiraram a venda dos olhos foram as mãos de Leonor. Jorge Guillermo, então, fez um belo gesto: trocou de papel com a mulher. Durante muitos anos, Leonor lera o jornal na cama para ele; a partir desse dia até antes de morrer foi Jorge Guillermo que leu para ela. Assim que Borges mudou de salário e cargo na desagradável Biblioteca Cané, Leonor ligou com um comunicado muito triste: seu pai havia morrido.

O próprio Borges também sofreu uma infinidade de operações nos olhos. Em uma delas, a anestesia não durou o tempo necessário, ele recobrou os sentidos no meio do processo de corte e raspagem dos olhos. O médico avisou que ia doer bastante, mas que, se ele se movesse, terminaria irremediavelmente cego. Com o coração aos pulos e a mãe ao lado o acompanhando, esqueceu-se de Deus: a única coisa que conseguia pensar era em sua própria imobilidade. Borges era ateu, rezava maquinalmente o pai-nosso todas as noites por respeito à sua mãe, que era muito católica e o havia ensinado, mas estava longe de acreditar na religião. Entretanto, no livro *Elogio da sombra*, ele propõe uma oração completamente pessoal e sincera pela sua visão. Depois de entender que não pode pedir a coragem que nunca teve, ou a esperança que nunca alentou ou mesmo o perdão, que partiria dos outros, dá-se conta de que pedir para que seus próprios olhos não anoiteçam seria esperar um milagre. Mas por que não tentar?

Tratou de escrever e plasmar o seu ressentimento em relação a essa cegueira, não apenas através das suas sensações pessoais, mas destacando a história de quase todos os escritores que ficaram cegos. Valeu-se das ferramentas que tinha: construiu uma biblioteca mnemônica colossal que podia sempre acessar. Sua escrita era isso: a reunião de uma série de referências, mas também a saída para todas as suas aflições. "Seu mundo era totalmente verbal: a música, a cor ou as formas apenas cabiam nele."[33] Dentro de seu impedimento pela cegueira, encontrou uma maneira particular de enxergar, vendo o que os outros não são capazes de ver, através de um olhar universal que é a sua marca como escritor. Foi esse olhar que fez com que Marguerite Yourcenar o chamasse de "Borges, o vidente".

Seus melhores escritos tinham saído de situações-limite: insônia, pesadelos ou acidentes. No ano de 1938, o mesmo em que Jorge Guillermo morrera, Borges sofreu um grave acidente: corria pela escada e acabou cortando a cabeça. Foi atendido imediatamente, mas a ferida infeccionou, e ele passou uma semana sem dormir, com febre alta e vítima de alucinações até chegar a perder a fala. Estava com septicemia e foi levado para o hospital para uma operação de emergência. Quando voltou para casa, ficou em observação e passou algum tempo entre a vida e a morte. A sensação seria descrita em seu conto "O sul". Uma vez recuperado, Borges se perguntava se teria perdido a capacidade de interpretação. Para colocar-se à prova, pediu a Leonor para ler *Out of the Silent Planet*, de C.S. Lewis, mas não teve coragem de encarar o desafio de primeira, postergou por duas ou três noites até que finalmente a mãe leu. Borges conseguira compreender a leitura: isso o levou às lágrimas. Logo depois, afligiu-se com a ideia de que o acidente lhe havia tirado a capacidade de escrever. Tentou então criar algo que nunca tinha feito antes, se fracassasse, não seria em terreno conhecido. Da experiência resultou o conto "Pierre Menard, autor de Quixote".

Quando, em 1960, escreveu *El hacedor*, feito com materiais dispersos acumulados ao longo dos anos anteriores, Borges teve uma surpresa: o livro era uma das obras mais pessoais que já havia feito. "A explicação é simples: nas páginas de *El hacedor* não há nenhum recheio. Cada texto foi escrito por si mesmo, em resposta a uma necessidade interna."[34] Nesse mesmo livro há um epílogo em que Borges, numa belíssima metáfora, explica a sua ideia ao escrever um livro. Um homem se propõe a difícil tarefa de desenhar o mundo ao longo de vários anos. Ele vai preenchendo seu papel com todas as imagens que viu: cavalos, exércitos, pessoas, navios e torres. Um pouco antes de morrer, no entanto, busca decifrar a imagem e se dá conta de que desenhou o próprio rosto. Era esse rosto — cego, cinzento, solene — que Borges desenharia ao longo dos anos cuidadosamente em cada um de seus livros.

A CONSTRUÇÃO DE MUNDOS: BORGES, O DEMIURGO

Escritores são deuses menores ou quiçá deuses mais criativos do que os nossos porque são capazes de, cansados do mundo em que vivemos, criar outros. Fechados os olhos de Borges, ele mergulhou drasticamente na imaginação. E o resultado é um universo todo particular, um "Universo Borges". Formado por tigres, labirintos, espelhos, infinito, livros e leis do eterno retorno. Nada fica injustificado, tudo é possível. Borges tinha uma atração pelo extravagante, pelo fantástico, por tudo aquilo que tinha caráter universal. Uma vida de monge encontrava seu contraponto em uma literatura de sonhos, ilimitada, caracterizada pela invenção de tempos e espaços.

Borges nunca acreditou em escolas literárias. Mas se tivéssemos que destacar uma narrativa que ele tenha visitado com frequência em seus textos seria a fantástica. Uma das características principais do escritor de histórias fantásticas é conduzir o leitor a uma sensação de "irrealidade da realidade". Todorov destaca que os homens que escrevem literatura fantástica também precisam ter a imaginação para retirar de experiências naturais o mágico: "O fantástico é a hesitação sentida por um ser que só conhece as leis naturais, face a um acontecimento aparentemente sobrenatural."[35]* Dos clássicos da narrativa fantástica, Borges bebeu incessantemente na fonte de Edgar Allan Poe e Herbert George Wells. Contudo, não se considerava um metafísico, e sim um escritor que teria aproveitado as possibilidades literárias da especulação metafísica — esse para ele era o conceito da literatura fantástica. Brincava dizendo que as fan-

---

* Tradução de Célia Eyer.

tasias de Wells e Poe não chegavam aos pés da estranha ideia de um Deus que era três seres em um. Borges via a religião como uma das maiores invenções literárias. Tinha uma ideia particular de Deus: um menino, perdido, que brincava com o destino dos homens:

> Podemos aceitar a ideia de uma divindade deficiente, de uma divindade que tem que fazer este mundo com material adverso e assim chegaríamos a Bernard Shaw, que disse: "God is the making", Deus está fazendo-se. Quer dizer, Deus é algo que não pertence ao passado, que quiçá não pertença ao presente na Eternidade.[36]

E essa ideia o divertia muito. Era também um pouco fantástica.

Desde o princípio com os olhos mortos para a realidade, Borges voltou-se para o mundo irreal. Sua tentativa era de não documentar nada, tratava de imaginar tudo. A perda do referencial visual desde pequeno o havia lançado num caos, uma espécie de labirinto, que com seu fio particular de Ariadne tentava explorar, encontrar o centro e os caminhos. Usava as regras do jogo do realismo, acreditava na linguagem, dava referências de livros que não existiam, mencionava autores que nunca escreveram, citava críticos existentes, mas que nunca haviam dado opinião sobre determinado tema. Sua escrita consistia em transitar pelos dois mundos — o real e o imaginário —, toda a experiência cotidiana, o fato de estar só, a individualidade de ser Borges eram transmutados em literatura.

As portas de passagem entre os dois mundos eram o labirinto, o eco, o espelho, as bibliotecas. Por elas, o leitor pode passear e redescobrir a realidade em que vive. Toda a sua literatura é um *mise en abyme*: uma reunião de textos ilimitados que remetem a outros textos e desses a outros: um grande caleidoscópio. Para Borges, o tempo é do eterno retorno, um tempo nietzschiano, que faz do mundo em que vivemos um simulacro: o homem que nele habita repete os mesmos movimentos há séculos. Em "Tlön, Uqbar, Orbius Tertius", faz um belo retrato da criação do mundo por meio de uma linguagem. Tlön é um planeta que é a imagem inversa do nosso mundo real, um espelho imaginário regido pelas leis da literatura fantástica. Borges leva o leitor a um mundo que a princípio era considerado mero caos, uma "irresponsável licença da imaginação", mas que, pouco a pouco, se mostra como um cosmos particular composto por íntimas leis que foram formuladas provisoriamente.

Em Tlön há torres, mas são feitas de sangue. Há também tigres, mas são transparentes. Entretanto, sua topografia e zoologia não são o que marca melhor seu aspecto fantástico. Os homens, como alguns de nosso planeta, são idealistas. Mas em Tlön essa característica é congênita, o que os leva a pensar as derivações do saber — religião, letras e metafísica — baseadas no idealismo. A linguagem é especial, não há substantivos, eles são formados pelo acúmulo de adjetivos. Os poemas mais famosos são compostos por apenas uma palavra, a cultura clássica de Tlön é baseada em apenas uma disciplina, a psicologia. O idealismo não invalida as ciências, elas existem em quantidade inumerável. Os metafísicos do lugar, como os escritores fantásticos, não procuram a verdade, mas o assombro. Em Tlön, não existe a noção de tempo ou de espaço, é um mundo paralelo em que vivem homens ou suas sombras:

> Uma das escolas de Tlön chega a negar o tempo. [...] Outra escola declara que transcorreu já *todo o tempo* e que nossa vida é apenas lembrança ou reflexo crepuscular, e, sem dúvida, falseado e mutilado, de um processo irrecuperável. Outra, que a história do universo — e nela nossas vidas e o mais tênue detalhe de nossas vidas — é a escrita que produz um deus subalterno para entender-se com o demônio.[37]

E tudo isso em um conto onde o ponto de partida é uma conversa com Adolfo Bioy Casares, num jantar rotineiro em que ambos tinham se deparado com o pavor que causam os espelhos.

Borges caminhava por realidade e ficção como se estivesse em terreno plano. Talvez a cegueira desse a ele um passaporte irrevogável. Construía livros inteiros baseados em sonhos. Dizia que *La moneda de hierro* foi um texto feito durante o sono: o conto "Ein Traum" teria sido ditado em uma manhã depois de sono intenso, "Una llave en east lansing" veio como um sonho, uma transcrição palavra por palavra de uma visão no meio da noite. A visão do rei morto com a coroa de ferro e o olhar cego (olhar morto) que aparece no poema "La pesadilla" corresponde, realmente, a um verdadeiro pesadelo: esse rei morto, cinza e grave, era um espelho incompleto do próprio autor. E os espelhos, pesadelo surgido na infância, medo nunca vencido. O seu quarto de menino tinha um grande armário que refletia sua própria imagem quando estava deitado na cama. Borges ficava amargurado na hora de dormir porque teria que enfrentar o espelho; ao apagar a luz, o mundo desaparecia completamente, apenas o móvel o espreitava.

Tinha sonhos nítidos que geravam contos em sua completude. Era uma maneira de trabalhar as suas histórias: partia de uma situação real e engendrava algo fantástico ou partia de um mundo fantástico composto de coisas absolutamente reais. No centro, estava ele. Não criava personagens. Geralmente, o personagem principal era Borges, embora disfarçado de várias formas. Sabia observar a si mesmo — suas reações —, colocava-se no labirinto, nos mundos paralelos de jardins que se bifurcavam irremediavelmente, de ruínas circulares, e pelo menos já conhecia como o personagem iria reagir. Já havia visitado aqueles lugares, em sonho e em vigília, na sua infância ou na maturidade, cego ou vidente. Esses mundos paralelos e objetos apareciam em sua prosa, eram como um destino, uma obsessão. Ao final de cada ano, dizia que renunciaria aos labirintos, aos tigres e aos espelhos: "Mas não há nada que se possa fazer, é algo mais forte que eu. Começo a escrever e, de repente, eis que surge um labirinto, que um tigre cruza a página, que uma faca brilha, que um espelho reflete uma imagem."[38] Os objetos mágicos eram evocados, instantaneamente, pelo alquimista, e com eles seguia fazendo e refazendo o seu universo.

Não tinha qualquer cerimônia em repetir incessantemente os mesmos temas: os leitores que o seguiam sabiam que algo de novo depreenderia deles. Era como se estivesse escrevendo sempre o mesmo conto, com três ou quatro argumentos diferentes: com tratamentos ou inflexões distintos, situado em outras épocas ou outras circunstâncias. Só essas pequenas mudanças já eram o suficiente para fazer de cada texto algo especial e único. Gostava de dizer que a Humanidade tinha apenas uma dezena de argumentos e que cabia ao artista referir-se a eles com algumas variantes: era o que faziam os pintores, repetindo ao longo dos séculos o retrato da "Virgem com o menino", "A Paixão" e "A crucificação". As repetições apoiavam-se numa tradição antiga, e já discutida neste livro, da poesia e da dramaturgia gregas de trabalhar com argumentos conhecidos pelo público, recebendo diferentes leituras e variações de cada autor.

Mas a saída para esses mundos — conhecidos ou não — sempre esteve muito clara para Borges: estava nas palavras. Não havia uma só comunidade esquecida, um universo em construção, uma sociedade sonhada que não pudessem ser encontrados ou pesquisados em um livro, mesmo que esse livro fosse inventado. Todo o imenso mistério do universo estava contido na palavra. Um bibliotecário, preparando-se para morrer, ainda escrevia com letras vacilantes. Da mesma maneira, age o homem, que só se torna imortal através da escrita. "Quando se aproxima o fim [...], já não restam imagens da lembrança; só restam palavras. Palavras, palavras, deslocadas e mutiladas, palavras de outros, foi a pobre esmola que lhe deixaram as horas e os séculos."[39] Mas são com essas palavras que os homens podem redimensionar e reconstruir qualquer mundo.

Borges sabia e conhecia o poder das palavras. Não esperava a imortalidade. Ou esperava? Era capaz de se encantar com a qualidade alquímica de uma palavra e sua força transformadora. Uma vez se perguntou qual seria o sentido do termo "inesquecível". O que aconteceria se algo ou alguém, por mais que se quisesse, não pudesse ser esquecido. O conto "O Zahir" foi escrito em torno dessa questão. Borges podia ter escolhido algo espantoso, um tesouro perdido, um homem nunca encontrado, um dos seres imaginários que habitavam o seu manual de zoologia fantástica, mas preferiu que fosse uma moeda. Porque moedas são tão banais, vistas todos os dias e em tanta quantidade que, se ocorresse ver uma que nunca mais pudesse ser esquecida, seria de fato um evento que justificaria a palavra "inesquecível". Um homem então vê essa moeda, aparentemente comum, de vinte centavos, sonha com ela, tenta perdê-la, mas a absoluta impossibilidade de apagá-la da memória faz com que ele enlouqueça. Esse e muitos outros contos surgiriam de temas que perseguiam Borges. Palavras que virariam contos, sonhos que se transformariam em palavras, irrealidades transformadas em ficção, todos pelo poder alquímico e renovador da escrita e pelo filtro da imaginação desse poeta cego.

ESCREVER

Tudo funcionava mais ou menos assim: Borges era um andarilho. Gostava de caminhar pelas ruas de Buenos Aires, um grande tabuleiro de xadrez, pensava em algo, entrevia e logo imaginava como transformar em um conto ou poesia. Sua biógrafa, Solange Ordóñez, explica que essa era uma necessidade do Borges menino, que se viu privado de sair dos limites da casa, e que cresceu na vida adulta com a avidez de um prisioneiro que se sabia livre. Depois de cego, ele não perdeu o hábito: caminhava pelas ruas com seu báculo ou acompanhado de alguém que lhe serviria de interlocutor em conversas que mais pareciam monólogos. Esses diálogos quase platônicos tinham como cenários todas as cidades que se revezaram para abrigar Borges, mas também a Biblioteca Nacional, refúgio do autor, e o seu apartamento na Rua Maipú com o chá feito por Leonor.

Andava sempre com cadernos quadriculados em que anotava todas as coisas pelas quais se interessava: apontamentos que depois se transformariam em material de escrita e consulta. Ali, aninhados entre as linhas, viviam em idílio literário os escritores argentinos de porte universal, citações, referências, datas e anotações que subiam e desciam na folha e seguiam pelo verso da página. A letra era muito pequena e angulosa, quase um desenho, e completava todo o espaço das páginas com ideias inacabadas. Gostava de corrigir e polir os trechos que já havia escrito; às vezes, colocava mais de uma possibilidade para o mesmo fragmento: era impossível escolher a melhor versão, todas tinham uma precisão e estética únicas.

A cegueira mudou não apenas seus hábitos cotidianos como sua forma de criação. No crepúsculo de sua visão, buscava ainda alguns livros na prateleira, aproximava a capa dos olhos e lia com bastante dificuldade o título; quando lograva, externava uma alegria quase infantil. Conhecia todos os livros que estavam em casa, às vezes, dirigia-se sozinho à estante para encontrar um exemplar que algum secretário ou ledor não descobria. Alberto Manguel se lembra de uma visão inquietante: quando Borges chegava a um lugar onde a localização dos livros não era familiar, uma livraria nova, por exemplo, colocava as mãos em contato com as lombadas. Era como se o tato abrisse caminho pela superfície acidentada de um mapa em relevo, e, mesmo desconhecendo o território, era quase certo para quem via o espetáculo que ele seria capaz de adivinhar o conteúdo dos livros.

Vedado o conteúdo dos livros e dos pequenos cadernos quadriculados, Borges teve que mudar a forma de escrever seus textos. Começou, então, a ditar. E a estrutura complexa e extensa da prosa, composta de parágrafos entrelaçados, não era a mais adequada ao novo método. Borges, então, retornou às origens: voltou a escrever poesia. Mas precisou abandonar, gradualmente, o verso livre em favor da métrica clássica. Precisava manter o controle quase absoluto do processo criativo, então escolhera um texto que era passível de ser trabalhado na memória. "O verso rimado é, pode-se dizer, portátil. Pode-se andar pela rua ou estar no metrô enquanto se compõe e se aprimora um soneto, pois a rima e a métrica possuem virtudes mnemônicas."[40] Não podendo se valer dos rascunhos, recorreu à memória e começou a escrever à maneira dos poetas antigos. Borges se converteu em um escritor oral: ditava seus textos e, para isso, precisava contar sempre com um amanuense. Havia se transformado em um *joglar*, um Homero do século XX; foi essa nova postura que deu origem ao mito do velho poeta cego.

Como Milton, encontrou uma maneira de guardar na memória os poemas mais longos compostos por quartetos de hendecassílabos. E, depois de finalmente controlar a técnica, já se permitia pensar em um fio narrativo para os poemas. Voltara à forma de produção anterior: criava argumentos para desenvolver cada poema. Não pensou, como Milton ou Dante, em fazer uma epopeia, desenvolvia os poemas individualmente e continuou a homenagear os seus heróis literários: Heine, Camões, Cervantes, Poe. O pai lhe havia ensinado, anos atrás, a força da poesia, e como de cada palavra podia emanar um poder mágico e musical.

A única música que Borges era capaz de ouvir era essa. Nesse tema, era verdadeiramente um bardo, associava versos caídos no desuso com textos contemporâneos mais conhecidos e era capaz de gostar de algumas páginas da literatura pelo mérito de apenas uma palavra ou pela simples musicalidade do texto. Uma das coisas que impressionavam Alicia Jurado, biógrafa de Borges, era o total desdém do escritor pelos prazeres relacionados aos demais sentidos. Apreciava alguma coisa das imagens visuais, mas confessava que, no que concernia à pintura, tinha sido, a vida inteira, cego. Admirava Xul Solar, pela amizade, e Norah Borges, pelo parentesco, interessava-se também por Dürer, Piranesi, Rembrandt, mas, se observarmos, esses eram mais amores literários que iconográficos. Todos esses pintores figuravam metaforicamente na obra de Borges, seus textos os evocavam. Tinha uma grande indiferença por sabores, odores e sons. Jurava que jamais poderia viver sem a música de Mozart, mas a cada vez que o levavam para a mesma ópera, se encantava como se fosse a primeira vez e, depois, esquecia a música completamente.

Para Borges a literatura partia do verso e poderia levar séculos até discernir a possibilidade de prosa: a palavra era um símbolo mágico que o uso pelo tempo desgastaria vagarosamente. Então, cabia ao poeta restituir a virtude oculta da palavra, nem que fosse de maneira parcial. Emoções estéticas, inspirações sempre existiriam — uma observação, uma despedida, um encontro —, o poeta teria que projetar essas emoções em uma cadência. Mas a única matéria de que dispõe é a linguagem: sempre as mesmas palavras e alguns artifícios retóricos. Borges sabia que esse trabalho não era impossível; Stevenson, um de seus mestres, lograra. Escrever um livro de versos, para ele, era como realizar uma sucessão de exercícios mágicos pelas mãos de um modesto feiticeiro. Em *Los conjurados*, um de seus últimos livros, escrito em 1985, dizia:

> Escrever um poema é ensaiar uma magia menor. O instrumento dessa magia, a linguagem, é assaz misterioso. Nada sabemos de sua origem. Só sabemos que se ramifica em idiomas e que cada um deles consta de um indefinido e mutável vocabulário e de uma cifra indefinida de possibilidades sintáticas. Com esses inacessíveis elementos formei este livro.[41]

Na altura em que escreveu *Los conjurados*, Borges já forjava com facilidade seus poemas. A cegueira dera a ele o dom da escrita e da memória dos poetas antigos. Ela havia dado também mais coragem de colocar-se em sua obra. Embora Borges dissesse que os personagens traziam um pouco dele para o texto, havia finalmente perdido o escrúpulo para a confissão: falava abertamente de suas perdas, sua solidão e até do processo criativo. A descoberta de que podia elaborar os versos em sua cabeça e só depois de tê-los inteiramente prontos passar para o papel dava a ele uma enorme felicidade. Podia saborear o momento inicial de criação sozinho: através de uma conversação muda consigo mesmo, na qual poderia tecer e destecer as palavras que fariam o tapete de sua memória, o instrumento de mais um texto a ser catalogado. Passeava pela cidade, por sua Buenos Aires, voltava a ser o andarilho, fazia e refazia o trabalho mentalmente. Até que o texto ficava pronto e poderia, então, ditá-lo.

A poesia já era uma amiga antiga, mas ele não se contentou apenas com ela. Precisava de um novo desafio. Era um grande estudioso e queria expandir seus horizontes para além dos limites que os olhos tristemente lhe impunham. Quando comprovou que os seus livros queridos permaneciam à mão, mas que dependia invariavelmente dos outros para ler as frases que estavam neles, Borges lembrou-se de uma reflexão de Rudolf Steiner num dos textos que escreveu sobre antroposofia: "Quando algo se conclui, devemos pensar que alguma coisa começa." Em termos práticos, era um pouco difícil a execução da tarefa, a imagem do que perdemos pode ser muito precisa, e aquilo que vamos ganhar é uma mera hipótese. "Pensei: perdi o mundo visível mas agora vou recuperar outro, o mundo dos meus antigos antepassados, aquelas tribos, aqueles homens que atravessaram a remo os tempestuosos mares do Norte [...]"[42] Ao final da vida, havia encontrado coisas novas: a amizade, o amor, os livros e, sobretudo, o estudo das línguas.

Queria voltar no tempo, estar em Lugano sentado em seu quarto com um enorme dicionário de alemão e as obras de Heine. Essa lembrança das surpresas de aprender uma língua diferente sozinho, por instinto, rondava-o novamente. Com os ouvidos fechados para a música, poderia se aventurar pela melodia das palavras. Voltava a alentar um antigo amor que já havia aparecido em *História da eternidade* com "As kenningar" e logo retomaria também em *Antiguas Literaturas Germánicas*, publicado no México em 1951, com a colaboração de Delia Ingenieros. Queria estudar aquelas línguas nórdicas, o anglo-saxão, o inglês antigo e o islandês, e toda a cultura e mitologia que emanavam delas, além dos termos fundadores da língua inglesa.

Lembrou-se de que tinha em casa alguns livros sobre o tema que ficaram numa das estantes mais altas porque parecia que nunca seriam usados: o *Anglo-Saxon reader*, de Sweet, e a *Crónica anglosajona*. Esses foram apenas as obras de consulta usadas como ponto de partida. Borges faria viagens frequentes à livraria Pygmalion, onde compraria uma excelente coleção de literatura anglo-saxã e islandesa. Na sua coletânea, havia um dicionário de Skeat, o *Altgermanische Religions Geschichte*, de Richard Meyer, e uma versão comentada de "A batalha de Maldon", poema em inglês antigo de autor anônimo, composto na métrica tradicional, entre os séculos X e XI.

Uma das alegrias que Borges teria alcançado também na década de 1950 foi a nomeação ao cargo de professor de literatura inglesa e norte-americana na Faculdade de Filosofia e Letras. Ensinava literatura da maneira como havia aprendido a amá-la: não se prendia a escolas, o enfoque era feito a partir da própria literatura. Conseguia transmitir aos alunos a felicidade da leitura de um bom poema ou de uma longa prosa. Foi incapaz de reprovar os estudantes nos exames, não esperava que memorizassem datas ou dados, queria apenas que todos desenvolvessem o gosto pela literatura. Quando havia terminado o quadrimestre universitário de aulas de inglês, cortado pelos inúmeros feriados argentinos, um grupo de alunas foi visitá-lo na Biblioteca Nacional. Sem grandes esperanças, quase como uma brincadeira, Borges sugeriu a elas que começassem um estudo sobre as origens da língua inglesa. Uma semana depois, num sábado pela manhã, iniciaram as reuniões, informais e longe da frivolidade dos exames cobrados pela universidade. Logo, um grupo de moças e um ou outro rapaz encontravam o mestre no escritório de Groussac para, com a ajuda de um glossário, viajarem pelos textos de uma língua morta. "Com muita fantasia inventaram uma pronúncia dura e solene que ao profano soaria como um clarim no campo de batalha."[43]

O interesse pelas aulas enchera Borges de vaidade. Era um novo começo: nem ele nem os alunos conheciam precisamente a língua. Precisavam adivinhar o significado e pronúncia de cada termo. O anglo-saxão acabou se mostrando um idioma distinto do inglês e mais próximo ao alemão; observavam cada palavra como se fosse um talismã. Começaram a estudar, claro, pela poesia. E se deliciaram com o que sempre acontece a um leitor ao ouvir versos num idioma estrangeiro: ouviam apenas os sons das palavras que transmitiam força, beleza ou estranheza aos ouvidos. Em uma daquelas deliciosas manhãs, depararam-se com uma frase comovente: "Julio César foi dos romanos o primeiro a buscar a Inglaterra." Foi uma alegria encontrar a civilização romana em um texto do Norte. Irma Zangara era, então, aluna de Borges, e lembra-se com carinho desses momentos que passaram juntos: "Não sei se a todas nós interessava o anglo-saxão, mas líamos com ele. Líamos e trabalhávamos muitíssimo no princípio, porque era ler e encontrar qual palavra era, como se pronunciaria, já que era tudo desconhecido."[44]

Os pequenos prazeres renasciam para Borges: encheu sua memória com novos versos, épicos, elegíacos e se satisfazia com a descoberta das palavras. Voltava às suas origens, de pesquisador, de bibliotecário, de poliglota. "Estou voltando ao idioma dos meus antepassados há cinquenta gerações [...]. Não é a primeira vez que o uso; quando tinha outros nomes, eu falei esse idioma."⁴⁵ Estariam aí confirmadas as leis do eterno retorno: um mesmo Borges que repetia as frases que havia falado, em outras épocas, num novo idioma. Não permitiu que a cegueira o acovardasse. A sua editora, Emecé, acabara de pedir um novo livro, queria pelo menos trinta textos para publicar em um ano. Borges precisou entrar em uma rotina de disciplina, mas não se preocupava, achava impossível que não ocorressem "trinta ocasiões de poesia" anuais. *El hacedor* ficou pronto com alguns poemas e textos curtos, que não chegavam ao tamanho de um conto. O novo interesse de Borges aparecia no livro com o conto "Al iniciar el estúdio de la gramática anglosajona", mas também em um poema, "Composición escrita de un ejemplar de la gesta Beowulf", no qual dizia: "Às vezes me pergunto que razões/ me movem a estudar sem esperança/ De precisão, enquanto minha noite avança,/ A língua dos ásperos saxãos."⁴⁶

Borges iniciara uma grande aventura com o estudo do idioma, que significava para ele uma espécie de umbral, uma "câmara secreta" da literatura ainda não descoberta. Ao fim de algum tempo de estudo, tinha suas preferências, que recaíam sobre dois poemas — "Sueño o visión de la cruz" e "La sepultura" — e a história de "Beda, el venerable". O primeiro poema era de Cynewulf e tinha como narrador a madeira que foi usada para fazer a cruz na qual Cristo foi crucificado. A ideia de que a cruz poderia contar a Paixão de Cristo seduzia enormemente Borges. "La sepultura" teria sido um dos últimos poemas escritos na língua no século XI e falava de um tema heterodoxo: depois da morte, a degeneração do cadáver dentro da lápide. Era um texto que Borges sabia de memória e gostava de recitá-lo aos ouvintes desprevenidos, já que o texto era direcionado para a segunda pessoa do singular. "Beda, el venerable" foi um monge que dedicara toda a vida a aprender e ensinar a escrever. Nascera perto de um monastério no norte da Inglaterra, em Jarrow, do qual nunca havia saído, e gozava de uma fama de sabedoria e humildade que se espalhou por toda a Europa. Borges o sentia quase como um irmão, já que Beda havia morrido traduzindo o Evangelho de São João. Dizia que a prova de humildade do monge estava aí: terminou os seus dias fazendo a menos vaidosa e mais abnegada das tarefas literárias.

Em 1964, María Esther Vázquez acompanhou Borges a uma visita na Universidade de Saint Andrews, na Escócia. Foram encontrar um especialista em pronúncia de anglo-saxão. Qual não foi a surpresa de Borges ao descobrir que a pronúncia verdadeira era completamente diferente da inventada por ele e seus alunos naquelas manhãs na Biblioteca Nacional. No entanto, apesar do choque, o autor nunca se esqueceria da felicidade daqueles dias em que descobrira e pronunciara uma nova língua.

UM GUIA CEGO

Já lemos aqui a declaração de Borges sobre a importância de sua mãe, Leonor: ela não foi apenas uma companheira, mas uma grande interlocutora. Borges era a mente; Leonor, os detalhes visuais que haviam sido roubados ao filho pela cegueira. Leonor era uma mulher pequena, baixa, muito magra e aparentava vários anos a menos que sua idade. Tinha uma pele muito bonita, adorava se maquiar e parecia irmã dos filhos. Morreu com 99 anos e só no final da vida perdeu a vivacidade. Era uma mulher muito inteligente, enérgica e de rápidas decisões. Apesar de ser muito autoritária e sensata, não pesava muito nas escolhas pessoais do filho. No terreno literário, teve um pouco mais de influência, não apenas ajudou a construir e manter o lugar de Borges como escritor, como oferecia opiniões e soluções textuais que eram frequentemente acatadas por ele.

A troca literária e a paridade entre mãe e filho duraram até que Leonor morresse. Durante os últimos anos da vida da mãe, Borges já estava cego e ainda se apoiava bastante nela. "Até recentemente, foi uma verdadeira secretária: respondia a minhas cartas, lia para mim, anotava meu ditado, além de ter-me acompanhado em muitas viagens, tanto no país como no exterior", explica em seu livro *Um ensaio autobiográfico*. Mesmo no tempo em que já era diretor da Biblioteca Nacional e professor da Faculdade de Filosofia e Letras, voltava da casa de Silvina Ocampo e Adolfo Bioy Casares, lugar onde comeu todas as noites durante quase quarenta anos, e sentava com a mãe para trabalhar pelo menos por uma hora. Leonor se acostumara à tarefa: havia sido ledora de Jorge Guillermo e se preparara, inclusive aprendendo o inglês, para ser ledora e amanuense de Borges. Era superprotetora, mesmo acamada, de seu quarto dava constantes recomendações ao filho, para surpresa de quem estivesse visitando Borges.

A mãe fora a "ledora matriz" de Borges: seu principal "instrumento" de escrita e leitura. Tinham uma cultura parecida, admiravam os mesmos autores, Borges entendia e respeitava as opiniões dela, embora tivesse pontos de discordância que, cavalheiristicamente, não colocava em questão: a religião era um deles. Por conta da cegueira anunciada e a vontade de ser escritor, Borges aprendeu também a realizar o processo criativo a quatro mãos. Julgava esse tipo de produção impossível até conhecer Adolfo Bioy Casares. O trabalho em dupla foi crescendo paulatinamente: juntos compilaram antologias de contos fantásticos; escreveram alguns prefácios; fizeram edições comentadas de Sir Thomas Browne e de Gracián; traduziram juntos contos, até criaram uma revista denominada *Destiempo* (que não chegou ao terceiro número) e ainda aventuraram-se por roteiros de cinema, que nunca foram aceitos por nenhum diretor. Até que, no início dos anos 1930, aconteceu um "milagre": Bioy, com o seu temperamento arrebatador, convenceu

Borges a escrever um conto policial a quatro mãos com um pseudônimo. Nascia um terceiro homem: Honório Bustos Domecq.

Com essa nova identidade intermediária entre Borges e Casares, o autor se sentia à vontade para compartilhar. Tinha uma admiração particular por Bioy em tudo que este representava de antagônico a sua própria escrita: a discrição e o comedimento do amigo equilibravam o seu gosto pelo barroco e pelo sentencioso. Sempre com humildade, explicava que, apesar da diferença de idade — de quase vinte anos —, o verdadeiro e secreto mestre da relação era Bioy. Imaginava finalmente ter encontrado o segredo para escrever em colaboração: "Penso que exige o abandono conjunto do ego, da vaidade e talvez da cortesia. Os colaboradores devem esquecer-se de si mesmos e pensar apenas nos termos do trabalho."[47] Seria isso verdade? María Esther Vázquez escreveu alguns livros em conjunto com Borges; tinham gostos literários diferentes, e muitas vezes ela encontrava dificuldades em colocar trechos ou frases dos escritores de que mais gostava. As poucas vezes que conseguiu foi clandestinamente: lia um trecho sem nomear o autor, Borges gostava, colocavam, e só depois ela revelava a quem pertencia.

María Esther foi ledora e escreveu com Borges, e uma das coisas de que lembra com carinho era da maneira como ele começava a ditar seus prólogos. Dizia: "Vamos escrever de qualquer maneira, depois corrigimos." A verdade é que já ditava precisamente da forma como queria o texto: tinha elaborado na cabeça os conceitos que gostaria de expressar. "O texto seria relido e corrigido, mas com menos minúcia, porque Borges o havia memorizado quase todo antes de começar o ditado."[48] Era muito interessante acompanhar o autor nessa aventura, principalmente porque, quando escrevia sobre os autores de que gostava muito, tinha um léxico de expressões e máximas borgianas que davam ao texto uma marca única. Muitas vezes quando o resultado era muito curto ou pouco convincente, María Esther sugeria que ele tentasse uma conclusão espetacular, o que ela chamava de "virada à la Borges", porque os leitores já esperavam isso.

Os amanuenses e ledores se avolumavam em torno de Borges. A princípio, o escritor não fazia muitas exigências: queria apenas leitores inteligentes e que nutrissem como ele um grande amor à literatura. Os ledores foram muitos: primeiro, Leonor, incondicional, depois os amigos, os sobrinhos, os admiradores e a série de jovens devotas que começaram a rodeá-lo. Cada leitura era uma descoberta mais para o ledor do que para ele. Borges era uma fonte inesgotável e viva de textos, sua sabedoria e conhecimento faziam com que nessa viagem ele fosse o guia. "Sempre me envergonhou um pouco, conversando com ele, essa sensação de absorver coisas o tempo todo sem, do meu lado, entregar nada a ele em troca, como um parasita — sem poder sequer deixar que ele adivinhasse minha admiração", dizia Alicia Jurado.[49] Seria a sensação de Alicia verdade? Não, Borges precisava também de seus ledores, porque eles o aproximavam do livro, o faziam esquecer a terrível solidão e ajudavam esse cego a iluminar os caminhos já tantas vezes percorridos do texto. Cada novo comentário, cada nova leitura, rendia notas que os ledores faziam pacientemente na guarda e nas folhas de rosto de seus livros. Eram esses amanuenses — uns conhecidos, outros inteiramente anônimos — mãos e olhos diferentes que ajudaram Borges a construir suas leituras e também sua escrita. Aproximavam-se do autor pelos mesmos motivos que Dante elegera seus guias em *A divina comédia*: o amor, a sabedoria e o mistério.

Alberto Manguel conta sua experiência como ledor de Borges. O encontro aconteceu na Pygmalion, uma das poucas livrarias anglo-alemãs de Buenos Aires, comandada por Lili Lebach, uma alemã que teria fugido aos horrores do nazismo. Manguel, então, tinha apenas 16 anos, e trabalhava ali no período da tarde, depois de sair da escola. Borges foi uma tarde à livraria, sempre acompanhado por Leonor (na época com 88 anos), para escolher alguns livros que o ajudassem no estudo do anglo-saxão. "Estava quase completamente cego, mas recusava-se a usar bengala e passava a mão sobre as estantes como se seus dedos pudessem ler os títulos."[50] Borges viu naquele livreiro um ledor em potencial e pediu imediatamente para que Manguel fosse algumas noites ler em sua casa, já que Leonor estava mais velha e se cansava facilmente. Manguel aceitou a empreitada sem se dar conta de seu enorme privilégio e, três ou quatro vezes por semana, visitava Borges.

Ele foi ledor de Borges durante dois anos e, nesse período, seguiu sempre a mesma rotina. Ia até a casa de seu leitor cego, sentava-se na sala de estar em uma poltrona enquanto Borges se endireitava no sofá e já sugeria que leitura podiam fazer: "Deveríamos escolher Kipling hoje? Hein?" E, claro, não esperava qualquer resposta. E não esperava porque imaginava os seus ledores como instrumentos ou vozes que o conduziriam através do texto. Conhecia tão bem os textos que desenhava com os lábios as palavras que eram proferidas pelo outro e, às vezes, para o espanto de quem lia, corrigia um deslize ou esquecimento que passava na leitura em voz alta. Nesses encontros, Manguel ainda jovem descobriu uma série de autores que Borges já conhecia e estava relendo, mas desvelou-os pelos olhos desse poeta cego, através das interpretações peculiares que Borges fazia de textos já tão conhecidos:

> Eu descobria o texto lendo-o em voz alta, enquanto Borges usava seus ouvidos como outros leitores usam os olhos, para esquadrinhar a página em busca de uma palavra, de uma frase, de um parágrafo que confirme alguma lembrança. Enquanto lia, ele interrompia, fazendo comentários sobre o texto a fim de (suponho) tomar notas em sua mente.[51]

Preocupado em não interferir ou suplantar a voz do texto, Manguel permanecia ali, inerte, queria tornar-se invisível. Dentro dele, uma revolução acontecia, saía com vontade de ler outros autores, de comprar os livros que Borges mencionara com tanta empolgação. Manguel saía com uma nova biblioteca na cabeça, que misturava os seus gostos aos de Borges; os livros que não podia comprar ficavam ali, esperando a sua vez, numa espécie de estante imaginária. Observava impressionado que Borges não havia perdido os seus hábitos de leitor: continuava a fazer anotações nas margens e guardas dos livros, pedia várias vezes para que seu ledor fizesse consultas em outros volumes. Um mundo de papel novo se abria diante dos olhos do rapaz, e ele estava fascinado não apenas com o descobrimento de novos textos, mas por ter acesso aos comentários eruditos do escritor. Mais uma vez o Homero *criollo* se transformava no guia de um de seus ledores nos caminhos textuais:

> Ler para um cego era uma experiência curiosa, porque, embora com algum esforço eu me sentisse no controle do tom e do ritmo da leitura, era, todavia, Borges, o ouvinte, quem se tornava o senhor do texto. Eu era o motorista, mas a paisagem, o espaço que se desenrolava, pertencia ao passageiro, para quem não havia responsabilidade senão de apreender o campo visto das janelas. Borges escolhia o livro, Borges fazia-me parar ou pedia que continuasse, Borges interrompia para comentar, Borges permitia que as palavras chegassem até ele. Eu era invisível.[52]

Mesmo na tentativa de parecer "invisível" ou com a sensação de estar sendo apenas um "parasita" que bebe de uma fonte de saber inesgotável, esses ledores de Borges participavam de um espetáculo único: o momento de criação do autor. Essas leituras e anotações compartilhadas geravam uma aliança especial, autor e ledores dividiam um ato íntimo. Borges arranjava suas ideias, formava o seu texto, e quem escrevia assistia assombrado ao ato criativo. Não era uma das coisas mais fáceis, é verdade. Primeiro porque o ouro, o elemento alquímico de construção do texto, não era entregue a quem escrevia: Borges o guardava cuidadosamente dentro do cérebro. Depois, porque todo o processo de tessitura, de cunhagem e de burilamento do texto era desgastante e demorado. Borges ditava cinco ou seis palavras que iniciavam o verso de um poema e depois pedia imediatamente para que o amanuense as lesse. A frase seria relida duas, três, quatro, quantas vezes fosse preciso até que o autor encontrasse o fio da meada e ditasse mais cinco ou seis palavras, nunca mais do que isso. Agora, com um par de frases feitas, ditava a pontuação e pedia novamente para o ledor reler o trecho, enquanto escutava, marcava o ritmo com as mãos: como um maestro sem batuta. Depois de várias horas de trabalho, finalmente se chegava a um verso que não precisava de correção alguma.

Várias pessoas assistiram a esse processo: María Esther Vázquez, Irma Zangara, Leonor, Maria Kodama, Alicia Jurado, Alberto Manguel e outros tantos. Era estimulante e ao mesmo tempo inacreditável estar tão próximo ao mestre no momento em que forjava sua escrita. Manguel guarda a recordação de quando o autor o pediu pela primeira vez para escrever algo:

> Vamos ver se você pode me anotar isso? Se refere às palavras do poema que acaba de compor e que apreendeu de memória. Dita as palavras, uma depois da outra, "salmodiando" as cadências que ele mais gosta e assinalando os signos de pontuação. [...] Recita o novo poema, verso a verso, sem sobrepor sobre a linha seguinte, fazendo uma pausa ao final de cada última palavra. Logo pede que se leia para ele mais uma vez, duas vezes, cinco vezes mais. Se desculpa pelo incômodo, mas quase em seguida volta a pedi-lo, escutando cada palavra, sopesando-a.[53]

Pronto: estava feito. E as repetições incessantes pareciam ter catalogado o texto para sempre em sua memória e o ter colocado como parte do acervo da vasta biblioteca mental. No papel, aparece a forma que pensou em sua imaginação, infelizmente não pode vê-la. Então, concluído o poema, Borges pega a folha avulsa e a dobra, guardando ao acaso na carteira ou no interior de algum livro. Coincidentemente, fazia o mesmo com o dinheiro. Mas Borges não tinha qualquer interesse por dinheiro, sequer fazia contas. Já as palavras eram a riqueza mais importante de sua vida. E, se guardava poemas entre as folhas dos livros, era para fazer desses os testemunhos eternos de suas próprias palavras.

Notas

1. Esteban Peicovich, *El palabrista*, p. 11.
2. Jorge Luis Borges, *El hacedor*, p. 10.
3. *Ibidem*, p. 10-11.
4. *Ibidem*, p. 12.
5. Jorge Luis Borges, *Elogio da sombra*, p. 79.
6. *Idem, El hacedor*, p. 155-156.
7. *Idem, Obras completas*, p. 101.
8. Jorge Luis Borges, *El hacedor*, p. 178.
9. Solange Fernández Ordóñez, *O olhar de Borges*, p. 30.
10. Jorge Luis Borges, *El hacedor*, p. 173.
11. Solange Fernández Ordóñez, *O olhar de Borges*, p. 47.
12. Esteban Peicovich, *El palabrista*, p. 148-149.
13. Jorge Luis Borges, "La rosa profunda", in: *Obras completas* (vol. III), p. 134.
14. Esteban Peicovich, *El palabrista*, p. 84.
15. Jorge Luis Borges, *Um ensaio autobiográfico*, p. 63-64.
16. *Ibidem*, p. 66.
17. Orlando Barone, *Diálogos*, p. 50.
18. Alicia Jurado, *Genio y figura de Jorge Luis Borges*, p. 48.
19. Alberto Manguel, *Con Borges*, p. 79.
20. Jorge Luis Borges, "La ceguera", in: *Siete noches*, p. 146.

21. Solange Fernández Ordóñez, *O olhar de Borges*, p. 38.
22. Jorge Luis Borges, *Um ensaio autobiográfico*, p. 108.
23. *Ibidem*, p. 112.
24. Jorge Luis Borges, *Ficções*, p. 100.
25. *Idem*, "Historia de la noche", in: *Obras completas* (vol.III), p. 193.
26. *Idem*, "La ceguera", in: *Siete noches*, p. 147.
27. *Ibidem*, p. 146.
28. Jorge Luis Borges, *El hacedor*, p. 64.
29. *Idem*, *Elogio da sombra*, p. 81.
30. *Idem*, *El oro de los tigres*, p. 113.
31. Referência ao poema "Un sábado", do livro *Historia de la noche*.
32. Esteban Peicovich, *El palabrista*, p. 61.
33. Alberto Manguel, *Con Borges*, p. 26.
34. Jorge Luis Borges, *Um ensaio autobiográfico*, p. 138.
35. Tzvetan Todorov, *Introduction à la littérature fantastique*, p. 29.
36. Esteban Peicovich, *El palabrista*, p. 187.
37. Jorge Luis Borges, *Ficções*, p. 40-41.
38. Esteban Peicovich, *El palabrista*, p. 140.
39. Jorge Luis Borges, *O Aleph*, p. 17.
40. *Idem*, *Um ensaio autobiográfico*, p. 129.
41. *Idem*, "Los conjurados", in: *Obras completas* (vol. III), p. 543.
42. Jorge Luis Borges, "Le ceguera", in: *Siete noches*, p. 150.
43. María Esther Vázquez, *Borges*, p. 218.
44. Irma Zangara, em entrevista à autora, 2009.
45. Jorge Luis Borges, "La ceguera", in: *Siete noches*, p. 151.
46. María Esther Vázquez, *Borges*, p. 218.
47. Jorge Luis Borges, *Um ensaio autobiográfico*, p. 120.
48. María Esther Vázquez, *Borges*, p. 215.
49. Alicia Jurado, *Genio y figura de Jorge Luis Borges*, p. 15.
50. Alberto Manguel, *Uma história da leitura*, p. 30.
51. *Ibidem*, p. 31.
52. *Ibidem*, p. 33.
53. Alberto Manguel, *Con Borges*, p. 20.

VIII. João Cabral de Melo Neto:
arquiteto de palavras

Pelos olhos do poeta

Estava lá, no primeiro poema do livro *Pedra do sono,* a importância que os olhos tinham para João Cabral de Melo Neto:

> Meus olhos têm telescópios
> espiando a rua,
> espiando minha alma
> longe de mim mil metros.[1]

A primeira edição do livro foi pequena e tímida, contou com 340 exemplares em belo papel *couché*, distribuídos de maneira generosa entre familiares e amigos. Mesmo nesse trabalho inicial, quando Cabral ainda não sabia ao certo que caminho deveria tomar — ficava no limite entre o Surrealismo e o Cubismo —, uma coisa já estava bastante certa em sua cabeça: que os seus guias seriam os olhos, não os ouvidos. Os "telescópios" o seguiriam por vida e obra, enquanto os ouvidos permaneceriam fechados. Os olhos o guiariam pelo texto na leitura e na escrita, passariam pela superfície dura e pedregosa das palavras. Seriam capazes de tocar as coisas: em seu volume, densidade e peso. Um olhar quase tátil.

Por causa dessa escolha, a apreensão visual do poeta foi se desenvolvendo cada vez mais, e a escuta, "encolhendo". O primeiro livro — ainda vacilante, ainda indeciso — já guardava em si o potencial estético. A sensibilidade de Antonio Candido não deixou passar a pista que João Cabral apontava em *A pedra do sono*:

> As palavras, que têm um poder sugestivo maior ou menor conforme as relações que as ligam umas com as outras, se dispõem nos seus poemas quase como valores plásticos, nesse sistema fechado que assume às vezes o caráter de composição pictórica, e a beleza nasce de sua inter-relação.[2]

A partir de então, e para o resto de sua obra, Cabral vai valorizar a beleza de cada palavra escolhendo um espaço preciso para colocá-la dentro do poema. Respeitava o temperamento e o caráter único de cada uma delas, montava-as com cuidado para construir o sentido do verso e, em última instância, do livro.

Anos mais tarde, em 1975, João Cabral publicaria *Museu de tudo*. O nome não era por acaso, e o crítico português Óscar Lopes detectou o motivo: via os poemas como formas recortadas que, mesmo diferentes, compunham uma série de quadros como numa exposição de arte. Cabral preferia dizer que *Museu de tudo* "se trata de uma coleção de coisas reconstruídas e arrumadas conforme um plano de disposição". A verdade é que nenhum "quadro" era colocado ao acaso. O escritor pensava exatamente na sequência que as "obras" ocupariam nas salas dessa exposição, ao escrever o livro imaginou uma "curadoria completa".

Parte dessa sensibilidade vinha de sua maneira de pensar o mundo, do olhar que lançava sobre ele. Outra parte vinha do que queria e desejava para a sua poesia: uma poesia mais formal, antilírica e racional. Esse caminho foi perseguido e trilhado, com todas as dificuldades que foram se impondo, mas a verdade é que, de posse dessa certeza, Cabral fez escolhas únicas. Buscou seus pares, por exemplo, na pintura e na arquitetura, mais do que na poesia. Tinha amigos poetas, pessoas com quem trocava impressões e permitia as primeiras leituras de seus textos, entretanto, não se via como parte de nenhuma "cena literária". Sempre buscou influências mais nos ensaios arquitetônicos do que nas linhas poéticas.

Se tentarmos encontrar dentro da obra de Cabral as influências através das leituras que realizou ao longo da vida, as chances de nos perdermos são bem grandes. O poeta era um leitor voraz de todo tipo de literatura e ensaio. Gostava de história e geografia, e tinha uma preferência especial por romances históricos. Declarava-se, assim como Borges, ser mais um grande leitor do que um grande autor. No entanto, quem se propõe a investigar com detalhes o "histórico de leitura" de João Cabral de Melo Neto nunca poderia chegar à conclusão de que o menino que estudou no Colégio Marista iria se tornar um poeta.

A poesia não foi um "amor à primeira vista". "Eu gostava muito de ler. Mas literatura, para mim, era aquela antologia que o padre me obrigava a ler no colégio. [...] Nós éramos obrigados a ler sonetos. De forma que aquele automatismo dos sonetos é algo que até hoje eu não consigo tolerar", dizia. A poesia tinha entrado com o "pé esquerdo" na vida de João. O parnasianismo, o lirismo romântico e, para terminar, as declamações eram ingredientes poéticos que só aumentavam a sua impaciência. Mas, por algum motivo, a poesia também o instigava e desafiava. Seguro de que não era um poeta, Cabral decidiu que o seu discurso antilírico estaria melhor do lado da crítica literária.

Para se preparar para a "carreira" de crítico, decidiu escrever poemas, continuou e nunca mais voltou ao desejo inicial de ser ensaísta. Acabou fazendo algo mais difícil: usou a sua poesia para fazer a crítica. "Eu nunca pensei em ser poeta nem nunca me considerei (e até hoje não me considero) com temperamento de poeta. Eu tenho temperamento crítico. Meu ideal foi sempre ser crítico literário."[3] Criou o que pode ser chamado de uma metapoesia, ou, mais que isso, uma poesia da qual se servia para comentar a obra de pintores, autores e escritores. Queria andar na trilha de T.S. Eliot, Marianne Moore e Ezra Pound, que considerava "poetas críticos". Usou sua própria obra para analisar uma postura poética que não acreditava, para sanar uma necessidade que tinha como leitor de textos literários, para criar uma sintaxe e uma metrificação próprias.

O encantamento vinha através da figura de Paul Valéry. Além do francês, Carlos Drummond de Andrade tinha sido uma influência definitiva. Foi quando Cabral leu o poema "Romaria" que achou possível pensar em realizar poesia. De fato, a produção poética de seu tempo era dividida de um lado pelos versos dos simbolistas — retóricos, musicais e barrocos —, de outro, pelos parnasianos, com um refinamento exacerbado e neoclássico. Drummond oferecia a saída para o jovem poeta que não estava disposto a se adequar a nenhuma das duas correntes, porque não acreditava na inspiração derramada dos simbolistas e não se sentia com musicalidade suficiente para fazer versos parnasianos.

> Drummond lhe abre uma terceira margem: a do verso contido e seco, quase gaguejando, de seus primeiros livros, em que o sentimento é subjugado pela inteligência. [...] Ao ler Drummond, Cabral descobre que a poesia pode ter uma outra dicção.[4]

A opção por Drummond não era como discípulo, mas como admirador da postura isolada do poeta mineiro. A dicção gaga de Drummond fazia dele um estrangeiro dentro do grupo de poetas da época. Cabral precisava encontrar uma voz particular para escrever a sua poesia. Essa voz foi sendo descoberta e forjada ao longo de sua estrada como poeta, mas o primeiro "tom" quem deu foi Drummond. A gagueira, fruto da invenção de uma nova língua, é o que dá a esses dois poetas "estrangeiros" uma dose de encantamento, aquela que Kristeva já havia previsto.

> Você tem o sentimento de uma nova língua que é a sua ressurreição: nova pele, novo sexo. Mas a ilusão se despedaça quando você se ouve, no momento de uma gravação, por exemplo, em que a melodia de sua voz lhe volta esquisita, de parte alguma, mais próxima da gagueira de outrora do que do código atual.[5]

As escolhas de uma sintaxe nova, do verso contido e seco e da negação da musicalidade eram os desafios que Cabral, com a ajuda de Drummond, impunha ao leitor. O poeta queria que não fosse fácil, doce ou musical passar pelos seus versos. Encontrou na voz cortante, interrompida e lacônica a via poética que queria propor. Nada de embalos e "canções de ninar", nada de rimas que já faziam parte das convenções escutadas pelo leitor, tudo isso já era feito com maestria por Vinicius de Moraes. Cabral queria retirar o seu leitor do "conformismo musical", do alento dos dodecassílabos, para atirá-lo num terreno inóspito de uma poesia de pedra.

Assim, formava, com Drummond e Manuel Bandeira, uma tríade de "poetas estrangeiros", exilados — cada um em seu tempo e geração — do exército poético dominante do momento. Três nomes que, ao contrário de se manterem calados, colocaram suas vozes de desacordo na poesia que escreveram. "Não estar de acordo. Não estar de acordo nunca, com ninguém. E tomar isso com espanto e curiosidade, como um explorador, um etnólogo", explica Kristeva. Esses autores tiveram coragem de se insurgir contra um uníssono poético. Por isso, são autores, também, que exigem do seu leitor uma escuta especial para seu estilo dissonantes: "O ouvido somente se abre para os desacordos quando o corpo perde seu pé no chão. É preciso um certo desequilíbrio, flutuar sobre algum abismo para poder ouvir um desacordo."[6]

Cabral buscava este leitor: alguém com os "pés fora do chão". Um leitor disposto a flutuar, não porque estivesse perdido em sonho, mas porque estava pronto para enfrentar a poesia dura, agreste e ressecada que o poeta propunha. Nessa escolha, via claramente os seus pares intelectuais: Jorge de Lima, Manuel Bandeira e Carlos Drummond de Andrade. "Gostei dos primeiros livros de Drummond, quando ele era um poeta de língua presa", dizia. A partitura desses escritores, que oscilava entre harmonia e desarmonia, desafiava João. Tinha encontrado o tipo de poesia que desejava fazer, não por herança ou sucessão, mas por diálogo.

Dissipara-se, então, o medo de criar poemas, de não encontrar a música ou a voz correta para escrever. Outros tinham feito versos na desarmonia e na gagueira. Ele podia fazê-los também no seu silêncio, usando a sua voz "inclassificável".[7] Além dos brasileiros, tinha uma predileção por Paul Valéry. O poeta francês corroborava com a resistência de João Cabral em relação à inspiração e defendia o rigor intelectual acima de tudo. Rigor que garantia a vitória da artificialidade sobre a espontaneidade. Cabral valorizava o discurso de Valéry, mas não compactuava com sua obra poética:

> Valéry me ajudou com a psicologia da composição racional. Deu a um poeta jovem a coragem de recusar a inteira poética romântica, egocêntrica, tão importante na literatura brasileira, especialmente no período de 1930-1934... A leitura de Valéry me ofereceu outra opção, permitiu a realização do que já tramava. De resto, tenho profundas discordâncias com a poética de Valéry, com seu hermetismo. Ele é uma influência só no sentido de revelação de possibilidades.[8]

A poesia "perfumada" e "preciosa" do francês não o atraía muito, estava mais interessado em seu pensamento.

Entretanto, das influências de Cabral, a mais declarada era, sem dúvida, Le Corbusier. O poeta se sentia tocado pelas teorias cubistas desenvolvidas pelo arquiteto. Com apenas 18 anos, já investigava a biblioteca de Willy Lewin, em Recife, e lia os principais ensaios de Le Corbusier, que deram a ele alguns fundamentos teóricos para desenvolver sua arte poética. Enxergava no Cubismo uma saída para o que queria fazer da sua escrita. Em um ensaio célebre, denominado "Lembretes aos senhores arquitetos", Le Corbusier faria uma definição de sua arquitetura, que serviu como base para a estética cabralina: "A arquitetura é o jogo sábio, correto e magnífico dos volumes reunidos sob a luz." Cabral levaria essas ideias para a sua poesia: a correção, o jogo inteligente de palavras, a forma solar de escrever poemas.

Não precisava necessariamente de filiações. No fundo, não se interessava nem pela poesia de Valéry, nem pela arquitetura de Le Corbusier, mas pelas ideias que os dois tinham. Foram elas que o desviaram gradativamente do sonho e do devaneio surrealista para fazê-lo acercar-se do Cubismo. Foi essa tendência que Antonio Candido observou logo no primeiro livro: um Cubismo visível através da composição lógica dos poemas, do construtivismo. "Nenhum poeta, nenhum crítico, nenhum filósofo exerceu sobre mim a influência que teve Le Corbusier. Durante muitos anos, ele significou para mim lucidez, claridade, construtivismo. Em resumo: o predomínio da inteligência sobre o instinto", explicava Cabral.[9] Essas eram lições arquitetônicas que João Cabral iria absorver e aplicar em sua poesia: não *sonhar*, mas *construir* poemas usando a força da criação intelectual.

O pensamento do arquiteto foi, enfim, um estímulo para o poeta abandonar o ranço surrealista que *Pedra do sono* ainda guardava, para investir definitivamente na poesia solar que definiria seu segundo livro, *O engenheiro*, e o resto de sua obra. Com a escolha da arquitetura como mestra, optava pela luz, "em detrimento das trevas e da morbidez". O poeta, agora, sabia o que não queria fazer. Encontrara na obra *Por uma arquitetura*, escrita em 1923 por Le Corbusier, a máxima que usaria como epígrafe no seu livro *O engenheiro*: o poema como uma *machine à émouvoir*. Essa ideia aparentemente simples do arquiteto se transformaria na equação que o poeta passaria a vida resolvendo. Queria fazer uma poesia que fosse uma "máquina de emocionar". A tarefa era difícil, uma vez que a expressão encerrava em si uma contradição: uma máquina criada de maneira lógica e racional pelas mãos do homem era capaz de causar emoção? João Cabral mostrou que sim. A poesia organizada, precisa, lacônica tinha e tem o poder de envolver e comover o leitor.

A epígrafe de Le Corbusier comanda a maioria dos escritos de *O engenheiro*, à exceção de poemas como "As nuvens", que ainda guardam um traço onírico. O resto do livro — com sua precisão, construção e lucidez — faz justiça à escolha do título. Ali, Cabral decide se transformar num *arquiteto de palavras*: talhar o verso com a mão firme de um engenheiro, ou seja, construir, prever e organizar espaços para que o "edifício" final do livro não falhe. Procurou aprender a criar uma máquina funcional que fosse capaz de emocionar. Nesse aprendizado, Cabral é bastante generoso com o leitor: mostra a ele, através de seus poemas, o que pretende, o que deseja e de que maneira alcança. Em "O engenheiro", poema que dá nome ao livro, é possível detectar o esforço do poeta de dar formas claras a experiências abstratas:

> A luz, o sol, o ar livre
> envolvem o sonho do engenheiro
> O engenheiro sonha coisas claras:
> superfícies, tênis, um copo de água.[10]

Não aparece nenhuma referência explícita a Le Corbusier, mas é possível presumir que o engenheiro desse poema era uma mistura do caráter do arquiteto com as figuras poéticas de Mallarmé e Valéry. Cabral já mostrava o seu heterogêneo grupo de influências nesse livro que tinha poemas dedicados a Drummond, Valéry e Joaquim Cardozo. Além deles, também os artistas plásticos se transformariam em seus aliados no que ele denominava carinhosamente de "família espiritual". Em *O engenheiro*, surgia também um traço de sua literatura que iria se consolidar nos livros posteriores: textos que faziam críticas e homenagens aos pintores ou escultores e suas obras. O livro continha o poema "A Vicente do Rego Monteiro", uma homenagem que vinha da admiração que Cabral nutria pelo pintor pernambucano.

O poeta conhece Rego Monteiro através de Willy Lewin, já que o pintor era o frequentador mais antigo da biblioteca do francófono. João Cabral se fascina pela figura solitária do pintor e desenhista, que era um homem cosmopolita (vivera na França até o início da Segunda Guerra) e vanguardista, distante da postura regionalista e tradicionalista da "comunidade de pintores nordestinos". A inclinação de Vicente para o cubismo e seu importante papel ao introduzir a técnica no Brasil em pleno movimento da Semana de Arte Moderna de 1922 completavam o interesse de Cabral por sua figura e obra.

Willy Lewin tinha uma pequena coleção de quadros do pintor. João Cabral conhecia e gostava de todos, mas alimentava uma paixão especial por *A paisagem zero*. É possível dizer que essa tela foi a responsável pelo início da relação intensa que o poeta desenvolveria com as artes plásticas. Cabral, que tinha experimentado um desejo juvenil de se tornar pintor, via no quadro uma síntese visual do que gostaria de fazer em poesia. A pintura o desafiava e o provocava a ponto de levá-lo a escrever o poema "A paisagem zero (pintura de Vicente do Rego Monteiro)". Ali estava a escolha pela luminosidade, anunciando a poesia solar que viria:

> A luz de três sóis
> ilumina três luas
> girando sobre a terra
> varrida de defuntos.[11]

A tela viraria uma obsessão. João comprou uma série de outros quadros do pintor, mas não o objeto que motivou o seu primeiro encantamento. Anos mais tarde, consegue finalmente adquirir o quadro e o coloca em um lugar de destaque na sala de estar.

UM ARQUITETO DE PALAVRAS

Para além da descoberta das artes plásticas como ferramenta para fazer sua poesia, *O engenheiro* é, também, um livro que já anuncia quais serão as verdadeiras musas desse poeta de inspiração calculada pela lógica: as palavras. O livro conta com poemas sobre uma árvore, uma mesa e, finalmente, uma ode aos minerais. "A palavra é uma coisa diferente. [...] Ela não é apenas o que significa: não é apenas denotação, mas também conotação. Ela tem uma matéria própria, um peso próprio, tem um sabor próprio", dizia.[12] Via nas palavras um material com peso e densidade e era com ele que decidira esculpir e construir os seus poemas.

Resolvera, então, ir forjando cuidadosamente esse material. Demorava meses, às vezes anos, para escrever um poema. Queria encontrar a *mot juste* que coubesse no verso, o encaixe perfeito que pudesse dizer exatamente o que ele desejava. A arte para ele era construção, trabalho duro, e estava muito mais próxima do esforço do artesão do que da inspiração dos loucos, dos gênios ou dos apaixonados. Chegou a comparar o trabalho do poeta, do escritor ou do romancista ao do sapateiro: feito com o devido cuidado e precisão, poderia dar origem a sapatos ou poemas perfeitos. Acreditava na máxima valeriana de que tudo o que escrevia espontaneamente era um eco de coisas que havia lido. Cumpria, então, realizar o trabalho rigoroso de eliminar tudo o que nele era dos outros para se chegar à enunciação pura de sua poesia. Nessa empreitada, escolhia detalhadamente as palavras: observava-as, aproximava-se delas, tentava extrair o verdadeiro mistério que escondiam para combiná-las em versos. Esculpir a poesia, retirar, pouco a pouco, os adornos, os enfeites, o supérfluo, deixar ficar o essencial. Cabral se dizia um preguiçoso que por isto tinha escolhido ser ateu: para não ter o trabalho de lutar por qualquer credo. Substituiu a religião pela poesia. Rebelava-se contra a indolência da inspiração para buscar um trabalho intelectual — a fabricação do poema — mais próximo do trabalho braçal. Mas tinha nessa atividade o cuidado de um artista manual, de um artesão de palavras. "Ele queria uma poesia depurada. A gente sente na leitura que ele está depurando ao máximo o que está escrevendo, está cortando ao máximo. Então, resta o essencial, reduzido à sua mineralidade."[13]

De todas as artes, a de que o poeta estava mais próximo era a escultura, pela escolha do minério como matéria. Entre todos os materiais, escolhera o mais complexo e o mais indócil para a tarefa de esculpir: a pedra. Mas como talhar tão resistente objeto? Para descobrir o segredo, o mistério desse elemento da natureza, o artista precisa observá-lo em silêncio, aprender com ele. Só é possível retirar o melhor desenho de uma pedra pelo conhecimento preciso do seu relevo, de suas depressões e de seu formato:

> Procura a ordem
> que vês na pedra:
> nada se gasta
> mas permanece.[14]

A pedra o ajudaria a sair do sono e do sonho pela sua simples presença, que, de tão realista, tão palpável, podia conduzir a uma nova poesia.

Esse trabalho de lapidar a pedra é feito pelo que sobra, o que resta depois de um desgaste inevitável. Cabral considerava as palavras pequenas pedras com um valor essencial. Pedras que, apesar da aparente opacidade, escondem um poder de expressão: "uma carga psicológica acumulada", dizia. Tendo isso claro, o poeta compara o gesto de escrever com o de catar feijão: "Certo não, quando ao catar palavras:/ a pedra dá à frase seu grão mais vivo." Vê na triagem dos grãos — trabalho caseiro empreendido por quem cozinha — uma atividade parecida com a do poeta, mas inverte a finalidade: descarta o feijão e retém as pedras. Peneira as melhores palavras, que nem sempre são as mais digeríveis (às vezes, são mesmo os grãos mais feios e pesados), para com elas "travar o verso, combatendo a melodia por meio de pedras vocabulares, sintáticas e fonéticas".[15]

Espiava as palavras de longe. Tinha medo de que elas tomassem vida, fizessem o poema falar por si, queria manejá-las, ter o controle sobre o que estava escrevendo. Acreditava que existiam dois tipos de palavras: as concretas e as abstratas. A primeira era aquela que se dirige diretamente aos sentidos, e a última, um tipo de palavra que atinge a inteligência. O desafio que João Cabral impunha para a sua poesia era o de escrever para atingir a inteligência através dos sentidos. Imaginava que a palavra abstrata causava uma polissemia desnecessária, preferia dar ao leitor uma experiência sensorial.

Como o sentido mais aguçado do poeta era a visão, trabalhou para fazer uma poesia capaz de *donner à voir* (dar a ver) ao leitor. A expressão, que o perseguiu desde jovem, é o título de uma coletânea de poesias sobre pintores de Paul Éluard. A primeira vez que Cabral viu *Donner à voir* exposto em uma livraria do Recife, imaginou: "Mas é isso que eu quero da minha poesia." As palavras começaram a ser pensadas para formar uma pintura, uma paisagem, qualquer coisa de beleza visual que fizesse o leitor ter uma imagem fotográfica do que estava sendo dito no poema. Procurava escrever contra a ambiguidade que as próprias palavras guardavam. Sabia que era inevitável que o leitor interpretasse de outra forma, que as palavras atuassem gerando sentidos múltiplos, mas procurava transformá-las em algo concreto e claro para "dar a ver" o quadro que pintara internamente, na sua cabeça.

Não fazia, via os seus poemas. E, talvez, essa fosse a maior contribuição que o amigo Murilo Mendes veio prestar para sua poesia. Cabral sabia que tinha um temperamento poético inteiramente distinto do de Murilo, mas uma coisa estava clara para ele: "nenhum poeta brasileiro me ensinou como ele a importância do visual sobre o conceitual, do plástico sobre o musical".[16] Foi essa percepção que o fez valorizar a *estrutura* da poesia em detrimento da *tessitura*. Para Cabral, a tradição da poesia de língua portuguesa era de tessitura, e um dos poucos insurretos desse modelo era Cesário Verde, com quem dizia ter grandes afinidades.

Fora isso, existia uma infinidade de poetas transbordantes, que trabalhavam com o excesso. João não era um deles. Estava no grupo dos "enxutos", daqueles que escreviam pela escassez, que faziam livros porque tinham um imenso vazio a preencher. Nesse caso, claro, ele se sentia muito mais à vontade circulando pelo terreno do concreto. Queria produzir poemas que o leitor fosse capaz de cheirar, provar, tocar ou sentir. Como tinha uma apreensão do mundo predominantemente visual, tratava de botar essas imagens no papel, espelhar a sua visão de realidade e esperar que o leitor fizesse uma leitura intelectual dela. Esperar é a expressão mais correta. Porque, nas palavras de Lauro Escorel, o poema será sempre uma espécie de violino, no qual cada leitor executará a melodia que deseja. Cabral tentava apenas dar os acordes fundamentais, corretos, e deixar para o leitor a fantasia de criar uma partitura.

Perseguindo essa expressão concreta, essencial, o poeta arriscou um vocabulário poético inteiramente novo. Introduziu palavras como aspirina, gasolina, telégrafo, cabra e diarreia num terreno até então envolvido pelo perfume romântico. Vivia às turras com Vinicius de Moraes e as suas letras e poesias sobre o amor. Mas ele próprio tentava escrever versos sempre com uma preocupação formal por trás, buscou todas as explicações possíveis para apoiar o seu discurso antilírico. Consultava livros, mergulhava em teorias, descobria pontos de vista afins de outros poetas:

> Ezra Pound diz que há três tipos de poesia: a fanopeia, que apresenta uma realidade visual ou visualizável — como exemplos: Cesário Verde, Lorca e até Dante —; a melopeia, de sugestão auditiva, como a música, e de que poderemos ter exemplos em Verlaine e Eugênio de Castro; e a logopeia, poesia que transmite uma ideia e de que achamos um modelo nos sonetos de Camões. [...] Ora, a poesia portuguesa e a brasileira são preponderantemente melopeia e logopeia. [...] Eu sou preponderantemente de uma poesia de fanopeia.[17]

Sabia que as palavras não eram transparentes, não era possível enxergar através delas. Eram como uma expressão matemática: cada uma tinha uma realidade por trás de si "que o poeta não pode anular". Cabral procurava fazer, então, o uso mais puro delas. Mas havia o leitor. E a interpretação do leitor está fora de qualquer controle formal. Além disso, as palavras tinham determinadas qualidades separadas, mas, quando estavam juntas, numa mesma página, alcançavam um poder explosivo incontrolável. Por isso, a poesia árida, lacônica e magra tinha e tem o poder de emocionar o leitor. Ferreira Gullar gostava de classificar os poemas de João Cabral como granadas: objetos compactos de enorme caráter explosivo. O poeta tinha o trabalho duro de organizar essas pedras opacas com a finalidade de gerar um resultado final capaz de tocar o leitor.

E isso não fazia dele um "poeta sem alma", ou de sua poesia uma equação matemática. Ao contrário, Cabral estava em consonância com a prosa de Graciliano Ramos: um texto enxuto, mas tocante. Construir, trabalhar e impor a si mesmo um sério rigor formal era a maneira que o pernambucano tinha de lidar com a própria emoção. Ela aparece, então, num lugar inesperado: lá onde o texto encontra o leitor e cresce como uma flor agreste por entre as pedras de um solo seco. A "máquina de emocionar" funciona, apesar de tantos substantivos concretos, de tantas palavras não poéticas, de uma dicção truncada, da gagueira e do silêncio. Porque, quando o silêncio assola, é possível aguçar o olhar.

Para fazer a máquina se movimentar, Cabral tentava impor exigências e mecanismos externos que assegurassem uma maneira de dar ordem à confusão interna. A sua qualidade de engenheiro atuava no planejamento de cada obra. Os poemas eram pedras fundamentais, que na relação de umas com as outras dariam origem a uma construção final perfeita: o livro. Em *A educação pela pedra* e *Serial*, mais do que em outras obras, o poeta assume a concepção organizadora do livro "como se a montagem dele fosse o maior poema que o próprio livro contém. Então, cada peça é milimetricamente estudada, previamente. Como se houvesse uma planta baixa de arquiteto antes de erguer o edifício do livro."[18] Mais uma vez, o material escolhido para erigir o edifício é a pedra: a estrutura forte e opaca, obsessão maior do poeta.

Quase vinte e quatro anos depois do primeiro livro, Cabral tinha aprendido que a sua pedra não crescia na sombra, nem no sonho, mas era feita para calejar no calor do sol. Tinha chegado até ali pavimentando essa estrada de pedra e já estava disposto a tirar alguma lição desse material tão presente em sua poesia.

> A lição moral, sua resistência fria
> ao que flui e a fluir, a ser maleada;
> a de poética, sua carnadura concreta;
> a de economia, seu adensar-se compacta:
> lições de pedra (de fora para dentro,
> cartilha muda), para quem soletrá-la.[19]

O livro *A educação pela pedra* é uma "antilira" dedicada a Manuel Bandeira. Inova com os versos agora em quadra: mais um impedimento à musicalidade e ao conformismo do leitor. E já possui uma estrutura bastante configurada: uma divisão binária entre *Nordeste (A)* e *Não Nordeste (B)*. Conta com 48 poemas: 24 sobre Pernambuco e 24 falando de temas variados. Rimas e estrofações orquestradas com a precisão de um maestro que dizia não entender ou gostar de música.

Antonio Carlos Secchin, em seu trabalho sobre João Cabral (*João Cabral: a poesia do menos*), explica que *A educação pela pedra* vem para afirmar três tendências fundamentais da obra cabralina: o lado pedagógico da sua poesia (sua proposta de modelos éticos e estéticos de apropriação do real), o destaque para o concreto (a pedra) e o desejo de que os ensinamentos apreendidos pelo real estejam visíveis nas coisas. O livro mostra que o poeta tinha aprendido com a pedra, que já sabia forjar o material que escolhera. O livro trazia as pedras duras e indigestas de "Catar feijão" e a pedra lapidada, o cristal da aspirina. Um pouco de Recife e um pouco de Sevilha. E as palavras, pedras que traziam traços da memória do poeta: cana, sertão, seca, rio, usina. Cabral havia amadurecido com a pedagogia pétrea e já andava com desenvoltura agora no solo ressecado de sua poesia.

Nessa altura, estava pronto para propor uma gramática própria. Não exatamente pelos neologismos ou criações — como acontecia, por exemplo, com Guimarães Rosa —, mas pelo desconforto de criar um discurso contrário ao das gramáticas já conhecidas. O leitor, ressabiado, ajeita-se em sua poltrona, sente as dificuldades de atravessar o texto desse poeta de estética própria. Mas está fascinado e precisa prosseguir. João Cabral acreditava que, além de substantivos, os adjetivos podiam também ser concretos e abstratos. "Por exemplo: o adjetivo sublime é abstrato, como tristeza. Maçã é tão concreto quanto o adjetivo torto."[20] A tática para saber diferenciá-los era observar se o adjetivo era ligado a uma determinada realidade sensorial. É possível perceber se algo é liso ou redondo, mas sublime e inteligente estavam no mesmo terreno de indeterminação que caracterizava os substantivos sublimação e inteligência. Para evitar interpretações múltiplas, Cabral procurava escrever uma poesia enquadrada dentro do seu campo visual:

> A poesia é uma composição. Quando digo composição, quero dizer uma coisa construída, planejada — de fora para dentro. Ninguém imagina que Picasso fez os quadros porque estava inspirado. O problema dele era pegar a tela, estudar os espaços, os volumes. Eu só entendo o poético nesse sentido. Vou fazer uma poesia de tal extensão, com tais e tais elementos, coisas que eu vou colocando como se fossem tijolos. É por isso que eu posso gastar anos fazendo um poema: porque existe planejamento.[21]

Cada livro que faz, principalmente a partir de *O rio*, é raciocinado desta forma: ergue-se em cima de um esqueleto predeterminado e calculado em suas medidas, dimensões e espaços. O texto deixa de correr de forma arbitrária e o poeta toma para si o controle do livro em termos macroestruturais, passa a pensar previamente a construção, fazer as contas, dividir o número de poemas, de estrofes, até saber a exata quantidade de páginas.

Algumas coisas facilitavam muito essa organização literária. Uma delas era a obsessão que Cabral tinha pelo número quatro: perfeito, par e fechado. *Serial* foi um livro pensado em cima desse número: possui dezesseis poemas, ou seja, quatro vezes quatro. Sob qualquer ângulo que se observe, o livro é dividido em quatro partes. A quantidade de poemas, de sílabas, de quadras, de assuntos, de maneiras diferentes de ver a mesma coisa é sempre o quatro, um divisor ou um múltiplo. Nesse livro, o rigor formal do poeta chega perto da insanidade, o que o aproxima mais uma vez de seu mentor

Valéry em sua famosa frase: "Eu tenho a loucura da precisão." *Serial* parece ter sido feito com a máquina de calcular nas mãos. Não é verdade: o esquema do livro está muito mais voltado para a geometria espacial, que fazia mais sentido aos olhos sensíveis de Cabral, do que para a álgebra.

Usar um pensamento espacial era a única saída que Cabral encontrava para realizar a sua poesia: organizar suas imagens mentais, torná-las nítidas para o leitor. Nesse esforço formal, contava com alguns artifícios: "eu procuro me criar dificuldades. Você metrificar, sobretudo para um sujeito que não tem ouvido, como eu, é uma tarefa bastante difícil", dizia. Impunha alguns obstáculos que eram desafios para fazer a sua poesia, mas que também eram uma forma de tirar o leitor de seu conformismo. O verso melódico, dizia Cabral, era uma espécie de música de fundo que distraía e embalava o leitor, deixando-o solto e desatento no caminho do texto.

Fugia da melodia previsível adotando a redondilha. Com isso, garantia a atenção e a curiosidade do leitor, desafiando-o. Tinha uma resistência quase irracional contra o decassílabo. Mas precisava da rima, necessitava dela como uma "palavra de ordem" para organizar seus versos. Sua rima era toante, seguia a cartilha espanhola: era uma maneira de despistar o leitor. Via a rima toante como menos melódica e menos evidente. Para o leitor desavisado, ela passava despercebida, confundia-se com o verso livre.

> Eu uso essas duas coisas porque o verso de oito sílabas, que eu uso com uma acentuação irregular interna, dá a impressão da prosa. E a rima toante, como eu sei que ela não soa no ouvido do brasileiro, dá a impressão de que o poema não é rimado.[22]

A poesia havia escolhido esse pernambucano, antilírico, magro e mal-humorado. Não fora Cabral que diretamente a escolhera, queria ser crítico, engenheiro ou, talvez, artista plástico. Com essa matéria poética — pesada, vibrante e emocional — nas mãos, ele precisava descobrir a alquimia para transformar tanta emoção em razão, tanta subjetividade em objetividade, tanta irracionalidade em lógica. Encontrou a sua resposta criando uma dicção absolutamente particular. Não estava disposto aos "derramamentos" dedicados à poesia até então, queria modificá-la, calcificá-la. E conseguiu. João Cabral dizia que não concordava com a escolha de Pégaso (o cavalo voador) como símbolo poético, preferia a metáfora da galinha ou do peru: duas aves com asas que não podiam voar, que permaneciam no chão ciscando entre as pedras. Dizia que, para o poeta, "o difícil é não voar, e o esforço que ele deve fazer é esse. O poeta é como o pássaro que tem que andar um quilômetro pelo chão."

POESIA E MEMÓRIA VISUAL

"Papai era muito visual. O jeito dele de aprender — e cada um tem o seu — era através da visão", explica Inez Cabral. Alguns fecham os olhos, apuram os ouvidos e são capazes de sentir tudo o que está à sua volta. João Cabral, ao contrário, esfregava os olhos, colocava os óculos e enxergava claramente como deveria ser feita sua poesia. Todos os esforços — a criação de uma métrica e rima heterodoxas, as "plantas baixas" de cada livro, a delimitação do peso e volume das palavras — eram para garantir a síntese dos outros sentidos humanos num único: a visão, sua principal maneira de perceber o mundo.

Aquele menino tímido e concentrado tinha feito, inúmeras vezes, a viagem de Recife até Carpina, cidade do interior onde os pais tinham um sítio. Pela janela do carro, observava incansavelmente a paisagem de Pernambuco. Silencioso, ia perscrutando com olhos curiosos a cana, o sol, a luminosidade e a geografia. Essas primeiras imagens da infância o marcariam para sempre, viajariam com ele para todos os países onde precisou morar por conta da profissão de diplomata, assaltariam-no em sonho e em vigília. Realmente tinha em seus olhos as "janelas" encantadas que se abriam para absorver o mundo. Por meio dessas lentes, podia observar, entender e apropriar-se das imagens que, mais tarde, formariam a sua poesia.

João Cabral acreditava que existia a experiência de dois Nordestes diferentes: o místico e fabular, de Ariano Suassuna, e o seu, do intelectual que nascera na Zona da Mata. As paisagens nesses dois casos eram inteiramente distintas: de um lado, o sertão com uma caatinga cortante, ressecado e pétreo, do outro, a Zona da Mata com uma natureza razoável — oitizeiros, coqueiros, mangueiras e sapotizeiros —, tingida pela presença soberana do rio Capibaribe. O poeta passou a maior parte da sua infância com os olhos voltados para a segunda paisagem, cresceu no engenho da família, em São Lourenço da Mata. Mas, estranhamente, o lado formal de sua poesia — suas palavras e sua dicção — era marcado pela visão feérica da seca.

De qualquer maneira, a água atravessava essa paisagem e se infiltrava por entre as pedras. O rio Capibaribe era uma presença que não podia ser ignorada. Cabral se apropriou do rio de todas as maneiras possíveis, explorou distintos pontos de vista: da visão que o visitante tinha a partir de suas margens à paisagem que o próprio rio vislumbrava a partir do seu leito. O que o "menino guenzo" via quando estava nas embarcações eram os casebres miseráveis revestidos pela lama negra e espessa. Na infância, ao fim de cada partida de futebol, Cabral ia para as margens do rio observar os despojos que boiavam nas águas ferruginosas: os restos animais e vegetais, objetos e destroços perdidos para sempre naquelas águas. O rio era o espaço que carregava o tempo dentro de si, e a saída para arquivar essa paisagem — sempre em movimento, sempre em mutação — era a memória fotográfica.

O poeta registrou para sempre essas primeiras visões do Capibaribe. Elas o marcaram de tal maneira que vão aparecer constantemente em sua obra. Em 1953, mesmo morando no Rio de Janeiro, Cabral escreve "O rio". O quadro que havia visto na sua infância não saíra nem de sua cabeça, nem de sua lembrança. Era capaz de escrever, quase 23 anos depois, com riqueza de detalhes aquela sensação visual:

> um menino bastante guenzo
> de tarde olhava o rio
> como filme de cinema;
> via-me, rio, passar
> com meu variado cortejo
> de coisas vivas e mortas,
> coisas de lixo e de despejo
> viu o mesmo boi morto
> que Manuel viu numa cheia,
> viu ilhas navegando,
> arrancadas das ribanceiras.[23]

O desfile de imagens vistas na infância está fabulosamente enunciado nesses versos. Uma delas, a mais remota, de quando o poeta tinha apenas 4 anos e viu a impressionante imagem de um homem navegando em cima de uma ilha móvel: uma parte grande da vegetação do mangue se desprendera do continente e levara o raro "marinheiro". Cada lixo ou despejo conduzido pelo rio era para o poeta mais uma surpresa visual do que algo para ser descartado.

Com essa presença úmida e pantanosa do Capibaribe, foi escrevendo e poetizando o seu Nordeste. A sua experiência do sertão era a do habitante da Zona da Mata: lugar para onde a seca empurrava o retirante. Identificava na sua escrita o conceito de *literatura das secas*, criado por José Américo: uma literatura marcadamente escrita por gente das zonas úmidas, não por sertanejos propriamente ditos. A secura aparecia, então, pontuada pela presença do rio. Em torno do Capibaribe, escreveu uma trilogia: "O cão sem plumas", "O rio" e "Morte e vida severina". Essa pintura em três quadros (o tríptico) destacava, em cada um deles, perspectivas diferentes do mesmo rio. "O cão sem plumas" era uma metáfora bem construída das pessoas, coisas e paisagens relacionadas ao rio. "O rio" é um discurso em primeira pessoa no qual o Capibaribe tem uma voz e um ponto de vista, é um poema narrativo. "Morte e vida severina", talvez um dos trabalhos mais populares do poeta, traz o rio como um personagem e acompanhante de Severino em sua jornada de retirante.

Em todos os textos, as descrições cumprem uma função pictórica, quase fotográfica. Não era só o Capibaribe, era toda a paisagem de Pernambuco, transpassada pelos canaviais, pelo zumbido do vento, pelo calor cortante. Essa sensação espaço-temporal, que era fruto da memória do poeta, aparece sempre, como cenário, em vários livros. *A escola das facas*, talvez a obra mais biográfica de Cabral, traz novamente essa sensação de espaço e tempo com o poema "Menino de engenho":

> Menino, o gume de uma cana
> cortou-se ao quase cegar-me
> e uma cicatriz, que não guardo,
> soube dentro de mim guardar-se[24]

Essa realidade cortante, violenta, materializada pela folha da cana, já tinha aparecido na lâmina da faca num poema anterior. A troca do metal pelo elemento orgânico (folha da cana) e a cicatriz no lugar estratégico (os olhos) mostravam que aquela paisagem de canaviais era uma marca que o menino levaria dentro de si para todo o sempre.

Cabral queria *dar a ver* ao leitor e conseguira. Mas o quadro que dava a ver, com cores nítidas e vibrantes, era aquele que desenhara dentro de si: o seu Nordeste, ou o seu Recife, ou a sua Sevilha. "Não é com o real que eu trabalho, eu trabalho com a memória e com a imaginação", dizia. O Recife de João Cabral não ficava em Pernambuco, estava dentro dele. Pesquisava, lia outros autores, chegou a escrever alguns poemas com o mapa do Brasil ao lado. Mas, no fundo, tinha um pouco de receio de voltar à cidade, de enxergar mudadas as paisagens que tão carinhosamente havia guardado na memória. Criou "miragens" próprias dos lugares, coisas e pessoas que eram parte de suas lembranças visuais acumuladas. "Minha poesia é um esforço de 'presentificação', de 'coisificação' da memória."[25]

Nesse esforço criara também, como Suassuna, paisagens mitológicas, fabulosas. Lugares fundados sob o solo movediço de sua memória. Tinha um compromisso com a realidade, mas preferia não mexer na visão interna que tinha das coisas. Um dos maiores elogios que o poeta disse já ter recebido em sua vida foi de um jovem jornalista de Brasília que fez uma viagem do Recife ao interior e confessou não conseguir olhar qualquer paisagem do trajeto sem lembrar-se de um de seus versos. A poesia cabralina era para ser vista, mas surgia também a partir do olhar. "Eu parto de uma imagem, de um assunto, às vezes de um ritmo. E aí fico trabalhando em cima."[26] Tinha sempre esqueletos, esquemas lógicos de livros pré-traçados. Sobre esses argumentos desdobrava, aos poucos, as partes da obra.

Evidentemente, cada uma das fases do processo criativo tinha que ser enxergada pelo poeta como numa macroestrutura. O primeiro tempo da criação, relativo à inspiração (palavra proibida na sintaxe cabralina), era feito através da observação.

> João Cabral andava muito sozinho por ruas, praças e parques. Andava, olhava, olhava, era um grande observador. Vá se saber como essas coisas chegavam dentro dele, como "batiam" nele, talvez nem ele soubesse dizer. [...] Era fascinado pela visão. O olho, posso dizer, era seu principal instrumento de escrita.[27]

Cabral era um andarilho, caminhava pelos lugares, situava-se espacialmente, para poder ver, reter e transpor para o papel. As ideias, contrariando o seu desejo lógico, vinham de improviso, esparsas, entrecortadas.

A primeira providência de João era anotá-las em pequenos papéis, que enchiam seus bolsos até que ganhassem o sentido de uma ideia maior, uma espinha dorsal de livro que iria, em esquema, também para o papel.

A organização do que trazia por dentro tinha que entrar, automaticamente, na materialidade da folha de papel. O poeta tinha uma resistência forte ao seu mundo interno, tentava livrar-se dele rapidamente, nomeando-o com palavras. De preferência as concretas, que escapassem da subjetividade e do desconhecido da abstração. Escrevia manualmente os seus poemas, repassava para a máquina de escrever. Mas era um revisor obsessivo de seus textos: seguia reescrevendo, fazendo inúmeras correções. Datilografava novamente. Cabral tinha uma dificuldade grande de dar um livro por terminado. Quando escreveu *A escola das facas*, por exemplo, despachou os originais para a casa do amigo Lauro Escorel com uma recomendação: "Guarde tudo num cofre." Era a única maneira de garantir que não faria novas alterações até que o livro fosse para a gráfica.

Escrevia, inscrevia e apagava inúmeras vezes. O trabalho era realizado em profundo silêncio e solidão. Apenas o produto final era confiado à mulher, Stella, que, com sua alma organizadora de arquivista, fazia a última datilografia. As provas que voltavam da editora eram invariavelmente corrigidas também, e, se o livro não tivesse um prazo para ser entregue, os originais estariam fadados a idas e vindas eternas entre o editor, o revisor e o poeta. A exigência não era com os outros, nunca, mas com ele e o seu próprio texto.

Uma vez entregue o livro, Cabral o abandonava à própria sorte. Gostava de ler as críticas, de saber o que os outros tinham a dizer sobre a obra. Mas o texto só era revisitado numa próxima edição. Apesar de pequenas, as mudanças aconteciam também de edição para edição. Era um trabalho difícil e manual: cada "peça" feita era abandonada quando concluída. Contudo, o artesão, sempre insatisfeito, voltava ao trabalho inicial: ainda podia lapidá-lo, refazê-lo, dar toques sutis que melhorassem a qualidade da obra.

Sem sombra de dúvida, esse era um trabalho que exigia tempo, concentração, isolamento. João Cabral buscava essas condições. Tinha uma disciplina de leitura e escrita quase diária. Organizava o seu espaço dentro de casa para resguardar a solidão. Com esse objetivo fizera, inclusive, algumas escolhas de vida: a carreira diplomática tinha sido uma desculpa para conseguir, simultaneamente, estabilidade material para a família e tempo para escrever. É bem verdade que, muitas vezes, essa teoria não conseguia ser colocada em prática. Alguns postos exigiram mais tempo de trabalho e desgaste emocional do que o imaginado. Nesses períodos, a poesia precisava sair do papel principal em sua vida e operar um pouco nas margens.

A diplomacia trazia algumas desvantagens. João Cabral era avesso a mudanças constantes: tinha dificuldades de se adaptar a novas cidades e gostava de criar uma rotina em cada um dos lugares onde servia. Às vezes, tinha problemas para estabelecer os vínculos que o ligariam a uma cidade e que fariam dela cenário para uma nova investida na escrita. Enxergava também outra barreira da profissão para o seu trabalho de poeta:

> [...] você é um cidadão condenado, você vive e funciona em uma língua estrangeira. Afinal de contas, você não é um cientista, você é um escritor e lida com uma língua, e precisa estar cercado dessa língua 24 horas por dia. E, como diplomata, está cercado de uma língua estrangeira a maior parte do tempo.[28]

Barreira que tentava transpor em casa fazendo o uso da língua materna com a mulher e com os filhos. Precisava escutar essa voz, que era a voz que o fazia lembrar, produzir imagens e escrever. E ela estava em sua língua, que, segundo ele, não era português, era "nordestino". Por isso, não tolerava traduções, evitava ler as de seus livros, não via como transladar a sua gramática e sintaxe para outro idioma.

Tudo o que era sensorial influenciava a sua escrita. O clima frio de Londres o jogou em casa, sem a possibilidade de andar pelas ruas para fomentar o seu processo criativo. A paisagem da Costa do Pacífico gerou uma enorme indisposição no poeta: o sol se punha no oceano, e isso dava a ele uma luz e cor desconhecidas. O Rio de Janeiro era uma cidade barulhenta, que o dispersava e o impedia de escrever. Em alguns lugares, no entanto, teve estadas tremendamente felizes. Em Honduras, apesar da vastidão acachapante da cidade de Tegucigalpa, Cabral teve um dos mais tranquilos locais de trabalho: um escritório térreo e isolado, com vista para o jardim e paredes cobertas de estantes.

OLHAR DE VIAJANTE

Foi no escritório hondurenho que o poeta escreveu o "Auto do frade". Esse processo sempre acontecia com João Cabral, só escrevia sobre uma cidade quando já estava em outra. Talvez a saturação de imagens, aquelas que avidamente absorvia com os olhos e a cabeça, precisasse ser devidamente processada até ser passada para o papel. Escrevia depois de já ter se livrado da presença real das coisas. Trabalhava com o que sobrava delas, com o eco. A ideia de escrever sobre Frei Caneca veio de mais uma das obsessões que tomavam a mente do poeta. Cabral lera um artigo de Mário Melo, um pesquisador pernambucano que tinha estudado com detalhes os últimos momentos da vida do religioso. Terminou a leitura imaginando imediatamente um filme. Depois de tentar convencer vários amigos cineastas a colocar em película a sua ideia, decidiu escrever ele mesmo um auto e tentou dar uma estrutura cinematográfica ao poema: "Era um filme que eu gostaria de ver", dizia.

Ele estava "vendo" esse filme quando escreveu. De Honduras, imaginava o corpo de Frei Caneca sendo conduzido por tábuas pelas escadarias da Igreja do Carmo. Produziu *Museu de tudo*, por exemplo, na África, em meio a intensos compromissos profissionais. O livro fala de Sevilha, de Pernambuco, de Marrocos, de Brasília e acaba dedicando à África três ou quatro poemas. O seu tempo de vida e o seu tempo poético não eram sincronizados. "A observação vem primeiro, mas o poema só pode ser trabalhado quando ela já se transformou em recordação", dizia.[29] Além do material concreto da pedra, o tempo era uma estrutura fundamental para erodir e decantar a sua obra.

João Cabral estava sempre em trânsito, e sua veia criativa surgia exatamente deste não lugar: um lugar sem coordenadas espaciais, mas localizado no tempo. Por isso, é tão difícil entender como o caráter estável, fixo e permanente do poeta combinava tão bem com as viagens e frequentes mudanças pelas quais tinha que passar. Os trâmites concretos das viagens — mudança de lar, translado de bagagens e desconforto de encaixotar e organizar as coisas —, ele, verdadeiramente, não gostava. Quem se encarregava disso era Stella. Mas a mudança em si, o ter que estar em outro lugar, não era uma dificuldade para Cabral. Os lugares, ele os levava dentro de si.

Esses lugares "imaginários" perseguiam o poeta. Cada cidade em que chegava, e cada paisagem que via, guardava como uma imagem. Tempos depois, e nunca quando estava vivendo no lugar, lançava mão dessa imagem, reprocessada, relida, para escrever poesia. O seu modo de olhar, na verdade, aproxima-se muito da definição que Merleau-Ponty aplica ao olhar dos pintores:

> Toda a questão é compreender que nossos olhos já são muito mais que receptores para as luzes, as cores e as linhas [...]. Claro que esse dom se conquista pelo exercício, e não é em alguns meses, não é tampouco na solidão que um pintor entra em posse de sua visão. A questão não é essa: precoce ou tardia, espontânea ou formada no museu, sua visão em todo caso só aprende vendo, só aprende por si mesma. O olho vê o mundo, e o que falta ao mundo para ser quadro, e o que falta ao quadro para ser ele próprio, e, na paleta, a cor que o quadro espera; e vê, uma vez feito, o quadro responde a todas essas faltas [...].[30]

Cabral foi "adestrando" o seu olhar, sentido aguçado muito mais do que o ouvido, para perceber o mundo. O exercício de transformar o ver em olhar foi feito com a ajuda do tempo. Perscrutar — pessoas, paisagens e lugares — podia ser feito no calor da rua, no burburinho dos carros e ruídos, a multidão não atrapalha. Escrever, não. Escrever supunha o isolamento. Esse "pintor" de palavras só vai reconstruir a paisagem na reserva, na solidão e no silêncio.

A forma de produção do poeta supunha alternância de períodos de mudança, trânsito e circulação com períodos de isolamento: o momento em que recolhia o material — de observação — e o momento em que, sozinho numa sala, misturava as tintas de uma paleta para pintar o quadro. O cavalete no qual apoiava esses quadros era a memória. Tingia a escrita com as cores que recolhia na lembrança. Os tons só se tornavam precisos para a sua poesia com a passagem do tempo. Ora, o olhar de João Cabral é o olhar do viajante. O olhar daquele, segundo Merleau-Ponty, que não está nem em um lugar nem em outro, mas que está *entre*. Não importa o percurso feito, mas a passagem. É nesse trânsito que o poeta elabora as suas imagens, bases incontestáveis de sua escrita.

E a perspectiva que ele lança sobre elas exige maturação. Por isso, o tempo, na obra de Cabral, é uma estrutura fundamental.

E, nesse caso, não é o tempo como sucessão de acontecimentos: linha composta de pontos (agoras) que se avizinham uns dos outros para criar uma trajetória. Mas o tempo, no sentido que Ponty coloca, como uma unidade em transformação. Assim sendo, o presente não é uma estrutura compacta e opaca, "mas um 'campo' aberto e 'poroso', indeciso e lacunar, em cujos inacabamento e indeterminação se encontra justamente sua abertura para o outro, para o ausente, ou ainda — para usar sua expressão mais cara — para o 'invisível.'"[31]

Nesse presente, inacabado e indeciso, com suas dobras, o poeta preenche as lacunas com configurações de imagens que trouxe do passado e evoca miragens possíveis, futuras. O movimento que caracteriza a viagem está no tempo, não no espaço. Por isso, Cabral, apesar de todo o seu temperamento em favor da permanência, é um "poeta-viajante". Mais do que isso, possui também o olhar do viajante: porque inquire as coisas, surpreende-se com sua alteridade e não se contenta com respostas prontas e fabricadas. Quando interroga as lacunas, as zonas aparentemente opacas, as paisagens do presente, interroga também a si mesmo: reorganiza-se.

A visão do poeta, como a de todo artista, vai além da atividade ingênua do *ver*, mergulha em cada coisa pelo *olhar*. João Cabral chegava a cada lugar, caminhava pelas ruas, observava pessoas, posturas e estabelecia uma relação particular de "vidente" com essa realidade. Nunca teve uma simples passividade em relação às coisas: queria ir além do visto, tocar com os olhos os detalhes da paisagem e, como um alquimista, realizar as metamorfoses possíveis dessas lacunas em palavras. Cabral, sem dúvida, não era o viajante que ficava observando da janela de um trem, do vidro de um avião, da varanda de um hotel. Ia até a superfície plana e maciça que o mundo lhe oferecia e escavava com os seus olhos as frestas, enxergava por entre elas outra coisa. Passava essas imagens pelo tecido do tempo e escrevia seus poemas.

Por ter esse olhar de surpresa, de curiosidade e de inconformismo — a visão feita interrogação —, João Cabral era um viajante. Seria o mesmo que nunca tivesse saído de Pernambuco. Porque tinha a capacidade de atravessar "passagens" de seu território interno. Suas viagens são, quase sempre, temporais, ocorridas dentro dele nas fendas de sua própria identidade. É claro que Cabral sentia, em tudo isso, um enorme desconforto: "o mundo interior para mim é fonte de tormento". Mas dava ordem a esse mundo pessoal escrevendo. O trabalho do poeta era burilar uma mistura de memória e imaginação.

O leitor era, então, convidado a entrar nesse mundo. Ele podia ver o estado de Pernambuco original ou viajar pelo Pernambuco do poeta, que não era imaginário, mas memorial. Ele podia visitar Sevilha, ir às praças de touros e ver uma bailarina flamenca dançando, mas essa nunca seria a Sevilha de Cabral. A Sevilha de Cabral em imagem e cores estava no papel, onde as palavras viravam coisas. Estava nas prateleiras de sua lembrança, ou melhor, num lugar preferencial à cabeceira da memória. Para encontrá-la, o poeta apenas esticava o braço, antes de dormir, e folheava com cuidado o índice iconográfico da cidade. Em "Coisas de cabeceira, Sevilha" mostra para o leitor esse complexo processo criativo:

> Diversas coisas se alinham na memória
> numa prateleira com o rótulo: Sevilha.
> Coisas, se na origem apenas expressões
> de ciganos, dali; mas claras e concisas
> a um ponto de se condensarem em coisas,
> bem concretas, em suas formas nítidas.[32]

Nada de pré-visões, de avaliações apressadas do mundo concreto. Cabral trabalhava com o cimo da memória, a decantação do tempo atuando lenta e imperiosamente sobre as imagens. Seu olhar é aquele que reflete e grava, mas depois volta às coisas, necessita vê-las novamente, "olhar bem", no fundo delas, por isso, as guarda junto aos preciosos objetos de cabeceira.

E sabemos que o viajante, mesmo no desconforto, no trânsito, na mudança, não deixa de organizar a sua cabeceira. Faz dos quartos de hotel pequenas realidades caseiras transitórias. Mas, por menor que seja a permanência (que ela dure apenas uma noite), o hóspede vai colocar seus pertences ao lado da cama: um copo d'água, o livro que está lendo ou um relógio para marcar o tempo. Essa organização, João Cabral tinha: a dos homens exaustos que descansam entre uma viagem e outra, a de tornar familiares e aconchegantes os lugares aonde chegava. Tinha os seus elementos para colocar na cabeceira: Recife, Sevilha e outras imagens recolhidas nas paisagens anteriores eram alguns deles.

Fora isso, a sua verdadeira viagem estava nos livros. Por eles, e através deles, podia visitar e caminhar por qualquer país ou lugar e observar quaisquer pessoas. Mudava, sim, de país, de posto diplomático, de casa, de embaixada, mas, em cada um desses novos ambientes, reservava um cômodo para a sua viagem intelectual. E era nesse lugar, muito menor e mais limitado, que fazia grande parte de sua viagem, não só lendo, como também escrevendo. "De que adianta a movimentação quando uma pessoa pode viajar de modo tão fantástico sentada numa poltrona?", perguntava-se o Duc des Esseintes, personagem de J.K. Huysmans no livro *À rebours*. O duque estava certo.

BIBLIOTECAS PELO MUNDO

Um detalhe aproxima a agitada infância do escritor Alberto Manguel à vida de João Cabral de Melo Neto: a diplomacia. Manguel tinha um pai diplomata e passou uma grande parte de seus primeiros anos de vida mudando de um país para o outro, tendo como única certeza o conforto da cama e dos livros.

> Eu também leio na cama. Na longa sucessão de camas em que passei as noites da minha infância, em quartos de hotel estranhos, onde as luzes dos carros que passavam na rua atravessavam misteriosamente o teto, em casas cujos odores e sons não me eram familiares, em chalés de verão grudentos de borrifos de mar, ou onde o ar da montanha era tão seco que colocavam uma bacia de água fervendo com eucalipto ao meu lado para ajudar a respirar, a combinação de cama e livro concedia-me uma espécie de lar ao qual eu sabia que podia voltar noite após noite, sob qualquer céu.[33]

Essa certeza é a mesma de João Cabral. Não importavam o tempo, as exigências da embaixada, as mudanças de paisagem e de país, era possível reservar um lugar especial, onde estaria sempre isolado do mundo lá fora, lendo.

A leitura era uma paixão inegociável. Precisava estar só, ler sofregamente. Tinha sede de livros. Com essa paixão, nada competia, exceto, talvez, a dor de cabeça porque causava seu impedimento. O seu primeiro impulso na chegada a qualquer país era buscar rapidamente uma livraria e uma farmácia. As livrarias eram a principal maneira de o escritor se adaptar a uma nova cidade. Na sua primeira mudança para o Rio de Janeiro, ainda em 1942, ele passa longas horas na Livraria José Olympio, na Rua do Ouvidor. É lá que vê pela primeira vez seu alter ego alagoano, Graciliano Ramos.

Foi graças às tardes passadas na José Olympio — outras em leiterias e bares cariocas — que Cabral começa a ter acesso à cena intelectual da cidade, a fazer amigos. Alguns que levará para o resto de sua vida, como Joaquim Cardozo, Lêdo Ivo, Vinicius de Moraes e Rubem Braga. Cardozo, sem dúvida, é uma das influências fundamentais do poeta. No apartamento do solteirão, na Rua Constante

Ramos, em Copacabana, recebe as melhores indicações de leitura, visita livros antes impensados. Cardozo era um engenheiro com inspirações de poeta, uma das muitas facetas que atraíram João Cabral. De resto, apesar de serem dois pernambucanos, tinham temperamentos inteiramente díspares. Cardozo era incapaz de escrever seus poemas, suas ideias nunca iam para o papel. Vivia às voltas com versos virtuais que sabia de cor, mas nunca dava forma a eles.

João Cabral tinha esta característica: não desistia nunca de tentar aprender mais por meio da leitura e dos outros. Era um homem reservado, mas que escolhia suas amizades. Cercava-se de pessoas e de livros, imaginava que daí poderia sair material incalculável para os seus textos. Mal chega à cidade de Barcelona, seu primeiro posto diplomático, e, além de percorrer as ruas com a ansiedade de um descobridor, parte em busca de uma livraria. Andando pelo *paseo de Gracia* depara-se com a Livraria Ler: já havia encontrado um lar. Vai frequentá-la assiduamente, em busca de informações sobre a Catalunha, em busca de autores espanhóis que o levem a uma viagem também literária pelo lugar onde está.

Mais uma vez, é entre as estantes que vai encontrar uma figura importante para o seu tempo de permanência na cidade: o poeta Juan Eduardo Cirlot. Cirlot será uma influência fundamental nos toques surrealistas que a poesia cabralina adquire. É em Barcelona também que Cabral terá o encontro definitivo com as artes plásticas por meio do grupo catalão de vanguarda Dau Al Set (Dado de Sete Faces). Na verdade, o grupo heterogêneo — formado pelo poeta Joan Brossa, pelo escultor Emili Boadella, pelos pintores Modest Cuxian, Pere Tort e Jean Ponç, entre outros — foi uma influência visual importante em sua poesia. De Brossa, tornou-se amigo próximo, discutiam muito literatura e artes. "Sempre falávamos sobre poesia, a nossa e a dos outros. Nunca líamos poemas. Trocávamos impressões, discutíamos estética ou comentávamos o trabalho de algum poeta", explicava Brossa.³⁴ Cabral chegou a publicar o primeiro livro de Brossa, uma edição portátil com apenas sete poemas de *Sonets de Caruixa*.

João Cabral vai tentar viajar através dos romances espanhóis. Mas a literatura contemporânea não o anima: Camilo José Cela não lhe agradava (parecia muito influenciado pelo pessimismo de Pío Baroja), e Carmen Laforet, autora de *Nada*, parecia-lhe uma escritora muito dramática. Por outro lado, foi na Espanha que teve seu primeiro contato com os clássicos. "Desde o *Poema do Cid* a Gonzalo de Berceo e ao Século de Ouro, tudo me impressionou fortemente."³⁵ Nunca se cansa de reler o *Cid* e tinha uma predileção por uma bela frase que mostrava as mortes ocorridas na batalha de cristãos contra os mouros: "e muitos cavalos fugiram sem seus donos", via nela uma metáfora concreta e perfeita para a morte. Encontrou na Espanha influências como Cervantes, Quevedo e Góngora, que se misturariam às francesas e ficariam para toda a vida.

O poeta adquirira o hábito de ser andarilho na estada em Sevilha que se tornaria um ingrediente fundamental para embalar a sua escrita. Mas a nova cidade para onde é transferido, Londres, não possui o mesmo clima e ambiente acolhedor da anterior: Cabral chega durante o alto inverno, o sol se põe cedo e, quando sai do escritório, depara-se com um clima úmido e frio. Dessa vez, vai preferir ficar em casa, embaixo das cobertas, e se entregar à leitura. Vai preencher as noites solitárias à espera da família (ainda absorvida na Espanha com os detalhes da mudança) com um passeio pela literatura inglesa: iniciado pela leitura de W.H. Auden, Dylan Thomas e Doris Lessing, radicada em Londres.

Procura aquecer o clima com as amizades de Lessing e do poeta William Sanson. O último se transforma em principal companheiro e guia de Cabral pela literatura inglesa. O dia a dia de trabalho e a paisagem tumultuada da cidade atiram de vez o poeta no conforto de casa. Aproveita, então, os finais de semana para encontrar um oásis que o afaste do trânsito e da agitação londrina: encontra-o na livraria Foyles, em Charing Road. Passa horas no lugar investindo na leitura dos ingleses. Tenta começar pelos românticos — Lord Byron, John Keats e Percy Shelley —, mas é sabido que João Cabral não encontra afinidades com esse gênero de literatura em nenhuma língua. Decide então fazer uma empreitada arriscada: volta no tempo e entrega-se aos escritos de John Donne, fundador da poesia metafísica inglesa. Ataca vorazmente os livros do autor, um marco na oratória religiosa. Contudo, a grande paixão da temporada londrina é indiscutivelmente George Crabbe, com seus versos lacônicos e práticos.

A cidade o remove de seus hábitos mais comuns: caminhadas e observação de paisagens. Em resposta, o poeta, sempre visual, vai absorver imagens por outros meios. Começa a frequentar as cinematecas londrinas e a adotar os clássicos como companheiros da vida solitária. Tornou-se sócio de seis cineclubes diferentes e colocou em dia toda a filmografia de Lumiére, Griffith e as películas de cinema russo. Descobriu que a sétima arte estava muito mais ligada à literatura do que às outras: "(O cinema) não é estático como a pintura, mas uma sucessão de imagens em movimento, como o romance e a poesia. A pintura só funciona no espaço, e a música, só no tempo. O cinema funciona no espaço e tempo."[36] Em Londres, o poeta sacia a sua necessidade visual com longos passeios pela National Gallery, na época um dos raros lugares onde era possível apreciar artes plásticas.

O mesmo vai acontecer em Marselha, Genebra, Dacar e outras cidades onde precisou viver e se adaptar. Cercava-se de literatura, fosse através dos livros, fosse pela amizade com autores ou pessoas que tinham na leitura uma paixão. Sua escrita foi sendo forjada também pelos encontros literários que travou nessas viagens e que aconteceram nas livrarias ou em casa. A cidade de Dacar, por exemplo, foi o seu terceiro mergulho na literatura francesa. O segundo tinha acontecido em Marselha, e o primeiro, na biblioteca de Willy Lewin, no Recife.

Essa "biblioteca emprestada" foi uma das mais consultadas por Cabral. A reunião de livros de Lewin era um oásis no meio do deserto literário causado pela guerra. A biblioteca era não só uma fonte inesgotável de conhecimento, principalmente de literatura francesa, mas era também um lugar de troca e encontro entre os intelectuais da época. João Cabral não teria conhecido Lêdo Ivo, Antônio Rangel, Gastão Hollanda e outros se não fosse essa maravilhosa "sala de estar" de Lewin.

O maior presente, na verdade, era poder utilizar a biblioteca pessoal de Lewin. Nela, Cabral entra em contato com os versos de Mallarmé, de Baudelaire, de André Breton, além de uma série de ensaios sobre poesia, principalmente os de Paul Valéry, influência estruturadora da poética cabralina. Também começa aí as leituras dos ensaios cubistas de Le Corbusier. É dessa biblioteca que retira o seu primeiro exemplar de Carlos Drummond de Andrade: *Brejo das almas*. Apesar de não gostar de filiações, é ali que Cabral encontra um modelo para a sua poesia, longe das fortes referências geracionais de Murilo Mendes e Augusto Frederico Schmidt. As leituras, as conversas e as amizades começaram a despertar o poeta.

Na coleção de livros de Lewin, descobriu e leu boa parte da tradução francesa da obra de Luigi Pirandello. Apesar de não gostar de teatro, João Cabral considera o dramaturgo um dos maiores gênios do século XX. Jamais saberemos se Cabral, nas suas andanças pelos textos de Pirandello, encontrou-se com o professor Balicci, se, algum dia, existiu essa conversa entre o leitor Cabral e a personagem de *Il mondo di carta*. Mas o fato é que o primeiro poema escrito por ele se chama "Sugestões de Pirandello". Em 1990, o poeta decide publicar seus poemas numa edição de tiragem pequena pela Universidade Federal do Rio de Janeiro, e o poema inicial é incluído e dividido em duas partes: "Pirandello I" e "Pirandello II".

A profissão e o temperamento de João Cabral não permitiam que ele fosse um bom arquivista ou bibliotecário. No final de sua vida, quando morava no apartamento do Flamengo, usava todo o último andar para colocar os seus livros: era mais um depósito do que propriamente uma biblioteca.

> É uma biblioteca, em grande parte, "passiva". Porque tinha os livros que ele procurava, ou seja, sua biblioteca "ativa", e outros que ele recebia, sem pedir, e que iam se acumulando. [...] A biblioteca de Cabral podia ser até grande, mas não era lida ou frequentada por ele.[37]

Não tinha organização ou catalogação de seus livros. Basicamente, estavam divididos entre os que estava lendo, e portanto deveriam estar mais próximos a ele, e os que não estava lendo ou ganhava de presente. Os últimos, se não estivessem dentro de sua esfera de curiosidade, eram cruelmente descartados, estavam fadados ao esquecimento.

De maneira que a biblioteca "ativa" de Cabral, à qual Secchin se refere, é, na verdade, feita de estantes flutuantes. Não está em nenhum lugar específico no espaço. Foi feita do acúmulo de textos que o poeta fez ao longo do tempo. É uma costura, uma mistura de todas as bibliotecas e livrarias que usou e frequentou em sua vida: desde a de seu pai, um devoto de Eça de Queirós, passando pela francófona de Willy Lewin e a desorganizada de Joaquim Cardozo até chegar a algumas mais elaboradas, como a do Arquivo das Índias, onde realizou uma pesquisa de quase dois anos sobre os documentos dispersos do descobrimento da América. As bibliotecas físicas — acúmulo de livros com um ordenamento específico — que possuiu na vida foram todas "emprestadas", pertencentes a pessoas queridas ou a instituições.

O poeta não sofria de "mal de arquivo", não colecionava, não organizava. Preferia simplesmente ter livros à mão, para consulta e leitura. Tinha uma sede de saber, mas não a necessidade de catalogação de Calímaco. *Acumular* conhecimento, para Cabral, não era sinônimo de ter conhecimento. Pensava com a mesma ironia do poeta gaulês Décimo Magno Ausônio:

> Compraste livros e encheste estantes, oh Amante das Musas.
> Significa isso que é um erudito agora?
> Se comprares instrumentos de corda, plectro e lira hoje,
> Julgas que amanhã o reino da música será teu?[38]

Os livros, então, eram as pontes que asseguravam as passagens por essa viagem através da literatura, eram funcionais e usados num momento, para, num outro, serem descartados. O poeta retinha deles o que havia de mais importante: o texto.

O COLECIONADOR DE TEXTOS

Conhecendo ou não Balicci, bibliofilia era um vício fora de questão para João Cabral. Tinha impedimentos de espaço e de tempo para isso. "A paixão dele não era pelo objeto, mas pelo texto. Até porque era um diplomata. E um diplomata raramente vai ser um bibliófilo ou um colecionador de arte. Está arriscado a perder coisas em cada viagem."[39] O poeta nunca teve, de fato, dificuldades em deixar os objetos para trás. Apesar de ser extremamente visual, o apego que tinha ao objeto-livro era quase nulo, tinha, na verdade, muita sede de seu conteúdo propriamente dito.

Também não catalogava muitos textos em sua biblioteca mental. Ou pelo menos não tinha uma memória que atuasse nesse sentido: sabia poucos textos de cor, não recitava poesia de cabeça, fosse sua ou de outros autores. Sua memória, na verdade, era mais factual: "para a anedota, o evento, ele tinha uma memória fantástica".[40] Cabral era um grande contador de histórias, daqueles com talento especial. Tinha inclinação para a oralidade e, quando se punha a relembrar e contar um caso, algo acontecia: saía de cena um homem tímido e resguardado, entrava um orador sedutor, apaixonante. Encantava e hipnotizava o ouvinte como o fizera lá atrás, quando tinha apenas 9 anos, e lia em voz alta as aventuras de cordel para os trabalhadores do engenho do pai.

Ali, descobriria uma coisa que levaria para o resto da sua vida de leitor: o poder da literatura estava na força mágica do texto. Não importava que capa, cobertura ou apresentação o livro teria, mas o conteúdo, capaz de transportar o leitor para lugares mágicos e inabitados. E manter o texto vivo dependia muito menos de ter um exemplar na biblioteca e mais de torná-lo presente no imaginário de quem lê. Por isso, João Cabral de Melo Neto é um colecionador de textos, não de livros. Queria, amava e desfrutava o conteúdo dessas caixas de palavras, sem se importar se eram feitas da mais nobre madeira ou de um metal vulgar.

Com a avidez por conhecimento (que fazia com que comprasse livros em quantidade), as mudanças de país e a renovação de bibliotecas — muitos volumes se perdiam nas viagens, eram abandonados ou substituídos —, o poeta escolheu o material mais leve possível: o papel-jornal. Cabral tinha livros e mais livros em formato de *pocket book* ou *livre de poche*. A explicação era simples: precisava do material impresso, não do seu suporte. Essas edições — baratas, ordinárias — prestavam-se ao abandono, à excessiva manipulação, à marcação de páginas e — o mais importante — eram portáteis, leves e facilmente descartáveis; enfim, o material perfeito para acompanhar os trânsitos de um poeta andarilho. Importava o texto. E o texto perfeito era aquele que poderia levar consigo.

A leitura era paixão incondicional e inegociável, mais do que o livro. Podia abandonar bibliotecas atrás de si, mas não podia conviver com a cegueira, porque essa lhe roubaria o contato direto com o texto. Quando ainda estava enxergando, comentou:

> Concordo com Joaquim Cardozo quando disse que ler é melhor do que escrever [...] Felizmente, o meu problema de vista não tem me impedido de fazer o que mais gosto na vida, que é ler. Leio cerca de seis, sete horas por dia. Leio pelo prazer de ler, sem escolher assunto, passo de um idioma a outro, releio obras clássicas.[41]

O maior ressentimento, ao tornar-se parcialmente cego, com a perda da visão periférica, era o de não poder mais olhar as palavras. A materialidade do livro — o cheiro do papel, o peso do objeto, a espessura de suas folhas — não fazia tanta falta. O poeta sentia saudade, mesmo, era da presença concreta das palavras.

Driblou a perda progressiva da visão como pôde. Durante muito tempo, conseguia ainda ler caracteres com um tamanho maior. Não se dava por vencido: lia sozinho as manchetes de jornais, punha lentes de aumento sobre os livros e enfrentava, arduamente, a tarefa da leitura, antes tão simples. Gostava de ler na solidão. Resistiu o tempo que pôde à presença do ledor, não tinha paciência nem ouvido para a escuta. Com o seu mau humor irreparável, resmungava: "A música é um barulho. Como dizia Voltaire, é o menos desagradável dos ruídos." Fora isso, agia como Drummond, chegava próximo às palavras, contemplava, era disso que precisava, de vê-las, interrogá-las e extrair visualmente o significado que guardavam.

> Penetra surdamente no reino das palavras.
> Lá estão os poemas que esperam ser escritos
> [...]
> Chega mais perto e contempla as palavras.
> Cada uma tem mil faces secretas sob a face neutra.[42]

Antes que as palavras espalhem sentido ou beleza, queria observá-las em sua mudez. Perdendo a visão, via-se roubado desse prazer.

A leitura era uma necessidade, quase um vício. O poeta, proibido de beber pelos médicos, embriagava-se de palavras. Uma das histórias de família que Cabral contava era que o seu tio Ulisses Pernambuco gostava de exibi-lo quando era criança na casa de seu avô. Segurava-o no colo, quando Cabral tinha apenas 2 anos, e pedia que repetisse as letras do jornal. Podia ser mais uma das fábulas do poeta: lembrava em fragmentos as histórias da família, dos pais e da infância, e dava uma atmosfera de magia a elas. A iniciação na leitura tinha sido realmente cedo, o livro mais remoto que se lembrava de ter lido foi o romance *Mlle. Cinema*, de Benjamim Costallat. Tinha apenas 8 anos quando mergulhou nas aventuras desta melindrosa sonhadora interessada em cinema.

Não chegou a traçar qualquer trilha especial, direcionada, para suas leituras. O Colégio Marista não lhe deu grandes ferramentas de orientação. Lia por impulso. Atacava a biblioteca paterna para folhear os exemplares de Eça de Queirós, Machado de Assis e Euclides da Cunha. Nunca teve um curso superior, mas considerava "equivalente a uma faculdade de Filosofia e Letras" o que tinha aprendido com as companhias de Willy Lewin e Joaquim Cardozo. Não se ressentia desse "déficit" na formação, compensava-o com uma veia autodidata incansável. Mal chegou ao seu primeiro posto diplomático na Espanha e mergulhou na literatura antiga espanhola, na literatura primitiva e do Século de Ouro. Nada era um obstáculo. Tinha uma inclinação muito especial para a pesquisa e a leitura, e preenchia todas as lacunas literárias que detectava em si mesmo com um investimento maciço nas duas atividades.

O despertar para ler poesia viria mais tarde. Por enquanto, ela era aquela matéria densa, melosa e sentimental que aprendera no Colégio Marista. Nessas leituras de estudante, chegara apenas até o parnasianismo, sem dúvida o gênero mais distante do tipo de poesia pelo qual se apaixonaria mais tarde. A saída da escola secundária foi o que deu um impulso à vida de leitor do poeta.

> Terminei o curso muito moço e não senti nenhuma atração por qualquer curso superior. Foi nessa época que comecei a ler, indiferentemente. É a Agripino Grieco, cujos livros devorava então, que devo minha iniciação na literatura moderna e a compreensão do movimento modernista.[43]

De uma hora para outra, passou a se interessar mais detidamente pela literatura. Antes o seu foco de leitura ia para textos de conteúdo variado. Devorava, com o mesmo interesse, livros de ciência, geografia, história e, sim, tinha uma inclinação especial para a crítica, porque lia sofregamente o suplemento literário dos *Diários Associados* todos os domingos.

Ficou muito tempo com a dúvida sobre se deveria ser jornalista ou crítico, acabou optando pela poesia como uma saída paliativa, que se tornou uma vocação e uma das maiores certezas de sua vida. O tempo livre, então, era para ler e escrever. Quando recebeu uma orientação médica de praticar exercícios para vencer a depressão, não teve dúvida: arranjou uma atividade física ligada à literatura. Os sintomas de inquietação e aflição eram muito vagos, acreditava que uma boa dose realista de trabalho poderia acalmá-los. Em resposta, o poeta compra uma prensa manual: imagina que os movimentos ritmados poderiam substituir os exercícios corporais que tanto evitava.

O pequeno modelo de prensa Minerva virou o novo tesouro do escritor. Fechado em um pequeno escritório contíguo ao seu quarto de dormir, distante das obrigações de trabalho e familiares, Cabral passava longas horas entregue à nova atividade. De 1947 a 1950, João Cabral vai produzir, sob o selo *O livro inconsútil*, um catálogo de 14 edições, a maioria entre 100 e 150 exemplares. Como editor, não tem o mesmo descuido com o objeto-livro do que como leitor: quer o melhor, o mais estético. Imprime todos os livros em um papel de luxo da marca Guarro. A seleção de títulos é invejável: *Mafuá de malungo*, de Manuel Bandeira, *Cores, perfumes e sons*, de Charles Baudelaire, *Pátria minha*, de Vinicius de Moraes, para citar alguns apenas. A atividade de editor foi curta, mas gerou algumas raridades.

A maioria das obras forjadas na prensa Minerva não tinha preço. Esse foi o único e isolado ato de bibliofilia de João Cabral. Mais tarde, quando José Mindlin, grande bibliófilo, perguntou ao poeta se teria algum desejo de fazer as edições fac-similares desses livros, recebeu uma resposta seca e categórica: "Não vejo muito sentido." Não via mesmo. Livros, no entender do poeta, não eram objetos de coleção. A sua ficou abandonada, no segundo piso do apartamento no Flamengo, alguns livros, inclusive, estragaram por falta de manuseio.

Via as palavras como organismos vivos, poderosos, que podiam sobreviver ao tempo e à materialidade do livro. Para apreciá-las, não respeitava a integridade do suporte. Uma das técnicas de leitura que tinha, quando já estava cansado e não queria carregar peso, era seccionar o livro usando uma tesoura ou uma gilete. Podia, assim, ler os trechos sem precisar carregar o exemplar inteiro. Como a maioria dos livros que tinha era de papel de baixa qualidade, não tinha o menor remorso de desintegrá-los. Uma vez deu de presente a sua filha mais velha, Inez, até hoje uma amante do cinema, a edição francesa de *Mémoires*, de Serguei Eisenstein. O livro era um volume único de setecentas páginas que Cabral, sem nenhuma cerimônia, cortou em dois com uma faca alfa. O esteta, o poeta visual, estranhamente não se importava com o estado ou a beleza dos livros que manuseava. Mesmo os mais queridos, aqueles que estavam à cabeceira, chegavam a um verdadeiro estado de indigência. Apesar disso, os livros eram companheiros inseparáveis:

> Eu confesso a você que tenho o vício da linguagem, quer dizer, o vício da leitura. Desde que me entendo por gente, não me lembro de mim, mesmo menino, senão com um livro na mão. Eu tenho a doença de ler... Talvez defenda esse ponto de vista porque estou defendendo o meu vício.⁴⁴

AS DUAS ÁGUAS DE CABRAL

João Cabral era tão sistemático que organizou a própria obra em duas partes que falam exatamente do que estudamos neste livro. A autoridade líquida, tantas vezes usada em sua poesia — o mar, o rio, os charcos e mangues —, reaparece agora numa bela metáfora que explica os tipos de poesia com a qual trabalha. Duas águas: a primeira, mais silenciosa, exigindo uma atenção maior do leitor, a segunda, mais turbulenta, para ser lida em voz alta e escutada não só por um, mas por um grupo de leitores.

> Duas águas querem corresponder a duas intenções do autor e — decorrentemente — a duas maneiras de apreensão por parte do leitor ou ouvinte: de um lado, poemas a serem lidos em silêncio, numa comunicação a dois, poemas cujo aprofundamento temático quase sempre concentrado exige, mais do que leitura, releitura; de outro lado, poemas para auditório, numa comunicação múltipla, poemas que, menos que lidos, podem ser ouvidos. Noutros termos, o poeta alterna o esforço de melhor expressão com o de melhor comunicação.⁴⁵

Com essa apresentação da coletânea *Duas águas*, de 1956, Cabral define o que entende por poesia para ser lida em voz alta ou saboreada em silêncio. E, o mais importante, resgata, nessa divisão de águas, o papel fundamental do leitor. Os poemas que exigem de quem lê uma maior concentração, um encontro profundo, uma "comunicação a dois", desenvolvida entre o poema e o receptor. E aqueles para serem lidos em voz alta por uma pessoa com o objetivo de alcançar outras.

Quando pensamos nesse "auditório" mencionado pelo poeta, lembramo-nos imediatamente dos antigos anfiteatros medievais ou das bibliotecas públicas repletas de pessoas lendo em voz alta. Entretanto, no desejo de João Cabral de escrever poemas de "comunicação múltipla" se escondia algo mais. Havia aí um resgate da bela tradição oral dos cordelistas, dos *romanceros* espanhóis, dos "cantadores" flamencos. Não cada uma dessas coisas em separado, mas uma estranha e única fusão dessas influências que só encontra espaço e possibilidade nas referências e na cabeça do próprio poeta.

E todas elas estão escondidas em algum lugar de sua "memória visual" ou provêm de leituras realizadas pelo poeta. Uma das memórias é a do menino Cabral na sua primeira aventura como ledor, contando em voz alta os romances de cordel para os trabalhadores de engenho do seu pai. Esses homens aproveitavam os seus dias de folga e viajavam até Moreno, uma cidade vizinha, para comprar os folhetos de cordel. Como não sabiam ler, pediam a ajuda do "palestrante" para contar as histórias de aventura, traição, brigas, crime e amores. Sentados na roda do carro de boi, essa turma de ouvintes se reunia em raras sessões para escutar a récita de Cabral. Era através da voz do futuro poeta que esses homens tomavam conhecimento de um mundo de palavras.

Da experiência nasceu, quase cinquenta anos depois, em 1979, o poema "Descoberta da literatura", que está em *A escola das facas:*

> No dia a dia do engenho,
> toda semana, durante,
> cochichavam-me em segredo:
> saiu um novo romance

> E da feira do domingo
> me traziam conspirantes
> para que os lesse e explicasse
> um romance de barbante.[46]

Descobriam a literatura pela voz de um poeta que, depois, tornar-se-ia um dos adeptos do silêncio. Mas, para além dessa recordação infantil e das leituras de sua vida, Cabral não se sentia diretamente influenciado pelo cordel. Admirava e gostava da literatura: "Confesso que não tenho muita influência dessa poesia popular (nordestina). Os cantadores de desafio do Sertão têm esquemas estróficos complicadíssimos, e eu prefiro a simplicidade."[47] Era com esse traço "barroco" do cordel, das estrofes excessivamente "rebuscadas" criadas pelos repentistas, que Cabral não conseguia se identificar. Por outro lado, via nos versos pareados do *romancero* e da poesia primitiva espanhola fontes das quais bebia com mais clareza.

A poesia feita da água turbulenta não era inteiramente antimusical como imaginava (ou queria) o poeta. Cabral toda a sua vida lutou contra uma "desatenção auditiva" e uma dificuldade de ouvir música, mas isso, ao contrário do que ele afirmava, não retirou inteiramente as notas da sua poesia. Buscava rimas pouco prováveis e esquemas estróficos diferentes dos tradicionais, mas os seus poemas tinham música. Ou melhor, na opinião dele, tinham ritmo:

> Eu não tenho ouvido musical para a melodia. Talvez tenha para o ritmo. O ritmo não é só musical, existe um ritmo sintático. Você, diante de uma obra de arquitetura, vê que ela tem um ritmo. Esse ritmo não é musical, porque a arquitetura é muda. Existe um ritmo visual, existe um ritmo intelectual, que é um ritmo sintático.[48]

Por questões rítmicas ou não, sua poesia tinha uma musicalidade especial, talvez mais próxima do canto flamenco com sua percussão de palmas e a voz solitária (sem a companhia de instrumentos) do *palo seco*.

A segunda água era formada pelos poemas que Cabral sentia mais próximos do ouvido, feitos para ser lidos em voz alta. Entre eles estavam "O rio" e o auto de Natal "Morte e vida severina". Inesperadamente, o auto se transformou num dos trabalhos mais populares do poeta, em parte porque tinha o tal "ritmo sintático", mas também porque transpirava música. Música saída dos versos e transformada em partitura por Chico Buarque de Holanda.

O poema foi escrito em 1955 por encomenda de Maria Clara Machado para ser encenado no teatro Tablado. A diretora acabou recusando o texto por não o considerar um autêntico auto. Em 1956, Cabral publicava "Morte e vida severina" na coletânea *Duas águas*. A montagem de sucesso só viria dez anos depois, encenada pelo Teatro PUC, de São Paulo. Chico Buarque resolve musicar o poema sem o conhecimento de Cabral. Depois da melodia pronta, apresentou o resultado ao poeta. João autorizou a montagem da peça de Berna, onde vivia na época, porque achou "uma coisa antipática dizer que não podia".

Recebeu o disco com a música, que ficaria perdido numa gaveta de sua casa se não fosse o Festival de Teatro de Nancy, em 1966. A peça foi até ele. Morando próximo da cidade, o poeta não tinha como se recusar a vê-la. Ao "escutar" a montagem, o medo se dissipou. "Confesso que foi um deslumbramento. Até hoje creio que noventa por cento do êxito daquele espetáculo foi feito pela música."[49] Guardadas as devidas proporções, o texto funcionou, se popularizou e se difundiu porque os versos pediam música.

"Morte e vida severina" não estava entre os preferidos de Cabral: ele o achava fraco e formalmente inacabado. Um dos problemas foi que o poema tinha sido escrito para receber correções durante os ensaios da peça, levando em conta a performance dos atores, e essa parte acabou não se concretizando. Mas isso não impediu João Cabral, um obsessivo incorrigível, de mudar bastante o auto de uma edição para outra. Mesmo com o senso crítico apurado e as ressalvas que tinha em relação ao próprio texto, Cabral ficara satisfeito com a música feita por Chico Buarque. Principalmente porque o compositor teve um respeito integral pelo verso em si.

Havia também dentro do conceito da segunda água uma proposta mais ampla. Essa vertente da poesia cabralina ambicionava um público maior, popular até. "Morte e vida severina" era a síntese dessa proposta: "Trata-se de uma peça destinada ao povo", insistia Cabral. Pensada milimetricamente para ter um alcance maior, ela foi construída com o modelo de métrica popular e baseada nos autos pastoris pernambucanos. Cabral explicava que o poema narrativo era uma mistura de referências orais de diferentes culturas ibéricas: os monólogos de Severino provinham do romance castelhano, a cena do enterro na rede era uma reedição do folclore catalão, o encontro dos cantores de "incelenças" é uma história típica nordestina, e a cena do nascimento da criança está em Pereira da Costa.

Tudo estava previsto, menos uma coisa: o poema acabou não atingindo o público para o qual era destinado. As pretensões de Cabral, ao escrevê-lo, eram as de cordelista. Ele imaginava "Morte e vida severina" sendo lido nas feiras para uma plateia de ouvintes analfabetos. Com o texto pronto, via nessa tentativa um fracasso: "Escrevi (*Morte e vida severina*) para esse leitor ou auditor do romanceiro de cordel, para esse Brasil de pouca cultura, e esse Brasil nunca manifestou nenhum interesse por ele."[50] Quem acabou gostando de sua poesia oral foi o público das capitais que frequentava o teatro, formado por gente culta e refinada.

Apesar dos esforços do poeta, só "Morte e vida severina" foi encenado em "voz alta" no cinema e no teatro, os outros permaneceram nas páginas caladas de livros. Quando publicou a primeira edição de *Morte e vida severina e outros poemas em voz alta*, voltava a insistir na estratificação que criara para sua própria obra:

> Este livro de poemas que talvez funcionem em voz alta (para a meia-atenção ou quarta parte de atenção que, em geral, é quanto pode receber o poema que se ouve), contém: um auto (Severina), um monólogo (*O rio*), dois poemas que, ao serem publicados, o autor apelidou "parlamentos", e outros poemas menores que, com esses dois, por implicarem mais de uma voz, parecem, se não pedir, ao menos suportar uma leitura a vozes e, consequentemente, em voz alta.[51]

Era uma sugestão, ou um pequeno manual de leitura, que o poeta apresentava ao leitor para dissecar sua obra. Era a maneira como ele gostaria que fosse lida, embora, para Cabral, a poesia fosse feita originalmente para ser lida em silêncio, nunca recitada.

A récita estava naquele lugar obscuro do seu cérebro, que negava a música e o ruído, e a poesia, no polo oposto, o que valorizava o visual, o cerebral e o matemático. Era muito difícil para João fazer essas duas pontas se encontrarem. Raramente gostava de atores lendo poesia, achava que eles interpretavam o que tinha que ser descoberto pelo leitor. Para ele, a poesia tinha que ser lida de forma monocórdia, neutra: era uma pintura colocada na frente de um cego para ser descrita em detalhes, mas nunca com emoção.

Cabral achava a leitura declamada tendenciosa e às vezes redutora, porque não deixava que a beleza das palavras falasse por si só. "Poesia não é discurso! [...] Reconheço que certas pessoas leem bem, às vezes até gosto de ouvir. Mas a minha poesia, que é uma poesia mais concentrada, é para ser lida em voz baixa."[52] Essa declaração não revela apenas um desejo de traçar um perfil do leitor que gostaria de ter, mas mostra bastante como era João Cabral de Melo Neto enquanto leitor. Um leitor perscrutador e silencioso, um mau ouvinte. Custava tanto a se concentrar em palestras e discursos que dormia em vários deles.

Ler sozinho e silenciosamente era o seu principal *hobby*. Amava tanto os textos e o silêncio que procurou fazer uma poesia que respeitasse os dois. Levando em conta essas suas características, para Cabral foi difícil continuar "lendo" depois da cegueira. Não era um "leitor-ouvinte", não era atento, sequer gostava de ouvir música. Esquivava-se das festas e das reuniões diplomáticas porque preferia estar tranquilo, quieto ou, no máximo, no meio de vozes conhecidas. João gostava de fazer reuniões em sua casa: "As pessoas iam visitar e era aquilo, quatro, cinco pessoas, mais gente que isso, ele se perdia."[53] Inquietava-se com o apartamento cheio, com vozes desconhecidas que não podia associar aos rostos. Quase não falava em grandes festas, mas, se estava entre pessoas próximas e queridas, era um grande contador de casos, sedutor e de um mau humor ensaiado, divertido. Essas eram as poucas oportunidades em que se podia ouvir a voz do poeta: baixa e comedida, com um leve sotaque nordestino. O biógrafo José Castello a descreve assim: "Tinha uma voz rouca, monocórdia, desagradável. Parecia falar sempre com grande esforço e impaciência. Mas creio que é uma voz que expressa muito sua estética e sua poesia."[54] Com a cegueira, a impaciência e a desconcentração para escutar aumentaram. Contudo, tinha uma tolerância especial para as vozes amadas. Ao escutar Marly contando ou lendo algo, frequentemente fechava os olhos (os seus poderosos telescópios) e se concentrava unicamente no tom da voz amada.

Dessa forma, "voltar a ler", ou seja, escutar leituras, só era possível através da voz de gente próxima, conhecida, íntima. Cabral era um leitor por hábito. Mesmo com a depressão, as medicações e a cegueira, procurou manter a rotina diária de leitura. Os seus ledores mais frequentes eram a filha mais velha, Inez, e a segunda mulher, Marly. Mas ele confiava essa tarefa também aos esparsos amigos que iam visitá-lo no apartamento do Flamengo. Sempre vozes que estivessem dentro de um "círculo de segurança".

Tinha um dia a dia monótono de recém-aposentado agravado pela condição da cegueira, que o impedia de consumir duas grandes paixões: a leitura e acompanhar os jogos de futebol pela televisão. A carência da leitura era suprida precariamente com a presença dos seus ledores. Cabral acordava todos os dias às 9h30 da manhã e seguia escutando o rádio até receber a visita da filha, que vinha caminhando da Glória até o Flamengo: "Eu chegava sempre por volta das 10h30 em sua casa. Ele estava sentado, ouvindo a CBN. Lia para ele, almoçava com ele e, quando ele ia dormir, eu ia embora."[55]

Mas a concentração não vinha. Interrompia várias vezes quem estava lendo porque se cansava, porque as visitas chegavam, porque a atenção não se mantinha em foco. A escolha das leituras foi ficando cada vez mais difícil. Com o tempo, o poeta passou a se emocionar ao escutar prosa e, mais ainda, poesia. José Castello conta: "Primeiro parou de ler poesia, porque se emocionava demais. Tentou maus poetas — emocionava-se também. Passou para a ficção, também não suportava. No período em que estive com ele, só lia ensaios de história e de geografia." O encantamento de João Cabral pela leitura vinha do exercício e da curiosidade.

O romance histórico foi sempre uma grande paixão. Além disso, gostava que lessem para ele os ensaios e críticas sobre seus livros. Queria saber o que os estudiosos falavam de sua obra. De prosa, "ouviu" pouca coisa. Na cegueira decidiu, por exemplo, atravessar outra vez a extensa obra de Proust na língua original, o francês, pela voz da filha Inez. Cabral tinha um segredo para encarar os sete volumes de *À la recherche du temps perdu*: começava pelo último. *Le temps retrouvé* inicia-se com uma grande festa que apresenta todos os personagens. Enquanto o pai revisitava a escrita de Proust, a filha era apresentada, pela primeira vez, com mais de 40 anos, ao épico francês.

Difícil era ler poesia para João Cabral, já que era o seu principal interesse. Até porque o poeta acreditava que a melhor maneira de ler poesia era quando estava escrevendo: "poesia é um troço que eu leio praticando". Os dois prazeres — da leitura e da escrita — estavam misturados quando o assunto era a arte poética. Um não existia sem o outro. A sensação vertiginosa que encontrava ao ler poemas era a mesma que o empurrava a fazê-los. "Poesia me excita muito. Por exemplo, eu não sei, para ir dormir, pegar um livro de poesia, porque poesia me tira o sono."[56] O sentimento pela poesia era quase incontrolável e só se tornava possível porque Cabral acreditava domá-lo quando escrevia.

O seu processo de ebulição, de criação, estava diretamente ligado à leitura. Por isso, a dificuldade de continuar produzindo depois da cegueira. Todos os passos da criação poética estavam ligados diretamente à visão: enxergar a estrutura do poema, escrevê-lo no papel, corrigi-lo e lê-lo, tudo em silêncio. Por todos esses motivos, o poeta esperava do seu ledor a voz neutra, a voz transparente que, invisível, fizesse o cristal do texto atravessá-la e chegar diretamente a ele. "Eu demorei muito para aprender a ler poesia para papai", explica Inez Cabral: "Ele gostava que lesse poesia em tom monocórdio. E os versos deveriam ser lidos um de cada vez, dando uma pausa no final e sem expressão."

A poesia, para Cabral, devia "falar" apenas pela força das palavras. Esforçou-se para construir uma obra assim: tingida com as cores mais nítidas da realidade. Mas essa mesma realidade, clara e crua, era difícil de ser ouvida. Em uma de suas "leituras matinais", pediu à filha Inez para ler "A indesejada das gentes", uma coletânea que escreveu sobre a morte e está no livro *Agrestes*. No meio, pede à Inez para interromper: "Eu não sabia que escrevia tão pesado." Era a dose realística de sua própria poesia que o emocionava, porque supunha um envolvimento que ia além da simples escuta das palavras.

O SILÊNCIO COMO ESCOLHA

O empenho em fazer poesia vinha desse trabalho solitário, em silêncio, que João Cabral valorizava pela dificuldade. O escritor gostava de comparar a sua produção poética ao pesado trabalho braçal. No poema "O ferrageiro de Carmona" faz um paralelo entre o ofício do poeta e o do ferrageiro, destacando o maior valor artístico na arte de forjar. Porque forjar, mais do que fundir, exige o trabalho manual de modelar a matéria dura pelo esforço físico:

> Um ferrageiro de Carmona
> que me informava de um balcão:
> "Aquilo? É ferro fundido,
> foi a fôrma que fez, não a mão."[57]

Cabral requeria seu leitor uma postura concentrada, de esforço, que também exigia uma releitura, um ir e vir sobre o texto. Impunha dificuldades a si mesmo para escrever e cobrava do leitor a atenção necessária para apreciar sua obra.

> Eu gostaria de fazer uma poesia que não fosse um carro deslizando em cima de um pavimento de asfalto, aquela coisa lisa. Eu gostaria de fazer uma poesia em que o leitor, no caso o leitor é o carro, passasse em cima de uma rua muito mal calçada e que o carro fosse sacolejado a todo momento. Uma poesia em que o sujeito, para passar de uma palavra para outra, tivesse que pensar. Uma poesia em que eu pusesse, a cada palavra, um obstáculo ao leitor.[58]

E assim fez. Criou uma poesia dura e cerebral que exigia do seu leitor uma atenção redobrada.

Quando João Cabral fala em palavras como obstáculos, o sentido é o mais positivo possível. Trata cada uma delas de forma tão profunda e particular (como se fossem elementos de subjetividade própria) que acredita em temperamentos distintos para palavras diferentes. E cada temperamento que o leitor precisa enfrentar é um aprendizado e uma descoberta. Nessa rua "mal calçada" pela qual ele conduz aquele que lê, as palavras são pedras que tornam a estrada instável e desafiante. Então, o que ele espera de seu leitor é não apenas uma postura aventureira, como também persistente e perseverante.

Ao contrário de Drummond, não vê a pedra como um obstáculo, que está "no meio do caminho". Mas a enxerga como um belo objeto que o leitor atento, curioso, pode parar em frente, investigar com carinho e, muitas vezes, guardar. Apesar das visões diferentes, Drummond foi a principal influência que impulsionou o jovem Cabral a escrever poesia. "Eu percebi, depois de ler *Alguma poesia*, de Drummond, que era possível escrever uma poesia de textura áspera que fosse difícil de ser lida em voz alta. Uma poesia que não 'embalasse' o leitor", explicava. Essa era, inclusive, uma de suas principais críticas a Vinicius de Moraes. Para ele, Vinicius escrevia para acalentar o leitor, enquanto ele mesmo queria "jogar o leitor no chão".

Os pequenos obstáculos criados pelas pedras que colocava em seus poemas, que transformam o caminho em algo tortuoso e acidentado, não eram um convite à desistência, mas sim uma maneira de poder escolher os próprios leitores. Os eleitos seriam aqueles que continuam, que se interessam, que persistem pela estrada. É um modo de testar o outro, mas também uma forma de atender a uma necessidade que o próprio poeta tinha como leitor. "[...] creio que escrevi poesia para criar uma poesia que não existia e que, como leitor ou consumidor de poesia, gostaria que existisse", explicava Cabral.[59] O autor buscava nesse leitor alguém que fosse um espelho dele, porque não era apenas um leitor silencioso, era, antes de tudo, um escritor silencioso também.

A postura silenciosa de leitor e escritor era bastante difícil de manter levando em conta as condições em que o poeta era obrigado a ler e escrever: mudanças constantes (fruto de sua carreira diplomática), muitos filhos, muita movimentação em casa e muitas reuniões sociais por conta do trabalho. Cabral driblava cada uma dessas coisas. Detestava mudanças: Stella precisava fazer toda a burocracia anterior e a organização do lugar onde iam viver, e, só depois, ele chegava. Confirmava presença apenas nos coquetéis diplomáticos, dessa forma não podiam afirmar se ele tinha aparecido ou não. Nos jantares de lugar marcado, dizia que não podia ir porque tinha outro compromisso.

O tempo que sobrava entre as atividades de trabalho era precioso e devia ser usado para ler e escrever. Duas atividades que exigiam muito de seu poder de concentração. Por esse temperamento social e intelectual, João Cabral de Melo Neto acabou virando um "cavalheiro solitário". Sabia que estava escrevendo uma poesia diferente, sabia que teria que trabalhar muito e em silêncio para desenvolvê-la. Estava tão seguro disso que abriu o primeiro livro, *Pedra do sono*, com o desafio de Mallarmé: "*Solitude, récif, étoile...*". Com esse vaticínio, já prenunciava a sua jornada isolada e sem ambição de forjar herdeiros.

Essa postura o levou a uma trilha muito individual desde o princípio da carreira de poeta, quando recebeu a primeira crítica de Antonio Candido, até o final da sua vida, recolhido no apartamento do Aterro do Flamengo. Candido já havia suspeitado da escolha de Cabral quando observou que *Pedra do sono* era uma "aventura arriscada". No livro, o autor propunha uma mistura da tendência surrealista de trabalhar, com uma postura cubista de tentar ordenar essas imagens em uma composição. "Como quer que seja, há nele qualidades fortes de poesia, e eu não sei de ninguém nos últimos tempos que tenha estreado com tantas promessas. Seus poemas são realmente belos e representam a riqueza de uma incontestável solução pessoal", dizia Candido em sua crítica ao primeiro livro.

O primeiro trabalho já apresentava algumas características incontestáveis do poeta. A "pedra angular" da sua obra tinha sido fundada, restava lapidá-la no curso do tempo. Antonio Candido aponta certas inclinações que Cabral apresentava no livro inaugural e que foram se confirmando em sua obra. A construção rigorosa, a valorização plástica das palavras, as emoções "que se organizam em torno de objetos", o ressecamento, a solidão e o silêncio. Silêncio que era uma postura de vida, levada diretamente para a sua poesia. Cabral era um homem de poucas palavras. Tentava usá-las de maneira cirúrgica, cuidava do impacto que causavam tanto falando quanto escrevendo. Na falta de saber que palavras usar, preferia o silêncio.

> [João Cabral] foi um acadêmico exemplar: Nunca abriu a boca na Academia, nunca assinou nada, nunca fez nenhuma conferência. Foi de um silêncio absoluto. Eu me lembro que a única vez que eu vi o João Cabral falar foi em uma homenagem à memória do Aurélio Buarque de Holanda em que eu falei [...] e, depois, quando chegou a vez de João Cabral, ele falou: "Concordo com tudo que o Lêdo Ivo disse", e voltou ao seu silêncio.[60]

Tinha frequentes intervalos íntimos, hiatos enormes de solidão e silêncio, que o faziam abstrair-se dos afazeres do consulado e da rotina familiar. Nesses momentos preciosos, se agarrava a um livro ou avançava na escrita de algum poema. Para a leitura, era voraz, a produção escrita levava mais tempo, era muito mais sofrida. O poeta contava que para escrever o poema "Tecendo o amanhã" levou cerca de quatro anos. Não porque trabalhasse no texto todos os dias, mas o deixava numa gaveta e voltava a ele, uma série de vezes, até que considerasse, finalmente, uma forma final e acabada.

Todo esse processo criativo exigia silêncio e atenção redobrados. Nessas horas, a solidão era a sua principal aliada. Sem o apelo confuso das vozes e dos ruídos externos, usando apenas o poder do seu olhar, e sozinho, pôde perscrutar as ruas de Londres, procurar as livrarias francesas em Dacar e perder-se na paisagem da bela cidade de Monte Carlo. De muitos desses "devaneios", apareciam novos livros, ou boas ideias para eles. Cabral tinha muita sede de estar só.

A mesma solidão que confortava era motivo de dor. É ela que o acossa quando, de volta à sua amada cidade, Sevilha, busca os antigos amigos. Vários deles tinham se mudado, Tápies continuava vivendo em Barcelona, mas agora tinha uma carreira consolidada como pintor. A cidade não mudara muito, mas o aconchego das relações que o poeta tinha desenvolvido se desfez com o tempo. A necessidade de interlocutores o faz procurar Rubem Braga, que na época era embaixador brasileiro no Marrocos. Passou a viajar uma vez por mês através de porto de Tânger apenas para conversar com o amigo. Não suporta a solidão das noites frias de Londres nem a que possivelmente sentiria voltando ao Recife depois de sua nomeação para a Academia Pernambucana de Letras. Teme voltar para o seu lugar de origem e encontrar os fantasmas de amigos e familiares já falecidos.

Solitária também é a sua figura dentro da poesia brasileira. Repetidas vezes, a crítica literária procurou enquadrar João Cabral na denominada *Geração de 45* sem nenhum sucesso. Também não podia estar entre os modernistas, não participou do grupo e, apesar de ter uma grande admiração pelos autores, não encontrou diálogo possível com os precursores do movimento. Sentia em Mário de Andrade uma imensa indiferença pela sua poesia e já havia escutado Oswald dizer que os seus poemas eram frios. A poesia de Cabral não era de ruptura como a dos modernistas, era social, mas não chegava a ser de manifesto.

Ao contrário de seus amigos pernambucanos que escreviam poemas influenciados pelos simbolistas e pelos românticos, Cabral buscava uma poesia mais racional. O poeta começou a mergulhar na literatura a partir do moderno, não do antigo. Enquanto a maioria iniciava as leituras por Luís de Camões ou Eça de Queirós, ele folheou a biblioteca de Willy Lewin até descobrir os surrealistas, cubistas e os poetas modernos franceses. Seus primeiros pares foram André Breton e Paul Valéry. Adotar a postura de Valéry de que "é melhor escrever um romance medíocre em plena consciência que uma obra genial por inspiração" era por si só uma atitude isolada dentro de uma poesia brasileira ainda impregnada de lirismo. "A leitura de Valéry aumenta sua solidão. [...] Cabral (adotando a lição valeriana) passa a buscar uma poesia dirigida pela razão."[61]

Era inclassificável, e isso era um incômodo para a crítica literária. A sua posição era essa não apenas porque tinha leitura, influências e preferências muito particulares, mas também pelo tipo de vida que levou. A carreira diplomática o afastou dos contatos e da "cena poética" brasileira. Não sabemos se por desinteresse ou cuidado, nunca chegou a citar publicamente os autores contemporâneos que lia. Tinha poetas da mesma geração com quem se relacionava constantemente, como Vinicius de Moraes, Lêdo Ivo e Murilo Mendes, mas não se via espelhado ou dialogando diretamente com a poesia de nenhum deles.

Sua vida literária foi praticamente toda fora do Brasil, embora o país estivesse presente em quase todos os seus poemas. O "exílio diplomático" o fez passar muitos anos no exterior, pulando de um país para outro, voltando para o Brasil poucas vezes, lendo a produção do país por meio dos livros que ganhava. O poeta explicava sua condição:

> Eu tive a sorte de ser diplomata, de viver mais de quarenta anos fora do Brasil. Se isso me deu ignorância da literatura brasileira que se faz hoje [...], isso me tirou também da chamada vida literária. Eu nunca fiz vida literária. [...] Eu fiz a minha obra vivendo no exterior, em muita solidão, em países onde não se falava o português (a não ser o último, Portugal).[62]

Essas e outras especificidades do poeta o transformaram numa "ave rara" dentro da literatura brasileira.

Finalmente, é essa "solidão silenciosa" que João Cabral encontra no final da vida. E, nessa altura, ela talvez incomodasse porque não era mais uma escolha, mas um destino, irrefutável, atingido pela cegueira. Não era *querer* estar só, mas *ter* que estar só, enfrentando uma terrível e monótona rotina. Dias iguais interrompidos apenas pelas visitas de amigos, do barbeiro e pelo horário dos remédios. Cabral negou a paisagem deslumbrante do Rio de Janeiro que parecia gritar atrás de si. No apartamento de enormes janelas, com uma vista estupenda para o Aterro do Flamengo, só conseguia escutar o ruído dos ônibus nas vias expressas. Sentava de costas para a janela para dar entrevistas, apagava as luzes, convidava os visitantes para conversas na penumbra, quando o sol não parava de reclamar a sua presença lá fora.

O poeta teria perdido a sua poesia solar, iluminada? Sem os seus olhos, seus principais guias, sim. Dessa solidão, não gostava, porque ela agora não funcionava, como antes, como uma força motriz para a sua escrita. Era um obstáculo difícil de ser transposto. Era um estado de alma indesejado: "Eu imaginei sempre que o dia em que eu me aposentasse poderia escrever mais livremente. Mas acontece o seguinte: eu escrevia sempre nas horas vagas. E agora todas as minhas horas são vagas, por isso eu não tenho estímulo."[63] O isolamento que viveu no final da vida na cidade do Rio de Janeiro — quase não saía, não via ninguém e estava longe de gostar da rotina e do barulho — fez com que retirasse de vez a cidade da geografia de seus poemas.

As viagens apareciam, coroadas pelas homenagens, mas aumentava o medo no poeta de ir só, de não aguentar o peso da solidão e acabar se entregando à bebida: uma companheira traiçoeira. Apreciava homens com histórias solitárias como o toureiro Manolete, que morreu logo depois da chegada de Cabral a Barcelona, em 1947. A valentia e a radicalidade do toureiro, que vivia no limite entre a vida e a morte, comovem o poeta de tal forma que termina escrevendo o poema "Manolo González", em *Sevilha andando*. A morte de Manolete por uma cornada acentua o caráter solitário de sua vida.

O ateísmo só se justificava por um lado: não acreditava em Deus, nos santos ou no Paraíso. Mas tinha uma obsessão injustificada pelo Inferno: uma culpa inculcada em sua cabeça pelos extensos sermões dos padres maristas. O amigo Rubem Braga dizia: "Você fala tanto em Inferno, João, que vão acabar criando um só para você." Era esse fantasma que o acompanhava no final da vida, que o visitava cada vez mais com as horas arrastadas de solidão que não podiam ser preenchidas com a leitura, prazer maior. Fantasma que se transformou, aos poucos, em depressão.

O poeta custou a encontrar um nome para essa tristeza — grande e dolorosa. Cabral, que sempre tinha as palavras certas para designar cada uma das coisas, não sabia que substantivo dar a esse sentimento. "Depressão" não servia, era uma doença impalpável, impossível de ser tratada pela razão. Oscilou entre nomear de "angústia" ou "vazio", até encontrar a palavra certa: "melancolia". O termo, mais antigo e literário, parecia mais adequado ao poeta para descrever o próprio sofrimento, porque não é uma doença psicológica específica, mas um "mal de viver". Depois de achar um conceito para a própria dor, faltava agora descobrir a sua origem. Cabral precisava de explicações racionais para entender o que sentia. Revolve a própria memória para lembrar que seu primeiro traço de melancolia apareceu no governo de Carlos Lacerda, quando o presidente, em uma de suas batalhas anticomunistas, liderou uma campanha negativa contra ele. Percebia ali o princípio da dor que tinha uma raiz física no desagrado de ser atacado e uma raiz psicológica: "a dor de ser visto como alguém que não sou". Não aceitava mais um mistério em sua vida, já tinha o irracional medo da morte, precisava entender e manejar a própria melancolia.

Tinha a dor de cabeça. Uma dor intermitente, cortante, mas para essa dor, mesmo sem ter uma explicação ou origem, ele tinha um medicamento: a aspirina. O mal, que o atormentou durante quase cinquenta anos, só foi combatido com uma cirurgia de úlcera em que os médicos cortaram o nervo vago simpático. "Livre da dor de cabeça, a melancolia aumentou [...], João filosofa: 'Hoje eu trocaria numa boa essa depressão e essa angústia pela velha dor de cabeça.'"[64] A dor de cabeça já era conhecida, familiar, Cabral sabia como combatê-la: externamente com os remédios e internamente com a escrita. A resistência do poeta contra a inspiração o fazia ter raras musas. Algumas singulares, como a aspirina. Cantou seus louvores a ela no poema "Num monumento à aspirina":

> Claramente: o mais prático dos sóis,
> o sol de um comprimido de aspirina:
> de emprego fácil, portátil e barato,
> compacto de sol na lápide sucinta.[65]

A estranha musa era um dos sóis que iluminavam a produção poética de Cabral. Mas e a melancolia? Essa era uma dor difícil de combater. Os remédios prescritos pelos médicos não aplacavam a "doença". As principais armas pessoais que dispunha para enfrentar a angústia eram a leitura e a escrita. Mas como ler e escrever sem os seus olhos, os guias de luz? O desânimo era inevitável. Cabral era um homem de controle material sobre o texto. Gostava de ter as folhas todas diante de si, escrevia à mão, reescrevia em cima de manuscritos já feitos, tinha um trabalho de artesão, que dependia fortemente de olhos saudáveis.

A leitura era um processo "corporal" também. É certo que não tinha o apego ao objeto-livro e não fazia questão de edições luxuosas. Mas gostava do seu silêncio, da sua postura individual de leitura, resistia aos ledores e ainda tinha o "problema" do ouvido pouco musical e desatento.

> Evidentemente, para ele, como a leitura era um gesto visual, e não auditivo (porque ele não tinha muita paciência para ouvir), acho que a cegueira intensificou a indiferença e o afastamento dele do objeto-livro de uma maneira definitiva.[66]

Sem poder contar com o seu forte papel de leitor e de escritor, foi sendo derrotado, aos poucos, pela melancolia. Não encontrava palavras ou poemas para escrever a essa nova musa.

O CRESPÚSCULO

A cegueira de João Cabral foi inteiramente inesperada. A perda gradativa da visão começou em 1986, um ano de mudanças bruscas em sua vida: perdia a primeira mulher, Stella, e casava-se com a poetisa Marly de Oliveira. Quatro anos depois pediria aposentadoria da vida de diplomata para viver definitivamente na cidade do Rio de Janeiro, sobre a qual já teria dito diversas vezes que não estava entre as suas preferidas (que eram, sem dúvida, Recife e Sevilha).

A causa do avanço do problema de vista era uma doença denominada "degenerescência macular", que afeta a parte central da retina, deteriorando-a. É quase impossível para quem tem a doença, depois de algum tempo, continuar a ler. Mesmo quando ela se inicia em apenas um dos olhos, um dos sintomas é a transformação das linhas retas e finas em linhas sinuosas. Por isso, Cabral só conseguia ler, com muito esforço, as manchetes de jornais, em letras maiores, enquanto o resto do texto se perdia em uma confusão curvilínea. A perda da visão por degenerescência é indolor e gradativa, mas nunca conduz à cegueira total. Entretanto, atrapalha bastante a vida de um leitor, principalmente porque ele demora a se dar conta de que as dificuldades que tem para acompanhar o texto no papel são provenientes de uma lesão interna, incapaz de ser corrigida com óculos. A doença é lenta, silenciosa e irrevogável.

O poeta, teimoso, seguiu insistindo em ler de qualquer maneira. Mas os seus instrumentos para concentrar-se no texto eram mesmo os olhos. Sem o bom funcionamento deles, com ouvidos pouco educados e uma dose grande de impaciência, Cabral não pôde se aventurar muito a escutar ledores. "Minha atenção não se fixa (na escuta). Mas, se eu estiver lendo, me esqueço de tudo e só penso no que leio. [...] Acho que minha atenção só funciona nos livros."[67] Livros que possam ser folheados e observados por ele em silêncio.

A prova de resistência viria alguns anos antes de começar o processo de cegueira. Em 1983, Cabral se submete a uma pequena cirurgia na vista para tratar a sua fotofobia. A penitência é de quinze dias seguidos de repouso sem direito a leitura. A quarentena colocava em prova não só a sua paixão pela leitura, como também até que ponto ia a sua verdadeira sede de solidão e silêncio. Cabral explodiu com as interdições: "Que horror, ficar quinze dias sem ler!". A filha Inez retrucava: "Papai, você não consegue ficar quinze dias só com os seus pensamentos?"[68] Era difícil. O mundo interior do poeta era uma confusão irracional que só tinha alguma organização na leitura e na escrita.

Assim como Borges em sua reclusão causada por uma grave septicemia, João Cabral saiu fortalecido: "Sou cada vez mais sensível às paisagens." A sua poesia continuava solar, e ele aproveitava a tranquilidade do escritório em Tegucigalpa para escrever o "Auto do frade". Tinha passado na prova, aguentara os quinze dias sem leitura, mas aproveitara o tempo para encaixar os pedaços dessa obra que já vinha fermentando em sua cabeça. A proximidade da filha Isabel, que vivia na cidade, a paisagem da Cordilheira dos Andes e o seu local de trabalho acalentavam o ambiente necessário à leitura e à escrita. Nascia, assim, num outro país e num período de convalescença, um auto contando uma das histórias mais emocionantes sobre a Revolução Constitucionalista de Pernambuco.

Entre todas as viagens que fez na vida, a maior delas foi, sem dúvida, pelos livros. A vida passava, agitada e barulhenta, do lado de fora e, não importa em que ponto do mundo o poeta estivesse, encontrava um lugar para ler, desligar-se de tudo e mergulhar na realidade paralela, literária. "Só pensava em ler e escrever. Transporta para a vida o mesmo estilo sertanizado e seco de sua literatura: apega-se a meia dúzia de atividades essenciais e, além delas, só deseja o silêncio."[69] O silêncio era, então, seu principal companheiro: não o interrogava, não o interrompia, não insistia. Essa membrana delicada que o separava dos ritmos e ruídos exteriores só se quebrava por "sua voz interior". Podia permanecer horas seguidas no diálogo interno que o prendia ao livro. A solidão, nessas horas, não doía, não pesava. Tinha os livros, podia transpassar com os seus olhos de "telescópio" aquelas páginas brancas, saturadas de palavras, e caminhar, como andarilho que era, por outros universos.

Escrever, não, escrever era diferente. Para criar, ele precisava do apelo e do burburinho do mundo. Confundia-se na multidão, andava no meio dos outros, contava e ouvia histórias para, só então, transportar esses elementos para o papel em forma de versos. E aí voltava ao silêncio, ficava ensimesmado, esperava meses, às vezes anos, para que as palavras se revelassem. Elas é que deveriam "falar", para poder dar forma ao poema. Muitas vezes, pareciam mudas, intocáveis em sua realidade de pedra. Cristalizadas por um olhar de Medusa, elas esperam outro olhar — o olhar do poeta — para retomar a vida.

Nas duas atividades — na leitura e na escrita — eram os olhos que colocavam a luz sobre o texto. Na origem grega, a palavra *phaós* significa luz, luz dos olhos, vir à luz, vidente. *Ta phaea* é o que os platônicos e discípulos de Pitágoras chamam de faróis, ou "olhos portadores de luz". Até chegar ao verbo *phaino*: fazer brilhar, dar a conhecer o caminho, guiar. Mas esses faróis, dois guias, não possuem luz própria, não são capazes de enxergar na escuridão. Com a cegueira, nosso poeta perde a luminosidade que permitia a ele observar e criar (lançar luz sobre algo). A cortina opaca que desceu sobre os seus olhos inibiu a sua maneira de se relacionar com o mundo. Parou de apropriar-se. Porque, nas palavras de Merleau-Ponty, ver é "ter à distância".

> O olhar apalpa as coisas, repousa sobre elas, viaja no meio delas, mas delas não se apropria. "Resume" e ultrapassa os outros sentidos porque os realiza naquilo que lhes é vedado pela finitude do corpo, a saída de si [...].[70]

Fechando os olhos, restava a Cabral apurar os ouvidos. Como fazê-lo? A concentração auditiva do poeta era nula. A sensibilidade que tinha em decifrar a paisagem sonora não era nem de perto a mesma que tinha para enxergar a paisagem visual. Tudo o confundia como uma enorme e difusa partitura: a música, as vozes, os barulhos, o canto. Com a cegueira, esses referenciais se perderam. Precisava dar corpo a cada som que escutava, era esse sistema que dava e deu segurança ao poeta a vida inteira. Não entendia e não manejava os signos destinados à escuta. Foi a duas ou três óperas em toda a sua vida, tinha imensa dificuldade de assistir a discursos ou conferências.

> Se você quiser me torturar para que confesse tudo, é só me convidar para assistir a uma conferência. A linguagem falada não penetra na minha cabeça. [...] Eu tenho horror a conferências ou às sessões da Academia. Aliás, não dou conferências quando me convidam, só aceito se forem debates com perguntas e respostas. Pelo olhar é que as coisas penetram na minha inteligência.[71]

João Cabral sempre atuou assim. Pequeno, indo para a escola, adiantava as leituras das matérias no bonde para evitar ter que prestar atenção nas aulas. Os sermões e os discursos longos dos padres maristas eram um motivo para esquecer a "atenção auditiva" e perder-se na imaginação. Dentro do seu pensamento, consolidava a vocação para o esporte. Enquanto os padres falavam, Cabral estruturava jogadas de ataque, cobranças de escanteio e estratégias de meio-campo. A primeira coisa que fez quando saiu do colégio foi abandonar a frequência da missa aos domingos. A explicação era simples: atrapalhava o futebol.

Por modéstia ou ironia, acreditava que sua insensibilidade musical era fruto de uma "deficiência" auditiva. O ritmo — das vozes, da música — embalava o poeta, dava a ele uma vontade incontrolável de dormir. Precisava despertar, por isso, justificava a sua predileção pela música flamenca: as palmas e a percussão lançavam uma luz ardente "nos olhos de quem está dormindo". A explicação que tinha para toda essa dificuldade era simples: ele não se via capaz de fixar a atenção no tempo. Sua capacidade de concentração era, por assim dizer, espacial, por isso, voltada para artes como arquitetura, pintura ou escultura. A poesia e a prosa estavam dentro das "artes espaciais". Pelo menos na visão cabralina: as palavras eram elementos concretos que o poeta arranjava na página ou enxergava, como leitor, num arranjo espacial de linhas.

A arte de escutar custava ao poeta. Sua leitura de mundo era um gesto visual, não auditivo. Com a perda da visão, precisou mudar o método. As longas jornadas de leitor terminavam ali. A paciência e a concentração para ouvir ledores eram pequenas. Os que insistiam ficavam: alguns amigos, seus filhos e a esposa, Marly de Oliveira. Mas as exigências eram grandes. A voz do ledor não podia gerar interferência entre ele e o texto, precisava ser neutra, transparente. Declamações eram impensadas: geravam uma interpretação pessoal de quem lia, desinteressante ao poeta. O ledor precisava se moldar ao texto, deixar as palavras falarem por conta própria. Nada de interrupções, nada de comentários.

Cabral escolhia seus ledores, claro. A prioridade ia para as vozes amadas, os entes queridos e próximos. Era uma maneira de não perder o alento, de procurar esquecer que estava atravessando a paisagem literária — tão amada e conhecida — sem os seus olhos (feixes de luz), mas com os guias alheios. A escolha das leituras também foi ficando mais complicada: poesia o emocionava muito, crítica literária o interessava, mas era um convite à sonolência, ao desagrado. Na maior parte das vezes, o poeta se encolhia em sua espreguiçadeira e escutava, escutava muito quieto, com poucas considerações. Estaria entrando na narrativa dos livros ou perdido em suas memórias pessoais? Andando mentalmente pelas paisagens do Recife, lembrando a beleza das bailarinas andaluzas ou pensando, como quando era menino, em futebol? Nenhum interlocutor tinha como saber: o silêncio do poeta era um muro opaco que o separava do mundo. Do sertão tinha herdado tudo. A fala seca, a escrita árida, o silêncio. Um silêncio dos ventos em canaviais.

Então, aquele poeta — viajante, perscrutador, inquiridor — perdera-se num tempo passado. Não tinha interesse por um mundo que não podia mais explorar com os seus olhos. As caminhadas acabaram, o trabalho manual e concreto de esculpir os poemas também, restavam a solidão e o silêncio: a princípio, dois amigos que se tornaram, com o passar do tempo, visitantes indesejados. Combatia os dois com uma obsessão pelo rádio. Escutava notícias, não música, muitas horas por dia. O rádio o colocava em contato com o mundo lá fora. As vozes informativas e claras dos jornalistas geravam a organização mental de que precisava. Tinha uma companhia pela manhã, até que chegasse um dos filhos, ou um amigo, para romper o silêncio com as leituras. Não podia mais escolher as horas, os momentos para ler; dependia agora dos outros. "Esses anos crepusculares foram anos de muita tristeza e de muita aflição para ele. E também de muito desapontamento, muita decepção."[72]

Mas por que o desapontamento? João Cabral estava decepcionado consigo mesmo, com sua incapacidade de concretizar o mundo, de ler imagens. Além de tudo, tinha a doença, inominável, que consumia monotonamente as horas dos seus dias, que desviava os pensamentos para um lugar de medo e indefinição que não era mais o da literatura.

> A solidão em seu apartamento no Flamengo, entre telas abstratas e peças de artesanato africano, é motivo para mais melancolia. A rotina o torna irritadiço e sonolento. Começa a ter problemas na vista, que primeiro o desanimam de escrever e depois, provação máxima, o impedem de ler.[73]

Precisava enxergar as palavras no papel, em silêncio, manejá-las de um lugar para o outro, como pedras fundamentais que estabeleceriam o volume e as dimensões finais da escultura: o poema. Daí, a segunda dificuldade: escrever. Porque escrever para Cabral era esculpir, era pintar, e não podia usar a paleta, diferenciar as cores, nem manejar as ferramentas para trabalhar a matéria bruta das palavras sem a ajuda de seus olhos.

A voz "rouca, monocórdia e desagradável" era impaciente tanto para ler em voz alta quanto para ditar. Acostumara-se tantos anos seguidos a trabalhar em silêncio que as adaptações à nova condição de cego pareciam agressivas, quase impossíveis.

> Com esse negócio de olhos — estou com a visão muito ruim dos dois olhos —, acho muito difícil (voltar a escrever). Eu, para escrever, preciso ver muito o que estou escrevendo, sou incapaz de compor uma coisa de cabeça e ditar. O poema, para mim, é como se eu pintasse um quadro. Preciso ver como é que está ficando a forma dele. De modo que eu tenho a impressão de que, apesar de ter muita coisa começada, não sei se eu poderei terminar.[74]

Nesse depoimento, tem muito pouco de falsa modéstia e uma dose, triste até, de realidade. Cabral acreditava que o escritor tinha que *rester sur sa faim*, escrever por necessidade, para preencher uma falta, para completar um vazio que, talvez, nunca se aplaque. Essa imagem — de uma insaciedade permanente — era o mecanismo que dispararia o processo de escrita. O escritor nunca devia pensar que teve êxito, nem imaginar que o que escreveu valeu a pena: "se ele achar que o que fez, sinceramente, valeu a pena, perde o apetite de fazer mais: ou se cala ou começa a se repetir", explicava.

O poeta não queria se repetir. Tinha criado uma poesia única, de vertente individual, sequer forjara herdeiros. Optou, então, por calar-se. Não podia ser um Tirésias, não estava pronto para profecias. A cegueira tinha levado os olhos, erraria até o final da vida sem eles, e também não daria mais ao leitor o prazer de novos textos. Os projetos, que eram muitos, ficaram na gaveta com a ordem explícita de que, quando o poeta morresse, fossem rasgados, esquecidos, enterrados. Desses estilhaços, desses fragmentos dispersos de memórias e de imagens, ainda construiu um último livro: *Sevilha andando*, encontro heterogêneo de temas que, ele insistia, não era "um amontoado de poemas soltos".

Seja como for, foi através desse derradeiro livro que a filha Inez pôde ter acesso ao intrincado processo de escritura do poeta. "Descobri então para que serviam os papeizinhos com esse último livro. Porque ele chegou cheio deles, querendo que eu datilografasse", conta Inez. Os curiosos papeizinhos eram mais uma arma de Cabral a favor da materialidade. Observava, conversava e, vez ou outra, metia as mãos nos bolsos para tirar um desses papéis onde fazia anotações. A sua poesia surgia aos poucos, amadurecendo das ideias escritas neles. O último livro não teve ditado, foi feito com a leitura cuidadosa da filha desses pedaços de papel saturados das letras irregulares, já maculadas pela cegueira. Cabral escutou o resultado de cada um de seus poemas. Mas não houve revisão ou reescritura, retorno ou diálogo. Estava cansado demais para ouvir e para falar.

Contrariando os próprios desígnios, João Cabral permitiu, num momento crepuscular, que publicassem três poemas inéditos: "Os quatro elementos", "A corrente de ar" e um terceiro, ainda sem nome. Em "A corrente de ar", num tom confesso e resignado, o poeta divide com o leitor a impossibilidade de escrever causada pela perda da visão:

> Inútil agarrar-me
> Aos móveis corretos;
> Inútil procurar
> Minhas asas brancas.[75]

O poema era dedicado a Vinicius de Moraes. Cabral estaria pedindo ajuda ao poeta do amor para lhe emprestar asas brancas que o fizessem levantar do chão? Nunca o saberemos.

Notas

1. João Cabral de Melo Neto, *Poesia completa e prosa*, p. 19.
2. *Ibidem*, p. XLVIII.
3. João Cabral de Melo Neto, "Quatro vezes quatro: João Cabral de Melo Neto", in: *Mestres da literatura*.
4. José Castelo, *João Cabral de Melo Neto*, p. 69-70.
5. Julia Kristeva, *Estrangeiros de nós mesmos*, p. 22-23.
6. *Ibidem*, p. 24-25.
7. Uma das atividades culturais obrigatórias do Colégio Marista era o coral dos alunos. O menino João Cabral era tão desafinado que um dia o padre regente vocifera: "Você continua no coro. Mas de boca fechada." "Passa, desde então, a simular a música, com os movimentos silenciosos dos lábios, perseguindo, inutilmente, as partituras. No início do ano

letivo, testando a qualidade das vozes [...], o padre regente se dirige ao jovem Cabral e diz em tom de leve desespero: 'Quanto a você, é inclassificável.'" José Castello, *João Cabral de Melo Neto*, p. 40.
8. Felix de Athayde, *As ideias fixas de João Cabral de Melo Neto*, p. 48.
9. Oswaldo Amorim, "Entrevista", in: *Veja*, p. 15.
10. João Cabral de Melo Neto, *Poesia completa e prosa*, p. 45-46.
11. *Ibidem*, p. 43.
12. João Cabral de Melo Neto, "Quatro vezes quatro: João Cabral de Melo Neto", in: *Mestres da literatura*.
13. Luis Fernando Veríssimo, in: *João Cabral de Melo Neto: o artista inconfessável*.
14. João Cabral de Melo Neto, *Poesia completa e prosa*, p. 59-60.
15. Prefácio à edição de 2008 de Antonio Carlos Secchin. *Poesia completa e prosa*, p. 15.
16. Felix de Athayde, *As ideias fixas de João Cabral de Melo Neto*, p. 137.
17. *Ibidem*, p. 71.
18. Antonio Carlos Secchin, "Quatro vezes quatro: João Cabral de Melo Neto", in: *Mestres da literatura*.
19. João Cabral de Melo Neto, *Poesia completa e prosa*, p. 312.
20. Felix de Athayde, *As ideias fixas de João Cabral de Melo Neto*, p. 65.
21. João Cabral de Melo Neto, in: *Cadernos de literatura brasileira*, p. 21
22. Felix de Athayde, As *ideias fixas de João Cabral de Melo Neto*, p. 94-95
23. João Cabral de Melo Neto, *Poesia completa e prosa*, p. 113.
24. *Ibidem*, p. 392.
25. João Cabral de Melo Neto, in: *Cadernos de literatura brasileira*, p. 31.
26. *Ibidem*, p. 27.
27. José Castello, em entrevista à autora, 2009.
28. Felix de Athayde, *As ideias fixas de João Cabral de Melo Neto*, p. 27.
29. José Castello, *João Cabral de Melo Neto*, p. 135.
30. Maurice Merleau-Ponty, "A dúvida de Cézanne", in: *O olho e o espírito*, p. 19.
31. Sérgio Cardoso, "O olhar dos viajantes", in: *O olhar*, p. 356.
32. João Cabral de Melo Neto, *Poesia completa e prosa*, p. 318.
33. Alberto Manguel, *Uma história da leitura*, p. 177.
34. Joan Brossa, in: *Cadernos de literatura brasileira*, p. 16.
35. José Carlos Vasconcelos, "Vida literária e artística", in: *Diário de Lisboa*, p. 4.

36. Felix de Athayde, *Ideias fixas de João Cabral de Melo Neto*, p. 20.
37. Antonio Carlos Secchin, em entrevista à autora, 2009.
38. Ausônio, *apud* Guglielmo Cavallo, "Libro e pubblico alla fine del mondo antico", in: *Libri, editori e pubblico nel mondo ântico*, p. 113.
39. Inez Cabral de Melo, em entrevista à autora, 2009.
40. Antonio Carlos Secchin, em entrevista à autora, 2009.
41. Felix de Athayde, *As ideias fixas de João Cabral de Melo Neto*, p. 51.
42. Carlos Drummond de Andrade, *A rosa do povo*, p. 25.
43. Felix de Athayde, *As ideias fixas de João Cabral de Melo Neto*, p. 37.
44. João Cabral de Melo Neto, in: Felix de Athayde, *As ideias fixas de João Cabral de Melo Neto*, p. 52.
45. Prefácio à edição de 1956 de João Cabral de Melo Neto, in: *Duas águas*, p. 3.
46. João Cabral de Melo Neto, *Poesia completa e prosa*, p. 421.
47. Felix de Athayde, *As ideias fixas de João Cabral de Melo Neto*, p. 24.
48. *Ibidem*, p. 87.
49. *Ibidem*, p. 107.
50. *Ibidem*, p. 110.
51. Texto de apresentação da edição de 1978 de *Morte e vida severina e outros poemas em voz alta*.
52. Felix de Athayde, *As ideias fixas de João Cabral de Melo Neto*, p. 74.
53. Inez Cabral de Melo, em entrevista à autora, 2009.
54. José Castello, em entrevista à autora, 2009.
55. Inez Cabral de Melo, em entrevista à autora, 2009.
56. Felix de Athayde, *As ideias fixas de João Cabral de Melo Neto*, p. 74.
57. João Cabral de Melo Neto, *Poesia completa e prosa*, p. 561.
58. João Cabral de Melo Neto, "Quatro vezes quatro: João Cabral de Melo Neto", in: *Mestres da literatura*.
59. Regina Pereira, "Entrevista", in: *Zero Hora*, p. 15.
60. Lêdo Ivo, "Quatro vezes quatro: João Cabral de Melo Neto", in: *Mestres da literatura*.
61. José Castello, *João Cabral de Melo Neto*, p. 48.
62. *Ibidem*, p. 251-252.
63. João Cabral de Melo Neto, "Quatro vezes quatro: João Cabral de Melo Neto", in: *Mestres da literatura*.

64. José Castello, *João Cabral de Melo Neto*, p. 228.
65. João Cabral de Melo Neto, *Poesia completa e prosa*, p. 334.
66. Antonio Carlos Secchin, em entrevista à autora, 2009.
67. José Castello, *João Cabral de Melo Neto*, p. 40.
68. Inez Cabral de Melo, em entrevista à autora, 2009.
69. José Castello, *João Cabral de Melo Neto*, p. 80.
70. Marilena Chaui, "Janela da alma, espelho do mundo", in: *O olhar*, p. 40.
71. Felix de Athayde, *As ideias fixas de João Cabral de Melo Neto*, p. 147.
72. Lêdo Ivo, "Quatro vezes quatro: João Cabral de Melo Neto", in: *Mestres da literatura*.
73. José Castello, *João Cabral de Melo Neto*, p. 178.
74. Felix de Athayde, *As ideias fixas de João Cabral de Melo Neto*, p. 83.
75. João Cabral de Melo Neto, "A corrente de ar", in: *Cadernos de literatura brasileira*, p. 57-59.

Conclusão

A moeda mais cara para o homem atualmente é o tempo. Temos tão pouco tempo que nossa ideia de lazer é de um tempo roubado. O que dizer, então, do tempo da leitura? Não a leitura de trabalho ou obrigatória, mas a leitura pelo prazer, o prazer do texto. Dentro de nosso tempo, saturado, comprometido e preenchido, a leitura pode parecer uma atividade supérflua. Alentamos a culpa de que, quando lemos, estamos roubando tempo, tempo de vida. Mas que engano! A leitura é uma maneira de dilatar nosso tempo de vida. Quando abrimos um livro automaticamente, desdobramos tempo e espaço. Estamos vivendo as obrigações da vida — no aqui e no agora de um tempo comprimido — e adicionamos a esse percurso o tempo da leitura — que é o da fantasia e da imaginação. Com ele, somos transportados também para um novo espaço de imagens que se formam no palco de nosso inconsciente. O tempo de leitura é inegociável, assim como o tempo para amar. Ou alguma vez nos negamos a ter tempo para amar?

Este trabalho surgiu do amor pelos livros para voltar a esse mesmo amor. Não como uma volta no mesmo eixo, mas como numa espiral esse amor cresceu e se consolidou em diálogo com o amor de outros leitores, leitores cegos. Comecei este trabalho imaginando que estava na dianteira: eu enxergava, eu pesquisava, eu conhecia os teóricos, eu ia como guia, à frente deles com meu báculo. Era eu a mulher do médico em *Ensaio sobre a cegueira*. Mas, também como ela, aprendi aos poucos a observar em silêncio os gestos, os movimentos e as vozes desses cegos, a entrar um pouco no mundo deles. Ao cabo de alguns dias, tinha perdido o meu báculo, estava no escuro do labirinto textual e, por incrível que pareça, os meus guias para chegar ao centro foram eles. Não tinha mais a ilusão de ser a única dona do fio de Ariadne. Ele me foi estendido por homens de olhos enfermos, mas de mãos firmes que, comigo, trançaram e teceram os fios desse texto.

Resisti bastante para me igualar à condição dos meus "sujeitos de estudo", mas é inegável: todo leitor quando inicia um texto é cego. O seu ato de criação, intervenção e diálogo com o texto virá dessa constatação. Mas também o prazer ilimitado, o prazer quase infantil da leitura vem dessa cegueira temporária: despir-se momentaneamente dos julgamentos, dos requisitos, das intenções e entregar-se de olhos fechados ao conteúdo. Fazer como a criança que contempla o brinquedo, o examina, e fecha ligeiramente os olhos para tocá-lo. A sensação é de medo, um frio na barriga de entregar-se ao invisível, ao abismo. Medo experimentado pelo leitor de John Milton, jogado no meio das trevas junto aos anjos caídos, medo que acossou Dante em sua viagem pelos mundos desconhecidos. Mas nós leitores sabemos que esse medo é inicial. Vencido, nossos olhos se acostumam com a escuridão e, na penumbra, recobram a força e iluminam os caminhos do texto. E não apenas porque vemos a página diante de nós, mas porque, ao fim da leitura, ressurgimos iluminados, despertamos uma capacidade de visão interior.

Tanto o processo de leitura como o de escrita partem desse silêncio, dessa forma de escuridão. Não é um caos, é apenas uma breve sensação de vazio a partir da qual se esboça o primeiro gesto, o primeiro traço, ou se dá o primeiro passo em direção a uma trajetória narrativa. Sabemos que, depois, tanto o escuro como o silêncio vão ser os melhores companheiros nessa jornada que começaremos a traçar. De desconhecidos, passam a próximos, companheiros, elementos que vão alentar a nossa leitura. Como escuridão, podemos entender a confusão, a desorientação, mas também a excitação inaugural diante da página em branco, da tela esperando para ser pintada, do livro que ainda não foi aberto. É uma "escuridão visível" porque, sob o manto negro, existem frestas, fendas, espaços por onde podemos espiar. E, apenas com o detalhe do que entrevemos no outro lado, decidimos se atravessamos ou não. Mas, se não atravessarmos, como saberemos o que podemos encontrar lá? Grande parte mistério da criação literária — seja pelo lado do autor ou de seu leitor — reside nesse desafio.

Quando decidimos enfrentá-lo, estamos nas mesmas condições de um cego: nenhuma garantia, nenhuma ideia de que caminho tomar, nenhuma visão do que acontecerá adiante. Precisamos de coragem: a mesma que garante audácia aos cegos. Todos os leitores e autores que estudei neste trabalho mostram essa coragem: perderam o que de mais valioso tinham para a percepção de seu mundo de papel, a visão, e continuaram lendo, criando, caminhando, interpretando, dividindo e dialogando. Não conseguiriam seguir em frente, claro, se não pudessem contar com os seus guias: pessoas que os auxiliariam na criação dos textos e na leitura. Nós, videntes, também temos os nossos guias nas pessoas que amamos e admiramos, nos autores que nos desafiam, nos textos que gostamos e conhecemos e dos quais, a partir de inúmeras releituras, retiramos uma e outra vez lições de vida. Esses guias também são parte da luz que ilumina o nosso caminho pela vida e pela literatura. Dante estava certo quando escolheu três guias diferentes para atravessar os mundos sobrenaturais: um guia da razão, Virgílio, um guia do amor, Beatriz, e um guia místico, São Bernardo. Como leitores, podemos não perceber, mas dialogamos frequentemente com esses guias em nossas passagens pelo texto. Eles estão encarnados nos pais, nos mestres, no amante, no filósofo e em todas as pessoas cujas opiniões de leitura são caras e importantes para nós. Estamos sempre "devendo" uma leitura para uma pessoa amada. Eu não percebi no princípio, mas terminei o trabalho com a sensação de missão cumprida. Eu também devia essas leituras aos meus pais, que contavam histórias para mim antes de dormir, a todos os cegos que visitei e conheci no Instituto Benjamin Constant, ao meu professor Aristides, que no terceiro ano ginasial me ensinou a amar a leitura, a Jorge Luis Borges e a João Cabral de Melo Neto, porque me ajudaram a me apaixonar mais e mais por literatura e me indicaram tantas outras leituras especiais a partir de suas inteligências e escritas tão particulares. Um dever prazeroso, uma prestação de contas ainda inacabada que provavelmente farei com alegria para o resto da minha vida.

Aprendi também que uma leitura compartilhada, dividida, tem as mais belas compensações. A ideia inicial de perda da privacidade, que erroneamente imaginei para os cegos, encontra o contraponto no ganho de reencontrar o outro ou de reencontrar a si mesmo pelo outro. Ler junto, ler com e através da companhia escolhida. E nunca pensar que um ou outro é guia ou é guiado através do texto, mas que andam de mãos dadas, descobrindo as veredas em parceria. Deixar de lado todo preconceito em relação à leitura em voz alta e encará-la como a restauração da antiga trindade: leitor, ledor e texto. Mas, para isso, é preciso se permitir, dar a si mesmo a possibilidade de retornar ao prazer da escuta. Redescobrir a escuta, apurar os ouvidos, deixar que a voz do outro entre não como uma intrusa, mas como companheira. O poder dessa voz, antológico e mitológico, deve restaurar a melodia, a música de fundo que nos acalma e embala na jornada textual. É reencontrar a voz amada, com poder de nos fazer voltar à memória confortável de nossas primeiras leituras. Todo trabalho do leitor e do criador cego é de refazer a sua jornada para o encontro de duas vozes: a voz interior e a voz amada. Ele precisa, no escuro, despertar a sua voz interior, aquela que comenta, discorda, concorda, afirma e critica o texto. É o seu diálogo interior e original que vai possibilitá-lo participar do texto e recriá-lo. As escolhas para reencontrar essa voz podem ser o braille, a leitura do DOSVOX pelo computador, a reflexão antes do ditado. A voz amada, ele vai descobrir através da voz do ledor, é ela que resgatará em sua memória o conforto dos contos e acalantos de infância e o desejo de voltar a ler.

Diante desses reencontros, não se trata mais de estabelecer uma tensão entre ouvido e olho, ou voz e palavra, mas de encontrar o meio-termo em que essas forças se articulam para gerar o que nós chamamos de leitura e de escrita. O olho vê, detecta, examina e absorve o mundo de uma maneira quase totalizante, ele também é o principal guia durante a leitura, mas não é o único nem é o principal responsável pelas imagens afetivas que formamos e guardamos em cada leitura. A voz é o que nos faz sair do corpo, mas também o que escutamos internamente quando alguma sensação nos toca lá onde os ritmos e melodias dos órgãos, vísceras e coração são construídos. Ler e produzir textos mexem com a sensibilidade de ambos os sentidos: visão e audição. O ideal é que as dicotomias, o poder de um ou de outro, se neutralizem para dar espaço a uma grande sinfonia que articule esses e os outros sentidos, orquestrada harmonicamente pela batuta de quem lê ou escreve. Os leitores, videntes ou não, não podem se enganar com os prazeres do olhar ou do ouvir, mas usá-los em benefício da própria leitura.

Esquecidos os antagonismos, encontrada a voz amada, estabelecidos os guias que os ajudarão a caminhar pelo texto, os cegos mencionados neste trabalho vão reativar as funções da memória e do arquivo. Para voltarem a desenvolver as habilidades críticas de leitores e autores, eles recorrerão ao uso da memória, reatualizando as funções dos poetas antigos e dos aedos. A memória vai ser o tesouro no qual serão guardados os textos, as imagens, as vozes, as pessoas, as paisagens e os lugares. Todo leitor tem seu próprio acervo, um acervo que pode estar guardado há muito tempo ou ter sido esquecido, mas que permite a ele a intertextualidade com os textos literários e com os textos do mundo. Com esses fragmentos, ele criará uma biblioteca mental, própria, que é o complemento, a extensão da física. É na biblioteca de paredes e prateleiras móveis que irá organizar os seus arquivos mentais, os livros sonhados, inventados, reformulados, as paisagens que resumem livros, os poemas que o fazem recordar dos lugares e das pessoas. Encontrar o fio da memória para refazer esses arquivos imateriais e, a partir deles, recriar a leitura é uma das maneiras que o leitor cego terá de manter viva e aquecida a matéria textual. Essas atividades garantem a sobrevida dos textos que foram perdidos pelo contato visual.

Feita e organizada a biblioteca mental, resta dar vida ao mundo de papel, à biblioteca física. Nesse momento, o ledor será fundamental. Os livros nunca serão esquecidos porque estarão sempre sendo manipulados. A "matéria morta" que se esconde entre as folhas reviverá através da voz e da figura do ledor. O egoísmo se esvai, no lugar dele forma-se uma dupla: os dois partilham, releem, apresentam um para o outro livros novos. O mundo de papel, que estaria fadado à aridez do deserto, povoa-se novamente porque ganha dois, às vezes mais, habitantes. O brilho da página volta a reluzir em meio à escuridão. Com a luz que vem de fora apagada — a luz que ajudou a interromper as interessantes conversas dos jantares porque fazia os melhores prosadores irem para os seus leitos ler — instaura-se novamente a conversa, a prosa. Esses leitores cegos não perdem nada, apenas reduzem o caminho que, como leitores videntes, fazemos: lemos, calamos, decantamos e depois vamos compartilhar nossas descobertas com aqueles que amamos. Os leitores cegos, de volta ao escuro, compartilham diretamente, porque o escuro pede prosa e é também nele que os autores vão criar, nas noites interrompidas por sonhos ou pesadelos, nos momentos insones de pensamentos que chegam aos borbotões.

O que podemos concluir e, mais do que isso, aprender com leitores e autores que ficaram cegos é que todo o ato de leitura e criação é feito, a princípio, na cegueira, no escuro. E o esforço que cada um tem que fazer é o de realmente fechar os olhos para confiar nessa escuridão primordial e inaugurar os primeiros passos a partir daí. Porque o caminho será sempre difícil e desconhecido, mas é preciso confiar na sensibilidade e nos meios internos para conseguir chegar até o final. No meio da caminhada, fatalmente os nossos olhos internos — luzes do espírito, do conhecimento e da inteligência — se acenderão. E a partir daí, como leitores, criadores ou articuladores não teremos mais medo do texto, a fera está domada, a escuridão está visível. E isso acontece não apenas porque transformamos o percurso ao passar por ele, mas porque ele acabou de transformar-nos, iluminar-nos. Saímos enxergando melhor a luz do mundo e a luz de nós mesmos.

Eu me lembro que Alberto Manguel disse uma vez que o homem moderno não tem mais tempo de terminar de ler, apagar a luz de um candeeiro, respirar fundo e olhar o céu. Terminei de escrever a última página da minha pesquisa, imprimi esta folha, desliguei o computador e fui olhar o céu. E talvez porque eu ainda posso usar os meus olhos para ler, talvez porque eu aprendi tanto com esses autores e leitores cegos ou talvez porque simplesmente confirmei o meu amor pela leitura, as estrelas esta noite pareciam mais brilhantes.

BIBLIOGRAFIA

ALAIN. *Les Arts et les dieux*. Paris: Gallimard, 1968. (Col. La Pléiade.)
ALIGHIERI, Dante. *A divina comédia*. São Paulo: Editora 34.
ANDRADE, Carlos Drummond de. *A rosa do povo*. Rio de Janeiro: Record, 2002.
AROUX, Eugène. *Dante Hérétique, revolutionnaire et socialiste*. Paris: Éditions Niclaus, 1939.
ATHAYDE, Felix de. *Ideias fixas de João Cabral de Melo Neto*. Rio de Janeiro: Nova Fronteira, 1998.
AUSTEN, Jane. *Selected Letters*. Londres: Oxford UK, 2004.
AUSTIN, John L. *How to do Things with Words*. Nova York: Oxford University Press, 1965.
BAKER, Hollis S. *Furniture in the Ancien World*. Nova York: Macmillan, 1966.
BARBOSA, João Alexandre. A lição de João Cabral. In: INSTITUTO MOREIRA SALLES, *Cadernos de Literatura Brasileira*: João Cabral de Melo Neto. São Paulo: Instituto Moreira Salles, 1998.
BARONE, Orlando. *Diálogos*: Jorge Luis Borges e Ernesto Sabato. Buenos Aires: Emecé Editores, 1996.
BARTHES, Roland. Écrivains et écrivants. In: BARTHES, Roland. *Oeuvres completes*. Paris: Seuil, 1993, tomo I.
_____. *O óbvio e o obtuso*. Lisboa: Edições 70, 2009.
_____. *O prazer do texto*. São Paulo: Perspectiva, 2004.
BEHLAU, Mara. S.; PONTES, Paulo. A. *Princípios de reabilitação vocal nas disfonias*. São Paulo: Instituto Laringe, 1988.
BENJAMIN, Walter. *Obras escolhidas II* (Rua de mão única). São Paulo: Brasiliense, 2009.
BERNHARD, Thomas. *Le Froid: une mise en quarantine*. Paris: Gallimard, 1990.

BILLER, Peter; HUDSON, Anne. *Heresy and Literacy, 1000-1530*. Nova York: Cambridge University Press, 1994.

BLANCHARD, Albert (org.). *Les Débuts du codex*. Bélgica: Turnhout, 1989.

BLIXEN, Karen. "La Page blanche". In: BLIXEN, Karen. *Nouveaux Contes d'hiver*. Paris: Folio, 1987.

BORGES, Jorge Luis. "Funes, o memorioso". In: BORGES, Jorge Luis. *Ficções*. São Paulo: Globo, 2001.

_____. *Biblioteca personal* (prólogos). Buenos Aires: Alianza Editorial, 1994.

_____. *El Hacedor*. Buenos Aires: Alianza Editorial, 2006.

_____. *El oro de los tigres*. Buenos Aires: Emecé, 2005.

_____. *Elogio da Sombra*. São Paulo: Globo, 2001 B.

_____. *Ficções*. São Paulo: Globo, 2001 A.

_____. *La memória de Shakespeare*. Buenos Aires: Emecé, 2004.

_____. *O Aleph*. São Paulo: Globo, 1985.

_____. *O livro de areia*. São Paulo: Globo, 1995.

_____. *Obras completas*. Buenos Aires: Emecé, 2007, vol. III.

_____. *Obras completas*. Buenos Aires: Emecé, 1974.

_____. *Siete noches*. México: Fondo de Cultura Económica, 2001.

_____. *Um ensaio autobiográfico*. São Paulo: Globo, 2000.

BOTTON, Alain de. *A arte de viajar*. Rio de Janeiro: Rocco, 2003.

BOUCOURECHLIEV, André. *Le Langage musical*. Paris: Fayard, 1993.

BRADBURY, Ray. *Fahrenheit 451*. São Paulo: Globo, 2009.

BRANT, Sebastian. *Le Nef des fou*. Estrasburgo: Nuée Bleue, 2005.

BRECHT, Bertolt. *Escritos sobre teatro*. Barcelona: Alba, 2004.

BRETON, André. *Les Vases communicants*. Paris: Gallimard, 1996.

BRUNEL, Pierre (org.). *Dicionário de mitos literários*. Rio de Janeiro: José Olympio/UNB, 1998.

CAGE, John. *Silence*. Middletown: Conn, 1990.

CALVINO, Italo. "Visibilidade". In: CALVINO, Italo. *Seis propostas para o novo milênio*. São Paulo: Companhia das Letras, 2003.

CARDOSO, Sérgio. "O olhar dos viajantes". In: NOVAES, Adauto (org.) *O olhar*. São Paulo: Companhia das Letras, 2006.

CARLSON, Marvin. *Teorias do teatro*: estudo histórico-crítico, dos gregos à atualidade. São Paulo: UNESP, 1995.

CARNEIRO, Flávio. *O leitor fingido*. Rio de Janeiro: Rocco, 2010.

CASTARÈDE, Marie-France. *A voz e seus sortilégios*. Lisboa: Editorial Caminho, 1998.

CASTELLO, José. *João Cabral de Melo Neto*: O homem sem alma & Diário de tudo. Rio de Janeiro: Bertrand Brasil, 2006.

CAVALLO, Guglielmo; CHARTIER, Roger (org.). *História da leitura no mundo ocidental*. São Paulo: Ática, 1998, vol. I.

_____. *História da leitura no mundo ocidental*. São Paulo: Ática, 1999, tomo II.

CAVALLO, Guglielmo. "Libro e pubblico alla fine del mondo antico". In: CAVALLO, Guglielmo. *Libri, editori e pubblico nel mondo antico*. Roma: Bari, 1992.

_____. *La biblioteche nel mondo anticuo e medievale*. Roma: Laterza, 2008.

_____. *Libri e lettori nel medioevo*: Guida Storica e Critica. Roma: Laterza, 1977.

CERTEAU, Michel de. *L'invention du quotidien 1*: Arts de faire. Paris: Gallimard, 1990.

CHARBONNIER, Georges. *El escritor y su obra*: entrevistas de Georges Charbonnier con Jorge Luis Borges. México: Siglo XXI Editores, 1967.

CHARTIER, Roger. *A aventura do livro*: do leitor ao navegador. São Paulo: UNESP e Imprensa Oficial de SP, 1999.

CHARTIER, Roger (org.). *Práticas da leitura*. São Paulo: Estação Liberdade, 2000.

CHAUI, Marilena. "Janela da alma, espelho do mundo". In: NOVAES, Adauto (org.). *O olhar*. São Paulo: Companhia das Letras, 2006.

COLASANTI, Marina. *Fragatas para terras distantes*. Rio de Janeiro: Record, 2004 A.

_____. *A moça tecelã*. São Paulo: Global Editora, 2004 B.

CORTÁZAR, Júlio. *O jogo da amarelinha*. Rio de Janeiro: Civilização Brasileira, 2007.

COURTNEY, Richard. *Jogo, teatro e pensamento*. São Paulo: Perspectiva, 1980.

DA VINCI, Leonardo. *Traité de la peinture*. Paris: Chastel, 1987.

DAVINI, Silvia Adriana. *Cartografías de la voz en el teatro contemporáneo*: El caso de Buenos Aires del siglo XX. Buenos Aires: Universidad Nacional de Quilmes Editorial, 2007.

DEFOE, Daniel. *Robinson Crusoé*. Belo Horizonte: Villa Rica, 2007.

DELEUZE, Gilles; GUATTARI, Félix. *Mil platôs*: capitalismo e esquizofrenia. São Paulo: Editora 34, 1995, vol. 2.

_____. *Mil Platôs*: capitalismo e esquisozofrenia. São Paulo: Editora 34, 1997, vol. 4.

DERRIDA, Jacques. *A escritura e a diferença*. São Paulo: Perspectiva, 2009.

_____. *Mémoires d'aveugle* — l'autoportrait et autre ruines. Paris: Editions de la Réunion des Musées Nationaux, 1990.

DESCARTES, René. *Le Traité de passions*. Paris: Editions du Rocher, 1996.

_____. *Meditações metafísicas*. São Paulo: Martins Fontes, 2005.

DIBIE, Pascal. *Ethnologie de la Chambre à coucher*. Paris: Éditions Métailié, 2000.

DIDEROT, Denis. *Correspondance littéraire, philosophique et critique de Grimm et de Diderot*. Paris: Chez Furnes, 1877-82.

EURÍPIDES. *Hipólito*. Brasília: UNB, 1997.

FLAUBERT, Gustave. *Bibliomania*. Rio de Janeiro: Casa da Palavra, 2001.

FLORI, Jean. *Leonor de Aquitania* — La reina rebelde. Barcelona: Edhasa, 2005.

FONAGY, Iván. *La Vive Voix*. Paris: Payot, 1982.

FREUD, Sigmund; BREUER, Josef. *Étude sur d'histérie*. Paris: PUF, 1967.

FUCKS, Julián. *Histórias de literatura e cegueira* (Borges, João Cabral e Joyce). Rio de Janeiro: Record, 2007.

GARROD, Heathcote William. "The library regulations of medieval college". In: *The Library*. Londres: Bibliographical Society, 1927.

GERINI, Giovanni Battista. *Le Dottrine pedagogiche di M. Tulio Cicerone, L. Anneo Seneca, M. Fabio Quintiliano e Plino II Giovine*. Roma: BiblioBazaar, 1997.

GRAFTON, Antony; JARDINE, Lisa. *From Humanism to the Humanities*: Education and the Liberal Arts in Fifteenth and Sixteenth-Century Europe. Cambridge: Harvard University Press, 1986.

GRISHAM, Therese. *Linguistics as an Indiscipline*: Deleuze and Guattari's pragmatics. Wisconsin: University of Wisconsin Press, 1991.

GUMBRECHT, Hans Ulrich; PFEIFFER, K. Ludwig. "A Farewell to Interpretation". In: *Materialities of Communication*. Califórnia: Stanford University Press, 1994.

IMBERTY, Michel. *Les Écritures du temps*. Paris: Dunod, 1981.

INGARDEN, Roman. *A obra de arte literária*. Lisboa: Fundação Calouste Gulbenkian, 1979.

ISER, Wolfgang. *O ato da leitura*: uma teoria do efeito estético. São Paulo: Editora 34, 1996, vol. 1.

_____. *O ato da leitura*: uma teoria do efeito estético. São Paulo: Editora 34, 1999, vol. 2.

JANKÉLÉVITCH, Vladimir. *La Musique et l'ineffable*. Paris: Le Seuil, 1983.

JAUSS, Hans Robert. "O prazer estético e as experiências fundamentais da Poiesis, Aethesis e Katharsis". In: LIMA, Luis Costa (org.). *A literatura e o leitor* — textos de Estética da Recepção. Rio de Janeiro: Paz e Terra, 1979.

JOYCE, James. *Ulisses*. Rio de Janeiro: Objetiva, 2005.

JURADO, Alicia. *Genio y figura de Jorge Luis Borges*. Buenos Aires: Editorial Universitaria de Buenos Aires, 1964.

KRISTEVA, Julia. *Estrangeiros de nós mesmos*. Rio de Janeiro: Rocco, 1994.

KAUFFMANN, Jean-Paul. *La Maison du retour*. Paris: Nil Éditions, 2007.

MELO NETO, João Cabral de. *Poesia completa e prosa*. Rio de Janeiro: Nova Aguilar, 2008.

_____. *Duas águas*. Rio de Janeiro: José Olympio, 1956.

_____. *Morte e vida severina e outros poemas em voz alta*. Rio de Janeiro: José Olympio, 1978.

LEVI, Primo. *A tabela periódica*. Rio de Janeiro: Relume Dumará, 2001.

LÉVI-STRAUSS, Claude. *L'homme nu*. Paris: Plon, 1971.

LIVRO DAS MIL E UMA NOITES. São Paulo: Globo, 2005, 3 volumes.

MACHADO, Regina. *Acordais*: fundamentos teórico-poéticos da arte de contar histórias. São Paulo: DCL, 2004.

MANGUEL, Alberto. *A biblioteca à noite*. São Paulo: Companhia das letras, 2006.

_____. *Con Borges*. Bogotá: Grupo editorial Norma, 2003.

_____. *Uma história da leitura*. São Paulo: Companhia das letras, 2002.

MARTIN, Jacqueline. *Voice in Modern Theatre*. Londres e Nova York: Routledge, 1991.

MARTIN, Raymond. *Oeuvres de Robert Melun*. Setentie. Louvain: Administration du Spicilegium, 1942. Vol. III.

MERLEAU-PONTY, Maurice. A dúvida de Cézanne. In: MERLEAU-PONTY, Maurice. *O olho e o espírito*. São Paulo: Cosac e Naify, 2004. Páginas do texto consultado.

MILTON, John. *Milton's Familiar Letters*. Filadélfia: Publishes by e Littell, 1829 (microfilmagem).

_____. *O paraíso perdido*. Belo Horizonte: Villa Rica, 1994.

MINDLIN, José. *No mundo dos livros*. Rio de Janeiro: Agir, 2009.

ONG, Walter. *Oralidad y escritura*: tecnologias de la palabra. México: Fondo de Cultura Económica, 2004.

ORDÓÑEZ, Solange Fernández. *O olhar de Borges*: uma biografia sentimental. Belo Horizonte: Autêntica Editora, 2009.

OVÍDIO, Publio. *A arte de amar*. Porto Alegre: L&PM, 2001.

PARIS, Gaston. *La Littérature française au Moyen Âge*. Paris: Champion, 1912.

PASCAL, Blaise. *Pensees*. Paris: Pocket France, 2004.

PEICOVICH, Esteban. *El palabrista*: Borges visto y oído. Buenos Aires: Marea Editorial, 2006.

PENNAC, Daniel. *Como um romance*. Rio de Janeiro: Rocco, 1993.

PETIT, Michèle. *A arte de ler ou como resistir à adversidade*. São Paulo: Editora 34, 2009.

PIRANDELLO, Luigi. *Novelle per un anno*. Milão: Mondadori, 2007, vol. 1, Tomo II.

PLATÃO. *Fedro*. Lisboa: Guimarães Editores, 2004.

_____. *Apologia de Sócrates e Críton*. Lisboa: Edições 70, 2006.

PLÍNIO, O jovem. *Lettres I-IX*. Paris: A.M. Guillemin, 1928, vol. 3.

PLUTARCO. *Vidas de Aristides y Caton*. Madri: Akal ediciones, 2003.

PORTUONDO, José Antonio. *'La Aurora' y los comienzos de la prensa obrera en Cuba*. Havana: Imprensa Nacional de Cuba, 1961.

PROUST, Marcel. No caminho de Swann. In: PROUST, Marcel. *Em busca do tempo perdido*. São Paulo: Globo, 2001, vol. 1.

_____. *Journées de Lecture*. Paris: Alain Coelho, 1993.

_____. *Sobre la lectura*. Buenos Aires: Libros del Zorzal, 2006.

ROBERTS, Colin. H; SKEAT, T.C. *The Birth of the Codex*. Londres: Oxford University Press, 1984.

SAINT-VICTOR, Hugues. *L'art de Lire*: Didascalion. Paris: Cerf, 1991.

SALISBURY, Jean de. *Metalogicon*. Quebec: Presses de L'Université Laval, 2008.
SANTO AGOSTINHO. *Confissões*. São Paulo: Abril Cultural, 1973, livro X.
_____. *Confissões*. Petrópolis: Vozes, 2009.
SARTRE, Jean-Paul. *As palavras*. Rio de Janeiro: Editora Nova Fronteira, 2000.
SCHAFER, Raymond Murray. *Le Paysage sonore le monde comme musique*. Paris: Wildproject, 2010.
_____. *O ouvido pensante*. São Paulo: Fundação Editora da UNESP, 1992.
SCHOPENHAUER, Arthur. *Sobre o ofício do escritor*. São Paulo: Martins Fontes, 2005.
SECCHIN, Antonio Carlos. *João Cabral*: a poesia do menos e outros ensaios cabralinos. São Paulo: Topbooks e Universidade de Mogi das Cruzes, 1999.
SÊNECA, Lucius Annaeus. *Da tranquilidade da alma*. Porto Alegre: L&PM, 2010.
_____. *Sobre a brevidade da vida*. São Paulo: Nova Alexandria, 2003.
SINISTERRA, José Sanches. *Leitor por horas*. Trad. de Geraldo Carneiro, 2006. (MANUSCRITO. Cópia do texto da peça dirigida por Christiane Jatahy.)
SISTO, Celso. *Textos e pretextos sobre a arte de contar histórias*. Chapecó: Argos, 2001.
SVENBRO, Jesper. *Phrasikleia*. Antropologie de la lecture en Grèce ancienne. Paris: Éditions de la Découverte, 1994.
TABUCCHI, Antonio. *Os voláteis do Beato Angélico*. Rio de Janeiro: Rocco, 2003.
TODOROV, Tzvetan. *Introduction à la littérature fantastique*. Paris: Seuil, 1970.
VALENTE, Heloísa de Araújo Duarte. *Os cantos da voz*: entre o ruído e o silêncio. São Paulo: Annablume, 1999.
VÁZQUEZ, María Esther. *Borges*: esplendor y derrota. Barcelona: Tusquets Editores, 1999.
VERNANT, Jean-Pierre. *Mythe et Pensée chez le grec*. Paris: Maspério, 1969.
VERNET, André (org.). *Histoire des Bibliothèques françaises*: Les bibliothèques médiévales du VIe siècle à 1530. Paris: Éditions du cercle de la librairie, 2008, tomo I.
VEYNE, Paul. *La vita privata nell'impero romano*. Roma: Laterza, 2006.
VIRGÍLIO. *Bucólicas / Geórgicas*. Madri: Alianza Editorial, 2004, p. 184.
_____. *Eneida*. Rio de Janeiro: Difel, 2009.
WOOLF, Virginia. *O leitor comum*. Rio de Janeiro: Graphia, 2007.
YUNES, Eliana. *Tecendo um leitor*: uma rede de fios cruzados. Curitiba: Aymará, 2009.

ZUMTHOR, Paul. *La letra y la voz en la literatura medieval*. Madrid: Catedra. 1989, p. 377.

_____. *Performance, recepção e leitura*. São Paulo: Cosac e Naify, 2007.

Periódicos

AMORIM, Oswaldo. "A arquitetura do verso". *Veja*, São Paulo, n. 199, p. 3-5, 28 jun. 1972.

CANDIDO, Antonio. Poesia ao Norte. *Folha da Manhã*, São Paulo, 13 jun., 1943. Notas de crítica literária, p. 5.

DE CASPER, A. J.; Fiffer, W.P. Of Human Boding: Newborns Prefer their Mother's Voices. *Science*, Pensilvânia, vol. 208, fascículo 4.448, p. 1.174-1.176, 6 jun., 1980.

DURAS, Marguerite. Marguerite Duras: Littérature en Belgique. *Le Magazine Littéraire*. Paris, n. 58, p. 7-9, mar. 1980.

EMEDIATO, Luiz Fernando. O dia em que Drummond foi expulso do colégio. *O Estado de S. Paulo*, São Paulo, 15 de agosto, 1987. Caderno 2. p. 7.

MARCHAL, Philippe. Illettrisme mise au point. *Le Monde Idées*, Paris, 10 set. 2010. Disponível em: <http://www.lemonde.fr/idees/article/2010/10/19/illetrisme-mise-au-point-1426925_3232.html>. Acesso em: 11/8/2016.

PEREIRA, Regina. Entrevista. *Revista Zero Hora*, Porto Alegre, volume, fascíulo, p. 3-5, 18 jan. 1976.

VASCONCELOS, José Carlos. Entrevista. *Diário de Lisboa*, Lisboa, 16 jun. 1966. "Vida literária e artística", p. 21.

Artigos

BANNIARD, Michel. Le Lecteur em Espagne wisigothique d'après Isidore de Sévilla: de ses fonctions à l'état de la langue. *Revue des études augustiniennes*, Paris, n. 21, p. 112-144, 1975.

CHANTRAINE, Pierre. Les Verbes grecs signifiant 'lire'. *Mélanges grégoire*, Bruxelas, vol. II, p. 115-126, 1950.

CONQUERGOOD, Dwight. Ethnography, Rethoric and Performance. *Quarterly Journal of Speech*, Londres e Nova York, vol. 78, p. 80-97, jan., 1992.

FISCHER-LICHTE, Erika. Performance Art and a Performative Culture: Theatre as Cultural Model. *Theatre Research International*, Genebra, vol. 22, n. 1, p. 22-37, ago., 1997.

KNOX, Bernard. Silent Reading in Antiquity. *Greek, Roman, and Byzantine Studies*, Center for Helenic Studies, Washington, IX, p. 421-35, jul., 1968.

LOANE, Helen A. The Sortis Vergilianae. *The classical weekly*, Nova York, n. 21; 24, p. 185-189, 30 abr. 1928.

MARTIN, Raymond M. op. Oeuvres de Robert de Melun. Tomo III: *Setentiae*. Texto inédito, Louvain, p. 11, 1947. (*Scriplegium Sacrum Lovainiense*, 21.)

MANSUR, Miriam Piedade; SÁ, Luiz Fernando Ferreira. John Milton e Jacques Derrida sobre o signo da cegueira. *Caderno Seminal Digital*, v. 10, n. 10 — p. 212-244, 2008. Disponível em: <http://www.e-publicacoes.uerj.br/index.php/cadernoseminal/article/viewFile/12689/9845> Acesso em: 11/8/2016.

PETRUCCI, Armando. Lire au Moyen Âge. *Mélanges de l'école française de Rome*, Paris, n. 96, p. 604-616, 1984.

QUINN, Kenneth. The Poet and His Audience in the Augustan Age. *VROMA: Virtual Community for teaching and learning classics*, Berlim, vol. II, p. 75-180, jan., 1982.

SAENGER, Paul. The Separation of Words and the Order of Words: the Genesis of Medieval Reading. *Scrittura e Civilità*, Firenze, n.14, p. 49-74, 1990.

TUILLIER, André. La bibliothèque de la Sorbonne et les livres enchaînés. *Mélanges de la Bibliothèque de la Sorbonne*, Paris, vol. II, p. 22-26, 1981.

Filmes

QUATRO vezes quatro: João Cabral de Melo Neto. Direção: Mônica Simões; Hilton Lacerda; Luiz Fernando Ramos; Daniel Augusto. [S.l]: TV Escola/ Polo de Imagem/ TV PUC/ Televisión, América Latina, 2008. (28min), son., color. (Série Mestres da Literatura.)

JOÃO Cabral de Melo Neto — O artista inconfessável. Roteiro: Hugo Moss. Rio de Janeiro: Entrevistas: Isa Pessoa, 2007. 16 min, mídia, cor, com direto.

Este livro foi composto na tipologia Dante MT Std, em corpo 12/16, e impresso em papel off-white no Sistema Cameron da Divisão Gráfica da Distribuidora Record.